中国信息经济学会电子商务专业委员会 推荐用书

高等院校电子商务本科系列教材

电子商务项目管理

主编 刘四青

重庆大学出版社

内容提要

本书遵从电子商务项目的实施运作思路,从电子商务项目的概念和运作准备,到电子商务项目的计划与实施,再到电子商务项目的收尾以及管理软件的使用,知识体系完善,案例分析详细深入,贯穿全篇。本书可作为高等院校电子商务或相关专业本科学生的教材,也可作为电子商务项目管理从业人员的培训用书。

图书在版编目(CIP)数据

电子商务项目管理/刘四青主编. —重庆:重庆大学出版社,2010.4(2018.8 重印)

(高等院校电子商务本科系列教材)

ISBN 978-7-5624-5085-6

Ⅰ.电… Ⅱ.刘… Ⅲ.电子商务—项目管理—高等学校—教材 Ⅳ.F713.36

中国版本图书馆 CIP 数据核字(2009)第 155680 号

高等院校电子商务本科系列教材
电子商务项目管理
主 编 刘四青
责任编辑:沈 静 版式设计:沈 静
责任校对:文 鹏 责任印制:张 策

＊

重庆大学出版社出版发行
出版人:易树平
社址:重庆市沙坪坝区大学城西路 21 号
邮编:401331
电话:(023)88617190 88617185(中小学)
传真:(023)88617186 88617166
网址:http://www.cqup.com.cn
邮箱:fxk@cqup.com.cn(营销中心)
全国新华书店经销
POD:重庆新生代彩印技术有限公司

＊

开本:787mm×960mm 1/16 印张:27 字数:493 千
2010 年 4 月第 1 版 2018 年 8 月第 4 次印刷
ISBN 978-7-5624-5085-6 定价:59.50 元

前　言

随着知识经济的发展和信息社会的进步,人们创造财富和社会福利的途径与方式已经由过去周而复始的生产活动为主,逐步转向了以项目开发和项目实施活动为主的模式。我们已经迈入了一个以项目开发与实施为主要物质财富生产和精神财富生产的社会,并为服务提供手段。在当今社会,以网络化为主的新型经济活动——电子商务,正以前所未有的速度迅猛发展,并成为主要发达国家增强经济实力、赢得全球资源配置优势的有效手段。电子商务自身的特点和运作机制表明,实施电子商务必须采用项目管理的方法。实施电子商务,就是运筹、发起和实施电子商务项目,这是一项非常有意义的开创性的工作。确切地说,现代项目管理和电子商务的有效结合逐步成了现代社会中一个主要的管理领域——电子商务项目管理。我们只有充分学习和掌握电子商务项目管理的理论、方法和技能,才能够在现代社会中立足和发展,才能够为企业和社会创造更多的财富。

现今,电子商务应用初见成效:电子商务逐步渗透到经济和社会的各个层面,中小企业成为电子商务的积极实践者,国民经济重点行业和骨干企业的电子商务应用不断深化,网络化生产经营与消费方式逐渐形成。这离不开政府的支持,离不开企业的推动,更离不开电子商务运作的项目管理。"十一五"期间,国家将大力发展政府采购电子商务、公共电子商务服务工程、国际贸易电子商务工程、移动电子商务试点工程、物流公共信息服务工程、电子商务支撑体系建设工程等方面,集复杂性、系统性、先进性于一身,这都为电子商务的项目管理的实践指导带来了契机和挑战。

实践中,很多的电子商务项目处于困境,失败的项目比比皆是,成功的项目也喜忧参半。追究其原因,主要在于没有一套好的项目管理方法,按照常规的传统观念无法保证项目能够顺利地执行。本书从项目发展的角度去接近现实,探讨电子商务项目管理的技能与必备知识,揭开那些工具、技术和对成功运作电子商务项目的关键知识体系,为企业实现信息化做些实事。

本书实务性强,适合作为高等学校电子商务本科专业及经济管理类相关专业开设电子商务项目管理课程的教材使用,还可作为企业电子商务项目人才的实务指南。

本书第1编、第2编的第1章至第5章由刘四青(重庆工商大学)编写;第3编的第6章、第7章由王江涛(重庆工商大学)编写;第3编的第8章和第4编的第9章、第10章,第5编的第11章、第12章由何俊辉(西南大学)编写。刘四青负责最后统稿。本书在编写过程中得到重庆大学邵兵家教授、重庆大学出版社孙英姿老师的大力指导,在此表示感谢。

由于编者的水平有限,书中不妥之处还请读者批评指正。

刘四青

2009 年 5 月

目 录

第 ① 编

电子商务项目管理概述

学习要点

项目管理基础

■项目的定义、特征、三要素、生命周期

■项目管理的定义、特点、内容、职能

■项目组织的结构

■项目干系人和项目经理

■项目管理的发展史与现状

电子商务项目管理基础

■电子商务项目的定义、特点

■电子商务项目管理的定义、特点

■电子商务项目管理成功与失败的因素

■电子商务项目管理的过程

■电子商务项目管理的生命周期

2

第 1 章
项目管理基础

本章学习目标

■掌握项目、项目生命周期、项目管理概念

■了解组织、组织结构、项目管理办公室

本章知识要点

■项目的定义、特征、三要素、生命周期

■项目管理的定义、特点、内容、职能

■项目组织的结构

■项目干系人

通篇案例

背景：

S集团是国内一家大型的食品集团企业，总部设在上海，在全国拥有30个分公司，250个办事处，而员工总人数更是多达20 000余人，其中终端销售人员超过14 000人，年营业额接近60亿。2003年，S集团正式成立由直属集团总裁领导的信息中心，总人数45人。

作为这样一家大型的集团分销型企业，对多个分公司的统一管理和渠道终端的掌控成了重中之重。为了能够更有效地进行市场分析和预测、更好地管理终端销售人员的销售行为，S集团准备尝试计算机信息技术在终端数据采集中的应用项目，想通过这个项目，实现销售的信息化。通过使用电脑、手机等信息技术为数据收集和定位载体，规范管理销售人员的行为并采集终端数据。为了促使项目尽快推进，公司招聘了一批项目人才。

小钟，S集团信息中心新招聘的项目经理，他曾经成功地为好几家公司实施电子商务项目，他应该能够为S集团的电子商务项目提供有价值的经验。今天是他上班的第一天，除了熟悉集团公司环境外，S集团还特意安排小钟和其他项目员工一起交流个人工作经历和体会。这次交流由项目主管郑总（S集团副总裁，分管人事、信息、财务，此次项目的负责人）主持。

案例：

"2001年，我曾经所呆过的一家计算机公司T，了解到C企业准备建设一个客户服务中心。当时，客户服务中心在国内尚处于萌芽状态。C企业的原有业务运作只有一小部分采用计算机处理，而且原来并不存在客户服务中心这样的机构……"小钟娓娓道来。

小钟讲得正起劲，项目主管郑总插了一句："在项目过程中你都做了哪些事？"小钟有点紧张地继续说道："在项目意向明晰后，我首先做的事情是查阅资料，确定助手及其工作内容，制订下一步计划。这三方面的工作都是非常重要的，查阅资料表明我意识到项目的难关和风险在哪里，以便采取措施规避风险；确定助手为组建项目实施团队奠定基础；下一步计划的目的就是要定义项目，其用途是尽可能使C企业和T公司各自的期望能够吻合，为项目的成功奠定基础……"

"那项目执行阶段呢？"郑总又插了一句问道。

"合同签署后,我和助手留任并组建实施团队。开会确定项目组织结构和角色,分派相应的职责给每一个人,进一步细化工作结构和项目的实施计划。在计划制订之后,项目的成功与否就要看计划的执行,以及针对实际情况进行应变的能力。"除此之外,小钟还说了一下项目实施过程中的风险解决思路。

小钟没等主管问起项目结束阶段的自身工作内容,就开始从总结和移交存档各种资源,对软件产品的发展提出建议以及项目成员工作的表彰和最后聚会等几个方面说起了自己的经历。

等小钟说完,郑总看了一下时间,说道:"时间不早了,散会。明天接着交流,谈谈个人听后的感受。"

思考:

1.什么是项目的定义、项目生命周期和项目组织结构?

2.你觉得项目管理有哪些职能?

3.什么是项目干系人?

1.1 项目及其特征

1.1.1 项目的定义

从人类开始有组织的活动起,就一直执行着各种规模的"项目":史前人类的围猎是人类历史上最早的项目;中国的古长城、埃及的金字塔是古代最大型最复杂的项目;美国的"曼哈顿计划""阿波罗登月计划",中国的原子弹、氢弹"两弹计划"是近代最成功的项目;中国的三峡工程、英法海底隧道、香港新机场等是现代项目管理的绝佳范例。项目无处不在,建设桥梁、房屋、铁路、公路或其他建筑是项目;安装一条新的生产线是项目;开发一种新产品是项目;制订一个新的营销计划也是项目。在日常生活中,我们也被各种项目所淹没:房屋装修、组织野餐、养育孩子、撰写书籍等,都是项目,正如美国项目管理专业资质认证委员会主席 Paul Grace 所讲:"在当今社会中一切都是项目,一切都将成为项目。"

项目来源于人类有组织的活动的分化。人类有组织的活动随着人类的发展逐步分化为两类(参见小知识表1.1):一是连续不断、周而复始的活动,人们称之为"作业或动作"(Operation),如企业日常生产产品的活动;二是临时性、一次性的活动,人们称之为"项目"(Projects),如企业的技术改造活动、一项环保工程的实施等。

表 1.1 项目与日常运作比较

名称比较	项 目	日常运作
目的	特殊的	常规的
责任人	项目经理	部门经理
时间	有限的	相对无限的
管理方法	风险型	确定型
持续性	一次性	重复性
特性	独特性	普遍性
组织机构	项目组织	职能部门
考核指标	以目标为导向	效率和有效性
资源需求	多变性	稳定性

项目是由一系列关联的任务构成,有一个明确的目标,具有有限的资源和临时性质的独特工作或活动。

1.1.2 项目的特征

通过对项目定义的理解,可以归纳出项目作为一类特殊的活动(任务)所表现出来的区别于其他活动的特征。

1)项目的一次性

一次性是项目与其他日常运作的最大区别。项目有确定的起点和终点,没有可以完全照搬的先例,也不会有完全相同的复制。起点是项目开始的时间,终点是项目的目标已经实现,或者项目的目标已经无法实现,从而中止项目的时间。项目的其他特征是从这一主要特征衍生出来的。

2)项目的独特性

每个项目都是独特的,项目的独特性是指项目所生成的产品或服务与其他产品或服务都有一定的独特之处。每个项目都有某些方面的事情是以前没有做过的。例如,每个人的婚礼都是一个项目,都有其独特的地方,虽然按照一定的习俗,婚礼会有一些相同的成分,但是这并不影响个人婚礼的独特性。

3)项目的整体性

项目中的一切活动都是相互联系的,构成一个整体。不能有多余的活动,也不能缺少某些活动,否则必将损害项目目标的实现。

4)项目的制约性

项目的制约性是指每个项目都在一定程度上受客观条件的制约。客观条件对于项目的制约涉及各个方面,其中最主要的制约是资源的制约。这包括:人力资源、财力资源、物力资源、时间资源、技术资源、信息资源等各方面的资源制约。项目的制约性是决定一个项目成功与失败的关键特性。

5)项目目标的确定性

每个项目在实施以前都必须进行周密的设想,规定明确的时间界限,空间界限,人、财、物消耗限额,以及总工作量和工作质量的要求。例如建设一个机床厂,年产量是多少,由多少车间,多少实验室,多少仓库组成,建设地点、时间、何时交付使用,预算总投资额等,都要有明确规定。

1.1.3 项目的三约束

每一个项目都会在范围、时间和成本等几个不同的方面受到约束。这些限制在项目管理中被称为"三约束"。为取得项目的成功,必须同时考虑范围、时间、成本3个目标,这3个目标经常存在冲突,要使三者之间保持平衡,必须考虑以下几点。

①范围。项目的任务是什么?顾客或发起人要通过项目获得什么样的产品或服务?

②时间。完成该项目需要多长时间?项目的进度应该怎样安排?

③成本。完成该项目需要花费多少?

> **注意**
>
> 项目管理与目标管理、企业管理、方案管理的区别：
>
> 项目三约束(又称三角形)定义有两组,这两个组具有本质上的差异。
>
> 1.项目平衡三角形(Project trade-off triangle):时间(进度\工期)—资源(成本\费用\造价)—范围(任务\工作)。
>
> 2.项目管理三角形(Project management triangle):时间(进度\工期)—资源(资成本\费用\造价)—质量(特性)。
>
> 关于项目三角形,国内外项目管理人士都有不同的定义(印度分会网站www.pmi.cic.org)。从项目管理这4个关键参数的角度,西方学者 Max Wideman 在1987年,提出过4边形的图形(时间\范围\成本\质量);近代的学者 Derrick Davis 提出三角四面体的图形(Tetrahedron);2004年 Joe Marasco 提出金字塔图形(Pyramid),描述这4个管理要素的关系。

1.1.4　项目的生命周期

项目的生命周期是指项目从开始到结束必然要经历的几个不同阶段。Joraon 和 Machesky(1990)将其描述为由一系列微型项目组成的一种阶段性开发生命周期;Weiss 和 Wysocki(1994)将其描述为界定、计划、组织、执行、完工5个阶段;美国宾夕法尼亚州立大学技术援助项目主任 Jack Gido(1999)关于项目生命周期的观点是项目生命周期分为识别需求、提出解决方案、执行项目、结束项目4个阶段。

在项目生命周期各种理论中,项目生命周期4阶段的观点广泛被人们接受。项目生命周期四阶段理论在实际工作中又可根据不同领域或不同方法再进行具体划分。例如,按照软件开发项目的特点,其项目生命周期可划分为需求分析、系统设计、系统开发、系统测试、运行维护5个阶段;按照建筑业的特点,一般将项目分成立项决策、计划和设计、建设、移交和运行等阶段;对于 IT 服务项目来说,厂商看项目是从接到合同开始,到完成规定工作结束,但客户看项目是从确认有需求开始,到使用项目的成果实现商务目标结束,生命周期的跨度比前者大。因为项目的根本目标是满足客户需求,所以按后者划分考虑比较有益,对项目管理成功也大有帮助。图 1.1 是 Jack Gido 提出的项目生命周期4阶段及其相关的投入资源和时间的数量关系图。

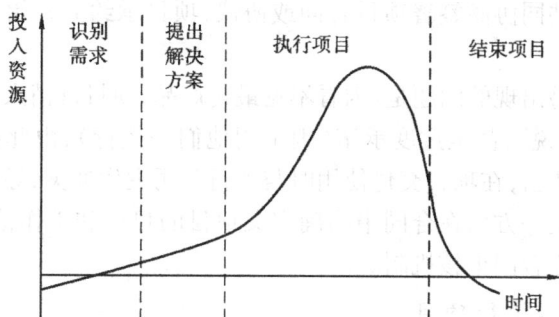

图 1.1　项目生命周期及其资源投入模式

1) 第一阶段:识别需求

当需求被客户确定时,项目就产生了。项目生命周期的第一阶段就是由客户和项目承约商就客户的需求进行识别,确认客户的现实需求和未来的潜在需求,分析投资收益比,研究项目的可行性,以明确项目的目标、产品、服务或要解决的问题,同时分析识别项目面临的各种制约因素。通常的做法是由客户用书面文件的形式明确自己的需求,并向个人、项目团队或组织(即项目承约商)征询"需求建议书"(Request for Proposal,简称 RFP),要求项目承约商提交在成本约束和进度约束下满足客户需求的书面文件,以进一步识别和确定客户需求,决定项目是否由其承担。

并非所有的项目都有一个正式的 RFP,某些项目的这个阶段可由客户单独完成,如在一组单个个体之间召开的会议上,人们通常会很随便地讨论并定义需求,进而确定项目承约商。但对于重要、大型或必须由外部项目团队完成的项目,项目承约商的提前介入是非常有利的:一方面可以了解客户真正需要什么;另一方面早期的交流可以与客户建立良好的关系,为后续的项目投标和合同奠定基础。

2) 第二阶段:提出解决方案

项目生命周期的第二阶段主要由各项目承约商向客户提交标书、提出满足客户需求的方案,双方就方案及其目标进行进一步磋商,确定最优方案并与项目承约商签订合同。这个阶段是赢得项目的关键,项目承约商既要展示实力又要合理报价,他们会花大量时间和精力解决客户提出的问题,满足客户需求的方案及其所需资源的种类、数量和执行方案所需的时间等,并形成书面文件提交客户参与项目执行权的竞争。在客户对多个项目承约商的项目方案书进行评估并选出中标者后,客户和中标商将共同协商签署项目合同或协议,项目承约商开始承担项目成败的责任。

这个阶段容易出现的问题是:因看不见最终产品,项目营销人员为了获得项目执行权不惜"随便说",甚至过度承诺(因不用他们去执行),由此会造成客户对项目产生过高的期望值,在项目交付使用时与项目公司发生冲突,导致项目公司的损失。预防的方法是一方面在合同中明确定义项目的目标和工作范围,另一方面在项目公司一层建立合同审核机制。

3)第三阶段:执行项目

项目生命周期的第三阶段主要是执行项目方案,从公司角度来看这才是项目的开始。本阶段的内容包括:为细化项目目标,制订详细的工作计划;组建项目团队;协调人力和其他资源,执行项目计划;定期监控项目进展,分析项目偏差,采取必要措施进行偏差纠正;使客户对项目任务高质量地在预算内按时完成满意,实现项目目标。

在这个阶段,项目监控和纠偏工作与项目目标的实现休戚相关,特别是一些不确定性较大的项目,如IT项目以及有众多项目同时运行的IT公司,项目监控显得非常重要,必须建立全方位、一体化的监控体系,以便跟踪项目的运行状态,否则难以保证项目实现预定的目标。

4)第四阶段:项目结束

项目生命周期的最后阶段是项目结束,在这个阶段有两个任务:一是项目结束的后续活动,即项目成果的移交与接交、项目款项的清算等;二是项目绩效的评估,一方面确认客户对项目的满意度及项目是否达到客户的期望度,另一方面分析项目缺陷,总结经验教训与未来执行项目可资借鉴的经验。项目的评估可以请客户参加,让客户表达意见,并争取下一个商业机会,或请求将项目作为成果向其他客户展示。最后,举行庆祝仪式,让项目成员释放心理压力,享受成果。

在上述项目生命周期中存在两次责任转移:第一次在签订合同时,标志着项目成败的责任已经由客户转移给项目承约方;第二次是交付产品时,标志着项目承约方完成任务,开始由客户承担实现项目商务目标的责任。

小知识

项目生命周期中有 3 个与时间相关的重要概念:检查点(CheckPoint)、里程碑(Mile Stone)和基线(Base Line),它们分别描述了在什么时候(When)对项目进行什么样控制,如图 1.2 所示。

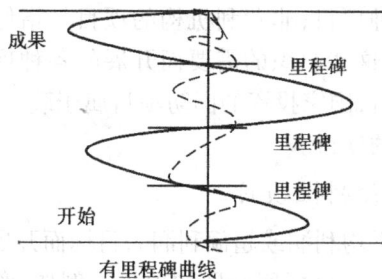

图 1.2　项目轨迹

1.检查点

检查点是指在规定的时间间隔内对项目进行检查,比较实际与计划之间的差异,并根据差异进行调整。

2.里程碑

里程碑是完成阶段性工作的标志。

3.基线

基线是指一个(或一组)配置项在项目生命周期的不同时间点上通过正式评审而进入正式受控的一种状态。基线其实是一些重要的里程碑,但相关交付物要通过正式评审并作为后续工作的基准和出发点。

1.1.5　项目的分类

项目可以按照不同的标志进行分类,对项目进行分类的主要目的是要对项目的特性有更为深入的了解和认识。项目的主要分类有以下几种:

1)业务项目和自我开发项目

业务项目是由专业性项目公司为特定的客户或业主所完成的项目,这是一种商业性服务或建设项目。自我开发项目是项目团队为自己企业或组织所完成的各种开发项目,是一种企业内部研究与开发的项目。

2)企业项目、政府项目和非营利机构的项目

企业项目是指由企业提供投资或资源,并作为项目业主或顾客,为实现企业的特定目标所开展的各种项目,包括国有企业、集体企业、私营企业和合资企业;政府性项目是由国家或地方政府提供投资或资源,并作为业主或顾客,为实现政府或社会的特定目标所开展的各种项目;非营利机构的项目是指像学校、社团、社区等组织提供投资或资源,为满足这些组织的需要而开展的各种项目。如企业出自的新产品开发项目属于企业项目,国家投资的国防项目属于政府性项目,学校出资的建设项目则属于非营利机构的项目。

3)营利性项目和非营利性项目

营利性项目是以获得平均利润或超额利润为目标而开展的项目。非营利性项目是以增加社会福利或公益为目标所开展的项目。例如,商用计算机的开发与生产和管理咨询公司的咨询服务项目属于营利性项目,而城市道路的建设项目和希望小学的捐助项目则属于非营利性项目。

4)大项目、项目和子项目

我们认为"大项目、项目和子项目"对应着英文中的"Program""Project"和"Subproject"。"大项目"是由一系列"项目"构成的一个集合。"项目"是"大项目"的一个子集。同时,任何一个"项目"又可以进一步划分为多个可管理的部分,即"子项目"。"子项目"多数是可以分包出去由其他的企业或本企业的其他职能部门完成的一个项目的子集。一个项目可以分解成各种不同层次的子项目。

小原则

子项目也被认为是项目,并作为项目来进行管理。

子项目:项目常常可以被分解为更易管理的单元或子项目,而子项目常常可以由外部企业承包或项目执行组织中的其他职能单位完成。以下是一些子项目的举例:

- 一个单个的项目阶段。
- 一个建筑项目中的水泵安装或电路铺设。
- 一个软件开发项目中的程序自动测试。
- 一个药物研究开发项目中提供临床检验用药的批量生产。

1.2 项目管理的概念与特点

1.2.1 项目管理的定义

项目管理给人的一个直观概念就是对项目进行的管理,这是其最原始的概念。从这个角度讲,项目管理是通过项目各方干系人的合作,把各种资源应用于项目,以实现项目的目标,使项目干系人(参见1.4.4)的需求得到不同程度的满足的系列活动的总和。随着项目及其管理实践的发展,项目管理的内涵得到了较大的充实和发展,项目管理已成为新的管理方式、新的管理学科的代名词,即项目管理是以项目管理活动为研究对象的一门学科,是探求项目活动,科学组织管理的理论与方法。前者是一种客观实践活动,后者是前者的理论总结;前者以后者为指导,后者以前者为基础,就其本质而言,两者是统一的。

很多人认为,项目管理就是对项目的运作过程进行管理,无非是"拍脑袋"决策的东西,只要项目经理是技术高手,可以帮助项目小组的成员解决所有的技术难题,就能保证项目的顺利实施。但是普遍存在并逐渐被人们认识的"20—80现象"告诉我们,20%项目失败的原因来自技术能力的缺陷,而另外80%来自对项目运作的管理和控制出了问题。

> **注意**
>
> 项目管理与目标管理、企业管理:
>
> 1. 项目管理与目标管理的区别。项目管理主要是基于目标开展管理,它是把项目从大项目分解到子项目,再分解到每个工作包,依据不同层次的工作包制订各自的目标,实施目标管理。目标管理是一个范围更大,更抽象的管理模式,而项目管理本身是针对具体的一个项目。项目管理可以采用目标管理模式。
>
> 2. 项目管理与企业管理的区别。企业管理的范围大,企业的很多工作都可以看成一个个子项目,按照项目进行管理,而项目管理的系统较小,它是当前企业管理中的一种新的管理模式,所指的系统是一个项目,而企业是一个整体,在企业管理中可以按照项目管理模式进行企业管理。

1.2.2 项目管理的内容

①范围管理(Scope Management)——根据项目的目的,界定项目所必须完成的工作范围并对它进行管理,包括立项、项目范围的计划和定义、范围确认、范围变更控制。

②时间管理(Time Management)——给出项目活动的定义、安排和时间估计,制订进度计划并进行控制。

③费用管理(Cost Management)——确保项目在预算范围内的管理过程,包括资源和费用的规划、费用预算和控制。

④人力资源管理(Human Resource Management)——确保项目团队成员发挥最佳效能的管理过程,包括组织规划、人员招聘和项目团队的组建。

⑤质量管理(Quality Management)——确保项目满足客户需要的质量,主要包括质量计划、质量保证和质量控制。

⑥沟通管理(Communication Management)——确保项目相关信息能及时、准确地得到处理,包括沟通计划的制订、信息传递、过程实施报告和评估报告。

⑦风险管理(Risk Management)——确保项目能够成功实现,需进行风险的识别、度量、响应和控制。

⑧采购管理(Procurement Management)——确保项目所需的外界资源得到满足,包括采购计划、询价、资源选择、合同的管理和终结。

⑨综合管理(Integration Management)——确保项目各要素的协调工作,包括项目计划的制订和执行、项目整体变化控制。

1.2.3 项目管理的基本职能

1)项目计划

项目计划就是根据项目目标的要求,对项目范围内的各项活动所作出的合理安排。它系统地确定了项目的任务、进度和完成任务所需的资源等,使项目在合理的工期内,用尽可能低的成本,以尽可能高的质量完成项目任务。

项目的成败首先取决于项目计划工作的质量。任何项目的管理都要从制订项目计划开始,项目计划是确定项目协调、控制方法和程序的基础及依据;是制订和评价各级执行人的责权利的依据;是项目经理和项目工作人员的工作依据和行动指南;是对项目进行评价和控制的标准。

2) 项目组织

组织有两重含义,一是指组织机构,二是指组织行为(活动)。项目管理的组织是指为进行项目管理、完成项目计划、实现组织职能而进行的项目组织机构的建立、组织运行与组织调整等组织活动。项目管理的组织职能包括 5 个方面:组织设计、组织联系、组织运行、组织行为与组织调整。

项目组织是实现项目计划、完成项目目标的基础条件,组织的好坏对于能否取得项目成功具有直接的影响。

3) 项目评价与控制

项目计划只是根据预测而对未来作出的安排,由于在编制计划时难以预见的问题很多,因此,在项目的组织实施过程中,往往会产生偏差。如何识别偏差、消除偏差或调整计划,保证项目目标的实现,是项目管理的评价与控制职能所要解决的问题。

项目评价是项目控制的基础和依据,项目控制则是项目评价的目标和归宿。

小知识

美国项目管理学会 PMI(Project Management Institute)成立于 1969 年,是一个有着近 5 万名会员的国际性学会。它致力于向全球推行项目管理。PMBOK (Project Management Body of Knowledge),是 PMI 早在 20 世纪 70 年代末率先提出的。几经修订,成为现在的项目管理知识体系,简称为 PMBOK (Project Management Bode of Knowledge)。在这个知识体系指南中,把项目管理划分为 9 个知识领域,即:范围管理,时间管理,成本管理,质量管理,人力资源管理,沟通管理,采购管理,风险管理和综合管理。国际标准化组织以该文件为框架,制订了 ISO 10006 关于项目管理的标准。

美国的项目管理知识体系可以看成是一个动静结合的整体,包括动态的项目进程管理和静态的项目管理九大知识领域,如图 1.3 所示。

需要指出的是,项目管理的五大工作过程之间首先是一种前后衔接的关系。管理工作过程的输入和输出是它们相互之间的关联要素。一个具体过程的结果或输出,就是另一个具体过程的输入,所以各个项目管理工作过程之间有文件和信息的传递。这种输入与输出的关系在有的时候并不是单向的,而是双向的。

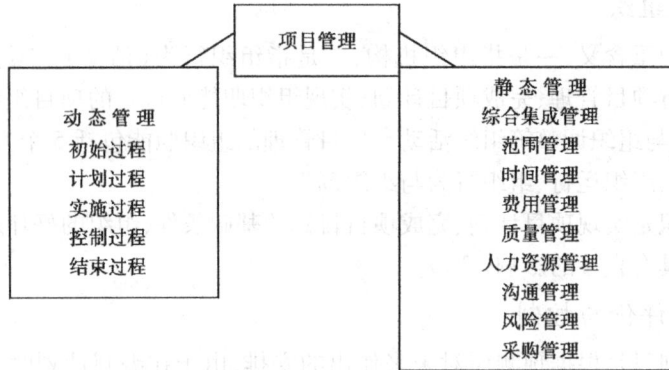

图 1.3　项目管理知识领域

PMBOK 中涉及的项目管理知识领域中又以项目的时间管理、费用管理和质量管理为关键部分。认为项目管理的基础是平衡时间、质量与费用的关系,如图 1.4 所示。

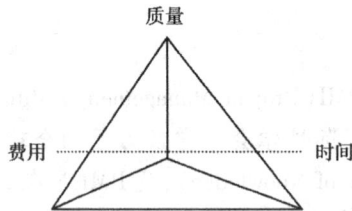

图 1.4　3 个因素

在某些情况下,3 个因素中的一个受到条件限制而固定不变,因而可以说是"成功"的关键。在实践中,必须对这 3 个方面进行控制,以保证项目的成功实施。

1.2.4　项目管理的特点

项目管理具有以下基本特点:

1) 项目管理具有复杂性

项目一般由多个部分组成,工作跨越多个部门或机构,需要运用多种学科的知识来解决问题;项目工作通常没有现成的可以借鉴的经验;项目实施中有很多不确定性因素和风险;项目团队往往由来自不同组织,具有不同背景和经验的人员组成,在管理上难度较大等。这些因素决定了项目管理是一项复杂的工作,与日常(具体)操作相比,更需要知识、技能、工具和技巧等。

2)项目管理具有探索性

由于项目的唯一性和独特性,项目管理必然要承担风险、勇于探索,才能成功。这也是项目与一般重复性管理的主要区别。项目的探索性可能有比较高的失败率,这是目前项目管理实践的现实。但随着科学技术的发展,人们能够从众多项目管理的实践中提炼出一些具有普遍意义的经验与教训,同时科学技术也为人们带来多种解决问题的方案,通过试验的方法,人们也可以降低项目失败的概率。

3)项目管理需要更多协调与沟通

项目的复杂性随着范围的不同而有很大变化。项目越大越复杂,对涉及的学科、技术、知识和技能等要求也就越高。项目进行过程中常常需要组织内部和外部的多个部门的配合,要求这些组织、部门迅速做出反应。这样的情况下,对项目经理的要求就更多地体现在协调资源和人员沟通方面。缺乏良好组织协调和沟通的项目管理,根本不可能成功。

4)项目经理在项目管理中起着非常重要的作用

项目经理的位置是由特殊需要形成的,项目经理除了行使一般职能经理的职能外,还必须了解、利用项目管理的专业知识、技能、工具和技巧去解决项目中的突发事件和各种矛盾等。许多学者都承认项目经理是项目小组的核心与灵魂,也是项目能否成功的一个关键因素。

1.3　项目管理过程

1.3.1　项目管理过程理论

为了使项目取得成功,项目团队必须在项目管理中选用实现项目目标所必需的合适过程。过程就是一组为了完成一系列事先指定的产品、成果或服务而需执行的相互联系的行动和活动。

项目管理过程极少是孤立或只执行一次的事件,它们是在整个项目生命期内自始至终都以不同的程度互相重叠的活动,如图 1.5 所示。

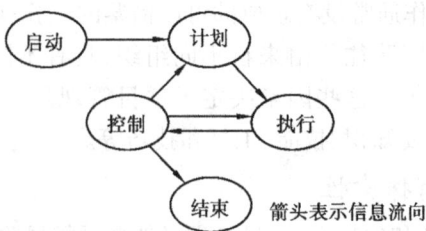

图 1.5 项目阶段中各过程之间的联系

每个项目的每个阶段都存在一个甚至几个"启动、计划、执行、控制和结束"5个过程的循环，但每个过程的时间长度和资源投入会有所不同。一般情况下，执行过程消耗的资源和时间最多，其次是计划过程；而启动与结束过程所需要的资源和时间最少。

项目的每个阶段都要经历以上5组基本管理过程，它们并非独立的一次性事件，而是按一定的顺序发生，工作强度有所变化，并互有重叠的活动，如图1.6所示。

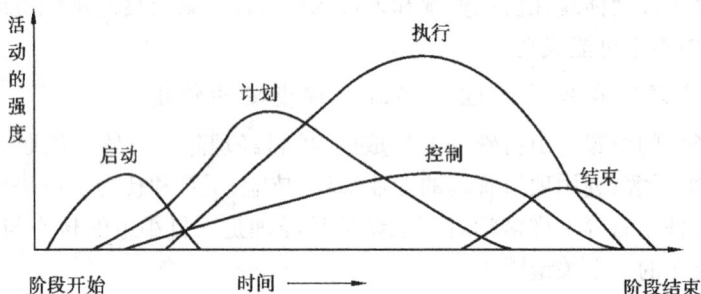

图 1.6 项目阶段中过程的重叠和活动强度

项目阶段和过程之间有相互联系。前一个阶段结束过程的可交付成果（输出）将成为下一阶段启动过程的根据（输入）。两个过程之间的交接同样要有可交付成果。每个过程的可交付成果都应准确、完整，包括一切必要的信息。

管理过程必要时可以反复和循环（如图1.7所示），这是项目过程与阶段的一个主要区别。

每组基本管理过程由一个或多个子过程组成。不同的子过程处理项目不同方面的事务。

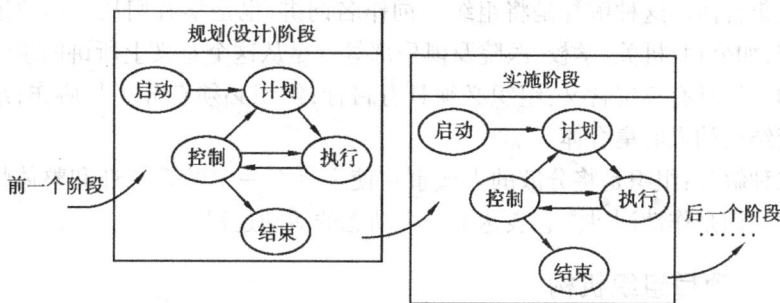

图 1.7 阶段之间和过程之间的相互关系

1.3.2 项目整体管理

在项目管理各个过程相互影响和相互作用中,项目"整体管理"兼有统一、合并、结合各过程的特征,包括为完成项目和满足顾客与其他利害关系者的要求,管理他们的期望而必须采取的贯穿项目整体的至关重要的行动。在项目实施的任何一天,"整体管理"都要从多种选择中决定应集中的资源和努力,在各个相互冲突的目标与方案之间权衡取舍,预测潜在问题并加以处理,防范项目风险,为项目的整体利益而协调工作。

"整体管理"的基本任务就是为了按照项目组织确定的程序实现项目目标,将项目管理过程中需要的各个过程有效地形成整体。"整体管理"可在项目管理中发挥重要作用。例如,按整体管理的原则,制订应急计划的费用估算就要求将项目费用管理、项目时间管理以及项目风险管理过程中各详细说明的规划过程结合为一个有机的整体。

项目管理整体过程包括:制订项目章程、制订项目初步范围说明书、制订项目管理计划、指导与管理项目、监控项目工作、整体变更控制和项目收尾。

1.4　组织和组织结构

1.4.1　组织的概念

从词义来讲,"组织"一词有两种解释。

第一种解释:组织是为了实现共同目标,通过分工与协作使之承担某种权责角色的人的集合体。这种解释是将组织一词作名词讲,也是学者们从实体角度所描述的组织,如公司、机关、学校、医院及俱乐部等就是从这个意义上所讲的组织。这里所讲的组织具有三层含义:组织必须具有目标;组织必须有分工与协作;组织是具有权责结构的人的集合体。

第二种解释:组织是将分散的人或事物使之具有一定的系统性和整体性。在这里组织一词是作动词讲。它表达了一个动态的活动过程。

1.4.2　项目组织机构

1)项目组织机构的内涵

项目组织是为完成项目而建立的组织,一般也称为项目班子、项目管理班子、项目组等。一些大中型项目,如建筑施工项目的项目组织目前在我国被称为项目经理部。由于项目管理的工作量很大,因此,项目组织专门履行管理功能,具体的技术工作由他人或其他组织承担。而有些项目,例如软件开发项目或某些科学研究项目,由于管理工作量不大,没有必要单独设立履行管理职责的班子。因此,其具体技术性工作和管理职能均由项目组织成员承担。这样的项目组织负责人除了管理之外,也要承担具体的系统设计,程序编制或研究工作。

项目组织的具体职责、组织结构、人员构成和人数配备等因素,它们会因项目性质、复杂程度、规模大小和持续时间长短的不同而有所不同。

项目组织可以是另外一个组织的下属单位或机构,也可以是单独的一个组织。例如某企业的新产品开发项目组织是一个隶属于该企业的组织。而某水电站项目组则是水电开发有限责任公司,本身是一个法人企业,负责该水电站的资金筹集、建设、建成投产后的经营、偿还贷款和水库上游地区的开发管理。项目组织的一般职责是项目规划、组织、指挥、协调和控制。项目组织要对项目的范围、费用、时间、质量、采购、风险、人力资源和沟通等多方面进行管理。

2)项目管理组织机构的设置原则

(1)目的性原则

项目组织机构设置的根本目的,是为了产生组织功能实现项目目标。从这一根本目的出发,应以目标设事,因事设岗,因职责定权力。

(2)精于高效

大多数项目组织是一个临时性组织,项目结束后就要解散,因此,项目组织应精干高效,力求一专多能,一人多职,应着眼于使用和学习锻炼相结合,以提高人员素质。

（3）项目组织与企业组织一体化原则

项目组织往往是企业组织的有机组成部分，企业是它的母体，项目组织是由企业组建的，项目管理人员来自企业，项目组织解体后，其人员仍回企业，所以项目的组织形式与企业的组织形式密切相关。

1.4.3　项目组织结构的选择

1）项目组织结构的类型

项目组织结构的类型有许多种，常见的有工作队式、部门控制式、项目型、矩阵型和直线职能型。各种类型的组织结构适应不同规模及项目需要。

（1）工作队式项目组织

特征：项目经理在企业内抽调职能部门的人员组成管理机构；项目管理班子成员在项目工作过程中，由项目经理领导，原单位领导只负责业务指导，不能干预其工作或调回人员；项目结束后机构撤销，所有人员仍回原来所在部门。

适用范围：适用于大型项目，工期要求紧，要求多工种、多部门密切配合的项目。

（2）部门控制式组织

特征：按职能原则建立项目组织，把项目委托给某一职能部门，由职能部门主管负责，在本单位选择人员组成项目组织。

适用范围：一般适用于小型的、专业性较强的、不需涉及众多部门的项目。

（3）项目型组织

特征：企业中所有人都是按项目划分，几乎不再存在职能部门。在项目型组织里，每个项目就如同一个微型公司那样运作，将完成每个项目目标所需的所有资源完全分配给这个项目，专门为这个项目服务，专职的项目经理对项目组拥有完全的项目权力和行政权力。

适用范围：项目型组织结构适用于同时进行多个项目，但不生产标准产品的企业。常见于一些涉及大型项目的公司，如建筑业、航空航天业等。

（4）矩阵型组织

特征：项目组织与职能部门同时存在，既发挥职能部门的纵向优势，又发挥项目组织的横向优势；专业职能部门是永久性的，项目组织是临时性的。职能部门的负责人对参与项目组织的人员有组织调配和业务指导的责任。项目经理将参与项目组织的职能人员在横向上有效地组织在一起。项目经理对项目的结果负责,而职能经理则负责为项目的成功提供所需资源。

适用范围:适用于同时承担多个项目的企业。

(5)直线职能型组织

特征:这是一种传统式的组织结构形式,直线职能型组织是一种层次型的组织结构,按专业化的原则设置一系列职能部门,这种项目的组织是按照职能部门组成的,将项目按职能分为不同的子项目。比如,当进行新产品开发项目时,项目前期论证作为论证项目由计划部门负责,产品设计工作作为设计项目由设计或技术部门完成,生产产品作为生产项目由生产部门完成,销售产品作为销售项目由销售部门完成等。

适用范围:我国目前传统企业常采用直线职能型进行项目工作。

注意

1.工作队式项目组织

优点:能发挥各方面专家的特长和作用;各专业人才集中办公,减少了扯皮和等待时间,办事效率高,解决问题快;项目经理权力集中,受干扰少,决策及时,指挥灵便;不打乱企业的原有结构。

缺点:各类人员来自不同部门,具有不同的专业背景,配合不熟悉;各类人员在同一时期内所担负的管理工作任务可能有很大差别,很容易产生忙闲不均;成员离开原单位,需要重新适应环境,容易产生临时观点。

2.部门控制式组织

优点:人事关系容易协调;从接受任务到组织运转,启动时间短;职能专一,关系简单。

缺点:不能适应大项目的需要。

3.项目型组织

优点:项目型组织的设置能迅速有效地对项目目标和客户的需要做出反应。

缺点:资源不能共享,成本高,项目组织之间缺乏信息交流。

4.矩阵型组织

优点:将职能与任务很好结合在一起,既可满足对专业技术的要求,又可满足对每一项目任务快速反应的要求;充分利用人力及物力资源;促进学习、交流知识。

缺点:双重领导;各项目间、项目与职能部门间容易发生矛盾;项目组成员不易管理。

5.直线职能型组织

优点:与部门控制式组织结构相同。

缺点:项目时间长,各部门协调困难。

2)项目组织结构的选择

前面介绍的是项目组织经常采用的几种组织结构形式,除了这几种常见的组织结构之外,还可能存在其他组织结构形式。且每一种组织结构形式都有其优点、缺点和适用条件,没有一种是万能的,最好的组织结构形式。对不同的项目,应根据项目具体目标、任务条件、环境等因素进行分析、比较,设计或选择最适合的组织结构形式。一般来说,部门控制式的组织结构适用于项目规模小、专业面窄、以技术为重点的项目;如果一个组织经常有多个类似的、大型的、重要的、复杂的项目,应采用项目式组织结构;如果一个组织经常有多个内容差别较大、技术复杂、要求利用多个职能部门资源时,适合选择矩阵式组织结构;如果要完成一个大型的、重要的、复杂的要求利用多个职能部门资源的项目,则可采用工作队式组织结构。

1.4.4 项目干系人

项目当事人(parties)是指项目的参与各方。简单项目的当事人也简单,如假日旅行只有自己参与,生日家宴只有主人和客人两方参与。大型复杂的项目往往有多方面的人参与,例如业主、投资方、贷款方、承包人、供货商、建筑/设计师、监理工程师、咨询顾问等,如图1.8所示。他们一般是通过合同或协议联系在一起,共同参与项目。所以项目当事人往往就是相应的合同当事人。

项目干系人(stakeholders)包括项目当事人和其利益受该项目影响(受益或受损)的个人和组织;也可以把他们称作项目的利害关系者。除了上述的项目当事人外,项目干系人还可能包括政府的有关部门、社区公众、项目用户、新闻媒体、市场中潜在的竞争对手和合作伙伴等,甚至项目班子成员的家属也应视为项目干系人。

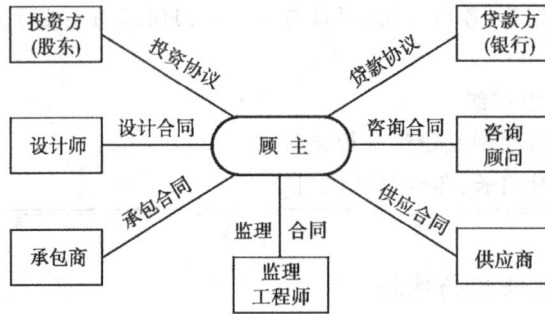

图 1.8 项目参与人之间的联系举例

注意

　　项目干系人既可能是项目的受益者,又可能是项目风险的承担者,甚至有可能是项目的受害者。项目干系人的要求包含明确的和隐含的,也可以分为必需的(NEED)、想要的(WANT)、期望的(WISH)等不同层次。项目不同的干系人对项目有不同的期望和需求,他们关注的目标和重点常常相去甚远。例如,业主也许十分在意时间进度,设计师往往更注重技术一流,政府部门可能关心税收,附近社区的公众则希望尽量减少不利的环境影响等。因此,从项目的启动开始,项目经理及其项目成员就要分清项目干系人包含哪些人和组织,他们各自的需求和期望是什么? 通过沟通协调对他们的需求和期望进行管理并施加影响,调动其积极因素,化解其消极影响,驱动他们对项目的支持,减小他们对项目的阻力,以确保项目获得成功。

1.5 项目管理办公室

　　项目管理办公室(PMO)出现在 20 世纪 90 年代初期。当时 PMO 仅提供了很少的服务和支持工作,而更多地被企业用来"管制"项目经理,而不是为他们提供项目管理的方向和指导。在 20 世纪 90 年代后期,对于企业领导来说,将项目放到整个企业的运作中统一管理的需要变得越来越明显,PMO 随之大量地出现。不论是对于项目经理还是对企业主管人员来说,PMO 都被证明是理想的选择。因为公司需要建立一个可以执行商业策略的理想环境,PMO实现了这一点,它对每一个项目根据商业策略进行评估和排序,然后对他们进行恰当的资源分配。

具体来说,建立项目管理办公室的是为了满足两个方面的需要:

1)满足商业竞争的需要

早期建立PMO的一个重要原因是失败的项目给企业所带来的痛苦感受。而现代商业社会竞争的残酷性,使得任何企业都有可能因为个别项目的失败而陷入困境。项目的成败在当今社会已经和企业的成败密不可分了,由此产生了对PMO的迫切需求。

一个成功的大中型企业必然有许多的项目在进行,是否有优秀的项目管理技术人才,成为能否在有限的时间及成本条件下,完成客户需求的关键。但是,再优秀的人才都不可避免地存在各种局限,况且一个企业所能拥有的优秀人才是有限的。大量项目的实施过程中,必然要求企业有一个对项目工作提供强大支持的机构,用于协助项目经理和项目团队及时、有效地克服各种困难,高质量、高绩效地完成项目。为了让项目管理技术和经验成为企业的组织财富,最终改善项目团队的整体生产力,提高企业的获利能力,在企业内部建立PMO就有其必然性和紧迫性。

注意

一旦项目开工,PMO就持续地对每一个项目的变化进行监控,提供各种项目经理和项目团队所需要的支持与服务。要强调的是,随着企业战略的变化,任何一个项目的状况也会随之发生变化。PMO通过对项目进行修正、加速、终止或是优先权的排序,实现了项目向适应企业战略变化的方向调整,以满足商业竞争的需要。

---

2)满足合理配置资源的需要

要想获得PMO带来的好处,企业的大小首先要达到一定的级别。如果一个企业每年只有一个项目,那就不要在PMO上浪费有限的资源了。对于一个有众多项目的企业来说,你会发现项目经理相当多,每一个都具有不同的技能和经验。这些项目经理经常不会意识到其他项目的成功,甚至不知道其他人在做什么。如果出现类似的情况,就应该建立PMO了。任何一个PMO的运转都需要资金和人员的投入。但是投入PMO的时间和资金将会是物有所值的,它让项目经理能够在企业中更好、更快、更节省地执行项目工作。因为,PMO 是整个企业运作的高度而不是单个项目的高度,它将企业有限的资源进行合理分配,同时为项目经理和项目团队提供各种支持,确保符合企业战略的项目成功实施。

集中化的 PMO 可以保证所有的项目经理具有核心的项目管理技能,使用共同的方法,处理过程和模板,并得到企业最高层的支持。PMO 组织的简单性使得每个人都可以建立这样的办公室。但是 PMO 的人员配置是非常重要而复杂的工作。为了具有在各方面提供支持和配置资源的能力,PMO 应该包括企业的高层主管、项目经理、各类专项专家、项目协调人员等角色。

PMO 通常具有如下的责任与功能:

①为项目经理和项目团队提供行政支援,如项目各种报表的产生。

②最大限度地集中项目管理专家,提供项目管理的咨询与顾问服务。

③将企业的项目管理实践和专家知识整理成适合本企业的一套方法论,在企业内传播和使用。

④在企业内提供项目管理相关技能的培训。

⑤PMO 可以配置部分项目经理,有需要时,可以直接参与具体项目,对重点项目给予重点支持。

小知识

虽然,一个成熟的项目管理办公室的作用与功能非常强大。但是,路要一步一步走,在 PMO 没有运作经验成立的初期,其工作应该集中在如下几个方面:

1. 为项目经理制订发展计划,并推动其实施。

人力资源部、部门主管和 PMO 共同主导项目经理的发展计划。同时,由部门主管、项目经理及未来的项目经理组成企业内部的项目管理协作组织(或称为项目管理俱乐部)。项目管理协作组织通过形式多样的讨论与交流,总结分享各自的经验。PMO 要根据项目管理协作组织的需求和企业内项目经理发展计划,开设各种培训班提供专业化的培训和面对面的交流。

2. 收集和整理项目经验,提供给其他项目分享。

通过参与各个项目的会议,总结和分享不同领域的相关知识、技术和经验,形成可再利用的支持能力,让知识管理在日常运作中能够被落实。

3. 项目投入的工期和成本的分析。

　　建立和推行一套工具，记录每个项目所花费的人力、时间，经过整理产生可供项目经理和主管参考的项目管理报表。

　　4.制订项目建议书、项目计划、项目总结报告等模版，提供给项目经理和项目团队参考使用。

　　由于项目经理和项目团队在进行具体的项目时，往往会遇到以前没有遇到的问题和情况。但是，这些问题和情况在企业内部可能已经遇到或实施过。因此，PMO能够通过对其他项目的总结，提供标准的解决方案，并以文档模版的形式提供给企业。这样，可以使项目团队的工作总是在企业过去积累的基础上向前发展，而不是简单的低水平重复。

　　总之，在一个以项目为基础开展工作的企业内部，PMO的建立是势在必行的。但是，如何成功设立PMO，特别是如何成功运作PMO是一项非常复杂和专业的工作，需要企业和其员工的长期努力。

思 考 题

　　1.项目的特征有哪些？

　　2.项目可以分为哪几个阶段？

　　3.试述项目和日常运作的差异。

　　4.项目管理的具体内容有哪些？

　　5.项目管理过程理论对项目实施有何意义？

　　6.项目组织结构都有哪些类型？

　　7.项目管理办公室的具体职责是什么？

第 2 章
电子商务项目管理基础

本章学习目标
■理解电子商务项目及电子商务项目管理的概念
■熟悉电子商务项目管理的过程和生命周期
■了解电子商务项目管理成功与失败的因素

本章知识要点
■电子商务项目的定义、特点
■电子商务项目管理的定义、特点
■电子商务项目管理成功与失败的因素
■电子商务项目管理的过程
■电子商务项目管理的生命周期

通篇案例

背景：

经过昨天的交流，小钟知道，大家对他有了新的了解。小钟昨晚花了好长时间复习了一下项目管理教材，准备今天从理论层次提炼一下自身的经验。

项目主管郑总说道"小钟不愧是集团公司重点引进的人才，基础扎实，经验丰富。通过昨天座谈，想必大家感触良多，请大家自由发言，结合自身经历谈谈个人感想。"

小钟看没人说话，刚要动口，项目主管郑总却抢了先："要不我先谈，项目管理主要是……电子商务项目管理是发挥互联网的优势和性能……同时必须考虑客户的需求变化、资源的到位、团队成员的冲突以及项目成功评价标准……"

案例：

"大家有可能还记得我们信息中心刚刚成立那一年所实施的电子商务项目——Intranet 物业合同审批项目。"

"我不知道"，小钟心里犯嘀咕。

"对了，小钟，情况是这样的，集团在全国拥有 30 个分公司，250 个办事处，分公司、办事处、甚至生产厂房中仅有一小部分是集团出资建设的自有物业，绝大部分是由 S 集团的营运部出面向业主租赁的商业办公用房。根据集团规定：所有商业办公用房的新签合约与续签合约必须获得上级主管及相关部门领导的同意。这样将导致审批周期长，负责的员工精力与时间付出大。"

"当时公司委任我为项目经理，对此问题进行立项，实施电子商务项目。"

"我首先详细地考察了日常审批流程及存在的问题，探讨能有效发挥互联网性能的大家都认可的审批方式。具体情况是……在仔细理解公司关于审批的规章制度，总结项目手工审批遇到的问题及对策的前提下，我决定开发一套基于企业内部员工的 Intranet 物业审批系统。"

"这个项目必须都考虑合适的操作系统、数据库系统和系统结构……"小钟忍不住插话说。

"对，我们考虑了项目的技术支持……"郑总微笑地说。

"那系统模块呢？"小钟又问。

"整个网上审批系统可以看作是由三个既独立又相关的子系统相互结合在一起的一个工作平台。三个子系统分别是项目申请子系统、项目审批子系统及系统管理员功能界面。"

"我觉得",郑总突然提高了声音说道,"项目成功的经验主要有以下几点:清晰的需求及完善的沟通是成功的前提;把握项目生命周期是关键;公司高层的支持是成功的必要条件;良好的运行维护是成功的保障。"

小钟听完后,感觉和项目主管有一种惺惺相惜、相见恨晚的感觉。自然两个人后来成为了相互扶助的好朋友。

思考:

1.什么是电子商务项目及电子商务生命周期?

2.你觉得电子商务项目管理的成功和失败的因素有哪些?

2.1　电子商务项目的概念

2.1.1　电子商务项目的定义

通过第1章的学习,我们知道项目有着极其广泛的含义。一件认真策划并完成的事情,是一个项目;安排一个隆重的生日庆典,是一个项目;修建一条马路,也是一个项目。在投资人的眼里,一个可以在预期内收回本金并赢利的投资活动,是一个投资项目;在政府官员眼里,针对社会上某些问题出台一个政策并付诸实施,是一个治理项目;对开篇案例中的S集团来说,企业内部员工的Intranet物业项目审批系统,就是一个电子商务项目;在商场管理中,采用POS机和数据库系统辅助结算和收款工作,也是一个电子商务项目。

一言以蔽之,项目是以一套独特而相互联系的任务为前提,有效地利用资源,为实现一个特定的目标所做的努力。电子商务项目则是指在电子商务过程中,为了达到所需的绩效目标,发挥互联网的优势和性能,在一定的期限内,依托一定的资源,而进行的一系列活动,这一系列活动的过程具有极其丰富的内容,构成了许许多多、大大小小的项目。

注意

与项目一样,电子商务项目是一项有待完成的任务,有特定的环境与要求。这一点明确了电子商务项目自身的动态概念,即电子商务项目是指一个过程,而不是过程终结后所形成的成果。例如,人们把一个新网络图书馆系统的建设过程称为一个项目,而不把图书馆系统本身称为一个项目。

> 　　电子商务项目必须在一定的组织机构内,利用有限的资源(人力、物力、财力等)在规定的时间内完成任务,任何电子商务项目的实施都会受到一定的条件约束。在众多的约束条件中,质量、进度、费用是项目普遍存在的三个主要约束条件。电子商务项目的绩效也是通过这三个主要目标的完成情况来衡量,即时间(项目是否按时完成)、费用(项目是否符合预算)和性能(项目达到客户满意的程度)。
>
> 　　电子商务项目任务必须满足一定性能、质量、数量、技术指标的要求。这是项目能否实现,能否交付用户的必备条件。功能的实现、质量的可靠、数量的饱满、技术指标的稳定,是任何可交付项目必须满足的要求,项目合同对于这些均具有严格的要求。

2.1.2　电子商务项目的特点

1)电子商务项目涉及角色多

一般项目中,主要的角色有两个:一个是项目的投资方,另一个是项目的承包方。而对复杂的电子商务项目来说,项目所涉及的主要角色往往还有卖方、咨询方和外包商。

2)电子商务项目具有复杂性

电子商务项目复杂性的原因,主要是在项目的实施中,管理、技术、商业活动、竞争及其他因素混合在一起,需要控制多重关联的商业和业务活动中的变化。这些变化跨越了公司之间和公司内部的部门之间,从而使沟通与协调变得更加困难,也使得电子商务的管理面临挑战。

电子商务项目的复杂性主要表现在:

①高层管理者的期望值很高。

②为适应电子商务的要求,很多单位的内部机构需要调整。

③项目的实施过程中存在紧迫的时间压力。

④由于电子商务的应用软件,尤其是电子交易软件在不断发展,而且项目在进行中也在持续发展,新产品层出不穷,这些因素会带来竞争、机遇与挑战。

⑤项目信息技术的基础结构十分复杂。

⑥项目存在严重的预算压力,而电子商务项目在实施初期很少获得大规模的

利润。

3)电子商务项目具有动态性

当今电子商务项目正处于一种激烈的竞争环境中,快速演变升级的基本技术、持续竞争和新的工具改变了以前项目运行所必须遵循的逻辑顺序,电子商务项目不再只是一个按部就班的软件生产过程,它必须以快速应变和充满创造力的开发过程应对市场压力。

电子商务项目的实施是动态的,主要表现在:

①客户在电子商务项目的实施过程中,往往会频繁改变他们的要求和需要,这就要不断调整商务和业务规划,使其与电子商务系统同步。

②在项目实施中由于很多问题浮现出来,项目实施方将不得不修改原来的规划和设计。

③新的软件、硬件或网络技术的诞生,比已有的技术更有吸引力。

④当竞争者改进了电子商务网站的创意,改善了市场推广方式,项目实施方必须快速对此作出反应,否则,正在进行的电子商务项目就会面临困难。

⑤上级管理层在未与项目实施团队商议的情况下,改变了业务方向、范围或进度。

4)电子商务项目存在着较大的风险

由于电子商务项目是创建新的商务活动,它的实施将改变现有的业务流程,影响业务结构,一旦失败则很难弥补。同时,由于电子商务在更大程度上依赖系统平台和技术支持,系统需要高度的扩展性,尺度难以掌握。这就需要项目实施方认真遵循项目管理的方法,严肃地对待电子商务项目,从而降低风险。

5)电子商务项目的生命周期短

由于电子商务项目一般都要涉及信息技术,而信息技术的生命周期短,项目所依赖的计算机系统、软件的升级换代快。同时,由于在不确定的商业环境中,机会来得快,去得也快,使得电子商务项目不可能持续太长时间,否则项目尚未建成,就有可能面临被淘汰的危险。

2.2 电子商务项目管理

2.2.1 电子商务项目管理的特点

电子商务项目管理既有项目管理的普遍性,又有较为特殊的管理特性。与传统的项目管理相比,电子商务项目管理主要有以下的特点:

①传统项目的目标在一开始就设定好了,在实施过程中很少变动,工作范围较为明确和固定,而电子商务项目的目标可能会随着科技的发展而更新变动,范围会随着竞争对手业务的开展情况有扩宽的趋势;传统项目的生命周期长,通常大于一年,而电子商务项目由于市场机会的短暂性,生命周期短,可能不到一年。所以对电子商务项目的管理要求更具有灵活性和适应变化的能力。

②在传统的项目管理中,项目领导者可运用甘特图和性能评审技术等多种项目管理工具来领导项目的计划、组织和控制工作,主要担负着监管人的角色:在整个电子商务项目的管理中,可能随时面临需要解决问题,甚至是处理危机,那么项目的领导者除了以上工作,还要花费相当多的时间来解决问题。在传统的项目管理中往往只指定一个经理;在动态的电子商务项目中,也可能会指定多个项目经理。传统的项目管理中,团队成员完成的是单独任务,并全心为项目工作;电子商务项目对团队则更具挑战性,成员要能够划定并更新自己分内的任务,同时还要通过资源共享来加强与其他工作的关联,这样对于团队协作的要求就更高。

③技术在传统的项目管理中也许只是一部分,在电子商务项目管理中系统与技术的作用更为广泛和重要;传统的项目有并行和串行任务,电子商务项目由于时间压力则趋向于高并行任务。

④传统的项目管理重视关键路径,也就是整个项目中历时最长的那部分工作。通常关键路径的任何延误都将造成整个项目的延误;而电子商务项目管理所必须注意的还有具有风险性的那部分工作,风险性工作都是存在着一些问题的工作,而这些有问题的工作不一定就在关键路径上,因此仅仅注意关键路径上的问题可能会陷入困境,迷失方向。

⑤在传统的项目管理中判断一个项目是否成功,主要看项目的工期指标、成本指标和质量指标是否满足项目的约束条件。如果项目按期交付,成本费用在预算之内,产品性能符合合同条款规定,就认为该项目是一个成功的项目;反之,项目就算失败了。然而,在当今竞争激烈的时代,对一个电子商务的项目来说,最惨痛的

失败不是工期拖延、成本超支,而是所完成的项目不能够让客户满意。因此,电子商务项目管理应更加注重以客户满意为目标。传统项目管理和电子商务项目管理的特性对照如表 2.1 所示。

表 2.1　传统项目管理与电子商务项目管理的特性对照

类　别	传统项目管理	电子商务项目管理
目标和工作范围	明确、固定,注重技术目标	宽阔、变动,注重经营目标
对管理人员的要求	技术技能	技术技能、商业技能、管理技能
关键路径	基于最长路径	最长的路径重要,但更重视风险性工作
项目成功的标志	工期、成本与质量指标	除工期、成本与质量指标外,更注重客户满意的指标
层次性	单一项目,一个项目有完整的界限	一个项目常伴随着创新、创业、开发新产品、新业务等同时实现
需　求	稳定	动态的、变化的
风险意识	一般	强化风险管理 高风险带来高效益
任务结构	很多连续的任务	很多并行的任务
与其他工作的关联	有限	通过资源共享而深化
项目周期	较长	较短

尽管电子商务项目管理与传统的项目管理相比有它的特别之处,但项目管理方法仍然在电子商务管理中起着很重要的指导作用。

2.2.2　电子商务项目管理的发展趋势

电子商务项目管理的发展趋势主要体现在以下几个方面:

①高级管理层直接介入。由于电子商务项目对于企业组织的影响深远,往往会触及组织的结构划分,调整与消费者连接、沟通和服务的方式,改变同上下游合

作伙伴的分工。这种性质的项目需要得到高层管理者的完全认同和实质性支持才能获得成功。换言之,这不是哪一个部门都可以独自承担的项目。高级管理层参与电子商务项目应有持续性,但又不要过于干涉。高级管理层首先要提供电子商务项目的远景目标,及时提供项目实施过程中所需的资源。

②合作性的管理模式。团队成员、管理者与公司员工间的信息应该共享,这样可以减少争议与问题,增强合作。促使团队成员了解更多的信息,参与项目管理,推进每一项日常工作。

③鉴于电子商务项目的复杂性,在实施对电子商务项目的管理时,可将一个项目分解成一个大前提下的许多相关的小项目来操作,并在实施中通盘考虑。注意在多个项目间共享资源,并在资源的使用中注意优先级,这样会得到事半功倍的效果。

④虽然顾客和供应商都是电子商务的受众,不在直接的管理下,但在管理过程中应注意协调好顾客与供应商之间的关系,因为他们的经验、需求和概念随时会影响项目的实施与管理。

⑤实施电子商务项目时,在没有足够资源和充分时间的情况下,为了提高效率,可以考虑部分采用外包的形式来实施电子商务项目。

⑥在对电子商务项目的管理中,应重视对风险任务的处理,要预见并解决即将出现的问题与危机。项目中存在的问题往往和风险性任务相关,在考虑项目的关键路径时,应该把所有的风险性任务包括进去,加强对项目的风险性管理和关键路径的管理。如果电子商务的关键路径是可以控制的,整体的风险将会降低。

2.2.3 电子商务项目成功实施

1) 电子商务项目成功的因素

成功的电子商务项目一般来说都含有以下几个因素:

①电子商务项目的目标与范围一开始就界定清楚。范围可能会随着工作而发生变化,但是范围一定要随时与目标保持一致。

②电子商务项目实施过程中为可测任务划分出重要里程碑,每个划分出来的子项目也划分出一系列的里程碑。管理者可以根据里程碑判断整个进度表是否按时执行。

③项目小组有良好的心态去适应来自外界和内部的变化,能够积极地应对问题出现,因为变化正是电子商务的希望所在。

④项目经理的管理不是事无巨细,也不是泛泛地表扬,而是很好地监督进程、评估项目里程碑以及项目的最后结果,积极参与解决重大问题。

⑤项目团队高度协同工作,信息共享。团队的成员参与一部分管理工作,如界定、评估和更新自己的工作。

⑥项目管理是知识管理,它是复杂的,需要现代化的管理手段。项目组织或者承包商公司内部建立"数字信息系统",实现信息高度共享和资源动态调配,并逐步实现零距离沟通、实时管理和网上办公,为项目管理的实施提供强大的支持。

2)电子商务项目失败的因素

造成项目失败的普遍因素如下:

①项目的初始目标变化了,而电子商务的进度要求却没有变。

②管理不当,关键的里程碑没能达到,士气低落。问题和资源没有得到很好的管理,影响了整个项目。

③电子商务的变化太快。人们被频繁变化的需求与观念的混乱搞糊涂了,无法继续前进。

④电子商务项目的目标不现实。许多时候并不考虑组织、技术与基础设施的具体情况便匆忙推行电子商务。

⑤电子商务的项目持续时间太长,缺少重要里程碑的划分。不停地工作却没有提交阶段性成果。

⑥管理层不能迅速有效地解决问题或者是在实施过程中管理过细。

3)电子商务项目的成功实施

如何保证自己实施的电子商务项目的成功呢?国外有专家总结如下:

①不要作出超过24个月的规划。因为在不确定的商业环境中,机会来得快,去得也快,宏伟的计划通常不能实施,生存比发展更重要。尽管制订指导整个商业活动的商业策略仍然必不可少,但是像传统的策略规划(如规划5年之遥的中长期策略)已不再适用,这主要是由于互联网带来的商业环境转变所导致。商业环境的改变已经达到这种程度——没有一个规划能适用24个月。超过24个月,就应该设想商业环境将发生巨大的改变,因而需要重新制订相应策略。另外,实行策略的速度必须加快,一个需要12个月以上的时间来实行的策略同样是不可能成功的。

②不要制订与整个商业策略无关的电子商务策略。电子商务紧紧围绕商业服务,为原有的商业发展所共享。管理人员急于快速开展独立于经营部门的商业策略之外的"电子商务"策略,在许多情况下,这是由于对"新经济"快速反应的渴望

和快速引进电子商业的愿望驱使的,这其中暗含了一层假想——开展整个商业策略是一个麻烦而又费时的过程。因此,等到商业策略的开展之后才开展电子商业策略会导致电子商务项目的失败。而事实正好相反。首先,商务策略可以在短时间内开展;其次,不了解电子商业方案的开展对现有分销渠道和整个商业的影响,可能会导致该商业策略的失败。对传统的砖瓦公司而言,被当作独立于商业策略之外的、通向"新经济"的一种不同的方式而建立的电子商务策略,则常常会起到相反的作用,并最终肯定会失败。

③要切实做到因地制宜。根据行业、地理和文化的不同,采取不同的电子商务策略。制订一项整个企业范围内的电子商务策略常常存在内部压力,这种方式仅仅对那些业务集中于单一的购物中心,且规模较小的企业才是有效的。就商业流程重组(BPR)和客户关系管理(CRM)方面而言,我们已经了解到最有效的商业策略是那些集中于特定的细化市场的策略。尽管,应该开展企业范围内的策略技术化构建,商业策略必须针对那些明确的细分市场而开展。这种市场细分应该考虑影响购买者的行为和需求的所有因素,例如,行业、地理和文化。行业显然是影响消费者需求的主要因素,地理和文化则与它密切相关,尽管地理的某些方面会影响费用和后勤服务,在某些情况下,地理也可被当作文化的替代。文化上的差异将会影响购买者与电子商务模式的相互作用,甚至对人口统计学和需求特征上相似的购买者而言,考虑到他们文化上的差异而导致的不同的购买者行为,制订不同的策略也许是必要的。

④在策略分析中,应内部和外部流程并重。初入电子商务的企业有这样一种趋势——即关注互联网对内部或外部流程的影响。这种趋势反映在流行术语"B2B""B2C"中。尽管 B2B 和 B2C 通常被当作独立的商业模式,但实际上赋予了供应方和需求方相同的价值链。当运用 B2C 这一术语时,通常关注点在于分销渠道和商业机构将怎样把它的产品卖给最终用户;当运用 B2B 这一术语时,尽管包括外部供应商,其关注点趋向于内部费用,特别是采购费用。一项有效的策略应该考虑电子商务如何能够用于提高内部运作和外部沟通的效率。

⑤获得董事会和相关利益者的全力支持。一项工程的实施势必影响到许多方面,需要许多资源,因此获得董事会的支持至关重要。因为它是最高层,所以,获得董事会的认知主要在于获得对相关费用的批准。但这将使整个项目健康实施。引入电子商务通常意味着增加了商业模式的复杂性,也意味着在互联网上确立一种前所未有的市场形象(B2C 或 B2B)。实施一种新的商业模式和确立一种全新的市场形象要花费相当多的时间。董事会必须了解所需的时间进度以及用于评定策略

实施进展的指标(包括其他传统财务评价指数,例如每股收益或投资回报)。

⑥慎重选择商业模式——购买、剥离或转型。一旦准备确立电子商务形象,企业必须明确地考虑选择达到策略目标的途径。在某些情况下,设立一个内部的电子商务部门,然后作为一个独立实体剥离出去,也许是可行的;而在另外一些情况下,电子商务流程和传统的商业流程之间可以有一种高层次的相互作用。例如,互联网可以提供设立补充性分销渠道的机会。在这些例子中,最佳方式也许是注入新能量以及改造现有的商业流程来推行新的商业模式;另一种获得新能量的方式是购买软件应用型企业或完 dot-com 企业来实施新的商业模式。其中,最重要的是慎重选择这些实施电子商务策略的方式。

⑦遵循新游戏规则。由于它们正处于初期,电子商务在新规则下运作。最近的 dot-com 创业企业必须通过快速建立市场份额以便与传统的商业机构在同样的市场蛋糕上竞争。为了获得市场份额,他们将会作出艰苦的努力,这也许包括巨额广告投入,大幅度折扣价格,以及其他导致短期内净损耗的方式。建立市场份额是这些企业得以长期生存的关键。后来者或者传统公司试图建立其互联网市场形象,必须在了解新规则的基础上玩这场游戏。甚至一个具有既定品牌度的传统企业,在网上以较 dot-com 企业的大幅度的打折价格高的价格销售产品也将会失败。以这种策略介入到 dot-com 商业机构的范畴,只会加强传统公司在新经济中低效、高价的形象。传统企业进入市场作为一个新的介入者,必须做好以同样程度的折扣价格销售产品的准备,要不它们就不可能确立其网络上的身份。

⑧依据真实的能力和价值,改善或重构分销渠道,是通过价值链重组获得新利润的重要来源。互联网非常前瞻性的承诺之一是通过消除中介降低费用,尽管在理论上是可行的,但这种承诺很明显被吹捧了。在某些情况下,企业已经运用对电子商务收入的泡沫性估计来缓和设立渠道常常会导致收入降低的矛盾,制造商的电子商务方案对分销商的疏远已是司空见惯。在规划流程时使用对电子商务收入的客观估计非常关键,然而,认识到什么时候电子商务能提供一条比任何现存的渠道更有效的分销渠道同样至关重要。选择合适的策略需要对新的和已有分销渠道的收入进行真实、定量地估计。对企业每一条新的和现有渠道的能量和价值的估计可以用于评估该渠道的效率和它对这个特定企业所具有的潜在未来。

⑨需要建立评估电子商务方案是否有效的一套参数表,以确保这些项目的可行性。美国电影有句名言,"如果你建造了它,它就是未来。"这句名言常常被用于描述对开展电子商务所持的"盲目信任"态度。这种态度通常包括建立一个网站把产品销售给终端用户,其理由是"这正是该做的事"。这种态度中常常没有一套

评估方案,在许多情况下,甚至连评估的参数都还没有确定。评估一个电子商务方案的有效性几乎都会使用新的参数,但是其中一些用于评估整个商业流程有效性的参数也许会同以往所使用的一样。新的参数,例如"黏稠度",也许专指电子商务和网站。已有的参数,例如市场份额,也可以具体用于电子商务方案。然而,由于最近 dot-com 企业所显示的价值下跌,传统评估指标(例如净收入和每股收益)亦不可被忽视。正如将电子商务策略整合到整个商业策略的重要性一样,将商业评估指标整合起来也同样重要。所用的指标必须能评估达到商业策略目标的进展,它们也必须能捕捉到电子商务与传统分销渠道之间的相互影响。例如,当必须"接触和感觉"商品时,一个明智的设计也许包括把样品从网站送到传统商场,在这样的设计中,每一个分销渠道会影响其他分销渠道的成功。没有指标评估,就难以确定电子商务方案的有效性,而来源于独立运作的评估系统,其信息必须结合起来形成一个整体框架。

⑩追求速度和彻底实施。与以往所遇到的相比,电子商务对企业的基本构架在速度和效率上提出了更高的要求。电子商务的环境和竞争状况变化速度如此之快,必须快速实施电子商务策略,砍掉官样文章,回避或粉碎阻碍电子商务方案进展的官僚主义。而负责电子商务方案的管理人员必须拥有充分的自由和权力,快速使该项目开花结果。在"互联网时代",拖拖沓沓的计划必定是失败的计划。

总之,尽管新经济带来了丰厚的利润,但其中也有极大的风险。期望确立网站形象的传统型企业或创业型企业必须从网络先锋们的经验中汲取教训。

2.2.4 电子商务项目管理的过程和生命周期

电子商务项目管理与现代项目管理之间存在一定的共性,电子商务的项目管理也有着一般项目管理的生命周期。同时,电子商务项目管理由一系列的过程组成,遵循项目管理的生命周期。

1)电子商务项目管理的过程

根据项目管理的过程组划分,电子商务项目管理过程由概念、规划、实施和收尾 4 个过程组成。

(1)概念

项目概念阶段的主要任务是确认和批准一个项目(或项目的某个阶段)执行,承诺开始一个项目。从商务角度来看,最典型的承诺方式就是合同。合同明确承诺项目要达到的目标,也就是项目的预期结果或最终产品。一般来说,项目目标至少要包括以下几个元素：

①工作范围——应该完成哪些工作？

②项目进度——应该在多长时间内完成？

③项目成本——完成项目应该花费多少成本？

④项目质量——客户的满意度是什么？项目达到什么标准？

项目目标应该非常明确、具体、可操作和可测量。理想情况是项目开始时就应该具有一个明确的目标。但是在现实项目中，特别是电子商务的项目中，则很难做到。一种情况是项目开始往往不是很清楚需要什么，需求在项目进行中才能逐渐明确；第二种情况是项目在过程中目标常常会发生变动，不得不进行项目变更和返工。为此，在项目启动阶段应注意把握：宁可事前消除客户的额外"期望"，也不要事后让客户"希望"破灭，不要超出需求承诺更多的工作任务；同时，双方还应约定项目约束条件和验收标准。项目过程中的文档也应完整保留。对于项目中的任何变更，例如，进度变更、范围变更、成本变更等内容都应通过双方的确认并有文档记录。

（2）规划

项目的概念阶段结束后，项目进入规划阶段。该阶段的主要任务是明确项目目标和范围，并确定周密的项目计划。每一个成功的项目都必须有周密的项目计划。一个好的项目计划提供了项目的全景描述，是项目所有人员全面了解项目内容的最好工具。项目计划本身具有稳定性和约束性，是实施项目控制的最有力标准和依据。计划可能随着项目的深入而更新，但是任何计划的变动都必须遵循项目变更控制的程序。

在规划阶段，项目组成员应根据项目的目标、验收标准等要求制订完整的项目计划。定义工作分解结构是项目规划阶段的重要内容之一，也是规划阶段的核心。规划阶段还包括确定进度计划和项目预算、项目的质量计划、沟通计划等。

注意

对于电子商务的项目管理来说，在项目成本中，人工成本所占的比例非常大，也是最难估算的部分。同时，合理预测项目风险也是规划阶段的重要内容，这不仅要依靠以往类似项目的实施经验，同时还应结合当前项目的特点和所处环境，预测项目中可能发生的事情及发生频率、产生影响等。

从项目的整个周期来看,项目的规划阶段所占比例是比较大的。

(3)实施

在规划阶段产生的项目计划被批准后,项目组应组织人力,协调其他资源以执行计划,开始项目的实施工作。项目的执行是使项目组成员能够按项目的目标有计划地组织工作,以便成功地实现项目目标,满足项目的要求。项目组成员的目标是共同完成项目,一般由项目经理总体负责项目的实施工作。对于大型的电子商务项目,可以将项目分成多个子项目进行同步开发,因此,需要一个总的项目管理组负责对各个子项目的公共部门作出指导、协调和管理,各个子项目应有各自的项目管理小组,也可以利用项目管理办公室的方式组织大型项目的项目管理。

实施阶段中,项目控制是确保项目依照项目计划和目标完成的重要过程。项目控制就是监视和测量项目的实际情况。若发现实施成果偏离计划,就应找出原因,采取行动,使项目回到计划的轨道上来。在项目的控制过程中,主要包括进度控制、成本控制、质量控制、风险控制和变更控制。

(4)收尾

项目收尾包括项目验收、合同收尾和行政收尾。项目验收核查项目计划规定范围内的各项工作或活动是否已经全部完成,可交付成果是否令人满意,并将核查结果记录在验收文件中。合同收尾终结合同,进行核算。行政收尾收集和分发信息,开会正式宣布项目结束。项目接近完成时,班子的注意力往往转移到新的任务,有些成员也要调离。而收尾工作常常是零碎、繁琐、费时和费力的,容易被人忽略。但如果做不好项目收尾,将直接影响到其他项目。因此,项目收尾的重要性要特别强调,否则会给项目带来后患。

2)电子商务项目管理的生命周期

电子商务项目的生命周期描述项目从开始到结束所经历的各个阶段,最一般的划分是将项目分为识别需求、提出解决方案、执行项目、结束项目 4 个阶段。实际工作中,根据不同领域或不同方法再进行具体划分。例如对于一个具体的电子商务项目来说,一般将项目划分为:项目规划、需求分析、系统设计、系统开发、系统测试、运行维护和评价几个阶段。

对于电子商务项目来说,从承包商的角度看,项目是从接到合同开始到完成规定工作结束。但是从项目业主(客户)的角度看,项目是从确认需求开始,到项目成果实现商务目标结束。项目的生命周期跨度要比前者大。因为项目的根本目标是满足客户需求,所以按后者划分考虑比较有益,对项目管理的成功也有很大帮助。

在电子商务项目中,可以将生命周期具体分为如下 4 个阶段:

(1)识别需求

当需求被客户确定时,项目就产生了。这个阶段的主要任务是确认需求,分析投资收益比,研究项目的可行性,分析承包商所应具备的条件。商务上,这个阶段以项目业主(客户)提出明确的需求建议书或招标书为结束标志。这个阶段可以由项目业主(客户)单独完成,但如果承包商介入将非常有利。一方面,可以了解客户真正需要什么;另一方面,早期的交流可以建立良好的客户关系,为后续投标和合同奠定基础。

(2)提出解决方案

主要由各承包商向项目业主(客户)提交标书,介绍解决方案和项目的实施规划。这个阶段是赢得项目的关键,承包商既要表现出自己的实力,又要合理报价。

(3)执行项目

从公司角度来看,这才是项目的开始。这个阶段项目经理和项目组将代表公司完全承担合同规定的任务。一般需要细化目标,制订工作计划,协调人力和其他资源,定期控制进展,分析项目偏差,采取必要的措施以实现项目目标。因为电子商务项目的不确定性,项目控制显得非常重要,特别是对多个电子商务项目同时运作的公司来说,必须建立公司级的控制体系跟踪项目的运行状态。

(4)结束项目

该阶段的主要工作是移交工作成果,帮助项目业主(客户)实现商务目标。项目交接给相关人员,结清各种款项,完成项目后的评价。

> **注意**
>
> 在上述生命周期中,存在两次责任转移。第一次在签订合同时,标志着项目的责任已由项目业主(客户)转移给承包商。第二次是交付产品时,标志着承包商已完成任务,项目业主(客户)接受项目成果。

2.2.5 电子商务项目策划

电子商务项目策划是根据企业对电子商务的具体需求,根据拟实施的电子商务项目的功能要求和目标,进行总体规划与设计,经筛选形成总体规划方案。总体规划方案一方面为可行性研究提供依据,另一方面也是项目后期设计实施的纲领。

1)项目策划的步骤

项目策划相对项目设计要粗略得多,但其策划的好坏是影响电子商务项目运作成败的关键,也直接影响电子商务项目未来的实施效果。如果一个承包商能够提出让客户非常满意的解决方案,明确项目实施的总体方向和办法,那就有很大的把握赢得投标的竞争,争取客户的项目合同。因此,必须充分发挥策划者和项目管理者的创造力,通过科学的程序来保证策划出高质量、高水平的项目方案。为了达到此目标,项目方案规划可按以下几个步骤进行:

①项目功能和目标分析

在策划方案之前,必须仔细识别和研究企业的需求和期望,认真分析项目功能要求,明确项目拟达到的目标,包括项目的总体目标及各项工作的分目标。在目标指导下,项目方案必须达到的技术指标、经济指标等。

②项目方案构思

在明确了项目需求、项目目标和功能的前提下,需要进行概念创新,通过概念创新引发方案构思,勾勒出项目实施方案的总体框架。

③项目方案规划

项目方案规划是把创新引发的项目设计和总体构思变为总体方案,并对总体方案进行规划。

④方案各部分功能设计

对项目方案的各组成部分进行功能设计,主要是对项目的各个组成部分进行功能定位,使之能实现项目的总体要求。例如,方案各部分应采用的技术标准,应达到的指标,拟购置的设备及拟建立设施等。

⑤确定可供可行性研究的项目方案

在对项目方案有了总体的轮廓规划和各个组成部分的功能定位之后,选出若干总体项目实施方案,作初步的技术和经济指标的调查研究、评价和分析,运用多方案比较法进行选优。然后确定 1~2 个方案进行后续的、较为深入细致的项目可行性研究。

2)项目策划的方法

项目总体实施方案的策划过程是一个由粗到细、逐步深入的过程,需要策划者具有较强的创造性思维和抽象思维的能力。项目策划又是一种创造性的活动,无固定的模式或现成的方法可循,需要具体情况具体分析,但也有几种常用的分析策划方法可以借鉴、参考。

（1）头脑风暴法

在设计项目总体实施方案的过程中，可以借鉴使用在项目实施过程中，解决问题常用的"头脑风暴法"，以便集合众人智慧，尽量扩大项目方案的选择范围，提高选优的概率和程度。头脑风暴法又称智力激励法，是一个集体创造法，创造过程的中心是发现设想，提出新构思。开展这种集体创造时，需要召集较多的人，一般6~12人为最好，共同讨论畅谈，畅谈会需要遵循两个原则四条规定。两个原则是：讨论者应自由表达自己的想法，任何人暂时不要对此作出任何评价，以便让发言者畅所欲言；大量的想法中必定包含有价值的内容，畅谈会后要进行全面综合的评价，认真归纳总结，从中找出具有价值和新颖的方案设想。四条规定是：不许对他人的想法作出批评或表示吃惊；鼓励畅所欲言；鼓励多提设想和看法；追求综合改进。这种方法既可以用来对整个项目方案进行策划，也可以用来解决项目中的某个具体问题或改进某个局部方案。

（2）方案比较法

在进行方案策划时，对提出的多个方案可运用方案比较法选优，方案比较法的原理和应用如下：

①方案比较法的含义

方案比较法是运用多方案评价的指标及综合评价方法，通过计算分析，对方案进行优选的统称，主要用于项目的机会选择和可行性研究的方案选择。在项目提出的初期，对于项目的构造和策划会提出多个方案，而项目的计划与实施必须是经优选后确定的一个方案。运用方案比较法可以在众多方案中选出技术先进适宜，经济合理可行的方案，作为详细论证的基础。方案比较法带有很强的选优性和预测性。

②方案比较法的可比原理

进行方案比较，首先必须使不同的方案具有可比性。方案可比性分为4个方面：

第一，满足需要可比。满足需要可比是就方案的产出而言的，即不同的方案，必须向社会提供同等价值的服务才可对它们的投资、费用等方面作出比较。满足需要可比通常要考虑各方案的产量、质量和品种是否都达到可比。

第二，消耗费用可比。不同的方案只有达到消耗的劳动价值相等，才能够比较它们产出价值的大小。进行方案比较时，消耗费用估算中往往仅计算直接消耗，而忽略间接消耗。

第三，价格可比。不同方案，其使用的价格体系必须一致，应使用同一地区、同一时期的价格。

第四,时间可比。在进行方案比选时,不仅要求不同方案的计算期达到可比,而且不同时间点上发生的现金流量需要用资金时间价值折算成现值方能达到可比。

3) 电子商务项目策划模式

电子商务项目策划模式指明了电子商务项目策划的主要内容。电子商务项目策划模式可以总结为 5 大模式:业务模式、技术模式、经营模式、管理模式和资金模式。通过对各模式内涵的分析,项目以发掘业务、拓展服务为主线,依靠多层次技术支持,通过明晰上下游经营路径,实施内外部整合管理,加之有效的资本运作,可在时间、资源等条件的约束下较顺利地实现预期目标。

商务本身就是宽泛的,可以说除了纯生产环节外的市场调查、生产计划、原材料采购,产成品储运、流通、交易、消费等商品经济链都属于商务活动。因此,与软件、工程等项目不同的是,电子商务项目并非专注于特定领域,而是高综合性的,容纳了经济、技术、管理、法律等多个范畴。因此,这五大模式也揭示了电子商务项目区别于传统项目的主要特征。

(1) 业务模式

如果说电子商务项目是解决"做什么"的问题,其业务模式就是为达成此特定目标而购建"如何做"的框架性体系。从商业买卖角度出发,业务模式由商品选择开始,将信息的发布、商品的呈现、交易的达成、款项的交付、实物的流动或服务的提供等连成一线。从搭建角度讲,业务模式又可包括后台的布置、前台的规划、前后台交流线路设计等。可以说,业务模式勾画出项目策划过程的每一必要环节,明晰项目策划路径。当然,对具体的电子商务项目而言,所需环节都是不同的。如建造一个全新的 B2C 企业就需要考虑从商品选择到交易达成的全过程,而一个电子政务项目则只需最优化地策划各部门的应用路径。

下面以建立网上商城为例,对业务模式进行分析。首先是界定产品或服务。我们可以通过是否需要配送、个性化服务程度、交易复杂程度、产品利用或替换频率四项指标对商品进行分类,提出不可触及性商品和交易程序复杂或个性化程度高的可触及性商品适宜在网上进行售卖。这就为商城项目策划提供了依据,可协助其选择售卖商品或服务的种类。其次,界定信息发布和商品呈现的形式也必不可少。信息可以是纯文字的,也可以采取图片或三维立体方式。交易的达成和款项的支付则更为复杂。网上直接支付要求与银行开通接口,网下支付则采用现付、邮寄或电汇等方式。最终如果有实物配送的话,是采取自我实现,还是第三方代理都需斟酌。

总之,业务模式就是根据计划中的商品或服务销售实施环节对电子商务项目进行的策划。这一阶段形成初步概念,为后期的技术开发提供思路,为具体经营作好铺垫。

（2）经营模式

经营模式与业务模式是密切相连的。如果说业务模式注重对整体环节设计和具体路径选择的话,那么经营模式则主要考虑如何展开行动,实现业务模式各环节设想,促进预期目标达成的问题。这不仅包括选择各环节协作者、协作方式、分成方法,还包括非业务模式环节的市场开拓、广告宣传等事宜。可以说,经营模式将业务模式的框架饱满和灵活化了。

仍然沿袭上述案例,可发现对网上商城的经营模式策划需考虑商品的采购、储存、运输、配送、结算、网上网下的有效结合及市场开发等问题。首先考虑在上一阶段确定售卖商品的基础上应选择哪位供货商,并采取何种方式（赊账式,一次付清式或其他）。其次,支付和配送等环节,协作对象的选择也十分重要,且具体的操作过程需要细致地推敲和精确地盘算。最后,像商场内部的市场开拓、产品储存、中长距离运输等问题也需一一策划。

（3）技术模式

技术模式是电子商务项目策划过程中实现业务和经营模式的技术支撑系统,主要维护体系正常运行及意外发生时负责保护与恢复硬件、软件及相关人员配备。硬件系统包括通讯、计算机及其他有专项功能的设备、仪器,如路由器、服务器、个人 PC、扫描机、刷卡机等。软件系统主要涵盖系统软件和应用软件。

> **注意**
>
> 虽然技术模式是基于项目策划的业务模式构建而成的,但在应用过程中尤其要注意几项问题:第一,对每一模块需运用的方法和工具要提出多样化的选择方案,通过综合评价,采用最适宜的系统。这样,在能够保证工具的先进性、系统的操作性的前提下,使前中后期的投入量尽可能达到均衡,在解决不必要支出的同时,防止后期隐患。第二,要从全局出发,考虑各子模块及各阶段的兼容性,保证系统较全面地结合。最后,还应注意对前期设备和数据的整合运用,提高系统的有效性。

（4）资本模式

资本模式囊括了从资本进入（选择类型、计划筹措）、运作（内部运作与外部运作）到退出（主动退出、被动退出）的整个过程。要策划一个电子商务新项目或在原有基础上建设一个大的电子商务项目，对资本模式的规划必不可少。同样，在资本模式设计过程中要权衡各方因素，选择最优提案。资本获取有多种方式，它可以是自有资金、天使基金、风险资金、银行贷款、招商入股，也可以是股票发行、售卖债券等。一般对于新项目而言，以前三者为主要形式，招商入股和银行贷款也常常使用，但有一定风险。而对大的增进型项目，股票发行、售卖债券或进行企业股份制改造则较为常见。作为项目负责人，不仅要考虑项目建设阶段的资金筹集以及投放环节，还要为后期资金运作和退出作好一定规划。

（5）管理模式

一般意义上讲，项目管理自始至终都伴随着项目。这里的管理模式是指组织上提供的为保证项目正常运行和发生意外时能保护与恢复项目的法律、标准、规章、制度、机构、人员和信息系统等，它能对系统的运行起到跟踪监测、反馈控制、预测和决策的作用。

> ▷ **小知识**
>
> 电子商务项目的实施可以分为 4 个战略方案：覆盖式、整合式、独立式和替代式。覆盖式战略是指电子商务覆盖在整个公司的现行经济活动之上；整合式战略重在开拓新项目，并与现行经营活动相融合；独立式战略的项目与企业整体分离，旨在尽量完整地实施电子商务项目；替代式的电子商务项目则取代公司现有的一部分商业活动，删减现有流程。因此，在策划电子商务项目的过程中会不可避免地与现有流程及赢利方式产生冲突，促使原有流程及组织形式不断地修正和创新。

上述 5 大模式按照流程或关联度可有不同划分。从分析步骤讲，项目策划应首先探讨业务模式，研究项目各环节的逻辑框架，形成项目策划的总体思路。接下来进入技术模式分析阶段，按照业务模式模型，细化相应的技术路线和工具。工作完成后，移交下一阶段的经营模式策划，即在业务模式和技术模式的支持下，具体分析经营路径和方法，作出较全面的计划。管理模式策划主要负责安排相应工作，制订详尽的任务书,预备实施事宜。资金模式作为最后一个环节,要全局考虑各项需求,筹划资金引入和运作方式。

当然,从关联度讲,电子商务项目策划的业务模式是基础阶段,经营模式是升华阶段,而技术、管理、资金模式则是全面的支持模块。任何电子商务项目首先要做的是对业务模式的探讨,只有经过对业务模式的分析,项目才会有明晰的发展主线。而经营模式将业务模式的设想具体化,起到激活器的作用。剩余的技术、管理、资金模式从3方面对项目的实施提供有力支持。

思 考 题

1.电子商务项目的概念及特点是什么?

2.电子商务项目与一般项目的差异之处表现在?

3.电子商务项目管理的概念和特点是什么?

4.电子商务项目管理与一般项目管理的差异之处表现在?

5.电子商务项目成功和失败的因素是什么?

6.电子商务项目策划的方法有哪些?

第②编

电子商务项目准备阶段

学习要点

电子商务企业战略管理与项目管理

■电子商务企业的使命、长期目标和目的

■分析和制订实现目标的战略

■项目管理实现企业战略

■项目的战略选择

电子商务项目需求分析与可行性研究

■电子商务项目需求分析

■电子商务项目建议书

■电子商务项目的可行性分析

■电子商务项目评估和项目决策

■电子商务项目商业计划书

第 3 章
电子商务企业战略管理与项目管理

本章学习目标

■理解电子商务企业的使命、长期目标和目的

■熟悉实现目标的战略分析和制订

■熟悉项目的战略选择

本章知识要点

■电子商务企业的使命、长期目标和目的

■分析和制订实现目标的战略

■项目管理实现企业战略

■项目的战略选择

通篇案例

背景：

通过前期交流和任务的及时完成，项目主管郑总发现新进人才小钟确实不错，想委以重任。

近年来，由于全球经济的快速发展，电子商务进入了一个快速发展的时期。从集团信息中心成立以来，新建或扩建的电子商务项目接连上马，但这些项目也出现了一些新的特点，即投资大、周期长、技术复杂。可纵观中心这些年来项目实施的现状，郑总发现其中存在着诸多问题：项目投资超标，项目建成后达不到预期的收益；有些项目在前期未对整个市场环境作周密的分析，导致项目运营后收益不明显；此外，每年需要花费大量的资源用在维护上面，体现不了项目的价值；甚至有些项目造成负面影响。

针对以上问题，郑总把富有经验和创新头脑的小钟叫到了办公室。

案例：

"情况是这样的，小钟……一周之后，你能否给我一个满意的答案？"

"没问题。"小钟爽快地答应了。

通过几天辛苦查阅历史资料，小钟发现这些问题的产生原因是多方面的，但主要是由于在项目建设前期未对项目进行全方位的思考和评价，导致上层组织在决策的时候出现失误。任何项目都来自上层系统的战略研究和计划，项目的前期阶段管理可以纳入战略管理的范畴内，这也给研究建设项目管理提供了一个新的思路。这个思路有可能就是解决问题的关键。

小钟豁然开朗，发现思路越发清晰了。一般来说，一个项目可以分为前期策划阶段、项目设计阶段、计划阶段、项目实施阶段和项目结束阶段。当然，这里面的各个阶段可以继续细分为很多子阶段。在企业中，战略管理属于高层次的管理，高层次的研究、决策和控制。它确定了一个企业宏观的、全局的、长期的目标和计划，是上层领导者项目周期的前期策划阶段。

因为战略管理的核心是持续进行分析、决策和行动的过程。小钟参照企业战略管理的相关理论，认为项目战略管理过程可以分为项目战略分析过程、项目战略制订过程、项目战略执行过程和项目战略控制过程。这样管理者就可以站在战略的高度对项目进行控制。其中项目战略执行过程实际指的是前面讨论过的项目管理阶段。从以上分析也可以看出，运用项目管理是实现项目战略目标的手段，项目管理服从项目的战略目标。

总的说来,战略管理对于项目来说是非常重要的。如果前期的战略计划没有制订好,后期的管理再好也谈不上。对于那些投资大,各方面影响大的电子商务项目,作好前期战略管理是重中之重。

基于以上分析,小钟提前两天完成了分析报告。

思考:

1.你觉得企业战略管理与项目管理的关系如何?

2.电子商务企业战略管理是解决问题的主要矛盾吗?

3.1 电子商务企业战略管理过程

以前,企业的重点大都放在战略的制订上面,而很少强调战略的实施。现在,我们正逐渐认识到企业战略计划需要通过项目管理去实现,反之,项目管理必须在企业的战略指导之下进行。

企业的战略管理是一个包括战略规划(或形成、制订)和战略实施(包括评价和控制)的过程。战略管理的过程适用于各种类型的公司、非盈利组织、公共组织和社会团体。不管是政府、科研机构、民间组织,还是服务业、生产制造业、商业等公司组织,战略管理都具有十分重要的效用,尤其是对大型或巨型公司组织的作用更为重要。

战略管理就是分析"我们是(具备)什么",以及确定和执行"我们想要成为什么和我们如何达到这个目标"的过程。战略所描述的是一个组织在现有和预测的未来资源环境下打算如何与对手竞争。

战略管理提供了组织未来发展的主方向。它支持组织各个阶层行动的一致性。它也有助于整合,使组织的资源和人力都集中于共同的目标和战略。它是一个持续的、重复的过程,目的在于建立一个综合的、协调一致的长期行动计划。战略管理把组织定位于满足顾客的长期需要和要求。长期目标确定以后,就需要制订战略来实现目标,然后通过实施项目来转化成为行动。战略可以决定一个组织的生死存亡。大多数组织能成功地制订他们应该采取的路线策略,但很多组织的问题存在于执行——使其转变为行动。很多组织不能把战略制订和战略实施结合起来。

战略管理的各部分是紧密联系的,它们与组织以后的成功与否密切相连。战略管理要求在使命、目的、目标、战略和实施之间紧密联系。使命提供了组织大的方向。目的在使命给出的前提下提出了整体范围内的综合目标。目的有助于制订战略来达到目标。最终，战略还要求对行动和任务予以实施。通常，所要实施的行动是项目。

战略管理过程大体上包括了评估的定义和组织的使命、长期目标和目的、分析和制订实现目标的战略以及通过项目实施战略4个方面的主要内容。

3.1.1　评估和定义组织的使命

使命确定了"我们想成为什么"或者是我们存在的理由。使命陈述在产品和服务方面确定了组织的范围。组织中的每个成员都应当明确组织的使命。例如在阿瑟·安德森咨询组织，如果不能背出组织的使命陈述就会被要求去买午餐。经理和员工们如果都知道组织的使命陈述，他们在做决策时就会有中心。组织的使命陈述确立了组织的目的并且把它传达给组织的所有项目干系人。使命陈述也可以用来评估组织的表现。

以往的使命陈述中大多是组织的主要产品和服务、目标客户和市场以及地域范围。此外，使命陈述通常还包括组织的理念、核心技术、公共形象和对社会的贡献。学者皮尔斯和戴卫的研究发现在使命陈述中提到这些事项和组织的成功有关。使命陈述不经常变动。但是如果企业的性质发生了变化或转移，就需要对使命陈述作出修改。例如，美国电话电报组织（American Telephone and Telegrap/AT&T）拆分以后，它的使命就从电信的一部分转移到信息处理。越具体的使命陈述产生的效果越好，因为它紧扣目标。使命陈述减少了受项目干系人错误指导的几率。例如，比较下列使命陈述的措辞：

①供桥梁设计服务。
②供垃圾处理厂的设计服务。
③提供工程服务。
④增加项目干系人的价值。
⑤给我们的顾客提供高价值的产品。

显然，前两个使命陈述与其他三个相比，使人误解的机会更少。常用的法则是：如果一个使命陈述可适用于任何人，那它就不能提供预期的指导作用。使命为制订目标设置了参数。

3.1.2　长期目标

长期目标是把组织的使命转化为特定的、具体的可衡量的任务。组织的目标指出了各层员工和经理的努力方向和组织的发展方向。它指明了组织朝哪个方向前进和什么时候到达。通常,目标所涉及的范围包括市场、产品、创新、生产力、质量、资金、赢利性和人力。目标应该尽可能具有可操作性。即目标应该包括一个时间限度,能够衡量可以确认的状态并且具有现实性,如表 3.1 所示。

表 3.1　长期目标的特点

长期目标的特点	
具体性	目标是具体的
可衡量性	目标是一个可衡量进展的指标
可分配性	目标可分配给一个人或一个部门完成
现实性	利用现有的资源经过努力可以实现
时效性	完成目标具有一个有限的时间长度

组织的各层员工都应当更为具体地支持上一级目标的实施。例如,一个皮包制造组织制订的目标是通过研究和开发战略增加 40% 的销售额,这个任务就传给了市场、生产和研发部门。研发部门将组织的目标作为自己的任务,他们的战略就是设计和开发一种新型的、带有伸缩式轮子的拉式行李箱。此时,战略变成了一个要被实施的项目——即在 20 万美元的预算内用 6 个月时间开发出带有伸缩轮的行李箱。

3.1.3　分析和制订实现目标的战略

制订战略是把如何在组织现有状况和未来状况下达到既定目标。公司的目标体系是“目的”,战略是达到目的的手段。公司的战略所提出的各种经营方法和途径一般都包括下面的内容:

①精心策划的有目的的行动。

②必要的对未预料到的情况和最新的竞争压力的反映措施。在公司的经营过程中,永远会出现新的情况,不管是重大的技术进步,竞争对手成功地推出了新产品,最新制订的管理条例和政策,还是顾客对各种经营特色的兴趣在不断扩大等。未来的商业条件是很不确定的,管理者不可能预先计划好每一个战略行动,因此,

不能追逐一种预先计划好的战略(即预谋战略),而不进行任何修改和变动。所以,总体而言,战略是一种组合,由计划好的行动方案、业务途径和必要的对未预见情况的反应组成,它是一个随之变化的环境,是一个不断分析和制订的过程。因此,在公司中出现实际战略偏离公司管理层制订的战略,或加入了一些新的战略要点,同时有些原先制订的战略被舍弃的状况也是比较正常的。

3.1.4 通过项目实施战略

对战略的实施和执行需要通过实实在在的项目来完成。从根本上讲,战略实施的特点是以项目为导向的,"让事情发生":提高公司的战略能力和组织能力,进行预算,制订政策,建立激励制度,塑造公司的文化,建立公司的领导制度,这些都是这个过程的所有部分。显然,战略的实施是战略管理中最复杂、最耗时的工作。企业项目管理的成败,直接关系到企业的战略实施。现在,越来越多的企业认识到了企业战略管理与项目管理两者的关系以及它们的重要性。图 3.1 反映了企业的战略管理过程。

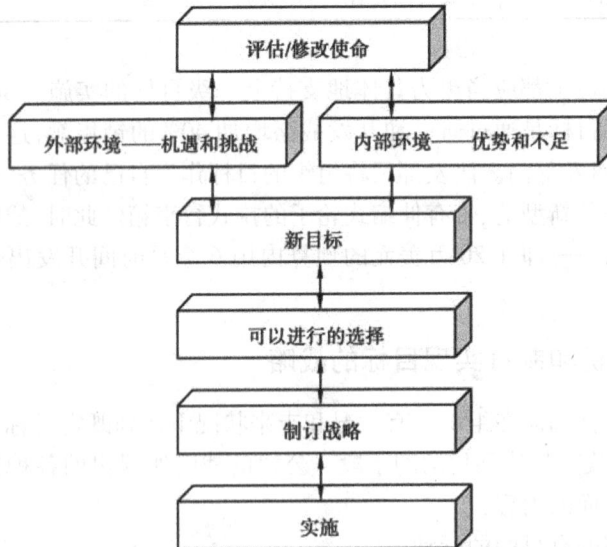

图 3.1 企业战略管理过程

3.2　项目管理实现企业战略

　　企业的战略通过项目的行动来执行,因此,企业通常根据它的战略目标来决定如何计划和管理项目。企业可以运行若干项目,它们会把项目目标和组织目标结合起来。图3.2 给出了如何实现项目目标和组织目标相结合的概要图。

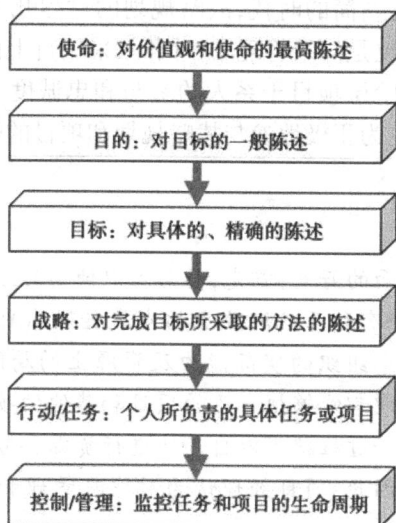

　　使命:对价值观和使命的最高陈述

　　目的:对目标的一般陈述

　　目标:对具体的、精确的陈述

　　战略:对完成目标所采取的方法的陈述

　　行动/任务:个人所负责的具体任务或项目

　　控制/管理:监控任务和项目的生命周期

图 3.2　项目目标和组织目标的结合

　　战略在一定的时期内给项目提供了方向和范围,但必须符合组织的资源的要求以便满足市场、顾客、客户和利益干系人的需要。一个组织从事的项目和组织的使命有清楚明确的联系,而且这种联系非常重要,在多方共同从事一个项目时,比如以合伙的关系进行,使命必须满足各方的目的。在这种情况下,合作的各方是互补型的,任何一方单独都没有掌握足够的技术或者能力来独立完成项目,或者是因为成本太高,或者因为其他原因。

　　每个项目都应该有助于组织战略规划的实施,并确保这个战略规划是为了满足将来顾客的需求。然而在中型和大型组织中,大多数经理都不能识别项目的优先点并把它和组织的战略规划结合起来。保证项目和组织战略规划的紧密联系是一项非常冗长乏味的工作,它需要组织中高层管理者大量、长期的关注。组织的规模越大、结构越复杂,建立和维护这种紧密联系就越复杂。大量的证据表明,很多组织都没有建立一个程序来把项目筛选和组织的战略规划明确地结合起来。

组织怎样才能保持这种有效的联系？如要做到这一点就需要把项目结合到战略计划中。首先，需要有一个战略计划；其次，是一个按项目对组织战略计划的重要性而决定其优先顺序的程序。决定能否把项目成功地结合在战略计划中的一个重要因素就是制订一个公开的、让所有参与者能够参照的程序，以达到组织有一个清楚的重心，有效利用组织紧张的资源（即人力、设备和资金）和促进发展的工具。

在当今组织机构进行精简的时代，战略规划的过程几乎包括了来自组织各个阶层的参与者，而不再仅仅是高级管理层。同时，采用自上而下和自下而上的战略管理的方式，可以激发各阶层项目干系人的参与和忠诚度。项目经理感觉自己是这一过程的一部分并且更为积极地参与战略规划和项目的筛选过程。

注意

这种参与有几个方面的好处：首先，参与可以使项目经理从全局上对组织重心有一个把握，这通常会有利于其职业上的发展并做出更明智的决策；其次，有经验的项目经理能够洞悉组织的实际能力及资源上的局限，并能够提出宝贵的意见；再次，每个项目经理都能够把自己的项目和其他的项目联系起来；最后，项目经理熟悉了筛选标准和过程就可以自如地进行资源再分配和重新确定项目内各项工作的优先顺序。因此，项目经理认为对战略管理和项目筛选过程的深刻了解是非常有价值的。

3.3 项目的战略选择

企业要实现自己的战略目标，通常有很多它们愿意从事的项目，但并不是总能够实现的，一个主要的限制是关键资源的可利用性和质量。

所有的企业都有企业能力和企业资源使其区别于竞争者。这些能力和资源通常是通过企业的优势和劣势的评估才能决定企业"能够干什么"，从而决定应当"干什么"。图3.3粗略地给出了公司资源的组成部分。

尽管每个企业都有优势和劣势，但没有一个企业在各个方面都很强。由于资源的限制而不能从事所有想从事的项目，就不得不使用一个优先级确定系统来作出项目选择。每个项目都要经过一个优势、劣势、机会和挑战的形式评估（如图

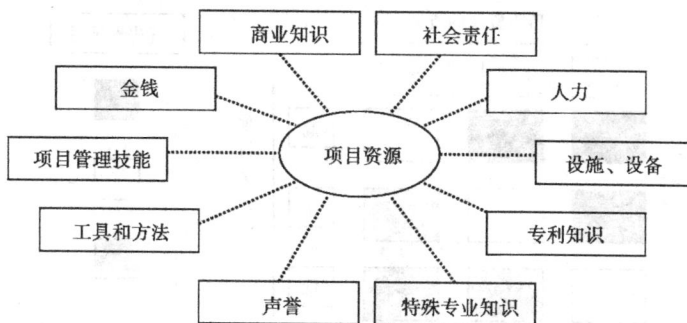

图 3.3 项目资源

3.4)。根据项目的战略重要性、效益和需要对这些资源进行综合选定。一个常用的选择过程是投资组合分类矩阵。

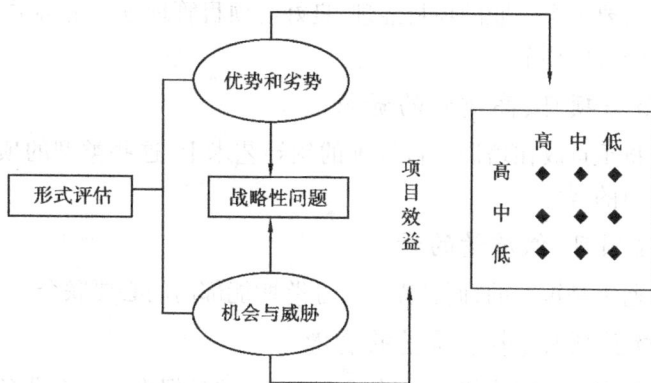

图 3.4 投资组合分类矩阵

这一方法允许项目的适当选择,并给组织提供了一个做出能力计划模型的基础,以显示组织可以做多少工作。通常,企业可以比较容易地把高才能的人分配到适当的地方。图 3.4 的 9 方格图中的盒子可以根据图 3.5 中所示战略重要性进行优先排序。如果其他资源有限而资金充足,应先定位"优先性高"的盒子。

根据以上方法,可以有 9 种类别的项目和资源配置,对其中的 9 个方框描述如下。

1)高效益项目和高质量的资源

这些项目可以看作是企业生存的基础。这些项目需委托专业的项目管理人

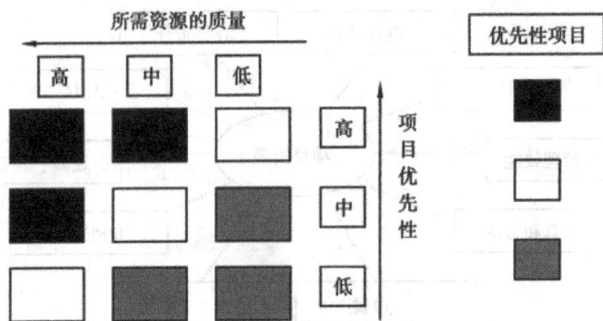

图 3.5　项目的战略重要性

员,而且项目管理占据重要位置,是通往事业成功的路径。

2) 高效益项目、中等质量的资源

这些项目需要一个全职的项目经理,良好的项目管理方法是必须的,项目管理的重点放在加强薄弱环节上。

3) 中等效益项目、高质量的资源

这些项目将重点放在培训项目经理的领导艺术上,这些类型的项目通常强调对客户作出增值的努力。

4) 高效益项目、低质量的资源

这些项目通常是短期的,而且需要企业跨职能部门的必要联合。

5) 中等效益项目、中等质量的资源

这些项目是有专门用途的,可能是重复性的,并且把重点放在业务上的特殊领域。这种情况它需要有限的项目管理实力,也可能需要风险管理特别是技术风险管理。

6) 低效益项目、高质量的资源

这些项目通常是小型的、短期的研发项目,它们需要有力的技术技能支持。技术专家将发挥团队领导的职能。同时,这些项目需要最低限度的项目管理知识。

7) 中等效益项目、低质量的资源

这些项目是小型的资金项目,仅仅需要一些入门的项目管理知识。项目经理可以完成多种小型项目的管理。

8) 低效益项目、中等质量的资源

这些项目是一些内部项目或一些小型的资金项目，它们有很小的经费预算，可能还会带有中低度风险。

9) 低效益项目、低质量资源

这些项目通常有直线经理计划安排，但由项目协作者或项目促进者完成。

思 考 题

1. 电子商务项目战略管理包括哪些内容？其具体管理过程的特点是什么？
2. 如何通过项目管理实现企业战略？
3. 通过什么方法进行项目的战略选择？

第 4 章
电子商务项目需求分析与可行性研究

本章学习目标
■理解电子商务项目需求识别
■熟悉电子商务项目项目建议书编制
■熟悉电子商务项目可行性分析

本章知识要点
■电子商务项目需求分析
■电子商务项目建议书
■电子商务项目可行性分析

通篇案例

背景：

小钟早就听说，作为一家大型的集团分销型企业，S 集团对多个分公司的统一管理和渠道终端的掌控成了重中之重。为了能够更有效地进行市场分析和预测，更好地管控终端人员的销售行为，S 集团准备尝试计算机信息技术在终端数据采集中的应用项目，想通过这个项目，实现销售的信息化，通过使用电脑、手机等信息技术为数据收集和定位的载体，规范管理销售人员的行为以及采集终端数据。

通过前几次表现，小钟深受项目主管郑总的赏识，郑总觉得集团销售信息化电子商务项目应该由他来负责。

的确如此，郑总把这个项目交给小钟负责，并讲了一些这个项目的意义、目标和集团高层的重视。

最后，郑总问小钟："你准备怎么开始？"

案例：

"鉴于集团销售的现状，我建议一定要认真地进行可行性分析和需求分析。可行性分析是要决定'做还是不做'；需求分析是要决定'做什么，不做什么'。"

"即使可行性分析是客观的、科学的，但决策仍有可能是错误的。因为决策者是人，人会冲动，有赌博心态。如果可行性分析表明做某件事的成功率是10%，失败率是90%，倘若该事情的意义非常大，决策者也许会一拍脑袋：'豁出去，干！'有的甚至没有进行可行性分析。于是这世界就多了一份极喜与极悲。"

"联想集团领导人柳传志曾说：'没钱赚的事我们不干；有钱赚但投不起钱的事不干；有钱赚也投得起钱但没有可靠的人选，这样的事也不干。'柳传志为决策立了上述准则，同时也为可以行性分析指明了重点。一般来说，可行性分析的四大要素：经济、技术、社会环境和人。"

"那好吧，你下去做吧"，郑总吩咐说，"作可行性分析不能以偏概全，也不可以什么鸡毛蒜皮的细节都加以权衡。可行性分析必须为决策提供有价值的证据。"

小钟知道经济可行性分析主要包括：成本——收益分析与短期——长远利益分析。技术可行性分析至少要考虑在给定的时间内能否实现需求说明中的功能，软件的质量，软件的生产率。社会环境的可行性至少包括两种因素：市场与政策。而人的可行性则是针对项目特点，注重项目成员的学历、经验、年龄和精神面貌的综合选择和安排。

思考:

1.电子商务项目可行性分析有必要吗？为什么？

2.项目需求分析与可行性研究的关系如何？

4.1 电子商务项目需求识别

4.1.1 需求的产生

通过观察发现电子商务需求,需要敏锐的眼光。而敏锐的眼光是可以通过实践来培养的。本小节将介绍 8 种可能诱发电子商务需求的因素,分别是:意外事件、市场竞争、经济环境变化、经营环境变化、高层人事变化、经营方针改变、企业重大活动、企业业务扩张等。

1)意外事件产生(或突现)需求

我们的世界天天都有突发事件产生,这些突发事件往往使企业产生对电子商务的需求。例如,一场火灾,使某个企业损失惨重,该企业面临改组重构,就有可能摆脱原来的束缚,在电子化的基础上构筑商务流程。再如,一个企业的总经理突然被安排出国访问,他就可能急于建立本企业的网站及基于网站的远程指挥系统,以便在国外可以随时通过网络了解和指挥企业的运营,使出国访问不妨碍他对企业的控制。因此,我们应该关注对企业产生影响的突发事件,及时分析它给企业带来的各种影响,寻找机会。有很多企业,对发展电子商务的需要在客观上是一直存在的,但这种需要未能引起管理层的充分注意,而当意外事件发生后,这种需要便突现出来。很多项目就是由于突发事件才发展起来的。

下面介绍的"数据备份系统"的案例,说的就是 9·11 事件对数据备份系统的市场的影响。这个震惊世界的恐怖分子袭击事件,使人们意识到数据备份的重要性,引发了相关产品需求的增长。

案例:数据备份系统

在震惊世界的 9·11 事件中,美国世贸中心大楼里有一个公司损失最小,因为该公司拥有一个数据及时备份系统,该系统自动将公司重要的备份数据及时通过网络传输到郊区的信息中心保存起来。恐怖分子袭击事件发生以后,媒体报道了这一消息,导致提供数据备份系统的开发商顾客盈门,以前不太注意数据安全的公司开始警觉,加大对数据安全方面的投入。有一个 IT 企业及时注意到这一需求的变化,开发并营销数据及时备份系统,生意十分火暴。

2) 市场竞争产生需求

市场竞争是企业采用电子商务的原始动力。当一个企业的竞争对手采用了电子商务并且收到明显成效以后,这个企业必须作出应答,一般也会发展电子商务,以提高自己的竞争力来与竞争对手抗衡,否则就有可能被淘汰出局。因此,企业需要关注竞争对手的动向。例如,作为一个旅游饭店,建立自己的网站并且链接到有关的旅游门户网站,可能对扩大客源很有好处。如果你所在的这座城市的大多数酒店都已经上网了,而你的酒店还没有,那你就可能失去一大批你本应可以争取的旅客,丧失了一块市场。

"兴海饭店的觉醒"所说的就是这个道理。由于一开始忽略了采用新技术,结果同行采用了,使得兴海饭店在市场竞争中比较被动,客房出租率从 1998 年的65%降到 2001 年的 50%以下。残酷的市场竞争,使兴海饭店的经理意识到电子商务的作用,诱发了兴海饭店对电子商务的需求。

案例:兴海饭店的觉醒

兴海饭店是全国 10 281 家旅游饭店之一。该饭店一直采用传统的销售策略,在 1998 年以前客房的出租率始终在 65%以上。从 1999 年以来,客房出租率不断下滑,到 2001 年底,已经不到 50%。而同期当地的旅游人数则增加 6%以上,本地同类饭店客房出租率平均达 68%以上。兴海饭店经理请来大学的专家帮助诊断。专家调查发现:同类饭店早在几年前就加入携程网(www.ctrip.com 或 www.elong.com),现在通过网上订房的客人已经占相当大的比例。兴海饭店的经理回忆说,过去也有过一些旅游网站的业务人员来找他,劝他入网,可他当时并没有在意,现在看来是吃亏了。不过,亡羊补牢也是必要的,他决心开始利用互联网,加盟一些旅游网站。于是,他拨通了一个网页制作专家的电话,打算先建立自己的主页,再寄宿到旅游专业网站上,并接受旅游专业网站的相关营销服务……

3) 经济环境的变化产生需求

经济环境是开展电子商务的外部条件之一。经济发展是有周期的,在西方资本主义国家,有增长、衰退、萧条、复苏等不同的阶段。在我国,发展和紧缩也是周期性出现的。通常,在经济发展和高速增长阶段,各种投资项目机会就会增多;在经济衰退和经济紧缩阶段,机会就会减少。但对电子商务而言,情况有所不同。在经济衰退和经济紧缩阶段,企业需要降低成本,而采用电子商务技术,可以帮助企业实现这个目标,所以企业仍有建立电子商务项目的需求。

　　一般来说，如果经济环境发生了变化，企业采用电子商务的机会就可能增加。例如，在出现了经济从增长向衰退转化势头的情况下，企业为了迎接即将到来的严峻挑战，降低运行费用，可能会增加对电子商务的需求。在经济萧条阶段出现经济复苏的兆头时，企业为了迎接未来的扩张，发展电子商务的需求也会增加。因此，只要我们以积极的心态去对待经济环境的变化，我们就会发现电子商务项目的机会总在身边。

　　在下面这个案例中，我们可以看到，在经济紧缩阶段，依然有很多企业采用电子商务项目。当然，黎明垫资为客户开发项目的做法，对吸引客户导入 MIS 系统起了一定的积极作用，但问题的实质还是客户有这个需求。

案例：我不怕经济不景气

　　如同在股票投资领域有牛市投资高手和熊市投资高手一样，做电子商务项目也有各种类型的高手。黎明应该是一个电子商务领域的"熊市高手"。他开了一个软件开发公司，主要是利用数据库技术帮助中小企业建立管理信息系统（MIS），生意一直很好，他的客户大多数是那些处于紧缩状态的中小企业。在谈到他的经营特色时，黎明说："越是经营困难的企业，就越能从我这里得到好处。因为我帮助他们建立的 MIS 系统，可以有效地帮助这些企业提高管理效率，减少人员开支。因此，经济越是不景气，经营困难的企业越多，我的生意反而越好。此外，由于我的资金比较充裕，对于信誉好的客户，我可以先少收他的钱，允许他欠款，等到他的日子好过了，再付清我的钱。这样，他们都喜欢与我做生意。我不怕经济不景气。"

　　4) 经营环境的变化产生需求

　　企业经营环境的变化，对发展电子商务的影响更为直接。例如，电信系统服务降价，宽带骨干网铺设到了门口，新一代计算机软件问世，第三方物流企业的发展，银行电子结算支付系统的不断完善，都有可能在一定的范围内、一定的程度上刺激企业对启动电子商务项目的需求。再如，随着银行卡功能的不断完善，持卡消费的人群越来越多，在这种情况下，哪个商场的刷卡系统比较先进、快捷，哪个商场就能吸引更多的顾客购物。因此，刷卡系统的添置与更新的需求就会产生。

　　下面的案例中，纯净水公司经理"如果宽带到户，我就开展电子商务"的话是很有代表性的。这个故事反映了经营环境（宽带网）对企业开展电子商务的制约作用。从本例不难看出，一旦宽带网这个瓶颈问题得以解决，利用互联网开展电子商务的需求就会猛增。随着国家信息化基础建设的步伐加快，企业开展电子商务的基础条件在不断改善，原来制约企业开展电子商务的许多瓶颈问题（如带宽问题、网上支付、安全认证等)将逐一得到解决,每一个问题的解决,都是对电子商务需求的一个刺激,也是电子商务项目运作人员的一次发起项目的机会。

电信服务的降价、计算机及其配件的降价和新一代软件的问世,都意味着企业开展电子商务的成本降低或在同等成本下功效提高。这进一步意味着采用电子商务技术会给企业带来更大的经济效益,无疑也会推动企业产生对电子商务的需求。

案例:如果宽带到户,我就开展电子商务

我的公司生产桶装水。我知道网上销售是桶装水服务的一个很有效的技术手段和渠道。例如,上海的正广和桶装水,1993年上市,到1998年,形成了40万客户,于是将配送业务从总公司剥离出来成立了正广和网上购物公司,当时还是电子订购。到2000年1月,85818.com.cn正式投入运行,到2001年底,已经涵盖日用品、文化体育用品、家用电器等2万个品种,开通了6个城市的业务,客户数达80万人,网上交易额近3亿元。

我们目前的做法是通过水站来分销产品。通常,一家水站代理多个品牌,由于我们厂商没有掌握客户资料,常常受制于水站。而上海正广和通过在线订购直接掌握客户的信息,公司对供水站或配送站采取直接管理,无论是加盟店还是直属店,都必须按照公司的统一规范来操作。这样,水站只具备物流功能,从而有效地防止了不正当竞争与客户的流失,公司掌握了主动权。

现在的问题是客户上网不方便,网上浏览和登记的速度太慢。所以,我们开展网上销售服务的条件还不成熟。不过我们已经开始准备建网站了,一旦本地区宽带到户,我就开展网上服务,搞电子商务,学习正广和的做法。

5) 企业高层的人事变化产生需求

企业的经理层人事变更是经常发生的。变动之后,新的领导人可能会有新的经营理念和工作计划,也可能不太喜欢上届领导人留下来的商务流程、办公自动化系统和其他电子商务系统,希望推倒重来或作较大的调整。在这种情况下,一个改革的建议或建设新系统的建议往往很容易得到批准。这就是人事变化产生的项目需求。例如,某机械加工厂换了一个厂长之后,觉得原来该厂自己建设的网站档次不够,网站宿主选择得不好,网页浏览速度太慢,决定请社会上专业公司重建企业网站,重新选择网站宿主。

一般来说,企业的新任总经理会踌躇满志,希望在他任职期间使企业尽快出现新的起色。他们欢迎各种建设性的意见,容易接受新生事物,因此,建设电子商务系统的可能性比较大。有的电子商务专业服务公司,专门瞄准一些大企业的动态,趁大企业经理层变动之际,及时去企业宣传游说,建立第一印象,往往收到较好的效果。有些企业中下层经理人员或业务人员,原先就有很多想法,但没有得到领导的赏识。他们趁领导层变动之机将这些想法再次提出来,往往能够得到采纳,从而为自己才华的施展开辟一个新天地。

同心食品厂的故事就是一个企业高层人事变化导致产生电子商务项目的例子。新领导要求改造企业网站,希望企业网站调整宣传的角度,增加网上交易的功能,并且产品网页要做得漂亮,"让人看了就想买"。

案例:让人看了就想买

同心食品主要生产糕点和月饼,过去已经建立起自己的主页,但新任总经理不满意。总经理指示其网站主管找专业机构对网站进行改造。下面是该厂网站主管在当地网络服务公司的一段谈话:

我们过去的网站主要侧重于企业的介绍,新任老总要求我们在网站上突出产品的宣传,将我们的糕点和月饼栩栩如生地搬到网上,让人家看了还想看,看了就想买,看了就想拨电话,或在网上下订单。为此,食品厂专门配备了一个销售电话给我们部门,也将网上销售的情况作为考核我们的一个指标。我来贵公司的目的就是想寻求你们的帮助,看如何改造我们的网站以及建立一个有效的电子商务销售服务体系。

6) 经营方针的改变产生需求

企业经营方针的改变,必然会引起企业业务性质的变化和流程的重组,此外,企业的内部网、外部网以及客户关系管理系统也会随之发生变化,这也是发展电子商务项目的机会。可以认为,当今绝大多数企业在调整经营方针时,都会考虑如何利用新技术来节约成本,提高效率,提高竞争力,考虑如何在一个新的、比较高的起点上来发展新的业务,从而形成对电子商务的需求。

案例"拒绝未经编码的产品",说的是一个商场调整经营方针的故事。在这里,电子商务技术(条形码和数据管理系统)使企业经营方针的调整成为可能。通过采用电子商务,企业顺利地实现了经营方针的转变,从而增强了企业形象,降低了运行成本。本例也说明了企业经营方针的改变,会产生对电子商务的需求。

案例:拒绝未经编码的产品

这里所说的是一家日用品商场,一直以便宜著称。由于对进场的货源管理较松,商场的假冒伪劣产品较多。随着消费者自我保护意识的加强,顾客投诉越来越多。商场决定调整经营方针,加强对货源的管理,树立品牌形象。

具体做法是:借助于电子商务手段,建立商品进场登记制度,所有的销售商品必须有条形码,有些没有条形码的生鲜也必须在编码后才能销售。这样,商场将建立条形码读入系统和数据管理系统,在结算方面采用收款机辅助人工作业,任何柜台任何时间售出任何商品,都一一自动记录在案,一旦出现顾客投诉,可以追查到人。而且,通过建立这个系统,商场管理人员预计可以减少1/6,管理成本大大降低。

7)企业重大活动计划产生需求

重大活动对电子商务的需求往往是临时的、一次性的。例如,某地区想搞一个大型的展览会,为了宣传和征集企业参展,主办单位可能要建立网站,也可能考虑建设一个可供参展商信息交流和网上贸易的平台,还可能考虑在展览现场设置一套安全监控系统。再如,某企业计划参加一个重大的异地投标项目,可能需要制作一套多媒体演示系统用以向客户展示他们的解决方案。因此,如果一个单位计划举办或参加某种重大活动,那么,这个单位就有可能需要发展电子商务项目,专为计划中的重要活动服务。

伟业公司招聘的故事所反映的就是重大活动对电子商务需求的现象。这里的重大活动就是组织展览和会议。

案例:谁能设计展会网页

举办展会是很多企业和政府机构经常需要举办的活动。伟业公司就是一个专门为企业或政府部门举办展会服务的公司,业务增长很快,公司利润每年都以超过20%的速度增长。每年承接的展会任务达20多个。为了开展业务,公司决定招聘能制作展会网页的网页设计师。很多网迷报名应聘,都没有能够成功。后来,伟业公司的人事经理应邀为网迷指点迷津。他说:网迷们总是喜欢像做娱乐性的个人主页那样来展示自己的网页制作技巧,其实陷入了一个误区。展会网页是不同于娱乐性个人网页的,因为我们要通过网页来做生意。第一,它必须便于访问者了解展会的各种信息,主页显示要点,信息量要大;第二,要使商家对展会感兴趣,从而下决心掏钱买展位参加展览,因此网页设计者会各种文字表达,具备广告设计的功底;第三,一定要使商家报名变得容易,因此报名表的下载或在线报名的环节不能缺少;第四,网页也要考虑如何吸引普通参观者。因此,展会网页的设计师,不仅需要有网页制作技巧,更多的是需要有一个对展会网页的总体构思。

8)企业业务扩张产生需求

企业在扩张的阶段最需要电子商务来帮忙。一个企业到了业务扩张的阶段,往往自己已经积累了一些成熟的业务模式和经验。电子商务则可以帮助企业将这些模式和经验规范化地确定下来，利用计算机的快速处理能力和网络传播能力，使之可以在更大的范围内、更便利地推广应用。

案例：只有在线管理，我才能扩大规模

华者数码物业管理公司承担了几十个高档住宅小区的物业管理工作。物业管理行业的公司，大多数很难赚钱，就经营目标而言，只有保持在微利水平上才能使业主满意。因此公司的赢利水平只能通过降低成本、增加服务、扩大规模等办法提高。而采用传统的管理方式，往往超过10个小区的管理业务，就难以控制，因为你无法检查每个小区工作人员的具体工作情况，更难以应答业主的投诉。这种压力使华新物业管理公司的张总经理下定决心开发在线管理系统。他说："要提高服务质量，又要提高赢利能力，我只能通过在线管理来扩大规模。"

经过大约18个月的努力，他终于成功开发在线管理系统。应用这个系统以后，物业公司管理能力可以管辖100多个住宅小区，每个小区管理人员的工作状态、业主投诉和处理情况都可以在总控制室一览无余，大大提高了所管辖小区的服务质量。

注意

企业对电子商务的需求可以由意外事件、市场竞争、经营环境的变化、企业高层的人事变化、经营方针的改变、企业重大活动计划和企业业务扩张8个方面的原因引起或激发。无论是环境因素发生变化，还是企业自身因素发生变化，都可能导致需求的产生。特别是当企业处于业务扩张的阶段，电子商务是最有用的帮手。

4.1.2 需求识别

1）电子商务需求识别的意义和目的

这里所谓电子商务需求，主要是指企业对开展电子商务的需要，并具有满足这种需要的资金来源。识别客户公司对电子商务的需求，是电子商务项目运作的第一步，也是电子商务项目生命周期的第一阶段的工作内容。这一阶段从分析、识别企业的问题、机会和需求开始，到企业需求建议书发布为止。

发现了需求，就是发现了项目，发现了下一步要努力的目标。由此可以看出，需求识别对项目运作具有重要意义。

电子商务项目中的不同角色对需求识别的目的不尽一致。一般来说,客户自己识别对电子商务的需求,是为了采用合适的现代化手段来提高本企业员工的工作效率和企业的竞争力,为了使企业在市场上有更佳的表现。中介咨询公司和承约商帮助客户发现并确认电子商务需求,是希望从客户那里争取佣金和执行项目的合同,当然,他们必须站在客户的立场帮助客户分析问题,提出解决方案并实现客户的目标,赢得客户的满意,客户才愿意付给他们酬劳。

2)识别需求要从观察和分析着手

科学发现来自观察。要准确地发现一个企业是否对电子商务有需求,首先要对该企业运行情况、企业的经营环境、竞争态势和市场机遇进行长期的观察和细致的分析。企业员工对企业的观察应该最为便利。如果你是某企业内部的经理人员,在日常工作中,只要留心观察,就会有所发现。例如,你的企业内部可能存在如下一些问题:

①发生频率较高的窝工现象;

②某个环节总是搞不好,成为总体流程的瓶颈;

③操作复杂,容易出错;

④业务处理服务速度太慢,客户意见大;

⑤有些岗位的员工之间的配合总是不大好;

⑥企业对员工的控制力越来越弱;

⑦广告费用太大;

⑧很多消费者(或客户)不知道我们。

诸如此类的问题,每一个都说明了企业存在开展电子商务的需要。例如,客户不知道我们,就意味着可能有必要建立网站、扩大知名度,也可能需要建立一个客户邮件组发系统,并建立信息发布制度;广告费用太大,意味着可能需要改变宣传工具和信息发布模式,可能应该把传统媒体换成网络或者二者混合使用;对员工的控制力减弱、有些岗位员工之间配合不好,可能意味着需要重组流程,或建立信息管理系统;服务速度慢,则非常需要实现电子化;操作复杂、容易出错,说明采用计算机管理可能非常有效;流程出现瓶颈或者经常出现窝工现象,可能意味着需要建立一个企业资源计划(ERP)系统。

如果企业有了新的资金来源或是企业准备从原有的预算中挤出一些资金用于

改善上述状况,这些需要就能促成电子商务项目的建立。

有时候,企业内部员工对本企业的需求情况熟视无睹,请企业外的咨询顾问来观察,可能会有新的发现。IT业的人员由于对信息技术的最新发展动态了解较多,对电子商务项目的机会比较敏感,因此,当他们参与观察和分析你的问题时,也很可能会发现你自己未曾发现的需求。

对企业外部因素的观察和分析也很重要。当企业的经营环境、竞争态势和市场机遇出现重大变化的时候,即使企业内部运行机制没有毛病,企业也要调整策略,随着环境的变化而改变自己。对外部因素的观察,企业外部的咨询机构和一些IT从业人员,可能比传统企业内部员工更有优势。

本节我们想讲几个案例。第一个案例,就是企业外部的人员(大学生汤汉)通过观察发现了企业(网吧)的需求,发起了一个名为"网吧收费管理系统"的项目,为改善该网吧的管理作出了贡献。

案例:网吧收费管理系统

汤汉当时是大学三年级的学生。假期,他在父亲开的一个网吧里打发时光,无意中发现网吧的管理员收了上网人的钱没有记账。他想:"父亲如何知道这位管理员一天实际收了多少上网费?"他问父亲,才知道父亲相信这位管理员是诚实的,一直没有认真地考虑这个问题。于是,他向父亲分析了加强控制的必要性,并建议开发一个收费管理系统,以防止管理员舞弊。

汤汉的建议得到了父亲的同意,并获得了父亲的一笔资助。他利用假期与别人合作,开发了这个系统,既改善了他父亲网吧的管理,又提高了自己的技能,还获得了一份劳动收入。

如今汤汉已经毕业两年了,回忆起这件事,仍然非常兴奋。

4.1.3 如何分析企业的具体需求

怎样判别一个企业是否需要开展电子商务? 怎样识别这个企业在哪些方面需要导入电子商务的技术和制度? 本节将讨论一些具体的做法。

1)检查企业的战略目标和实施计划

电子商务是用电子信息手段来装备企业的商务活动,而一切商务活动必须为企业的战略目标和实施计划服务,如果不知道企业的目标和计划,就无法知道电子商务能帮什么忙。因此,分析一个企业是否需要发展电子商务,首先要明确企业的战略目标和实现目标的计划。下面一些问题最好请企业的经理来回答或站在企业经理的立场去思考：

①你是否需要找到一条自动完成例行任务的途径,这样可以把员工解放出来去做更重要的事情？

②你是否需要找到一条在路上与你的办公室取得联系的途径,因为你曾经把重要的文件丢在了办公室？

③你是否需要一种定期与客户联系的廉价方法,这样可以及时得到他们的反馈意见？

④你是否对那些在办公桌上摆放的用纸记录、备忘录及日程表感到头疼,希望改善这种局面？ 因为多了就杂乱无章,找起来很困难。

⑤你的企业发展很快,你是否想向其他方向拓展,但必须维持已经建立起来的质量标准？

⑥你是否想在 1 年内使公司利润增长 50%？

⑦你是否想在 3 年内成为行业里的头号销售商？

⑧你打算通过什么计划来实现你的抱负？ 采用什么具体的办法？

问题还可能不止这些。

对上述几个问题,任何一个肯定的回答,都可以导致电子商务项目的发起。如办公自动化系统、信息管理系统、内部网、质量监测系统、公司网站、网络营销系统、企业资源计划系统等款款武器,总有一款可以适用。

2) 检查企业的信息流程

充分了解公司在运营过程中的各类信息是十分重要的,这些信息包括所有发票、文件、情报以及日常工作中使用的其他形式的信息。了解信息流程可以参考以下的思路,即描述他们在一天当中做些什么,如：

①目前正在做的工作是什么？

②谁负责这项工作？

③产生了什么信息？

④下一步将由谁收集这些信息？

⑤在操作过程中某一信息引发了什么样的行为？

在描述了一天的工作之后,就可以发现每一任务都有与之相关的各种信息、人或团体。而后,可以对这些任务按照功能进行分类。

通常把企业的各种职能看成是放入信息的容器,如图 4.1 所示。在每一个容器中的信息是不同的,有的信息与几种功能有联系或有依赖关系,这种信息可以从一个容器传到另一个容器。有些容器的信息可以增添或修改,而有些容器的信息可以随时对它进行查阅。

电子商务解决问题的切入点是信息处理,通过引入计算机、数据库和网络技术,提高企业内部和外部有关信息的传输速度、可靠性和共享便利程度。因此,通过检查企业的信息组成、信息流程和信息源,就可以发现在哪些方面需要改进。

图 4.1　企业信息组成示意图

3)评估企业电子商务技术的现状

我们所研究的企业,也许已经或多或少地导入了一些电子商务手段。因此,对企业所用电子商务技术的现状进行评估是很有必要的。

可以从如下的提示中选择一些问题,编制一份问卷,请企业的有关人员填写或通过与企业员工的交谈后,站在企业员工的角度来回答。

①当你想到办公室中的计算机时,你认为它们有什么作用?

②你如何储存信息,用文件柜还是用电子形式?

③你用电子形式存储哪些文件?

④你对现有的电子化技术是否满意?

⑤你注意到能使你工作效率更高的技术吗?

⑥你如何处理通信问题,是手写信件、打印信件、电子邮件还是其他方式?

⑦为了保持与客户的联系,满足他们的需求,你是使用应用软件来帮助你达到这一目的的吗?

⑧你作电话通信记录吗?

⑨为使你能从以前的订单或谈话中联想起过去的信息,你是否对你的客户情况(如喜好、地址、性格、需求等)作一些记录?

⑩你对客户的身份和相关证件进行调查了吗？

⑪你平均多长时间看一次电子邮件？多长时间发一次电子邮件？

⑫你通常用电子邮件做什么？

⑬你是否定期与其他公司、供应商、合作伙伴(签约者)互通信息？

⑭你的办公室里有哪些文件(信笺、备忘录、订单表、发货单等)？

⑮你知道哪些人需要知道你发出或保存的文件？

⑯哪些文件是保密的？

⑰你需要与哪些人共享什么信息？

⑱你使用数据库储存和检索信息吗？

⑲你是如何备份你所需要的信息的？

⑳你是否有互联网的服务供应商？

㉑你有展示业务的网页吗？

㉒你的计算机联网了吗？

㉓在你的办公环境内,最耗费时间和最难做的工作是什么？

㉔在你最耗时的工作中,哪一件是应该尽力改进的最重要的工作？

㉕在你最难做的工作中,哪一件是应该尽力改进的最重要的工作？

㉖当你不在办公室时,你觉得很需要办公室里的信息吗？

问卷的设计,当然不限于上述问题,可以有其他更多的问题。但当企业若干员工从各自不同的角度回答了上述问题之后,我们就可以对企业的电子商务技术水平作一个大致的评价。由此可以发现企业离一个装备现代化的公司还有多大的差距,在哪些方面需要作具体的改进,明确拟发起的电子商务项目将要解决哪些问题。

4)研究企业的4种基本选择

不管企业现有的电子商务系统处于什么状态,企业对电子商务的需求都可以描述成4种基本的技术选择,即维持现状、系统升级、启用新系统、寻找合作伙伴。

(1)维持现状

维持现状就是按照老样子做,这对大部分企业来说其实是不明智的。因为,这种选择没有认识到处于发展中的企业最终需要利用新技术的力量,以及它的广泛用途。电子商务的新技术可能会满足企业90%以上的需要,并且从长远来看会节省企业的时间和金钱,提高企业的运转效率和竞争力。不使用新技术的时间越久,企业在学习的曲线上越落后,以后想追上去就越困难。

（2）系统升级

系统升级是指对已经有一定电子商务基础的企业进行技术改造。升级包括购买新的硬件组件和应用新版本的软件,从而使企业当前的系统跟上时代。硬件升级通常包括快速处理器、附加的存储器、更快的调制解调器、更大的硬盘驱动器等,有时还甚至还包括一个新的主板。软件的升级包括操作系统升级和应用软件版本的更新。系统升级是一个永无止境的阶梯战略。由于技术发展很快,在有些情况下,升级是必需的、值得的,特别是对一些软件,开发商已经在网上提供免费下载的补丁,以弥补软件先前的不足。这种升级,企业的成本很低,也不会妨碍员工的正常作业。但在另一些情况下,升级可能没有太大的实用价值,升级太快太频繁,反而增加员工的不便。因此,企业的电子商务技术是否需要升级,要根据具体的情况来分析。

（3）启用新系统

启用新系统就是一切重新开始。如果企业在技术曲线上落后太远,升级就十分昂贵,甚至是不可能的。在这种情况下,从技术的角度来说,企业应该将现有的系统全部换掉,尽管这样做可能是4种情况中最昂贵的选择,但这是对未来进行的技术投资。新的技术将来升级比较容易,而且最新的技术在一定时间内不需要升级。企业如果作出了这样的选择,就有可能成为行业中的佼佼者。

（4）寻找合作伙伴

寻找合作伙伴是一种借鸡下蛋的战略。对于很多小企业来说,这样的选择是一种非常明智的选择。因为有些较为先进的技术维护起来有一定的困难,并且非常昂贵,如计算机辅助设计（CAD）、制造技术（CAM）和电子数据交换（EDI）等,中等企业可能普遍拥有,小企业如果与他们打交道,必须具备同样的能力。在这种情况下,小企业需要找一些大企业合作,分享这些买不起但又非常需要的技术。这样,企业在电子商务项目上的初期投资就会大大减少。

可以通过研究企业对上述4种基本选择的倾向来锁定企业对电子商务的具体需求。企业从4种基本选择中进行选择的最佳方法,是从各种可变条件中逐一进行比较,如表4.1所示。在表4.1中,左栏是各种可变条件,右栏是4种基本选择。本表的用法:对照每种条件,在右栏中作出相应的选择。虽然答案没有对与错之分,但通过答案,可以了解企业对电子商务的独特要求。

表 4.1 企业的 4 种基本选择测试表

可变条件	维持现状	系统升级	启用新系统	寻找合作伙伴
硬件:你需要一个以上的服务器吗? 你需要用于条形码、存档和备份的附加设备吗?				
软件:你要求特殊的软件吗? 你需要使用与新硬件配套的软件证书吗?				
咨询与订约:你是否需要负责编程及新的应用程序、网络、商务过程以及项目管理的顾问?				
培训:公司员工是否需要额外的技术培训?				
旅行:你需要旅行与远方的客户做生意吗?				
支持软件包:你需要用于公用事业及其他领域的额外的软件包吗?				
网络于 PC 机的成本:什么硬件升级是必需的? (估计一般一个包括软件、硬件、咨询和网络工程项目的花费约 20 多万元)				
时间:新系统的安装与培训需要多长时间? 最快什么时候能开始?				
用户资源:需要多少人力资源? 这些人是兼职还是专职?				
基准信息:你的估计为什么是正确的? 同行中有来自其他公司的例子吗?				

4.2 电子商务项目建议书

经过项目的机会研究,形成了一个初步的结果,该结果最后表现为项目建议书的形式。

1)项目建议书的特点

与可行性研究相比,项目建议书具有以下几个主要特点:

从目的性考察,它只是对项目的一个总体设想,主要从宏观上考察项目的必要性,分析项目建设的条件,研究投入的人力、物力、财力。

从基础性分析,项目建议书是投资建设程序的第一步,这时还难以获得有关项目本身的详细资料和数据。因此,工作依据主要是国民经济和社会发展的长远规划、行业规划、地区规划、旅游产业政策、人均收入的消费状况、自然资源及相关条件等宏观信息资料,以及同类已建项目的有关数据和其他经验数据。

从内容上探究,项目建议书的内容相对简单,主要侧重于论证项目是否符合国家宏观经济政策的要求,特别是产业政策、产品结构和环境方面的要求。关于市场调查、市场预测、建设条件和建设措施以及社会经济效益评价等方面,不如可行性研究深入、细致。

从方法上看,需要运用和计算的指标不多,而且大多采用静态指标,对数据精度的要求不高。例如,对需要的投资总额,可以按投资比例估算,误差一般在20%左右。

2)电子商务项目建议书的形式

项目建议书是建设项目决策最初阶段的工作,它是对建设项目提出一个轮廓设想,主要是从宏观上来考虑建设项目建设的必要性,看其是否符合国家的长远规划方针和要求。同时,初步分析项目建设的条件是否具备,是否值得投入人力物力作进一步的深入研究。

3)电子商务项目建议书的作用

项目建议书是建设程序的首要环节,同时又是立项的前提条件,其作用主要表现在以下4个方面:

①项目建议书是企业选择建设项目的依据,只有批准项目建议书才能列入建设前期工作计划。

②项目建议书是进一步进行可行性研究及选择厂址等的依据。

③可行性研究是在编制项目建议书时已经取得资料的基础上,再深入地调查分析,为确定的数据资料,确定项目的可行性。

④涉及利用外资的项目,在批准立项以后,方可对外开展工作。

4)电子商务项目建议书的内容

项目建议书应包括以下5个方面的内容:

(1)项目提出的必要性和依据

①说明项目提出的背景、拟建地点,提出与项目有关的长远规划或行业、地区规划资料,说明项目的必要性。

②对改扩建项目要说明现有企业的概况。

③引进技术和进口设备的项目,说明国内外技术差距和概况及进口的理由。

（2）产品方案、拟建规模和建设地点的初步设想

①产品的市场预测，包括国内外同类产品的生产能力、销售情况分析和预测、产品销售方向和销售价格的初步分析等。

②确定产品的年产量，一次建成规模和分期建设的设想（改扩建项目还需说明原有生产情况及条件），以及对拟建规模经济的合理性评价。

③产品方案设想。包括主产品和副产品的规格、质量标准等。

④建设地点论证。分析项目拟建设地点的自然条件和社会条件，建设地点是否符合地区布局的要求。

（3）资源情况、建设条件、协作关系和引进国别、厂商的初步分析

①拟利用的资源供给的可能性和可靠性。

②主要协作条件情况、项目拟建地点水电及其他公用设施、地方材料的供应分析。

③主要生产技术与工艺，如拟引进国外技术，要说明引进的国别以及与国内技术的差距、技术来源、技术鉴定及转让等概况。

④主要专用设备来源，如拟采用国外设备，要说明引进理由以及拟引进国外厂商的概况。

（4）投资估算和资金筹措设想

投资估算是根据掌握数据的情况，进行详细估算，也可以按单位生产能力或类似企业情况进行估算，投资估算中应包括建设期利息、投资方向调节税，并考虑一定时期内涨价因素的影响，流动资金可参照同类型企业情况进行估算。

资金筹措计划中应说明资金来源，利用贷款需附贷款意向书，分析贷款条件及贷款利率，说明偿还方式，测算偿还能力。

（5）项目的进度安排

①建设前期工作的安排，包括涉外项目的询价、考察、谈判、设计等计划。

②项目建设需要的时间。

（6）经济效果和社会效益的初步估计，包括初步的财务评价和国民经济评价

①计算项目全部投资的内部收益率、贷款偿还期等必要的指标，进行赢利能力、清偿能力的初步分析。

②项目的社会效益和社会影响的初步分析。项目的机会研究以后，将进入可行性研究阶段，将更具体地研究项目是否可行。

4.3　电子商务项目的可行性研究

4.3.1　可行性研究的概念

可行性研究是一个综合的概念,它是一门运用多学科知识、寻求使投资项目达到最好经济效益的综合研究方法。企业在准备任何投资项目之前,都要进行可行性研究。不管这种研究是正式的还是非正式的,是明确地安排有关人员去做,还是有关人员自发地去研究,这类工作实际上都在发生。对电子商务项目的客户来说,可行性研究是企业在投资决策前的一个必经过程,这是一个在企业内部发生的过程。这个过程的结果是产生一份可行性研究报告,供企业董事会讨论决定是否采纳。电子商务的解决方案必须经过可行性论证才能被客户最终接受并付诸实施。承约商要提出使客户满意的电子商务解决方案,也需要遵循可行性研究的评判准则,对所提的方案进行可行性论证。所以,可行性研究的原理、方法和内容,对运作电子商务项目的人来说,都必须了解和掌握。

可行性研究是为了保证投资项目技术的先进性、经济的可靠性和环境的适宜性,在对拟投资项目的各个方面进行系统调查研究之后所作的综合论证。对于电子项目来说,可行性研究主要是对电子商务系统的实施框架进行研究,以此作为系统开发实施的主要依据。它是决定该系统能否立项以及立项后大致按什么规模、什么模式开发的决策性研究。

对电子商务项目建设可行性研究的要求主要有三点:一是要具有一定的深度;二是有比较详细、准确的投资分析;三是要充分研究项目实施的各种条件和预测可能遇到的各种风险。

电子商务项目可行性研究一般要求回答下列问题:技术上是否可行?经济上是否有生命力?财务上是否有利可图?需要多少投资?能否筹集到全部资金?需要多长时间能够完成?需要多少人力、物力资源(包括研究开发人才、条件和环境、产品研制和商品化的能力等)?上述问题概括起来有三个范畴:技术水平、市场需求和财务经济。市场是前提,技术是手段,核心问题是财务经济,即投资赢利(或投入效果)问题。其他一些问题,包括复杂的技术工作、市场需求预测等,都是围绕这个核心并以此为核心问题提供各种方案的。

对于外包项目来说,电子商务项目的可行性研究工作是:在保证实现项目业主需求或愿望的基础上,保证项目产出物能够发挥投资效果的关键一环。作为项目的承包单位,必须提出使客户满意的电子商务解决方案,遵循可行性研究评判标准,对所提方案进行可行性论证。只有经过可行性研究,认可该项目后,才能进行后面的项目规划和项目实施工作。因此,可行性研究的原理、方法及内容,对于电子商务项目管理人员来说是必须了解和掌握的。

4.3.2　可行性研究的目的及依据

1) 可行性研究的目的

可行性研究的目的是用最小的代价在尽可能短的时间内确定问题是否能够解决,为项目决策提供经济、技术方面有价值的依据。也就是说,可行性研究的目的不是解决问题,而是确定问题是否值得去解决。对于电子商务项目来说,是研究在当时的具体条件下,开发新系统是否具备必要的资源和其他条件,开发系统后能否带来预期的收益。因此,在投资前,需要把所有与拟建电子商务项目有关的因素进行全面分析,对项目的必要性、可能性、有效性以及合理性进行系统论证,以减少投资失误,避免盲目决策给企业带来的损失。具体来说,电子商务项目的可行性研究主要分析了以下几个问题:项目中是否有尚未解决的关键性技术问题;项目是否有前途;投资条件是否成熟;经济投入与产出是否成正比;怎样规避风险,以达到最佳效益。

可行性研究的目的决定了可行性研究的具体实施。因此,电子商务可行性研究的目的一开始就要明确。可行性研究的步骤、结构、内容都是围绕可行性研究的目的来进行的。

电子商务项目的可行性研究,必须在国家有关的规划、政策和法规的指导下完成,同时,还要应用相应的技术资料及数据。

2) 可行性研究的依据

电子商务项目可行性研究工作的依据主要有:

①国家有关的经济发展政策,包括产业政策和财务政策。

②国家有关的发展规划、计划文件,包括对该行业的鼓励、特许、限制、禁止等有关规定。

③国家有关经济的法律法规,如公司法、税法等。

④国家有关项目建设和技术方面的资料,如项目建设和技术标准、规范等。

⑤拟建项目所在地区的环境现状资料。

⑥项目主管部门对于项目建设要求的批复及其相关审批文件。

⑦项目承办单位委托进行详细可行性研究的合同或协议。

⑧项目承办单位与有关方面取得的协议,如投资、原料供应、建设用地等方面

的初步协议。

⑨市场调研报告。

⑩企业的初步选择报告。

⑪实验报告。在进行可行性研究前,对某些需要经过试验的问题,应由项目承办单位委托有关单位进行实验或测试,并将其结果作为可行性研究的依据。

4.3.3 可行性研究的类型

可行性研究一般分为 3 个类型:即机会研究、初步可行性研究和正式可行性研究。这 3 个类型的分析依次进行,从而构成了一个从粗到精、由表及里、逐步深化的过程。

1) 机会研究

机会研究主要是鉴别投资机会,其目的是对拟建的电子商务项目的机会作粗略的研究和估计,侧重研究企业对电子商务的需求和导入电子商务的市场机遇,分析项目的可行性和必要性。

机会研究一般包括对项目的背景、发展趋势、基础条件、引进技术的可行性等方面的研究,重点在于研究项目的主要投资方向,有时也包括研究投资来源渠道及其可能性。机会研究人多借助于现有的经济技术资料进行研究,以定性为主。如果研究的结果表明没有投资的必要,则可行性研究就到此为止;如果有较大的投资机会,则转入下一步研究。由于机会的可行性研究更多的属于一种简单的判断性研究,因而其对投资额的估算误差较大,一般误差在±30%以内,就算达到要求。

2) 初步可行性研究

当对拟定的电子商务项目进行了机会研究之后,如果认为有必要进行投资,这时就需要进行深入的调查研究,提出较完整的投资设想方案(包括技术方案),这就是初步可行性研究。初步可行性研究涉及面较广,包括企业所属行业的电子商务发展趋势预测,拟投资的电子商务项目的技术构成和规模,系统建成以后企业的竞争优势分析等。此阶段已不能停留在一般的定性分析,要对投资项目的各个方面进行定量测算。初步可行性分析的结果要有一定的精度,对投资额的估算误差一般应在±20%以内。

3) 正式可行性研究

对大型的复杂的电子商务项目,如果经过初步可行性研究以后,经过专家论证认为可行,还要花费更多的精力进行更精确的可行性研究,称为正式可行性研究,同时编制最终可行性研究报告。正式可行性研究,要为投资项目提供技术、经济等方面的充足依据,提出具体的支出预算数字,提供实施计划的详细进度,并对投资的回收作出较精确的预测。正式可行性研究对投资额的估计误差应在±10%以内。

机会研究、初步可行性研究和正式可行性研究,仅仅是在分析的精确程度上要求不同,三者在研究的内容方面大体是一致的——都应该包括必要性研究、技术可行性研究和经济可行性研究,要作系统的财务经济效益评价。

4.3.4　可行性研究的内容与方法

1)必要性研究

电子商务的必要性研究,其实就是企业对电子商务的需求分析。主要是对企业的信息化现状、企业管理和经营中的问题、竞争环境和竞争态势、同行企业电子商务技术采用状况、上下游供应链上的企业电子商务技术采用状况、本企业的发展计划等进行分析,明确本企业是否具有在电子商务方面进行改造的需求。研究在未来的发展中,电子化系统是维持现状还是系统升级,是自己建设新系统还是寻找合作伙伴。

2)技术可行性研究

小知识

美国南加州大学马歇尔商学院格瑞夫工商企业研究中心教授 Kathleen Allen 博士和 Jon weisner 先生合著了一本《电子商务技术手册》,提出了 10 条以技术促进发展的途径,包括:

1.安装局域网;

2.建立电子商务网站;

3.使用电子邮件;

4.用互联网品牌强化公司形象;

5.利用应用程序供应商(ASP)来拓展服务;

6.使用互联网搜索引擎;

7.建立一个数据库来管理;

8.用条形码系统跟踪管理库;

9.使用仪表板实时进行管理;

10.建立自己的电子邮局。

电子商务项目技术可行性研究的任务,是从总体上鉴别和选择技术系统。选择和技术分析时一般应考虑以下几个方面的内容:

(1)技术的先进性、适用性和经济的合理性

企业的电子商务项目,不应该采用即将淘汰的技术,但也不是技术越先进越好,太先进了,费用会很高,而且有些方面的技术(如通信)太先进了容易曲高和寡,起不到增进商务联系的作用。一般企业的电子商务技术,在保持先进性略有领先的情况下,以适用性为主,并且在经济上要合理,要有较好的性价比。最好提出几种备选的技术方案,最后按照财务分析的结果来决定取舍。

(2)设备和软件选择的建议与说明

有关电子商务项目的设备(硬件)和软件的选择,都要以上述先进性、适用性和经济合理性为原则。在进行可行性分析时,需要搜集有关 IT 企业的产品(或服务)说明书,参照其中技术产品(或服务)规格和价格,结合本企业的实际需求进行选择,说明如此选择的必要性和其他道理。

(3)技术对操作者的要求和本企业对技术的接受能力

很多企业引进电子化技术设备时的一个易犯的毛病就是功能冗余。有些系统的功能在企业里可能几年都不会用到,等到几年以后,这些功能早被更先进的技术所取代。造成功能冗余的主要因素之一就是企业操作人员不会利用这些功能。例如,有一个公司有 10 多台电脑,每台都配有网卡,但这个企业 4 年来一直没有建立局域网,原因就是没有专门的技术人员来操作,而大家也都习惯于单机作业,并用软盘来交换信息。因此,需要考虑本企业员工对先进技术的接受能力,选择本企业具有操作可行性的技术方案,避免技术水平过高而造成功能冗余,浪费建设资金。

(4)企业业务流程和信息流程变化的可行性

有些电子商务系统的引进,必然要带来企业业务流程和信息流程的改变(如ERP)。这些改变可能会遭到企业内部有些部门或人员的抵制,结果可能以失败而告终。因此,设计电子商务项目的技术路线,要考虑新系统的引进会给企业带来哪些变化,哪些部门的权利会受到削弱,哪些岗位的人员负担会加重或带来不便,所带来的业务流程和信息流程的变化能否被大家所接受。考虑这些问题之后,最好要提出使大家接受的办法。目前公认的办法之一就是论证并宣传流程改变的好处,增进大家对项目和新技术的理解,从而争取普遍的支持与配合。

(5)对项目承约商的技术要求和承约商来源

在可行性研究的技术分析中,还要考虑新系统的建设工作由谁来执行,是请外部的专业机构(承约商),还是在企业内部组织攻关小组。任何一个好的方案,如

果找不到合适的人或机构来执行,结果都是没有意义的。应该研究完成这项任务需要什么条件,列出在技术能力上可以完成这项任务的候选人(或机构)名单。

(6)项目建成后管理与操作人员的结构和技术培训问题

企业的电子商务项目建成以后,由谁来进行日常维护,由谁来培训企业员工并让其学会使用新的系统,这也需要在技术分析时予以明确。一般来说,项目的承约商负责对员工的培训,但系统的日常维护,往往涉及企业的一些机密信息,所需人员最好在企业内部解决。如果不存在机密问题,外包给承约商或其他专业机构或个人的做法也是可取的,这样可以精简企业队伍,节约企业的人员开支。

(7)技术寿命

尽管 IT 技术的发展速度很快,但对一个具体企业的电子商务项目来说,在技术上追求的是经济适用性,因此,并不是说,新技术的出现,过去的技术就不能使用了。例如,在 PⅣ 个人计算机已经成为主流机型的今天,PⅡ 电脑在很多企业仍然发挥着重大作用而没有"下岗"。这说明在衡量企业电子商务项目中的技术寿命时,不能简单地以 IT 行业中的技术周期来套用,而要具体分析企业传统产品和服务对电子化工具的内在需求。企业电子商务项目中技术系统的寿命期,应由企业传统产品和服务的需求、同行业及上下游企业的电子商务平均水平发展速度、IT 行业技术更新情况及产品的性能来决定。一般来说,特别新的技术,由于其性能未能得到时间的检验,传统行业的企业使用后,万一是技术上发生故障或暴露出漏洞,带来的损失将是很大的。

另一方面,非常成熟的技术固然可靠,但如果很快就被淘汰,也会给企业带来麻烦和经济损失。经验表明,企业内部管理系统办公自动化技术的寿命期如果小于 3 年,传统企业将很难适应。而寿命期过长,将来可能会落后于同行,也为企业经营带来不利。

企业电子商务项目的技术选择,应该以性能稳定、成熟并在 3~5 年之内不会退出市场的技术为主。

(8)其他

还有其他一些工作,如技术系统的性价比研究、技术的优化配置研究、技术系统的可靠性与安全性研究等,也可以在技术分析时予以考虑。但对这种深度的研究,需要更多的时间和技术力量,应根据项目的情况和企业要求来决定是否进行。

3)经济可行性研究

电子商务项目的经济可行性研究,是通过对项目成本与可能取得的效益进行比较分析,即通常所说的成本效益分析,来判断项目的可行性程度。财务分析是经济可行性研究的核心内容,它包括财务预测和投资效益分析。

(1)财务预测

项目财务分析是在投资前期进行的,因此,分析的数据带有预测性。

财务预测就是为财务分析提供所需的预测数据。财务预测的主要数据有:投资估算、无项目(不上项目)时企业收入与费用预测、有项目(发展项目)时企业收入与费用预测、贷款与还贷安排及利息测算等。

投资额包括网络工程、设备、技术(含软件开发)、流动资金以及其他费用。投资额的测算包括对各年份的投资支出和资金来源作出估算。在技术方案确定以后,就可以编制投资估算表及投资来源和支出预测表。关于表中的数据,一般较难用定型、准确的公式或肯定的方法计算得出,但通常可按照其组成和各项费用支出的时间来估算和填写。

典型电子商务项目的投资可能包括的内容如表 4.2 所示。本表也是计算电子商务投资总额的一种模型。投资总额包括硬件投资和软件投资两个部分。

表 4.2　典型电子商务项目的投资估算表

内　容	单　位	单价/元	数　量	复价/元
硬件(含可选项) 服务器 计算机 其他工作机 光纤收发器 双绞线 水晶接头 交换机 理线器 检测、维护用的工具和仪器 机房(控制中心)建设及装修 互联网接入费 电源系统				
软件 系统平台购置 数据库平台购置 专用数据库开发 专用其他软件开发 员工培训 其他				

测算无项目时的收入,是指测算企业在不发展电子商务项目情况下的销售(或服务)收入以及它们的变动情况。它们的测算,主要考虑产品(或服务)的销售市场、销售价格和销售量等指标。在变化趋势方面、要考虑在市场竞争条件下,如果不采用先进的营销和服务手段,可能会失去市场份额,导致收入下滑的情况。

测算无项目时的费用,是指测算企业在不发展电子商务项目情况下的销售(或服务)税金、生产(或服务)成本以及它们的变动趋势。它们的测算,主要考虑产品(或服务)原材料的价格、需要的数量和变化趋势;特别要考虑在市场竞争条件下,如果不采用先进的营销和服务手段,可能会失去市场份额,导致平均成本上升的情况。

测算有项目时的收入,是指测算企业在发展电子商务项目以后的销售(或服务)收入以及它们的变动情况。它们的测算,主要考虑产品(或服务)的销售市场、销售价格和销售量等指标。在变化趋势方面,要考虑在市场竞争条件下,如果采用了电子商务的先进营销和服务手段,可能会赢得市场份额,从而导致收入增长的情况。

测算有项目时的费用,是指测算企业发展电子商务项目以后的销售(或服务)税金、生产(或服务)成本以及它们的变动趋势。它们的测算,主要考虑产品(或服务)原材料的价格、需要的数量和变化趋势;特别要考虑在市场竞争条件下,采用电子商务的先进营销和服务手段以后,可能会赢得市场份额,导致平均成本下降但总费用会上升的情况。

利润的预测是把销售收入减去费用(含成本和税金)。项目整个寿命期中的总利润,则是把销售收入各年的累计数,减去各年费用的累计数,再减去投资成本。在利润预测中,一般先测算出分年利润,然后逐年填入利润预测表(如表 4.3 所示)。

表 4.3　企业利润预测表

单位:元

年　份	收　入	费　用	利　润
2002			
2003			
2004			
2005			
2006			
合计			

如果项目建设需要贷款,则需要预测贷款利息。贷款的还本付息测算,应使用贷款还本付息预测表。在计算利息和应还本息数时,其主要方法如下:

①测算建设期每年应计利息数。计算可用下列公式:

建设期每年应计利息 = (年初贷款累计 + 本年贷款支用/2) × 年利率

②测算投产期每年还本付息数及应计息数。将年利润中用于投资贷款的还本付息数加上年折旧即为投产期每年的还本付息数。

投产期每年应计利息可按下列公式计算:

投产期每年应计利息 = (年初贷款累计 − 本年还本付息/2) × 年利率

③测算还清贷款年份应计利息数。计算公式如下:

还清贷款年份应计利息 = (年初贷款累计/2) × 年利率

按照上述公式所计算出来的利息,应纳入相应年份的费用之中。

(2)投资效益分析评价

在财务预测的基础上,可以利用预测的有关投入和产出数据进行投资效益分析评价,这是财务分析的关键内容。

投资效益分析评价主要是通过一套指标体系来进行。投资分析的指标体系,包括静态指标体系和动态指标体系。利用静态指标体系进行分析的方法,是投资效益的传统分析方法;利用动态指标体系进行分析的方法,称为投资效益的动态分析方法。

4)投资效益分析方法

(1)评价投资效益的传统方法

有两种传统的评价投资效益的方法,即投资回收期法和投资报酬率法。

①投资回收期法。它是最简单的、应用最广泛的一种衡量投资效益的方法。它分析由于实施了某个投资项目,企业每年平均净增收益的数额有多大,用此净增收益来补偿全部投资需要多少年时间,而后根据回收期的长短来评价项目的可行性及其效益的高低。回收年限越短,投资方案越好。

计算投资回收期的公式如下:

$$投资回收期 = \frac{投资总额}{年平均净增收益}$$

注意

公式中的年平均净增收益在计算时并未扣除折旧,因为这个公式谈的是用净增收益来补偿最初的投资。而折旧法则是按照固定资产的价值,每年提取一定百分比的折旧基金用以补偿固定资产的磨损部分,也是一种补偿投资方法。需要提醒的是,人们在使用上述公式时常犯一种错误,就是在计算净增收益时把折旧作为一项费用减去,这样就发生了重复计算,因而导致计算出的投资回收期比实际的长。

投资回收期法用来评价投资效益有以下一些不足之处:

第一,它考虑了投入资金与净增收益的数额,但未能精确考虑收入与支出的时间。因此,它往往导致不正确的判断与决策。

例如,某项目有两个投资方案,都投资 100 000 元,年平均净增收益均为 25 000 元,投资回收期均为 4 年。但两个方案在项目期各年净增收益的数目不一样(如表 4.4)。

表 4.4 两种方案净增收益比较

单位:元

	第一年	第二年	第三年	第四年
甲方案	40 000	30 000	20 000	10 000
乙方案	10 000	20 000	30 000	40 000

可以看出,甲方案大部分投资在前 2 年回收,而乙方案大部分投资在后 2 年回收,实行甲方案可以提前将资金用于其他方面的周转,更好地发挥资金的效益,甲方案显然优于乙方案,而这一点从投资回收期指标中反映不出来。

第二,它考虑了回收期内的净增收益,而没有考虑回收期之后的净增收益,不是从整个项目期着眼的。

例如:两个投资方案的投资数额都是 10 万元,回收期同为 4 年。但甲方案可以提供 10 年的收入,而乙方案仅能提供 4 年的收入,如果投资回收期的标准定为 5 年,两个方案都可获通过,而就整个项目期来说,甲方案提供的收入多于乙方案。

投资回收期说明投资资金多长时间可以得到补偿,因此它能够说明资金的流动或周转的快慢,而不能充分衡量赢利程度。投资的主要目标则是充分发挥资金效率,提高资金的赢利,并不仅仅是为了把原来投入的资金收回来。因此,要着眼于整个项目期的利润,而不局限于回收期。

第三,用来评价投资效益,投资回收期这一方法还有另一缺点:确定一个最长的可以被接受的投资回收期的标准,往往在很大程度上具有主观性,没有客观的基础。

虽然投资回收期分析方法具有很大的局限性,但也有一些优点:

第一,这个方法简单易行,它所要求的原始数据比较简单,只要求总投资额和每年净增收益即可计算。

第二,在有些场合,投资回收期法较为有用。如一个企业本身资金不足,贷款少,亟须在短期内回收资金;又如一个项目涉及投资于风险很大的事业,或者技术进步很快而精神磨损很厉害的部门(电子设备其实居于这样的部门),要求在短期内回收资金,那么,投资回收期就很有针对性。

第三,如果一个投资项目有许多个方案,可以先用投资回收期法对各个方案作粗线条估计,进行初步筛选,将回收期过长的项目(例如与项目寿命一样长的回收期)剔除,再用其他方法作进一步分析。

总之,投资回收期分析法线条粗,有不足之处,但简单易行,能提供有用的信息。

②投资报酬率法。投资报酬率法也被广泛地应用于评价各种投资方案。其计算公式如下:

$$投资报酬率 = \frac{年平均净增收益 - 年平均折旧额}{投资总额}$$

投资报酬率实际上是销售净利率(净利润/销售收入)和资本周转率(销售收入/总投资额)的乘积。销售净利率和资本周转率都不能全面反映一个投资项目的营运效率。销售净利率忽视了资本的运用效率,资本周转率则忽视了销售的获利性,而投资报酬率则两头兼顾,将项目的投资报酬率和所希望获得的报酬率相比较,就可决定投资方案的取舍。

可以将计算出来的投资报酬率同企业可以接受的最低限度的报酬率标准加以比较,以决定取舍。同一项目的不同投资方案也可以根据报酬率高低排队,从中选择较为适宜的。在其他条件相同的情况下,投资报酬率越高的方案越好,应当予以优先考虑。

投资报酬率作为衡量投资效益的一种方法,考虑因投资而增加的收益,不局限于回收期内,而是从整个项目期限着眼,这是它的优点。

但它也有一些局限性。第一,它不能直接与财务部门经常使用的一些指标挂钩,例如,借款利率、红利率等,因为这些指标是按照全部资金计算的,而不仅仅是按项目开始时投入的资金来计算的。第二,它没有考虑资金投入的时间与得到收益的时间,没有反映货币的时间价值。

注意

投资回收期与投资报酬率虽被广泛地运用于评价投资效益,但它们共同的缺点是没有考虑时间因素,用以衡量项目的可行性,作出投资决策,有时难免会作出不正确的决定。

---

(2)投资分析中时间因素的考虑

"一鸟在手,胜于二鸟在林。"正如这一古今流传的民间经验之谈所确认的那样,现在的价值优于将来同样的价值,较早的收益优于较晚的收益。因为投资项目分析的对象是在较长时间内起作用的固定资产,它要立足于整个项目期来对比一个项目的费用与效益。因此,必须重视对时间因素的考虑,必须重视货币的时间价值。也就是说,在进行投资分析时不仅要考虑与项目有关的收入与支出的金额是多少,而且要考虑收入与支出发生的时间。一个电子商务项目的作用期限常延续若干年,在此期间企业每年都有收支发生,在对比收支、计算经济效益时,如果忽视货币的时间价值,把不同时点发生的收入或支出相加,进行总和的简单对比,就不可能得出正确的结论。为了保证项目期各年的收支具有可比性,必须把它们折合为同一时点的收入或支出,例如换算成现值或将来值,在此基础上再进行各项目指标的计算。

下面将讨论复利与复利因素,贴现与贴现因素及年金因素三个问题。

①复利及复利因素。复利指的是特定时间的一个金额可以等值地转换成以后某个时点的较大金额,即将现值换算成将来值。如银行按规定在一定时间结息一次,结息后即将利息并入本金,即所谓的"利上加利",这种计息法叫作复利法。

用复利法按照一定的利率,可以计算出一笔本金在若干年以后的本利和。可以应用这一方法把现值折合为将来值。

例如,本金 1 000 元,以年利率 8% 计算复利,3 年期末的本利和可按下面的过程来计算:

第一年末本利和 = 1 000 × (1 + 0.08) = 1 080.0

第二年末本利和 = 1 080×(1+0.08) = 1 166.4

第三年末本利和 = 1 166.4×(1+0.08) = 1 259.7

复利计算公式可用代数式表示为:

第一年末本利和 = $P(1 + i)$

第二年末本利和 = $P(1 + i)(1 + i) = P(1 + i)^2$

$\vdots$

第 n 年的本利和 = $P(1 + i)^n$

于是,复利法的公式可以写成:

$$F = P(1 + i)^n$$

式中,F 为货币本金与利息之和,简称本利和或终值;

P 为 F 的现值或代表本金;

n 为计算利息的期数;

i 为利率。

复利因素表示本金 1 元按年利率 i 计算复利,n 年之后可以达到的本利和的数额,用公式表示为:

$$(F/P,i,n) = (1 + i)^n$$

利用这个公式,可算出许多个复利因素,编成复利因素表。利用复利因素表,可以很方便地计算本利和,为项目计划人员计算资金的将来值提供很大的方便。

例如,某企业计划投资 50 000 美元引进一套条形码管理系统,如果贷款利率为 10%,问 5 年后偿还多少钱?

首先查复利因素表,$i=10\%$,$n=5$ 时,$(F / P, 0.1, 5) = 1.469$,得出:

$$F = 50\ 000 \times 1.469 \text{ 美元} = 73\ 450 \text{ 美元}$$

②贴现与贴现因素。把某一金额的将来值折算为现值的过程称为贴现。

> **注意**
>
> 贴现过程与复利过程正好相反,复利过程是将某一金额按照一定的利率计算其几年之后的本利和,从而把现值折算成将来值。而贴现过程则是将几年以后的本利和,按照一定的贴现率倒推出它的本金,从而把将来值折算为现值。

由于在项目的分析与评价中,必须将项目期多年预期的收益与费用折成现值,而后再计算分析指标,为此,必须树立现值的概念,熟悉折算现值的方法。

计算现值的公式可以从复利公式演化而来,已知复利公式为:

$$F = P(1 + i)^n$$

等号两边除以 $(1 + i)^n$ 即可得计算现值的公式为:

$$P = F \times \frac{1}{(1 + i)^n}$$

贴现因素表示年利率为 i,每年复利一次,经过几年后,其将来值为 1 元的现值。其公式为:

$$(P/F, i, n) = \frac{1}{(1 + i)^n}$$

将 i, n 以不同的数值代入上式,计算出 $(P/F, i, n)$ 的值,即可编成贴现因素表。借助于贴现因素表可以简化现值的计算过程,从而方便项目的分析工作。

例如,某企业从银行中以 8% 的利率贷款 800 万元进行某大型电子商务系统的投资。根据测算,这项革新使企业 5 年后可得纯利 1 200 万元,问这项投资是否可行?

首先要计算出 1 200 万元的现值是多少,然后与 800 万元进行比较。

查贴现因素表得:

$$(P/F, 0.08, 5) = 0.680\,6,则:$$
$$P = 1\,200 \times 0.680\,6 = 816.7\ 万元 > 800\ 万元$$

即这项投资在正常情况下是可行的。

③年金。所谓年金,就是在 n 年内每年收入或支出一笔相等的金额。

项目经过初期的投资建设,进入稳定发展之后,接连若干年的收益或费用是相等的。为了求得其若干年的收益或费用之和,当然可以分年查现值因素,分年计算其收益与费用折为现值之和应当是多少。但如果用年金现值公式和年金现值因素表,则可以大大简化计算工作。

设 P 代表 n 年的年金现值之和,年金为 A,利率为 i,则:

$$P = \frac{A[(1 + i)^n - 1]}{i(1 + i)^n}$$

年金现值因素的公式为:

$$P/A = \frac{(1 + i)^n - 1}{i(1 + i)^n}$$

根据年金现值因素公式即可以算出不同利率、不同年数的情况下 1 元年金的现值,并编成年金现值因素表。了解了投资项目的年金(收入或费用)利率及年数,很快可以算出年金现值之和。

例如,某个小型企业网站预计在今后 5 年内每年需要支出 10 000 元进行简单维护,设年利率为 8%,试问将来这 5 年的维护费用合起来,相当于现在投资多少?

已知,$n=5$, $i=0.08$, $A=10\ 000$ 元

查表得:

$$(P/A,\ 0.08,\ 5)=3.993$$

年金现值和为:

$$P=10\ 000\times3.993\ 元=39\ 930\ 元$$

即未来 5 年的维护费用合起来相当于现在投资 39 930 元。

(3)投资效益动态分析方法

所谓投资效益的动态分析方法,就是指考虑到货币的时间价值的投资效益分析方法。

①净现值法。净现值是指净现金流入的现值之和。净现值法是将项目期内各年的现金流出(包括投资费用、经营成本和因发展新项目而使原系统失去的效益)和效益(现金流入)进行比较后,计算出各年的净收入(净流入),然后折算为它们的现值,再计算这些净收入的现值之和,得出该项目的净现值,然后以净现值作为评价指标来衡量投资项目的经济效益。

通过净现值,可以直接比较整个项目期内全部的成本与效益。它考虑了时间因素,从而克服了投资回收期及投资报酬率这两种方法在评价投资项目分析方面的缺陷。

具体说来,计算净现值的步骤如下:

第一步,确定一个适当的贴现率。

贴现率大小直接影响项目净现值的高低,从而也影响到投资方案的取舍,因此,贴现率如何选择,应当引起注意。

什么样的贴现率是恰当的呢? 一般认为,它应当反映能为企业所接受的最低限度的投资报酬率,应当反映企业从不同来源得到资金时所定利率的加权平均数。

第二步,计算各年的净现金流入。

方法是从各年的收入(现金流入)中减去费用和其他支出(统称现金流出)。

第三步,计算项目期限内各年净现金流入折成现值之和。

这里所说的净现金流入,相当于企业因发展项目所预期得到的净增收益。计算公式为:

$$P_B = \frac{B_1}{(1+i)} + \frac{B_2}{(1+i)^2} + \cdots + \frac{B_n}{(1+i)^n} + \frac{S}{(1+i)^n}$$

式中, P_B 为项目期内各年净收入折成现值之和(即净现值 NPV);

$B_1, B_2, \cdots, B_n$ 为项目期内各年的净收入;

S 为项目期末固定资产的残值;

n 为项目期限(年);

i 为贴现率。

如果某个项目的净现值大于零,则这个项目在财务上可行的,可以考虑接受;如果某个投资项目的净现值小于零,这个投资项目在财务上是不可行的,应予拒绝。

②内部报酬率法。内部报酬率(Interior Reward Rate, IRR)又称为内部收益率,它是反映项目经济效益的一项基本指标。内部报酬率是指项目在建设期间和服务年限内,净现值为零时的贴现率。内部报酬率和净现值一样,考虑到了货币的时间价值,但两者有所不同。采用净现值法,先要选定贴现率 i;然后计算该投资项目的净现值是多少;而采用内部报酬率法,所要知道的是用多大的贴现率进行贴现,才能使净现值等于零。

一个投资项目的净现值和贴现率之间的关系可以用图 4.2 来表示。

图 4.2 中以横坐标表示贴现率,以纵坐标表示净现值,曲线 $A'B'$ 即净现值曲线。由图 4.2 可知,贴现率越低,净现值越大;贴现率越高,则净现值越小。曲线 $A'B'$ 与横坐标轴相交于 C 点。此点在 y 轴上的读数即所求的内部报酬率。所以,内部报酬率也可以说就是一个特殊的贴现率,按这个贴现率对投资项目的费用与效益进行贴现,整个项目的净现值为零。

内部报酬率的评价标准:IRR 大于规定的贴现率(国外用资本的机会成本,是

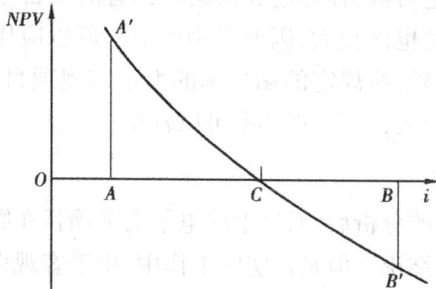

图 4.2 净现值和贴现率之间的关系

指可供投资选择的,列在最后一个项目的内部报酬率),则项目可予接受。换言之,只要内部报酬率大于规定的贴现率,项目在赢利性方面显然可行。求内部报酬率的基本方法是试算逼近法,其计算步骤如下:

第一步,选用一个较小的贴现率 i_1,NPV_1(i_1 小得使 NPV_1 为正数即可)。

第二步,选用一个较小的贴现率 i_2,NPV_2(i_2 小得使 NPV_2 为正数即可)。

第三步,如果 NPV_1 或 NPV_2 的绝对值比较大,就重新选大一点的贴现率 i_1 或小一点的贴现率 i_2 再进行计算,使得 NPV_1 或 NPV_2 都接近于零。

第四步,用以下计算公式求得内部报酬率 IRR 的近似值:

$$IRR = i_1 + \frac{NPV}{NPV_1 + |NPV_2|} \times (i_2 - i_1)$$

式中,i_1,i_2 为两个相距较近的贴现率;

NPV_1 为与 i_1 相对应的净现值,其值大于 0;

NPV_2 为与 i_2 相对应的净现值,其值小于 0。

还可以利用 Windows 98 中的 Excel 软件,很方便地计算出 IRR 比较精确的近似值,其方法为:

第一步,点击 Microsoft Excel 图标,调处 Excel 表格。

第二步,在表中输入一列由负变正的数据(净流入的数据序列)。

第三步,点击 f_x 函数,得出粘贴函数的对话框。

第四步,选择"常用函数"类的"IRR"函数名。

第五步,在 Values 框内填写数据序列的首尾标号。

内部报酬法的优点在于它把项目的收益与投资总额联系起来,表明了项目可能支付的最高利率。但它也有缺点,对于多个项目方案进行比较时,内部收益率表示的是相对数,而不是绝对数,容易造成误解。如有的项目尽管 IRR 不高,但可能因其规模较大,而净现值也比较大,因此更为可取。所以应用这一指标时,要与净现值指标结合使用。此外,所规定的贴现率的大小应视项目风险的大小而定——风险大的项目,报酬率应大;反之,报酬率可以较小。

5)不确定性分析

通过上述投资效益的分析后,对以上的电子商务项目在财务上是否可行,基本上可以得出一个大概的结论。但是在实际工作中,由于客观世界的千变万化,上述分析的结论不一定完全符合实际。对未来情况的发展变化,有的是能够预测的,有的是根本无法预测的,尤其是经济活动,涉及人的自由行动,其结果更难预测。因此,要在许多不确定因素中,作出与实际情况完全相符的评价,几乎是不可能的。

为了提高预测的科学性和评价的正确性,使预测的项目能经受各种风险,就需要进行不确定性分析,要考虑各种可能发生的情况,如出现投资超支、工期延长、技术变化、效益下降、市场疲软、工资增长、服务能力达不到要求等各种因素,要分析这些因素变化后对投资效益有什么样的影响。

究竟怎样进行不确定性分析呢? 这里也要抓主要矛盾,特别要分析那些对经济效益有重大影响的因素,如成本、服务规模、投资支出、建设周期等。不少因素是彼此影响、相互关联的,在具体分析时,可假设在其他因素不变的情况下,对各主要因素逐个进行分析,但也可以综合起来一起分析。常用的不确定性分析法有盈亏平衡分析和敏感性分析,现分别介绍如下。

(1)盈亏平衡分析

盈亏平衡分析又叫保本分析。它是通过对成本、利润、服务规模之间因果关系的分析,来测算系统在应用后的盈亏平衡点。服务规模只要达到这一点的水平,就能使该项目既不盈也不亏。低于这一水平,就会发生亏损。这一分析方法对于考察一个项目究竟能承受多少风险而很有意义。

对于电子商务项目来说,盈亏平衡分析有以下假定条件:

①服务规模可用收入描述;

②总固定费用不变;

③可变成本随服务规模变化而成比例地变化;

④单位产品或服务价格、可变成本保持不变;

⑤采取某一正常年度的数据。

盈亏平衡点计算公式为:

$$BEP_1 = \frac{F}{P - V}$$

式中,BEP_1 为保本规模;

F 为固定费用;

P 为单位产品销售价格(服务收入);

V 为单位产品(服务)可变费用。

从上述公式可推到出服务规模表示的保本点公式为:

$$BEP_2 = \left(\frac{F}{P - V}\right) \times P = \frac{F}{1 - \frac{V}{P}}$$

式中，BEP_2 为保本销售额。

(2) 敏感性分析

电子商务项目的敏感性分析，就是对一个电子商务系统在建设期和建成后的诸因素中找出对项目收益影响较大的关键因素进行研究。

由于在分析项目的财务效益时，许多数据是通过预测和估计得来的，这些因素，如系统造价、系统功能对企业的影响程度、企业销售量、销售价格、成本等，都会对分析结果产生影响，它们的预测值准确与否，直接关系到项目内部报酬率和其他经济效益指标的正确性。

敏感性分析的做法，首先是假定其中某一种因素有一个适度的变化（如造价上升了 10%，或工期延长了 1 个月等）。然后分析这种因素变化将导致系统作怎样一些改变。接下来计算这些改变对经济效益指标值的影响。对几种可能的因素依次予以分析。最后通过比较可以看出项目的最大风险将来自何处，从而找出系统最敏感的因素。

找到最敏感的因素之后，可以进一步测算这些最敏感因素变化的可能性和影响的程度，以便寻找减小风险的措施。

(3) 概率分析

敏感性分析只能指出项目评价指标对不确定性因素的敏感程度，但不能表明不确定性因素变化发生的可能性，以及在这种可能性下对评价指标的影响程度。因此，根据项目特点和实际需要，有条件时还应进行概率分析。

概率分析是把各种不确定因素看作随机变量，用概率方法对项目的不确定性因素及影响下的经济指标进行定量分析，一般用期望值反映项目的平均获利能力，标准差作为项目风险的度量。

期望值
$$E(x) = \sum X_i P_i$$

式中，X_i 为第 i 种情况的收益值；

P_i 为第 i 种情况的概率。

在经济评价中一般要计算项目净现值的期望值及净现值大于或等于零的累计，根据各种情况发生的可能性，计算项目净值的期望值大于或等于零的累计概率。

一般步骤如下：

①列出各种要素要考虑的不确定因素；

②确定各不确定因素可能发生的情况；

③确定每种情况出现的可能性即概率 P_i，每种可能发生情况的概率之和必须等于 1；

④分别求出各可能发生事件的净现值 NPV_i，加权净现值 NPV_i，P_i，然后求出净现值的期望值；

⑤ $(NPV) = \sum_{i=1}^{n} NPV_i \times P_i$；

⑥求出净现值大于或等于零的累计概率。

4.3.5　可行性研究的步骤

有规范的可行性研究工作步骤：

首先，对本行业电子商务的现状进行调查研究，分析评估本企业对电子商务的真实需求，避免盲目投资及企业资源的浪费。

其次，从调查和预测入手，对项目的技术路线进行研究和评估，确保项目的技术适合企业的实际情况，能够解决企业的问题。

再次，研究技术集成方案，项目所选用的工艺技术、机器设备和电脑软件应先进适用、搭配合理、综合性能好、性价比高。

最后，在进行财务测算的基础上，分析在财务上的可行性和该项目的投资效益。

4.3.6　编制项目可行性研究报告

1）可行性研究报告的内容

电子商务项目可行性研究是对项目实施所涉及的因素进行的一项全面、系统、科学的研究工作，其研究内容随着电子商务项目的规模、性质、复杂程度不同而有所不同。电子商务项目可行性研究的重点需突出必要性、技术可行性和经济可行性三个方面。

电子商务项目可行性研究报告的编制，是对项目可行性研究结果进行最后的书面总结，其内容可参考国家发展改革委员会颁布的《关于建设项目进行可行性研究的试行管理方法》（以下简称《管理方法》）的规定。

电子商务项目可行性研究报告的内容与《管理方法》中规定的内容大致区别如表 4.5 所示。

表 4.5　电子商务项目可行性研究报告的内容与《管理方法》中规定内容的区别

内　容	电子商务项目可行性研究报告	《管理方法》中的规定
总　论	包括电子商务项目提出的背景（扩建或改造项目要说明企业的现有概况）、项目的意义、项目的基本依据和范围、项目情况的简要描述、可行性研究的工作介绍等。	说明项目提出的背景、投资环境、项目投资建设的必要性和经济意义、项目投资对国民经济的作用和重要性；提出项目设想的主要依据、工作范围和要求、项目的历史发展概况、项目建议书及有关审批文件；综述可行性研究的主要结论、存在的问题与建议，列表说明项目主要的技术经济指标。
立项的必要性	可以从多方面阐明企业对电子商务的需求，介绍对发展电子商务项目必要性的研究结果。	可以从多方面阐明企业对该项目的需求，介绍对发展该项目必要性的研究结果。
需求预测和拟建规模	国内外需求情况；对国内现有企业生产能力的估计；销售预测、价格分析、产品竞争能力、进入国际市场的前景；拟建项目的规模、产品方案和发展方向的技术经济比较和分析。	国内、国外市场需求的调查与预测；国内现有工厂生产能力的估计；销售预测、价格分析、产品竞争能力、进入国际市场的前景；拟建项目的规模、产品方案和发展方向的技术经济比较和分析。
技术	介绍技术分析的过程和结果，说明所建议的电子商务项目的技术选择和理由；项目的构成范围（指包括的主要单项工程）、技术来源和设计方法；主要技术工艺和设备选型方案的比较；引进技术、设备的来源国别、与外商合作制造的设想；改扩建项目要说明对原有固定资产的利用情况。方案必须详细和具体，以便在此基础上进行投资测算。	项目的构成范围（指包括的主要单项工程）技术来源和生产方法；主要技术工艺和设备造型方案的比较；引进技术、设备来源的国别、与外商合作制造的设想；全厂布置方案的初步选择和土建工程量估算；公用辅助设施和厂内外交通运输方式的比较和初步选择。

内　　容	电子商务项目可行性研究报告	《管理方法》中的规定
资源、原材料、燃料及公用设施情况		经过全国储量委员会正式批准的资源储量、品味、成分以及开采、利用条件的评述;原料、辅助材料、燃料的种类、数量、来源和供应可能性;有毒、有害及危险品的种类、数量和储运条件;材料试验情况;所需动力(水、电、气等)、公用设施的数量、供应方式、供应条件、外部协作条件以及所签协议、合同或意向的情况。
建设和运行管理方案	说明项目由谁来建设,资源、原材料及公用设施情况,供应方式和供应条件以及实施进度;建成后的运行由谁来管理,采取怎样的组织管理方式和方案,包括对劳动定员和人员进行培训等。	建厂的地理位置及气象、水文、地质、地形条件和社会经济现状;交通、运输及水、电、气的现状和发展趋势;厂址比较和选择意见;厂址占地范围、厂区总体布置方案、建设条件、地价、拆迁及其他工程费用情况。
投资估算与资金筹措	根据项目的技术方案和建设运行管理方案,结合市场行情计算主体工程和协作配套工程所需的投资;估算营运资金;说明资金来源、筹措方式及贷款的偿还方式。	根据项目的技术方案和建设运行管理方案,结合市场行情计算主体工程和协作配套工程所需的投资;估算营运资金;说明资金来源、筹措方式及贷款的偿还方式。
环境保护与劳动安全		调查环境现状,预测项目对环境的影响,提出环境保护、三废治理和劳动保护的初步方案。
生产组织、劳动定员和人员培训		全厂生产管理体制、机构设置;工程技术人员和管理人员素质、数量的要求;劳动定员的配备方案;人员培训的规划和费用估算。

续表

内　容	电子商务项目可行性研究报告	《管理方法》中的规定
项目实施计划和进度	根据指定建设工期和调查设计、技术水平与进度要求,选择整个电子商务项目实施方案和总进度,用线条图或网格图标表述最佳实施计划方案的选择。	根据指定建设工期和勘察设计、设备制造、工程施工、安装、试生产所需时间与进度要求,选择整个工程项目实施方案和总进度,用线条图或网格图表述最佳实施计划方案的选择。
社会及经济效益评价	预测项目建设成功后企业的运行费用、收入和其他财务数据的变化情况,表述财务分析的过程、取值依据和分析结果;进行项目的风险分析,包括介绍项目不确定性分析的过程和结果等;预测项目对环境的影响,提出环境保护的初步方案。	财务评价、国民经济评价、社会评价和不确定性分析。
评价结论	根据上述各方面的分析,明确项目是否可行并署名。	运用各项数据,从技术、经济、社会以及项目财务等方面论述建设项目的可行性,推荐一个以上的可行性方案,提供决策参考,指出项目存在的问题,改进建议及结论性意见。

2)可行性研究报告的内容要求

电子商务项目可行性研究报告的编制,实际上就是对项目可行性研究最后的结果进行书面总结。其内容要求大体如下:

(1)项目概述

包括建立电子商务项目的基本依据、背景介绍、项目的意义、项目情况的简要描述以及可行性研究的工作介绍。

(2)立项的必要性

可以从不同的角度阐明企业对电子商务的需求,介绍对发展电子商务项目必要性的研究结果。

（3）技术方案

介绍技术分析的过程和结果。说明所建议的电子商务项目的技术选择与理由。方案要详细具体，具体到可以在此基础上进行投资测算。

（4）建设和运行管理方案

说明项目由谁来建设，在建成后的运行中由谁来管理，采取怎样的组织管理方式和方案以及项目建设的预计工期。

（5）投资概算

根据项目的技术方案和组织管理方案，结合市场物价行情，初步计算项目所需要的投资。

（6）财务分析

预测项目建设成功后企业的运行费用、收入和其他财务数据的变化情况、表述项目财务分析的过程、取位依据和分析结果。

（7）风险分析

介绍项目不确定性分析的过程和结果。

（8）结论和建议

根据上述各方面的分析，明确项目是否可行并署名。

注意

可行性研究报告与项目建议书的写法是不同的。项目建议书从某种意义上说，是一个商业计划书。阅读项目建议书的人是企业的上层领导而不是技术专家。因此项目建议书的编写，要通俗易懂，文句简练、顺畅。主题鲜明，分析到位，并尽量避免高度专业化的术语。在必须出现专业术语的情况下，要考虑领导是否熟悉它，如果不熟悉，应作必要的解释。

虽然可行性研究报告要给企业上层领导阅读，但更主要的是为专家论证提供材料。因此，可行性研究报告的编写，除了要求通俗易懂，文句简练、顺畅，主题鲜明，分析到位以外，还要提供详细的技术资料和市场研究的资料。

3）可行性研究报告编制案例

本节将通过大明玩具厂的案例来进一步说明可行性研究报告的编制方法。

大明玩具厂是一个规模较大的特种玩具制造企业。该企业的批发网点遍布很多城市。由于玩具的使用需要一定的技巧，因此各地销售网点接待询问的任务很重。现在希望建立一个电子商务网站来为各地的销售网点提供服务（主要是问题和解答服务），同时开展网上直销业务。网上直销工作获取的订单，由当地的批发网点负责处理。估计网上的"问题和解答服务"可能为公司节约8个人员，而网上销售业务可能每年为公司增加5万元的销售利润。

大明玩具厂的销售部编制了一份可行性研究报告，现择要介绍如下，以供大家参考。

案例：建立大明玩具厂电子商务网站的可行性研究报告

一、项目概述

（一）项目名称及建设单位

1.项目名称：大明玩具厂电子商务网站

2.建设单位：大明玩具厂

3.项目性质：新建

（二）建设项目的主要内容

大明玩具厂电子商务网站建设项目，具体包括三大任务：

1.对各种型号大明玩具的功能、结构、使用方法、保养与维修等有关知识提供咨询服务，以提高销售服务人员的工作效率，减少服务人员。为了实现这个目标，需要在网上建立大量的"问题与解答"网页，供用户自己查阅，也方便了销售服务人员向顾客提供咨询。

2.建立网上订购系统，使一部分顾客可以在网上下订单。

3.通过网络建立消费者意见反馈机制。

（三）项目总投资

预计项目投资总额为30万元人民币。

（四）资金筹措方案

项目资金由企业从销售费用中解决。

（五）项目建设和使用年限

项目建设期为6个月。

网站使用期5年。

（六）项目的效益分析

1.改变大明玩具传统的销售方式。增加网络服务人员2人，这样可以减少柜台服务人员10人，两者相抵可以节约劳动力8人，人员工资每年大约节约16万元。

2.改变人们的消费方式。通过互联网,人们可以进入网站浏览、采购产品,而且还能得到在线服务。网上购物的最大特征是消费者的主导性,购物的意愿掌握在消费者手中,消费者能够以一种轻松自由的自我服务方式来完成交易,消费者主权可以在网络购物中充分体现出来。

3.改善企业与客户的关系。增加了网站这个信息反馈方式,消费者的个性化、特殊化需要可以完全通过网络展示在企业面前,促进企业产品的不断更新以及服务的及时改进。目前已有许多企业纷纷发展和普及电子商务,从而取悦顾客,突出产品的设计风格。

二、项目建设的必要性

当前,我们正迎来一个全新的时代。在这个时代,每个传统产业都面临着从未有过的强大冲击,这就是网络经济时代。电子商务正在迅速地改变着传统企业的经营模式,与传统的商务活动相比,电子商务具有以下几个特征:

第一,电子数据成为双方当事人主要的信息获知方法与沟通手段,使企业的事务处理费用成本大幅度降低。

第二,信息处理的速度和密度均大大增加,商务节奏明显加快,从而提高了企业的市场反应能力。

第三,企业营销的方式发生彻底变化,销售服务被送到用户的办公桌上,企业可以随时从计算机里获取供应链上的商业伙伴提供的丰富的商业信息,企业间商务关联度大大提升。

第四,电子商务破除诸如时间和距离等限制市场机会的壁垒。企业间原有的竞争性质被彻底改变,世界范围内的企业竞争变得更加公平。

目前一般企业的生产经营和销售方式有两个弊端:

第一,在企业对个人的贸易上,消费者往往不是其所购产品方面的专家,对产品的有关知识和消息知道很少,这样容易出现两种情况:一是消费者和经销商之间存在着信息不平衡现象,会让经销商对消费者采用价格歧视策略,从而增加消费者对所购商品的疑虑,减少成交机会。一旦消费者以高价购得商品,往往会影响消费者对生产厂家的信任程度。宏观上的表现是该厂家产品需求量的下降。二是消费者往往会在广告的诱导下选择购买自己并不真正了解的商品,商品的销售量往往和广告的攻势与广告的创意有关。大型企业由于资金雄厚,可以使用广告策略使中小企业处于不利的竞争地位。

第二,在企业与企业之间的贸易中,一般企业都存在相对稳定的供应商和客户，而且订货成批量状态。但企业和客户往往要了解产品的市场情况，以不断调整与贸易伙伴之间的关系，并且每个企业都希望在未来的经营中扩大自己的贸易伙伴队伍。因此，售前的服务和宣传对企业间的贸易同样重要。当企业开发新的项目，或者调整产品结构与成本时，寻找新的贸易伙伴就变得相当重要。在中国已经入世的大环境下，在企业信息化飞速发展的今天，企业的生存与发展更加需要应用新的技术手段，帮助其作出适应变化、把握潮流的正确决策。衡量企业的竞争力，更多地体现在电子商务的运用上。如果企业能够在今后的经营发展过程中正确地运用这些技术手段，提高市场反应能力和竞争能力，及时捕捉商机，可以认为，这些企业就会成为本行业未来发展的主流企业。

大明玩具厂作为一家玩具生产企业，长期以来，与全国中等规模玩具企业相比，其生产经营状况一般，采用传统的销售渠道进行产品销售，销售利润属于同行业中等水平。由于电子商务的优点集中地体现在它能够真实地实现商务活动中产、购、销一体化，极大地简化了贸易流程，提高了工作效率，节约了生产成本。因此，随着信息经济时代的到来，大明玩具厂有必要开展电子商务，利用有效的电子商务技术来降低成本，并拓宽产品的销售渠道。目前，全国已经有十几家玩具企业在开展网络营销活动，如果我们不尽快地利用网站这个新兴武器，恐怕在不久的将来，我们很难保住当前的地位。

三、项目建设的技术方案

企业电子商务网站分为两种类型：一是企业自己组建网站，并自己维护和管理；二是由中介机构建立、同时为许多企业提供电子商务平台的通用电子商务网站。后一类网站一般采用某种固定的电子商务模式，而一个企业在实际运作中，往往不会单纯地使用一种固定的商务模式。因此，许多企业需要针对自身的具体情况，按照自己的需求制作电子商务网站。

（一）电子商务模式

电子商务模式有 B2B，B2C 等，如图 4.3 所示。

从消费者的角度来看，足不出户就可以通过 B2C 电子商务网站实现 3A（Anytime，Anywhere，Anything——随时、随地、随意）购物，既方便，又提高了效率。如网上书店、网上商城、网上超市、网上订票、旅游服务、健康咨询等。

从生产商的角度来看，一方面可以通过 B2C 网站直接与消费者打交道，进行网上直销；另一方面也可以通过 B2B 网站与分销商打交道，进行网上分销；还可以通过 B2B 网站与供货商打交道，进行网上采购。同时利用企业内部电子商务进行

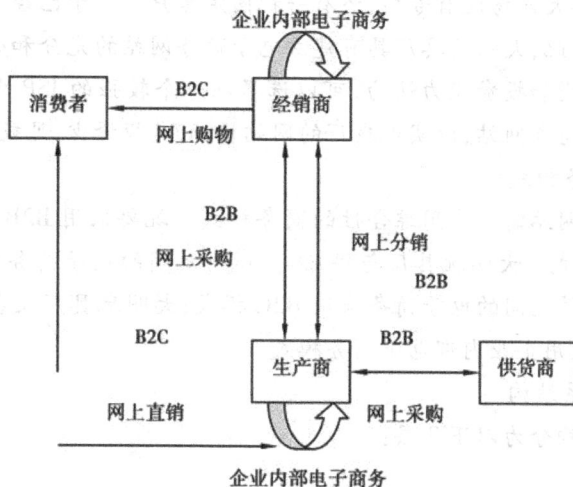

图 4.3　B2B 和 B2C 电子商务模式

内部物流、资金流、信息流的管理。网上直销由于减少了经销商的中间费用,从而让消费者享受到价格优惠,以此吸引更多消费者,使生产商获得更多利润。同时,生产商可以根据消费者的购物信息了解市场需求,反过来调节生产,形成以消费需求为引导的生产机制,避免盲目生产,更好地占领市场,这对生产商的长久发展具有极其重要的价值。由于分销商位于不同的地理位置,网上分销可以方便地为各地的消费者提供送货服务、售后服务和直接服务。网上采购则简化了传统采购方式的多级流转方式,克服了传统采购方式的许多弊病。

总之,生产商通过电子商务网站,与消费者、经销商、供应商之间实现产品的采购与销售以及信息的交流与共享,将采购、生产、销售和内部管理有机地联系在一起,可以将生产环节、订货环节和销售环节集成起来进行最优选择,从而大大提高效率、减低成本。

从经销商的角度来看,一方面,可以通过 B2C 网站与消费者打交道,进行网上直销;另一方面也可以通过 B2B 网站与生产商打交道,进行网上采购;同时,利用企业内部电子商务进行内部物流、资金流、信息流的管理。因此,经销商也可以通过电子商务网站与消费者、供应商之间实现产品的销售与采购以及信息的交流与共享,将采购、销售和内部管理有机地联系在一起,从而减低成本、增加利润。

(二)大明玩具厂电子商务网站建设的技术方案

大明玩具厂一直采用传统的销售渠道进行产品销售,在全国各大城市设有分公司,在城市的各大商场设有专柜,还有一批固定客户。由于已经形成了一个销售网络和客户群,因此,大明玩具厂具有建立电子商务网站的充分和必要条件。我们根据产品销售规模和投资能力认为,可以选择在一个较强的 ISP 电子商务平台上建立我们的电子商务网站,以实现我厂的网站目标,其投资少,见效快。

1.网站的商务模式

大明玩具厂网站需要采用综合性的商务模式。既要采用 B2B 商务模式,又要采用 B2C 商务模式。大明玩具厂与供应商、商场之间的电子商务采用 B2B 模式;大明玩具厂与会员之间的电子商务采用 B2C 模式;大明玩具厂及各分公司之间的电子商务,还要采用企业内部电子商务模式。

2.网站的体系结构

网站体系结构分为以下 3 层:

(1)表现层

表现层是网站前端,为用户提供与网站交流的界面,采用 DHTMI 和 AspScrip 技术实现商品和信息的发布、信息查询、订单录入。

(2)商务层

商务层是网站后端,实现订单处理、支付结算、访问后台数据库等商务过程。

(3)数据层

数据层是网站后台数据库,包括产品信息、客户信息、订单信息等,采用 Microsoft SQL Server 实现商务数据管理。

3.主要功能模块的设计

网站的主要功能模块有 3 块:

(1)发布商品和服务信息

最简单的方法是用静态 HTML 页面,并且由于其不需要 Web 服务器的介入而具有效率高的优点。但静态 HTML 页面只能供客户浏览网站用,一个电子商务网站应该方便客户查询和订购商品,这就需要采用动态 HTML 页面,由 Web 服务器处理客户的查询和订购请求。

(2)订单处理和库存管理

订单处理是商务站点的核心,订单处理和库存管理过程如图 4.4 所示。

(3)支付与结算

消费者可以在网上进行支付,企业也可以通过银行支付与结算。

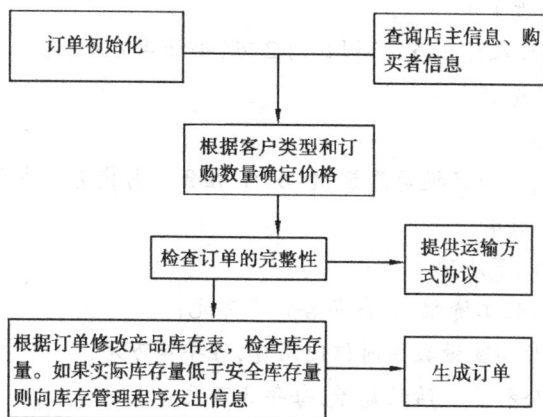

图 4.4　订单处理流程

（三）物流配送

网上订单的发货，原则上由当地的销售网点负责。送货可以利用第三方物流企业（如邮政系统），也可以由大明玩具销售网点自行送货。

四、项目建设和运行管理方案

（一）项目的建设

项目建设由本厂销售部负责管理，由专业电子商务服务公司承包实施。

（二）项目的运行管理

项目的日常运行管理由销售部成立网络营销小组（定员 2 人）具体负责，重大技术问题由黎明网络技术服务公司解决。

（三）项目建设的预计工期

项目建设期为 3 个月。

五、投资概算

根据承包商和本部门工作人员的测算，本项目所需投资 30 万元，用途如下：

（一）硬件部分投资概算

8 个异地销售网点，每个点一套终端设备，每套 1 万元，合计 8 万元；销售总部 2 台电脑及外围设备，合计 3 万元；小计 11 万元（形成固定资产）。

（二）软件部分投资概算

应用程序开发和网页设计 12 万元，应用软件购置 3 万元，软件小计 15 万元。

（三）其他一次性费用

销售总部宽带接入费 2 万，培训费用 2 万，小计 4 万元。

六、项目建设的财务分析

（一）投资总额

上节已经分析，本项目投资总额 30 万元，在 3 个月内完成支付。

（二）运行费用测算

运行费用包括以下几项：

1. 2 个工作人员的工资福利，每年合计 5 万元；

2. 服务器租赁费和宽带数据通信使用费，每年 4 万元；

3. 小组日常办公和业务活动费等，每年 3 万元。

以上合计运行费用为 12 万元/年。

（三）现金流入

1. 节约 8 名工作人员，每年减少工资福利支出约 16 万元；

2. 网上销售业务的开展，销售系统可增加利润 5 万元。

以上合计现金流入 21 万元/年。

（四）现金流量表

根据以上财务测算，以 3 个月为 1 个计算期，项目运行寿命为 5 年，即以 20 个计算期计算。再考虑建设期为 3 个月，总共就有 21 个计算期。在项目运行期间，每期的运行费用和现金流入按全年的 1/4 计算，即每期的运行费用为 3 万元，现金流入为 5.25 万元。据此可以编制本项目现金流量，如表 4.6 所示。

表中现金流出一栏，第 1 期为项目建设投资，第 2 期到第 21 期为运行费用。

现金流入就是网络营销所增加的额外利润与为原销售服务系统节约的人员费用之和。本项目所形成的固定资产（如电脑）5 年以后几乎没有价值，所以表中未考虑项目残值。

现金流量表最后两行给出了本项目经济效益评价指标 IRR 和 NPV 的具体数值。表中每期是 3 个月时间，4 期合 1 年。因此，项目的内部报酬率（IRR）如果按年论，应该是 16%。在每期贴现率 $i=2\%$ 的情况下（即年贴现率 8%），本项目的净现值（NPV）为 66 575.74 元。表中最后一栏的累计净流入，在第 15 期由负变正，说明本项目在第 4 年第 3 个季度可收回全部投资。这都表明本项目从财务上看，效益较好，是可行的。

表4.6　大明玩具厂网站建设项目现金流量表　　　　　单位:元

期　　别	现金流出	现金流入	净流入	累计净流入
1	300 000	0	−300 000	−300 000
2	30 000	52 500	22 500	−277 500
3	30 000	52 500	22 500	−255 000
4	30 000	52 500	22 500	−232 500
5	30 000	52 500	22 500	−210 000
6	30 000	52 500	22 500	−187 500
7	30 000	52 500	22 500	−165 000
8	30 000	52 500	22 500	−142 500
9	30 000	52 500	22 500	−120 000
10	30 000	52 500	22 500	−97 500
11	30 000	52 500	22 500	−75 000
12	30 000	52 500	22 500	−52 500
13	30 000	52 500	22 500	−30 000
14	30 000	52 500	22 500	−7 500
15	30 000	52 500	22 500	−15 000
16	30 000	52 500	22 500	−37 500
17	30 000	52 500	22 500	−60 000
18	30 000	52 500	22 500	−82 500
19	30 000	52 500	22 500	−105 000
20	30 000	52 500	22 500	−127 500
21	30 000	52 500	22 500	−150 000
合计	900 000	1 050 000	150 000	
$IRR=4\%$				
$NPV=66\,575.74\,(i=2\%)$				

七、项目建设的不确定性分析

影响项目效益的不确定性因素很多,但不管是什么因素,最终都通过项目建设费用(投资)、项目运行费用和现金流入这3个因素对项目经济效益指标产生影响。为了描述这3个因素变动对本项目经济效益指标的影响,我们分别设每一个因素独立变动10%,重新在 Excel 软件中测算本项目的内部报酬率 IRR 和净现值 NPV,结果如表4.7所示。

表4.7　大明玩具厂网站项目敏感性分析表

		IRR	NPV
投资	超10%	3%	37 163.97
投资	节约10%	5%	98 987.5
费用	超10%	3%	18 483.5
费用	节约10%	6%	114 668.19
现金流入	增加10%	7%	150 737.52
现金流入	减少10%	1%	-33 616.9
原方案指标值		4%	66 575.74

从表4.7可以看出,本项目的效益对现金流入、运行费用和初始投资都比较敏感,在一定程度上表现出一般高新技术项目高收益和高风险并存的特征。在同样变化率的条件下,现金流入的变动对项目净现值和内部报酬率的影响最大,对项目的年运行费用变动的影响其次。

这表明,要保证本项目在实施过程中的经济效益,首先要着重增加现金流入。根据本方案的设计,可通过精简原销售服务人员和增加网络营销的利润等手段来实现。其次,节约项目的运行费用,对提高经济效益的影响也非常之大。考虑本项目对运行费用的定义,包括了电信服务的收费和ISP服务费以及主机租赁费,这些费用随着技术进步的加快,将来肯定会降低的。从这个角度看,本项目实际经济效益可能要比我们测算的结果更好一些。

八、研究结论

本项目对提高我厂的客户服务和市场销售能力是很有帮助的,它不仅可以提升我厂的企业形象、改善客户关系、扩大销售渠道、增强综合竞争能力,而且本身就是一个赢利项目。

从财务分析的具体数据来看,本财务内部报酬率为16%,远远高于玩具行业近年来的基准收益率8%;对本项目的投资需要30万元人民币,可在3~4年内全部收回;项目财务分析的净现值为66 575.74元人民币,远远地大于零,表明经济效益较高。

建设网站已经不属于高难度的事情,许多专业服务公司对执行此类项目已经驾轻就熟。

我们可以采用技术外包的方式来加速项目建设,减少技术风险。

因此,无论是从经济的角度,还是从技术的角度,本项目都是可行的,建议尽快上马。

思 考 题

1.如何识别电子商务项目需求?

2.如何对企业电子商务技术的现状进行评估?

3.电子商务项目建议书的重要性体现在哪些方面?

4.阐述电子商务项目可行性研究的内容。

5.电子商务项目可行性研究有哪些方法?

第 5 章
电子商务项目评估和项目决策

本章学习目标
■理解如何对电子商务项目实施评估和决策
■熟悉电子商务项目商业计划书

本章知识要点
■电子商务项目评估
■电子商务项目决策
■电子商务项目商业计划书

通篇案例

背景：

小钟在做完关于销售信息化项目的需求分析和可行性分析后，觉得有必要对此项目进行科学的专业化的电子商务项目的评估和决策，并把这个想法汇报给了郑总。

郑总甚是欢喜，刚好他也是这么想的，郑总觉得专门的电子商务项目评估有利于减少投资的盲目性，可以有效地降低风险，使项目投资得到高额回报。

但是投资评估必须要有一个评估体系。郑总今天就把这个重要的任务交给了一向看好的，并想提升为自己助手的小钟。

案例：

小钟认为，项目评估是在有限的人力、时间和信息不对称的情况下，对被评估的项目所进行的专业化分析和筛选过程。而决定一个项目优劣的因素很多，如技术的先进性、成熟性，技术的专利情况，项目的市场前景、政策风险、金融风险，项目的投资额度、回收周期、固定资金和流动资金的比例等，一个项目是不是好项目也因企业的基本情况而异。

下面是小钟的评估框架：

1.项目的技术背景、先进性与可行性

项目的基本概况、背景意义分析；技术来源，专利情况，技术壁垒或知识产权保护；技术的先进性与成熟度；技术指标（国际标准、国家标准、企业标准）。

2.项目的可行性评估

项目的工业规模（设计能力、实际产量、扩产潜力）；主要设备及其来源；动力；环境保护。

3.市场潜力与占有策略

市场规模及分布（细分市场描述）；市场趋势及周期；用户分析；竞争者比较（市场占有率）；市场策略和营销渠道。

4.项目承担单位或合作者评估

注册资本、主营业务、业绩等；企业内部机构设置及管理制度；管理体系及国内外行业资质认证情况;管理层人员(专业、学历、职称、工作及任职经历等)。

5.项目经济效益分析

投资估算或资金使用计划(总投资、固定资产、流动资金、无形资产);资金来源及落实情况;营业收入、成本、费用、税、毛利、纯利预测分析;盈亏平衡点及敏感性因素分析。

6.投资环境与合作伙伴

社会环境与合作伙伴的选择;现实的与潜在合作伙伴(股东)的情况。

7.风险评估

主要风险因素及对策;技术风险;市场风险;管理风险;金融、财务风险;政策风险。

8.资金投入和撤出途径的预测和方案设计

9.项目评估结论和投资建议

思考:

1.项目评估和项目决策的关系是什么? 有何意义?

2.你觉得小钟的电子商务项目的评估体系如何。

5.1　电子商务项目评估

5.1.1　电子商务项目评估的含义

与项目有关的单位,如项目的投资方,需要对项目进行评估。项目评估是一项严谨且技术性很强的系统性工作。评估的主要任务是根据其内部规律确定项目的价值、质量和可行性。这种规律性通常反映在市场供求预测、建设方案和生产建设条件以及财务与经济评价等几个方面。它要求在可行性研究的基础上从企业、国家或全社会的角度对拟建项目的计划和方案进行全面的技术经济论证与评价。这种论证和评价力求客观准确地将与项目执行有关的资源、技术、市场、财务、经济、社会等方面的基本数据资料与实况进行完整地汇集与评价,以便决策层作出实事求是的、科学的决策。

因此,项目评估是一种对投资项目进行科学的审查和评估的理论与方法,强调从长远和客观的角度对可行性研究进行论证并作出最后的决策。我们可以从以下两方面进一步理解项目评估的含义:一是参照给定的目标,对投资项目净效益进行审定,权衡项目的利弊得失,寻求可替代的方案;二是为了达到给定的目标,在对项目可行性研究进行论证的过程中,通过对其净效益的计算分析,确定最佳方案,并得出最终结论。

> **注意**
>
> 项目评估的作用体现在:它是政府、金融机构或建设单位等投资主题进行项目投资决策的重要基础与依据;是保证重点基建项目及大中型企业技术改造项目投资决策成功的关键措施;是提高投资项目经济效益的重要手段;是控制经济规模,落实宏观调控的措施之一;还是促进投资体制改革走向决策科学化、民主化管理的有力措施。

5.1.2 电子商务项目评估的特征

电子商务项目评估具有如下特征:

①一个独立的项目评估机构(或投资咨询机构)对委托部门负责或对委托评估的项目负责,这个委托部门可以是政府机构、投资贷款银行,也可以是独立的法人(企业)。由于代表和维护利益的角度不同,独立的项目评估机构(投资咨询机构)更能摆脱部门、地区的行政干预和局限性。

②可行性研究报告只提供多方案的比较依据,而项目评估报告通常是对多方案择优。因而,项目取舍的依据(决策依据)是项目评估报告。

③项目评估从大局出发,因而更能保证宏观与微观、全局与局部利益的统一,这样也就更能避免投资失误。

④项目评估是投资决策科学化、程序化和公正性的有力保证。项目评估具有既定程序、评价方法和决策原则,还有一套比较完整的评估理论。

┌───┐

小知识

电子商务项目评估与可行性研究的关系

项目评估与可行性研究都是为投资决策服务的经济分析手段,从各自的内容、理论基础及要求来看,基本是一致的。但两者是有很大区别的。从总体上看,可行性研究与项目评估是项目前期工作中两个不同的环节,不同的概念。具体区别是:

1.一个是因的区别,一个是果的区别

项目评估是在对可行性研究进行调查、分析的基础上进行的论证工作,也是评估者从长远和客观角度对可行性研究的工作质量及准确性进行评价分析,最后由决策者对项目是否可行做出结论。

2.项目评估对可行性研究的承担者不同

可行性研究是由有此资格的设计部门或咨询公司来完成;而项目评估则主要是由出资者——业主、银行或其委托的咨询公司等组织进行的评估。

3.当事人对项目所持的立场不同

可行性研究侧重于从部门、企业的角度对项目进行分析,由建设方委托设计部门或咨询公司负责进行,而承担者往往站在企业的角度考察问题;项目评估则是由银行或政府负责进行,或委托咨询公司作为评估主体。政府、银行、咨询公司则站在投资者的角度考察问题,为资金的合理运用寻求最佳方案。

4.两者起的作用不同

可行性研究是项目评估的基础,间接为项目决策提供参考;而项目评估除了直接作为投资决策的依据,还是金融机构和其他投资者参与决策及是否决定投资、贷款的依据。

项目评估与可行性研究既有上述区别,又有密切的联系。没有项目的可行性研究,就没有项目评估;不经过项目评估,可行性研究则劳而无功。两者的理论基础、内容和要求都是一致的。

└───┘

5.1.3　电子商务项目评估原则

电子商务项目评估的原则主要表现在以下几个方面:

①必须符合党和国家制定的国民经济和社会发展规划及经济建设方针政策,

严格执行国家有关经济工作的各项规章制度和技术经济政策,特别是国家计委1998年颁发的《建设项目评价方法和参数》)。

②项目评估必须建立在满足技术功能要求和可行性的基础上,要求项目所采用的工艺技术是经过试验鉴定或实际验证证明其是合适且稳妥可靠的,并有靠得住的市场、原材料、能源和人力资源供应等必要条件。

③项目评估应遵循可比性原则,效益和费用的计算口径要一致。在计算期内使用同一价格和参数。

④项目评估应以动态分析为主,采用国家规定的动态指标。必要时也可采用一些静态指标进行辅助分析。评价指标可采用价值指标、实物指标和时间指标,也可补充比较指标。

⑤项目经济评估工作的质量不仅取决于"方法"本身的科学性,同时还取决于市场需求预测、工程技术方案选择、固定资产投资估算、产品成本估算、项目实施进度计划等基础数据的可靠性。评估时要对上述工作的准确程度进行认真审核。

⑥项目评估的内容、深度及计算指标能够满足审批项目建议书和设计任务书的要求。

⑦项目评估主要是经济评估,但不能完全不考虑其他因素,应结合工程技术、环境、政治和社会各方面因素综合评价,选定最佳方案。

⑧项目评估必须确保科学性、公正性和可靠性,必须坚持实事求是的原则,不允许实用主义或无原则的迁就。

5.1.4 电子商务项目评估的内容

电子商务项目评估的内容是根据评估的要求及评估的阶段来决定的,不同的行业的评估内容不完全相同。比如,不同的部门,对评估内容有不同的要求,政府部门与银行系统对评估内容的侧重点就有所不同。由政府组织或委托咨询公司进行的评估,强调站在国家的角度评估项目;而银行系统也制订了相差不大的评估内容。但作为商业性质的银行,由于其分工的差异,对项目评估的要求也有所不同,他们除了考虑国家利益外,还得考虑银行自身的利益,关心贷款的回收期及其财务效果。

此外,如果项目所处的评估阶段不同,其所要求的评估内容与深度也不一样。项目建议书阶段(机会研究阶段)进行的评估较简单,对投入产出的估算可以粗略些,允许有 20%~30%的误差,其评估结论仅为是否开展后续工作提供依据,这实际上是一种投资机会的探讨,称之为立项评估。可行性研究阶段(或设计任务书)

进行的评估要求具体、准确,对项目决策负责,为决策者提供正式依据,称之为决策评估,其内容及其深度和广度均有详细、规范性的要求。此后是在初步设计阶段进行的中间审查,是一种侧重于技术方面的评估,评估时要求汇集各方面的专家学者,在可行性研究的基础上,对初步设计文件进行审查,着重核查项目的主要工艺、设备和技术经济指标是否符合设计任务书审定的要求,为完善其设计文件提出建议,故称之为设计评估(审查)。再往后是对整个项目从立项到建成投产的各阶段作全面分析,称之为项目后评估。通过评估可以总结投资项目建设中的成功经验,也可以发现投资决策和项目建设过程中存在的问题,吸取经验教训。

根据我国现行政策和建设章程规定,在项目的投资前期工作阶段,项目评估工作主要是对项目可行性研究报告进行评估。虽然国民经济各部门性质不尽相同,但项目评估所涉及的内容、程序可依据国家计委的项目评估方法执行,其他行业的项目评估也可参照工业、交通行业项目的评估内容执行。一般工业项目的可行性研究的评估主要包括以下内容:

1) 项目建设必要性评估

①从国民经济和社会发展的宏观角度论证项目建设的必要性;分析拟建项目是否符合国家宏观经济和社会发展意图;是否符合市场要求和国家规定的投资方向;是否符合国家建设方针和技术经济政策;项目产品方案和产品纲领是否符合国家产业政策、国民经济长远发展规划、行业规划和地区规划的要求。

②产品需求的市场调查和预测。

③根据产品的市场需求及生产要素的供应条件,分析项目建设规模是否经济合理。

2) 项目建设和生产条件的评估

①根据水文地质、原材料供应和产品销售市场、生产与生活环境等情况,分析项目建设地点的选择是否经济合理,建设场地的总体规划是否符合国土规划、地区规划、城镇规划、土地管理、文物保护和环境保护的要求和规定,有无多占土地和提前征地的情况,有无用地协议文件。

②在建设过程和建成投产后所需原材料、燃料、设备的供应条件及供电、供水、供热与交通运输、通讯设施条件是否落实,是否有保证,是否取得相关方面的协议和意向性文件,有关配套协作项目能否同步建设。

③建设项目的"三废"治理是否符合保护生态环境的要求,项目的环境保护方案是否取得环境保护部门的批准与认可。

④项目所需建设资金是否落实,资金来源是否符合国家有关政策的规定,是否可靠。

⑤生产条件评估。主要根据不同行业建设项目的生产特点,评估项目建成投产后的生产条件是否具备。例如,加工企业项目着重分析原材料、燃料、动力的来源是否稳定可靠,产品方案和资源利用是否合理,交通项目是否有可靠货运量。

3) 工艺技术方案的评估

①分析项目采用的工艺、技术、设备是否符合国家的技术政策;是否有利于资源的综合利用;是否有利于提高劳动生产率;是否有利于降低能源与物质消耗,能否提高产品质量。

②国内研制的新技术、新工艺、新设备是否经过工艺试验和技术鉴定,是否适用、安全、可靠;引进的国外工艺、技术设备,是否符合国家规定和国情,是否与国内设备零件和工艺技术相互配套,有无盲目性和重复引进。

③对于改建扩建项目应注意评估原有固定资产是否得到充分利用,采用的新的工艺、技术能否与原有的生产环节衔接配合。

④论证建筑工程总体布置方案是否合理,论证工程地质、水文、气象、地震地形等自然条件对工程的影响和治理措施;建筑工程所采用的目标、规范是否先进、合理、是否符合有关规定和贯彻的方针。

⑤论证项目建设工期和实施进度所选择的方案的是否正确。

4) 项目效益评估

①对拟建项目机型财务预测与财务、经济和社会效益评估,并在此基础上进行抗投资风险能力的不确定性分析。

②对项目财务评价所使用的各项基础经济数据(如投资、成本、利润、收入、折旧和利率等)进行认真、细致和科学地测算和核查。分析这些数据估算是否合理,有无高估,是否以任意提高标准、扩大规模来计算定额和费率等现象;有无漏项、少算、压价等情况;这些基础数据的测算是否符合国家现行的财经制度和国家政策。

③项目财务效益评估。从企业角度鉴定分析项目可行性研究报告提出的项目财务效益和费用、项目建成后的赢利能力、清偿能力等财务状况。对于利用外资的项目,除评估全部投资的内部收益率外,还要评估国内投资的内部收益率,根据不同投资主体还可以评估自有资金的内部收益率。

项目财务赢利能力评估主要有复核可行性研究报告中项目的财务内部收益

率、财务净现值、投资回收期、投资利润率和投资利税率等指标的计算方法，判断其是否正确，以鉴定其分析项目财务效益的可行性。要求项目的内部收益率应大于或等于行业的基准收益率；财务净现值应大于或等于零；投资回收期应小于行业基准投资回收期；投资利润率应大于或等于行业基准投资利润率；投资利税率应大于或等于行业基准投资利税率。

清偿能力评估，主要是指分析项目在现行的财务条件下，能否按期偿还固定资产投资借款，鉴定可用于还款的利润、折旧费、其他收益和还款期间企业留利是否符合国家、部门或地区的规定。借款偿还期应按银行规定的利率和计算方法计算；计算出的借款偿还期应低于银行规定的贷款偿还期限，只有这样，项目才具有偿还能力。

根据项目的财务状况及国家有关财税政策的规定，应分析和鉴定财务平衡表中所列的计算内容和数据是否正确，分析计算期内的资金来源和资金运用能否平衡，评估资金盈余和短缺情况，以优化选择资金筹措方案。如发生资金短缺，除寻找适宜的资金来源外，评估人员应对资金来源和资金运用在时间上的协调一致提出改进建议。

④项目经济效益评估。从国家整体角度考察项目的效益和费用，用影子价格、影子工资、影子汇率和社会折现率等鉴定和分析项目给国民经济带来的净效益，评估项目在经济上的合理性。重点是对费用和效益的范围及其数值的调整是否正确进行检查，即检查在财务评估中计算为效益或费用中的产品税、增值税、营业税、所得税、进口关税和投资方向调节税、土地税、城市建设维护税、资源税以及企业支付的国内借款利息和国家给企业的各种形式的补贴等转移支付部分是否已经剔除。实行利税分流的项目，应剔除所得税和调节税；审查增加财务评估中未反映的间接效益和费用是否合理。间接费用与间接效益的计算要正确反映国民经济为项目付出的费用和项目为国民经济作出的贡献。鉴定项目计算范围和间接投资、成本、销售收入的准确性。间接费用和间接效益只计算一次相关费用和效益。

鉴定经济内部收益率和评估结果是否正确；要与同行业的项目进行比较，分析该项目指标是否符合行业正常值，如出现指标过高或过低时，要分析原因，避免决策失误；对于利用国外贷款的项目，应评估国内投资经济的内部收益率是否准确。

⑤项目社会效益评估。应结合建设地点和项目的特点有重点地评估，主要评估项目给地区经济或部门经济发展带来的直接或间接效果，一般包括：第一，对提高人民物质文化水平及社会福利的影响。节约劳动力，提供居民就业机会，增加地

方或国民经济收入。第二,对节约和合理利用国家资源的影响。充分利用资源,减少损失,增加经济效益。第三,对节能的影响。改善能源结构,降低能耗,合理利用能源。第四,对环境和生态平衡的影响。改善环境,推动生态平衡,减少经济损失,提高人民健康水平。第五,对发展地区经济和部门经济的影响。形成龙头产品带动地方经济和国民经济发展,增加税收。第六,对节约外汇或增创外汇的影响。发展替代产品、减少外汇进口和增加出口创汇能力。第七,对产业和产品结构的影响。改善产业和产品结构,使之更趋于合理,以利于发展经济。第八,对远景经济发展的影响。生产力合理布局带动相关工业,促进经济发展。

⑥不确定性分析。对项目评估的各种效益进行盈亏平衡分析、敏感性分析,以确定项目在财务上和经济上的抗投资风险能力,主要测算项目经济效益的可靠程度和项目承担投资风险的能力,以利于提高项目投资决策的可靠性、有效性和科学性。

5)总体评估

在全面调查、预测、分析和评估上述各方面内容的基础上对拟建项目进行总结性评估,即汇总各方面的分析论证结果,进行综合研究,提出关于可否批准项目可行性研究报告和能否予以贷款等综合性的意见和建议。

对于利用外资、中外合资或合作经营项目需补充外商的资信是否良好;项目的合资方式、经营管理方式、收益分配和债务承担方式是否合适,是否符合国家有关规定;借用外资贷款的条件是否有力,创汇和还款能力是否可靠,返销产品的价格和数量以内外销比例是否合理;国内配套项目是否落实。

对于国内合资项目需补充说明评估拟建项目的合资方式、经营管理方式、收益分配和债务承担方式是否合理,是否符合国家有关规定;要认真审核项目经济评价依据的合法性和合资条件的可靠性。

5.1.5　电子商务项目评估程序

项目评估涉及各行业、各专业的技术与经济方面的工作,需要组织有关的专家学者广泛开展调研,全面收集整理资料,然后进行计算,评价分析,汇总主要评估论点,最后采用评估报告会的形式提出评估结论,以书面的方式完成项目评估报告。其评估程序可以归纳为 5 个步骤,即:制订评估计划、调查核实资料、审查分析项目、汇总评价论点、编写评估报告,见图 5.1。

图 5.1　项目评估的程序

1）制订评估计划

评估步骤分为评估计划的编制与修订。评估机构根据国家部门下达的计划或建设单位委托的评估项目，进行工作安排，提出具体实施意见，编制评估工作实施计划。若由于情况变化，实施计划需要调整，经过必要的审批手续，再行修订。由于项目评估是在可行性研究的基础上进行的工作，因此要根据项目的大小及复杂程度组成评估小组，聘请有关专家参加，数量一般为 5~8 人，重大项目还需按专题分小组进行。然后明确分工，制订评估工作计划，同时确定评估重点，安排好评估的工作步骤与时间进度。具体而言，可按照以下 3 个环节进行：

①审查评估目的。

②审查主体工作。

③安排工作进度。

2）调查核实材料

资料的调查收集是评估过程中工作量较大、较重要的一个环节，它直接影响到评估的质量，其主要工作包括：

①查证资料。

②补正资料。

③整理资料。

3）审查分析项目

项目的审查分析是评估的核心，它大致分为以下 3 个环节：

①一般情况审查。

②基本情况审查。

③财务经济分析。

4）汇总

评估观点也是评估中最重要的、工作量最大的、最复杂的工作步骤。在有关专家的参与下，通过专题论证会，将各个评估要点、各项专题评估意见进行汇总，列出主要问题,特别是对不同意见要重点讨论,从技术经济的角度评价出最佳方案。

5)编写评估报告

项目评估人员根据审查分析结果,对可行性研究报告推荐的方案经过上述分析论证,作出进一步的结论,以评估报告的方式加以肯定。评估报告必须包括论证会的主要意见和结论。

5.1.6 电子商务项目评估的方法

根据项目的类型不同,采用的评估方法也不同。

1)项目评估法和全局评估法

(1)项目评估法

项目评估法(局部评估法)是以具体的技术改造项目为评估对象。费用、效益的计量范围仅限于项目本身。项目评估法适用于关系简单,费用、效益容易分离的技术改造项目。例如,投入一笔资金将高耗能设备更换为低能耗设备,只要比较投资和节能导致的费用节约额便能计算出节能的经济效果。

(2)企业评估法

企业评估法(全局评估法)是从企业全局出发,通过比较一个企业改造和不改造两个不同方案经济效益变化来评估项目的经济效益。该评估法既考虑了项目自身的效益,又考虑了项目给企业其他部分带来的相关效益。企业评估法适用于生产系统复杂,效益、费用不好分离的技术改造项目。例如,在炼油厂拟建一个节能项目,该项目能节约燃料油,节约的燃料油又被焦化或重油催化装置进一步深度加工转化为高附加值的轻质油和低分子烯烃,节能改造的效益既体现在燃料油的节约上,又体现在高价值油品的增产上,费用和效益不能很清楚的分离,这时应该采用企业评估法(全局评估法)。

2)总量评估法和增量评估法

(1)总量评估法

总量评估法的费用、效益测算采用总量数据和指标,确定原有固定资产重估值是估算总投资的难点。该评估法简单,容易被人们接受。总量评估法侧重经济效果的整体评估,但无法准确回答新增投入资金的经济效果。例如,针对一个小厂,需要作出进一步进行技术改造还是关、停、并、转的决策。该项目需要从整体上把握经济效益的变化和是否能够达到的经济效益指标。此时,应该采用总量法。

（2）增量法

增量法采用增量数据和指标并满足可比性原则。这种方法实际上是把"改造"和"不改造"两个方案转化为一个方案进行比较,利用方案之间的差额数据来评价追加投资的经济效果。它虽不涉及原有固定资产重估问题,但却充分考虑了原有固定资产对项目的影响。

增量法又分为前后法和有无法。两者的区别是:前后法使用项目改造后各年的费用和效益减去某一年的费用和效益的增量数据来评估项目改造的经济效益。有无法强调"有项目"和"无项目"两个方案在完全可比的条件下进行全面对比,对两个方案的未来费用、效益都要进行预测并计算改造带来的增量效益。实质上,前后法是有无法的一个特例,即假定该项目如果不改造,在未来若干年内经营状况保持不变。这实际上是不可能的,一个企业的经济效益总是在变化的,不是上升,就是下降。因此,一般技术改造项目(包括扩能)评价都应采用有无法。

3）费用效益分析法

费用效益分析法主要是比较为项目所支出的社会费用(即国家和社会为项目所付出的代价)和项目对社会所提供的效益,评估项目建成后将对社会作出的贡献程度。最重要的原则是项目的总收入必须超过总费用,即效益与费用之比必须大于1。

4）成本效用分析法

效用包括效能、质量、使用价值、收益等,这些标准常常无法用数量衡量,且不具可比性。因此,评价效用的标准很难用绝对值表示。通常采用移动率、利用率、保养率和可靠程度等相对值来表示。成本效用分析法主要是分析效用的单位成本,即为获得一定的效用而必需耗费的成本,以及节约的成本,即分析净效益。若有功能或效益相同的多项方案,自然应选用单位成本最低者。

成本效用分析有3种情况:

（1）当成本相同时,应选择效用高的方案。

（2）当效用相同时,应选择成本低的方案。

（3）当效用提高而成本也加大时,应选择增效的单位追加成本低的方案。

5）多目标系统分析法

如果项目具有多种用途,很难将其按用途分解并单独分析,这种情况下应采用多目标系统分析法,即从整体角度分析项目的效用与成本,效益与费用,计算出净收益和成本效用比。

> **注意**
>
> 电子商务项目评估报告
>
> 项目评估小组在完成了项目评估之后,以项目评估报告的形式形成书面材料,从而完成项目评估。项目评估的最终成果是项目评估报告,项目评估报告包括:
>
> 1.项目概况(项目基本情况、综合评估结论);
>
> 2.详细评估意见;
>
> 3.总结和建议(存在或遗留的重大问题、潜在的风险、建议)。

5.2　电子商务项目决策

5.2.1　电子商务项目决策的概念

电子商务项目决策,是指按照一定的程序、方法和标准,对电子商务项目的投资规模、投资方向、投资结构、投资分配以及投资项目的选择和布局方面所做的判断,即投资是否必要、是否可行作出一种选择。

电子商务项目决策按其设计的范围和对国民经济起的作用,可分为宏观决策和微观决策。宏观决策是从国家层面上而言,微观决策则是针对一个具体的电子商务项目进行决策,通过对拟建项目建设的必要性、可能性和可行性的分析与方案比选,作出最后的决断。本书所指的电子商务项目决策,属于微观决策。

> **小知识**
>
> "决策"一词有两种含义,一是思维劳动的结果,可称为决定,即某项投资项目是否应当兴建或应选用哪个方案。在经过分析论证以后,最后由决策部门或负责人结合各方面的意见,拍板定案,作最后的决定。二是指从思维到作出决定的过程,可称为决策工作。对任何事情的决定,总是先有个初步念头,再经过调查、了解情况、分析思考,使最初的想法进一步明确和深化,进而通过各种可行性方案的反复比较、权衡利弊,选择一个比较完善和成熟的方案,最后做出肯定或否定原有想法的决定。项目决策,同样遵循这样一个过程。

从电子商务项目决策的结构上看,分为程序决策和非程序决策。程序决策是一种有章可循的决策,一般是可以重复的。而非程序决策一般是无章可循的,只能凭经验作出应变的决策,一般是一次性的。由于决策的结构不同,解决问题的方式也不同,归纳结果如表5.1所示。

表 5.1　程序决策与非程序决策

解决问题的方式	程序决策	非程序决策
传统方式	习　惯 标准规程	直观判断 创造性概测
现代方式	运筹学管理信息系统等	培训决策者 人工智能、专家系统

从电子商务项目决策的方法上看,可以分为定量决策和定性决策,描述决策对象的指标可以量化时可用定量决策,否则只能用定性决策。总的趋势是尽可能地把决策问题量化。

如从决策的环境来看,可将决策问题分为确定型、风险型和不确定型三种。确定型决策是指决策环境是完全确定的,作出选择的结果也是确定的。风险型决策是指决策的环境不是完全确定的,而其发生的概率是已知的。不确定型决策是指决策者对将发生结果的概率一无所知,只能凭决策者的主观倾向进行决策。

如果从决策过程的连续性来分类的话,电子商务项目决策可分为单项决策和序贯决策。单项决策是指整个决策过程只作一次决策就得到结果,序贯决策是指整个决策过程由一系列决策组成。一般讲项目管理活动是由一系列决策组成的,但在这一系列决策中往往有几个关键环节要作出决策,可以将这些关键的决策分别看成几个单项决策。

电子商务项目决策是项目投资过程中必须要解决的重要环节,它是对投资项目的一些根本性问题,诸如拟建项目的地点选择、方案确定、项目的必要性、技术的可能性、经济的合理性等重大问题作出最终判断和决定。因此项目决策的正确与否,直接关系到建设项目的成败,对企业的经济效益甚至是国家经济的发展速度都有重要的影响。

5.2.2　电子商务项目决策的要素与过程

1）电子商务项目决策的要素

任何决策问题都由以下要素构成决策模型。

（1）决策主体

即决策者,它可以是自然人、法人或国家。改革前,投资主体单一,政府是唯一的投资主体,经过多年来的投资体制改革,形成了投资主体多元化、投资渠道多样化、投资使用责任化、建设实施市场化、投资管理间接化的新格局。企业投资决策的比重正在逐步加大。

（2）决策客体

即决策对象。决策对象是现代项目,现代项目具有其自身的特点,即一次性、固定性、建设周期长、耗用资源大。项目的这些特点,要求项目的决策和实施必须从项目特点出发,只能成功,不能失败。

（3）决策目的

即决策者的意图,决策要取得的经济效果。项目决策是从投资主体的利益出发,要达到宏观经济效益和微观经济效益相统一。

（4）决策手段

决策的手段是科学方法,诸如数学模型、计算机以及其他现代化科学手段。

（5）决策信息

信息是决策的重要因素,决策离不开信息,只有通过研究信息,对信息进行科学的加工处理,将正确的有效的信息提供给决策者,才能使决策者作出正确的决策。

2）电子商务项目决策的过程

电子商务项目决策可以包括如下过程:

（1）认识问题

所有自觉地作出合理决策的尝试都应该开始于对存在问题的认识,先认识到存在的问题,然后才能按照合乎逻辑的方向去解决问题。

（2）明确目标

认识到存在的问题就要解决这些问题,这里指存在一个解决问题后所要达到的目标。

（3）收集资料

决策的前提是数据，所以好的决策必须建立在充分地收集信息资料的基础上。项目数据的一个重要来源是企业本身的财务系统，另外，能提供数据的还有市场需求、贷款条件、原材料能源供应等。

（4）确定可行方案

为了确保最优方案，一定要在考虑的方案中，罗列出所有的方案，并且要提出创新的解决方法。

（5）确定判断方案优劣的准则

决策主要是为了从替代方案中进行选择，选择好的方案必然要求有一个判断最好方案的准则。项目决策的准则为：若投入相等，则使收益或其他产出量最大；若产出相等，则使费用或其他投入最小；若投入和产出均不相等，则使产出和投入之差最大，也就是利润最大。

（6）建立内在关系

应该将各种要素归纳起来，目的、有关数据、可行方案和选择准则是分不开的。在决策要素之间建立内在的关系或者说是建立模式结构或模型。在实验室里可能有实体模型，但是决策过程中，数学模型却是有实际作用的。

（7）取得可比较的结果

比较各方案的计算结果后选择最优方案，要想选择出最优方案，列出数字计算结果是必要的，这样就可以对各方案进行比较。项目决策就是要确定费用与收益指标的计算结果。

（8）选择方案

选取合理决策过程的上述要素后，下一步就是选择相对满意的方案，这个相对满意的方案不一定是最优方案，但必须是一个合理的决策，只能依靠决策准则的要求实现预期目标。具体来说，合理的决策必须具备以下3个条件：

①决策方案符合预定目标的要求。

②决策方案实施所带来的效果大于所需要付出的代价，即有合理的费用效果比或成本收益比。

③妥善处理决策方案的正面效果和负面效果、收益性与风险性的关系。

（9）事后审计

每一个项目的执行，重要的是使结果与计划保持合理的一致。假如是一致的，那么项目决策与分析就大体是正确的，如果不一致，那应该考虑疏漏在哪里，以避免再犯类似的错误。成果的事后审计可以帮助确保获得预期的效益。图 5.2 表示了这种过程：

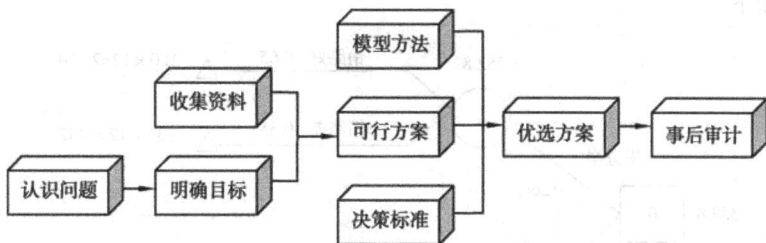

图 5.2 项目决策的过程

5.2.3 电子商务项目决策的方法

项目决策过程中,需要运用很多的方法,由于决策比较多的分类,根据不同的情况,也就产生不同的决策的方法。本章将进行简单介绍。

1) 投资回收期法

详见本书 4.3.4。

2) 决策树法

决策树是用树表示项目所有可供选择的行动方案、行动方案之间的关系、行动方案的后果以及这些后果发生的概率。利用决策树可以计算出可供选择的行动方案后果的数学期望,进而对项目的风险进行评价,做出该项目应该就此止步还是继续进行的决策。

在决策树中,树根表示构想项目的初步决策,叫作决策点。从树根向右画出若干树枝。每条树枝都代表一个行动方案,叫作方案枝。方案枝右端叫状态结点。从每个状态结点向右又伸出两个或更多的小树枝,代表该方案的两种或更多的后果,每条小树枝上都注明该种后果出现的概率,故称概率枝。小树枝右端是树叶,树叶处注明该种后果的大小。后果若是正的,表示收益;若是负的,表示损失。

例:某公司准备生产一种新产品,提出了甲、乙两个投资方案,分别投资 900 和 500 万元。两种方案实施后都生产 12 年。经过市场调查和预测,估计新产品上市后销路好的概率是 0.65,销路不好的概率是 0.35。销路好时方案甲、乙每年赢利分别为 180 和 75 万元;销路不好时方案甲亏损 36 万,方案乙赢利 25 万。试对这一项目的风险进行评价。

解:先画出这个问题的决策树如图 5.3。然后计算各状态结点处风险后果的数学期望如下。

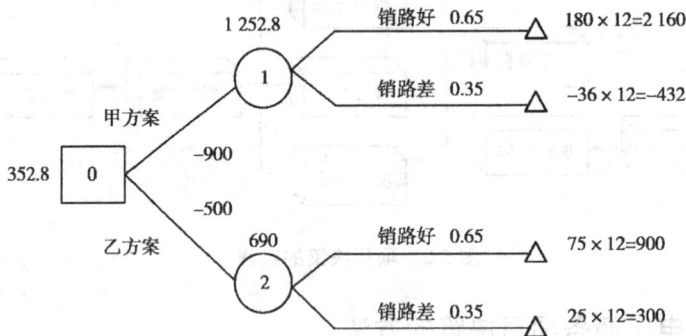

图 5.3　单级决策树

状态结点 $1:0.65 \times 2\ 160+0.35 \times (-432)=1\ 252.8$

状态结点 $2:0.65 \times 900+0.35 \times 300=690$

决策结点 $1: \max \{1\ 252.8-900,690-500\}=352.8$

因此,对该项目的风险评价结果是:采取方案甲,继续干下去。

像图 5.3 中那样只有一个决策点的决策树,叫单级决策树。利用单级决策树的决策过程叫一阶段决策。如果树叶结点本身也可以作为决策结点,即根结点,则这样的决策树叫多级决策树。

3)不确定性分析

详见本书 4.3.4。

5.3　电子商务项目商业计划书编制

1)电子商务项目商业计划书

商业计划书,英文名称为 Business Plan,是包括企业筹资、融资、企业战略规划与执行等一切经营活动的蓝图与指南,也是企业的行动纲领和执行方案,其目的在于为投资者提供一份创业的项目介绍,向他们展现创业的潜力和价值,并说服他们对项目进行投资。

注意

商业计划书是公司、企业或项目单位以达到招商融资和其他发展目标为目的，在经过前期对项目科学地调研、分析、收集与整理有关资料的基础上，根据一定的格式和内容的具体要求而编辑整理的一个向读者全面展示公司和项目目前状况、未来发展潜力的书面材料，它有别于传统的《项目建议书》和《项目可行性研究报告》。商业计划书考虑问题更全面，更注重操作性、更强调经济效益，也有不同的格式和内容的具体要求。另外所针对的对象也有所不同，《项目建议书》和《项目可行性研究报告》是针对我国各级政府和其他有关部门的要求而整理的书面材料，而商业计划书是针对各类潜在的投资者准备的一项最重要的书面材料。并且，如果国际融资是你融资计划的一个范畴，那么你一定要准备一份英文版的商业计划书。

2) 商业计划书的目的

商业计划书的目的很简单，它是创业者手中的武器，提供对象是投资者和其他一切对创业项目感兴趣的人，向他们展现创业项目的潜力和价值，说服他们对项目进行投资和支持。因此，一份好的商业计划书，要清晰而务实地阐述下列问题：

①公司的商业机会。

②创立公司，把握机遇的进程。

③所需要的资源。

④风险和预期回报。

⑤对你采取的行动提出建议。

小原则

商业计划不是学术论文，它可能的阅读者是非技术背景但对计划有兴趣的人，比如可能的团队成员，可能的投资人和合作伙伴，供应商，顾客，政策机构等。因此，一份好的商业计划书应该写得让人明白，避免使用过多的专业词汇，应当聚焦于特定的策略、目标、计划和行动。商业计划的篇幅要适当，太简短，容易让人不相信报告的严肃性和项目的可行性；太冗长，则会被认为太啰唆，表达不清楚。适合的篇幅一般为 20~40 页(包括附录在内)。从总体来看，撰写商业计划的几条原则是：简明扼要，条理清晰，内容完整，语言通畅易懂，意思表述精确。

3) 商业计划书的内容

商业计划书一般包括如下 10 个部分的内容：

（1）执行总结

是商业计划的概括，包括：

①本项目的简单描述（亦即"电梯间陈词"）；

②机会概述；

③目标市场的描述和预测；

④竞争优势；

⑤经济状况和赢利能力预测；

⑥团队概述；

⑦提供的利益。

（2）产业背景和公司概述

①详细的市场描述，主要的竞争对手，市场驱动力；

②公司概述应包括详细的产品、服务描述以及它如何满足一个关键的顾客需求；

③一定要描述你的进入策略和市场开发策略。

（3）市场调查和分析

这是表明你对市场了解程度的窗口，一定要阐释以下问题：

①顾客；

②市场容量和趋势；

③竞争和各自的竞争优势；

④估计市场份额和销售额；

⑤市场发展的走势（对于新市场而言，这一点相当困难，但一定要力争贴近实际）。

（4）公司战略

公司战略包括以下 3 个方面的问题：

①营销计划（定价和分销，广告和提升）；

②规划和开发计划（开发状态和目标，困难和风险）；

③制造和操作计划（操作周期，设备和改进）。

（5）总体进度安排

公司的进度安排，包括以下领域的重要事件：

①收入；

②收支平衡点和正现金流；

③市场份额；

④产品开发介绍；

⑤主要合作伙伴；

⑥融资。

（6）关键的风险、问题和假定

①创业者对于公司的假定和将面临的风险常常不够实际；

②说明你将如何应付风险和问题（紧急计划）；

③在眼光的务实性和对公司的潜力的乐观之间达成仔细的平衡。

（7）管理团队

①介绍公司管理团队的个人情况（如经历、个性、优缺点），一定要介绍各成员与管理公司有关的教育和工作背景；

②注意管理分工和互补；

③最后介绍领导层成员，商业顾问以及主要的投资人和持股情况及社会资源（对创业发展有影响的各种关系）。

（8）企业经济状况

介绍公司的财务计划，讨论关键财务表现的驱动因素。一定要讨论如下几个杠杆：

①毛利和净利；

②赢利能力和持久性；

③固定的、可变的和半可变的成本；

④达到收支平衡所需的月数；

⑤达到正现金流所需的月数。

（9）财务预测

①包括收入报告，平衡报表，前两年为季度报表，前 5 年为年度报表；

②同一时期的估价现金流分析；

③突出成本控制系统。

（10）假定公司能够提供的利益

这是你的"卖点"，包括：

①总体的资金需求；

②在这一轮融资中你需要的是哪一级；

③你如何使用这些资金;

④投资人可以得到的回报;

⑤你还可以讨论可能的投资人退出策略。

注:所有提供的具体数据或引用的分析内容,应当注明来源,如是假定要说明假定的理由分析。如果计划书的作者对市场、财务了解不多,需提供详细的项目计划书。

4)商业计划书范例

第1章　公司简介

1.1　基本情况

公司名称:×××网络有限公司

注册资本:

股东情况:

经营期限:

基本情况:公司现有职员×××人,其中软硬件工程师×××人,其他均为大学以上学历;下分办公室、策划部、技术部、制作部、商务信息部5个部门;公司办公面积××××平方米。公司是……

1.2　公司发展历史

略

1.3　主要大股东简历

略

1.4　公司业务

公司目前服务项目:电子商务项目服务等。

1.5　社会关系

略

第2章　项目介绍

2.1　项目名称

×××网

2.2　项目介绍

1)项目内容

　　×××网是一个建立在因特网上的、虚拟的交易市场。初期的软硬件设施建设基本完成,目前已进入试运行阶段。×××网集信息发布、浏览、交易与交互功能于一体,用户通过它可以直接完成传统商贸运作中信息采集、市场调研、产品营销、技术咨询、行情分析、商贸洽谈等环节的工作。×××网合理的网站结构及完善的网站功能,将会极大地满足商人和现代农民的需要。该网主要发布轿车业的相关信息、轿车产品的最新价格与供应情况、轿车产品淡旺季的价格浮动与成交量、出售流向、全国轿车最新行情、最新的国际供求信息、最新的国内外轿车新技术、新成果、新产品等有关轿车的信息。

　　2)项目独特性

　　(1)网站从买方市场出发,帮助商人正确把握及预测市场。

　　(2)网站的大量信息是针对卖方市场普遍存在的问题而发布的。

　　(3)从信息量、信息面和信息价值的角度实现目前轿车信息的突破。

　　(4)网站的市场运作要与政府挂钩,充分利用国家的政策导向。

　　略。

　　3)技术环境

　　(1)硬件平台

　　本系统以位于 chinanet 主干网上的服务器为硬件平台,既作为数据服务器,管理原始商业信息并响应商业服务器提出的服务请求;又作为 Web 服务器,以高速率发布信息;服务器还具有定位其他服务器的功能。

　　(2)软件平台

　　服务器选用 Uinx 操作系统,选用 Apache 作为 Web 服务器。使用 Sybase 公司的关系数据库管理系统(DBMS)Sybase SQL Server,它支持并行查询、动态存储、动态行级锁、动态空间管理和索引操作等,具有高性能、高可靠性和高可伸缩性;支持行级和列级规则、触发器、存储过程等,可以保证数据的完整性;支持管理向导、日志管理、备份和恢复、事件/报警管理、安全管理等,具有易于管理和维护的特点;同时 Sybase SQL Server 还提供了对 Internet,Intranet 和电子商务的强大支持,它不仅可以利用 Unix 强大的加密、检索等功能,而且与 Apache 和 php 高度集成,可以远程管理。

　　4)开发本项目的初衷

　　(1)用传统的商贸条件来配合电子商务的展开,建设一个能够适应当前传统商务向电子商务过渡时期的特色网站。

　　(2)当前商务网站的建设运行多完全依靠自身力量,不能很好地发现或利用已有的社会资源,致使未进入赢利期便因投入过大而资不抵债。本网站建设力求本土化,要利用起传统商贸环境中一切可利用的条件,以降低投入成本。

(3)略。

2.3 试运行情况

本网经 2 个月的实际应用,硬件设施基本无大故障;软件系统的开发与设计也受到好评。由于受资金约束,目前,少数栏目与功能还未能及时开通,市场运作未能彻底落实,营销宣传力度十分有限。但是从试运行的效果可见,用户对网站抱有极高的期待。目前,库内信息已有 10 万余条;收到反馈信息近万条。

但试运行也暴露出很多不足之处,主要体现在:

1)站镜像有待增加,现有的单镜像严重影响了远程用户的调阅速率与浏览效果。

2)略。

第 3 章 项目发展目标与建设方向

3.1 项目发展目标

网站要不断完善电子商务功能,使用户直接通过本网站便能完成贸易过程中订单、谈判、认证、报关、多种付款方式等交割过程需要的所有手续,建成网上虚拟的交易市场……

3.2 网站建设方向

3.2.1 建设思路

建设网上交易平台,拥有世界上本行业最多的商户。本着方便网络用户的原则,不断丰富网站交互功能及用户在轿车流通过程中所需要的各项服务项目;借鉴和吸收国内外电子商务的成功经验,并结合中国国情,突出其电子商务与传统贸易的典型结合。

3.2.2 网站发展方案

1)信息发布与查询流程

2)网站栏目与功能

包括政府之声、价格行情、销售走势、企业社区、会员社区、交易市场、二手市场、代理服务、网站介绍以及联系我们等内容。

第 4 章 市场与竞争对手分析

4.1 市场分析

4.1.1 中国轿车产业环境

4.1.2 轿车产品消费情况分析

4.1.3 目标用户分析

1)卖方用户分析

2)买方用户分析

4.1.4 当前轿车市场流通体系分析

4.1.5 目标用户的网络使用情况分析

1).com 域名分析

2)从互联网用户的职业角度分析

4.2 竞争对手分析

第5章 实施计划与利润预测

5.1 市场运作策划

5.1.1 围绕买方市场运作

5.1.2 围绕卖方市场运作

5.1.3 适应市场经济,走政府牵动、资本运作双管之路

5.2 实施方案

5.3 利润预测与分析

5.3.1 商铺出租、会费收入

5.3.2 内外贸易收入

5.3.3 电子版刊物发行

5.3.4 网站广告发布收入

……

5.4 回报预算

若项目能顺利实施,至 2009 年业绩将达到 2.86 元/股。若能顺利上市,按 10 倍市盈率计算,股价将达 28.6 元/股,资本增值收益率为 10%,年均增长 200%。

5.5 股票上市

条件成熟时,可按照投资者的意愿选择上市地点。

5.6 股权转让

公司现有股东承诺不向第三方转让股权,原则上也不限制风险投资人向第三方转让股权,为了公司的发展投资人在一年之内不得向外转让股权。

5.7 股权回购

在公司发展成熟后,若股票上市失败,公司承诺回购投资人的股权,价格、数量、方式由当事方协商解决。

第6章 资本运作

6.1 投资建议

6.1.1 投资形式:普通股

6.1.2 投资性质:风险投资

6.1.3 投资退出方式:1)股权转让;2)股票上市;3)股票回购。

6.1.4 股权转让方式:至少一年以后

6.1.5 股票上市方式:海外上市时间自定,国内上市在一年以后

6.1.6 股票回购方式:项目静态回收期后分期回购

6.1.7 股票回购方式退出定价:与其他股东协商

6.2 资本结构

6.2.1 全部为普通股

6.2.2 资产结构:全部由股东权益构成

6.3 公司管理层条件

投资者可出任公司董事长、财务经理,负责公司的进一步融资及公司公开发行股票并上市的工作,协助公司管理当局制订发展战略及寻觅高级管理人才。

6.4 资金投入预算

6.4.1 固定资产

6.4.2 流动资金

6.5 投资者投资后的股本结构

6.5.1 公司总股本

6.5.2 注册资本

6.5.3 公司原股东

6.5.4 投资者

6.6 股权成本

6.7 集资费用

公司自聘人员策划,费用可忽略不计。

6.8 投资者介入公司业务程度

根据投资者投资的程度,双方协商解决。投资方参与指导公司管理、制订公司

发展战略,协助制订市场计划等工作。

第 7 章　风险因素

7.1　风险因素

7.1.1　行业周期风险

虽然网络行业被认为处于成长初期,但仍具有较大的不确定性。

1)产品周期风险

根据公司产品与市场战略,公司当前的主要经营活动是建立具有经济情报价值的数据库,属于新产品的市场开发行为,因此有开发失败的可能。

2)产品单一风险

公司在创业阶段,规模小,产品单一,抵御市场风险能力小。

3)经营生产费用上升的风险

公司经营生产费用主要涉及服务器托管费及 DDN 专线租用费和公司运营费用,其中任何一项费用的上升都有可能降低利润。

4)技术安全性风险

公司是利用互联网这一新兴技术开展业务活动的,而互联网上众多黑客的存在对数据库的安全构成了威胁。因此,当数据库受到攻击时,有可能造成重大损失。

7.1.2　行业风险

1)行业内部激烈竞争带来的风险

互联网的优越性已被社会所认识,大量实力雄厚的机构乃至上市公司纷纷投资网络市场,业内竞争将异常激烈,同时,网络同传统媒体的竞争有可能使市场利润率降低。因此,竞争风险有可能会给公司带来致命的威胁。

2)行业发展存在的其他限制因素

网络信息产业尚处于起步阶段,行业标准及行业法规尚不健全,当前物理网络以电话线为主,传输速度慢,这一切都有可能影响到网络业同其他可替代行业的竞争。

7.1.3　市场风险

1)销售市场尚待开发的风险

利用网络技术向传统商品市场传播经济情报这一服务形式尚未得到社会商界的普遍认同。首先进入市场者必须承担开发市场的投入。

2) 密切关注相关行业的影响

商界获取经济情报的途径多种多样,传统媒体及各行业的内部业务关系都对本行业构成了潜在的威胁。

7.2 对策

针对上述风险因素,本公司将采取积极、有效的措施,最大限度地降低风险程度。

7.2.1 经营风险对策

针对行业周期风险,采取试制一种产品(交易平台)的方式进行分期投入;针对产品周期风险,尽快建立数据库,占领某行业的交易市场及经济情报市场;针对产品单一风险,充分利用公司的技术。在开发专业化数据库的同时,搞好技术服务、社会培训等其他辅助性业务;针对费用上升风险,公司会加强核算,控制成本;针对安全性风险,公司技术部门会紧密跟踪网络安全技术的发展,及时配置安全手段。

7.2.2 行业风险对策

针对市场竞争风险,公司将在数据库专业化方面下工夫,完成对某行业经济情报的独占。针对其他本行业所独有的风险,公司将在数据库的检索技术上加强开发,以弥补当前物理网络传输速度慢的缺点。

7.2.3 市场风险对策

针对开发市场风险,公司将一如既往加强公关工作,加大宣传力度,扩大社会影响,以降低开发市场的投入。传统媒体与公司的竞争不可避免,为此公司将通过资本运作,完成与传统媒体的合并,并利用网络技术改造传统专业媒体。

7.2.4 其他风险对策

第 8 章　公司发展空间(摘要)

8.1　经营宗旨

8.2　经营目标

8.3　产品、市场战略

8.4　经营计划:建设与发展思路

8.5　人事计划

8.5.1　体制

公司采用期权制模式,员工都拥有一定期权。

8.5.2 职能部门设置

组织机构示意图如下(略)

8.5.3 增加高级管理人员

技术总监 1 人(副总经理职),财务总监 1 人(副总经理职),法律顾问 1 人。

8.5.4 增加技术人员

网管 2 人,软硬件 2 人,美编 2 人,文编 1 人,翻译 1 人,策划 1 人。

第 9 章 财务状况

9.1 资产负债表(略)

9.2 损益表(略)

9.3 债项(略)

9.4 主要固定资产(略)

9.5 税项(略)

第 10 章 审计报告(略)

思 考 题

1.如何开展电子商务项目评估?

2.试述电子商务项目决策的要素与过程。

3.编制一个电子商务项目计划书包括哪些具体内容?

第 ③ 编

电子商务项目计划与实施阶段

学习要点

电子商务项目计划

■电子商务项目的范围确定

■电子商务项目时间计划的编制

■电子商务项目资源管理计划的编制

■电子商务项目费用管理计划的编制

■电子商务项目质量管理计划的编制

■电子商务项目风险管理计划的编制

■电子商务项目沟通管理计划的编制

电子商务项目实施

■电子商务项目信息发送与沟通管理

■电子商务项目资源获取与资源战略

■电子商务项目质量管理的方法

■电子商务项目风险识别技术

电子商务项目控制

■电子商务项目过程控制的含义、原理、流程

■电子商务项目范围控制的实施、输出

■电子商务项目进度控制的实施、输出

■电子商务项目费用控制的实施、输出

■电子商务项目质量控制的实施、输出

■电子商务项目风险控制的实施、输出

第 6 章
电子商务项目计划

本章学习目标
- 了解电子商务项目计划的重要性
- 掌握电子商务项目计划的内容
- 掌握制订电子商务项目计划的方法

本章知识要点
- 电子商务项目的范围确定
- 电子商务项目时间计划的编制
- 电子商务项目资源管理计划的编制
- 电子商务项目费用管理计划的编制
- 电子商务项目质量管理计划的编制
- 电子商务项目风险管理计划的编制
- 电子商务项目沟通管理计划的编制

通篇案例

背景：

小钟在完成了项目准备阶段后，准备进入此次项目的计划阶段。

案例：

小钟想起了 B 公司同学小欧讲过的一次项目拖延的噩梦：那是两年前的一个为 Q 商业局开发网上办公与公众信息处理系统的项目，由于竞标者众多，B 公司的业务人员小刘为了能够尽快拿到订单，在没有明确具体的项目工作范围时就迫不及待地与客户签了约。后来，项目匆匆上马，并按照 B 公司大多数开发人员的理解"完成"了项目。当项目验收的时候，问题出现了，在原来的开发合同中，有一条"根据情况对网上公众交流论坛系统进行完善"并没有明确提出具体要完成哪些工作，哪些属于 B 公司开发人员的事，哪些不属于。于是，S 集团开发人员被请到 Q 商业局了解需求细节，并不断地往返于 B 公司和 Q 商业局之间。拖了一年之后，项目依然没有全部完成，因为后来大家都发现，"根据情况对网上公众交流论坛系统进行完善"是一项永无止境的工作！而且，其中很多工作并不是 B 公司开发人员能够完成的，它涉及 Q 商业局内部的利益平衡、部门协调，以及对于公众交流论坛管理模式的变革等工作。于是，最后本着双方互相体谅的原则，勉强完成。公司为此耗费了很多人力，也影响了后续项目工作的开展。业务员小刘为这事没少被同事埋怨，还受到了公司的处罚。

小钟这次充分吸取了小刘的教训，这次公司的项目是一个跨时长达 2 年的大项目，如果不能确定项目范围将无法完成。小钟为了项目能够顺利完成，多次与郑总交流，郑总出于对公司前景发展的考虑，总想用最新的技术，做最大的工作量。小钟认真分析了集团公司的人力、时间、资金等资源情况后，对郑总的要求提出了异议，并说服郑总："在有限的时间与资金范围内，只能做到这些工作，如果超出范围，将无法保证项目质量。"郑总最终被小钟说服了。小钟最后不仅落实了具体的工作范围，还明确了哪些工作不属于本项目的工作范围，这样就不会存在因理解上的偏差而导致项目拖延了。为了不让郑总有反悔的可能，小钟认真设计了一套《项目范围说明书》的表格，落实了项目工作范围，并让郑总星期五在表格上签了字。这下，小钟对于项目完成有了充足的信心！

星期一刚上班，小钟就被郑总叫到办公室，小钟不由得一阵紧张，心想："难道郑总又要变更项目范围，可是上周五他才签了字的呀？"

"进来坐",郑总对门口的小钟招呼到,"公司财务部刚才出了制度,对于资金的运用需要提前提出计划,如果临时才提出可以拒绝提供资金;你马上去写个计划吧,对于资金到位、人员到位情况有什么要求,及时提出来,明天上午把报告提交给我审核。"

真是一波刚平一波又起,小钟这才放下的心又悬起来,一天内要完成这么多计划还是够呛,没办法,硬着头皮上吧! 星期一中午,刚理出些头绪的小钟正准备下班吃午饭,突然接到通知:下午2点,P咨询公司项目管理专家赵工将来S集团进行咨询答疑。"真乃天赐贵人!"小钟高兴地想,"下午无论如何都要抽空去取取经!"

思考:

1.为什么要定义项目工作范围? 有什么作用?

2.项目计划有必要吗? 你准备怎么作计划?

6.1 电子商务项目背景及目标

6.1.1 电子商务项目的背景描述

1)电子商务项目的确立

电子商务项目投资多、技术复杂,影响较大,因而其确立需要一个复杂而慎重的过程。

简而言之,电子商务项目要经过一个构思、分析与定义的过程来确定目标(如图6.1),而目标确定之前最重要的工作就是项目背景描述。

2)电子商务项目背景描述

项目背景描述的依据是项目详细的可行性研究报告,项目背景研究的结果可形成项目背景概况。作为电子商务项目而言,通常内容可包括:

①项目设想;

②项目所处的政治、经济和文化环境;

③项目发起人的情况,包括姓名和地址,提供资金的可能性,在项目中所起的作用等;

④项目的利益相关者的有关情况(项目业主、主要项目成员和项目组织上级领导等);

项目构思

构思选择

决策点

情况分析及问题定义

目标的提出和目标系统

项目定义

项目审查

决策点

项目建议书

可行性研究

决策点

项目任务书

反馈

环境和情况调查

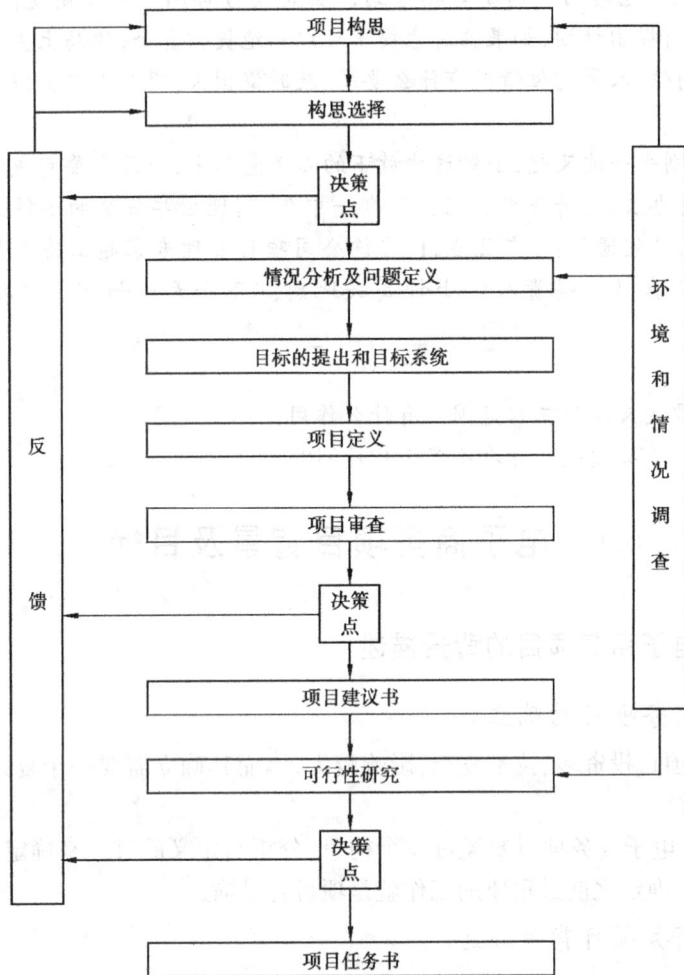

图 6.1　项目确定过程图

⑤项目方向,是面向终端消费者还是面向企业;

⑥市场方向,国内销售或出口;

⑦支持该项目的国家宏观经济政策或产业政策,以及电子商务行业的发展趋势;

⑧项目描述。

案例：电子商务项目背景描述的案例

1）项目名称

××市××委公共信息服务平台体系建设方案

2）项目设想

建立一套适用于现行管理体制的电子商务政务网站

3）项目所处的政治、经济和文化环境

经过几年的发展，全球电子商务政务（公共信息服务体系）正逐步走向成熟，围绕电子政务的各种创新工作不断涌现，为政府未来的数字化打下了坚实的基础，尽管其中还存在着各种各样的问题。从目前的发展情况来看，各国的电子政务表现出如下的特点：

总的来看，全球电子政务的发展很不平衡，国与国之间的差距非常明显，国际"数字鸿沟"正在日益扩大。2002年5月，联合国公共经济与公共管理局与美国公共管理学会发表了一份联合报告，对联合国190个成员国的电子政务建设情况进行了调查研究与分析比较。该报告将各国电子政务的网站建设划分为起步阶段、提高阶段、交互阶段、在线事务处理阶段以及无疑链接5个阶段。

根据该报告的分析，处于起步阶段的国家，主要是那些经济比较落后的发展中国家，这些国家占样本国家的一半以上；而处于在线事务处理阶段的高度发展的国家则主要是那些经济发达国家。因此，南北差距在电子政务领域又得到了进一步的体现。值得注意的是，我国亦处于"电子政务指数"在1.6以下的低度发展国家，这表明我国的电子政务建设仍然任重道远。

从电子政务高度发展的特定国家来看，不同级别的政府机构在开展电子政务方面也存在着差异，即"级别鸿沟"——政府级别越高，所开展的电子政务也就越成熟；政府级别越低，所开展的电子政务也就越不成熟。

为社会提供良好的服务成为各国电子政务发展的基本点。为企业和公民提供每天24小时、每周7天、每年365天的服务成为各国政府开展电子政务的目标。例如，美国政府提出了"以公民为中心，面向结果，基于市场"的三大指导原则；英国政府在各种政策文件中将"建立'以公众为中心'的政府"作为电子政务建设的指导思想，通过发展电子政务使英国成为全世界开展电子政务的最佳场所。

国际电子政务发展的一个最新趋势是：在一些电子政务高度发展的国家，政府门户网站开始作为提供政府服务的唯一的电子政务网站。电子政务的发展正在走出相互独立、单独发展的路子，一些国家开始在一个统一的政府网站下，将比较分散的种类政府网站综合到一个协调一致的目录下，根据特定用户群的需求开发一系列集成的政府服务项目。这方面比较典型的例子有"美国第一政府(www. firstgov.gov)"网站和"英国在线(www.ukonline.gov.uk)"网站。

4)项目发起人情况

领导批准投入开发费用1 000万元人民币,时间要求从2006年1月1日开始,软件正式交付时期为2006年8月31日。

5)项目利益相关者的有关情况

略。

6)项目方向

本项目主要是面向公众,同时兼有网上办公的功能。

7)市场方向

针对国内,面向国际,完成国内贸易向国际贸易发展、促进。

8)行业发展趋势

略。

9)项目描述

略。

6.1.2 电子商务项目目标的确定

项目要求达到的目标可分为两类——必须满足的规定要求和附加获取的期望要求。

规定要求包括项目的实施范围、品质要求(或称质量要求,如项目及项目成果的技术指标和性能指标等)、利润或成本目标、时间目标以及必须满足的法规要求等。在一定范围内,品质、成本、进度三者是相互制约的。当进度要求不变时,品质要求越高,则成本越高;当成本不变时,品质要求越高,则进度越慢;当品质标准不变时,进度过快或过慢都会导致成本增加。通过管理谋求品质、成本和进度三者之间的有机统一和均衡。

期望要求常常对开辟市场、争取支持、减少阻力产生重要影响。譬如一种新产品,除了基本性能之外,外形、色彩、使用的舒适度,建设和生产过程是否有利于环境保护和改善等指标,也应当列入项目的目标之内。

项目的目标也是高层次的说明,但它解释的不是项目实施的原因,而是项目的内容,即这个项目要做什么?

为了能够较为准确地确定项目目标,首先应该明确项目的需求。因为,项目要求达到的目标是根据需求和可能性来确定的。

1) 识别与分析项目需求

一个项目的各种不同干系人有各种不同的需求,有的相去甚远,甚至互相抵触。这就更要求项目管理者对这些不同的需求加以协调,统筹兼顾,以取得某种平衡,最大限度地调动项目干系人的积极性,减少他们的阻力和消极影响。

项目干系人的需求往往是笼统的、含糊的,他们有时缺乏专门知识,难以将其需求确切、清晰地表达出来。因此,需要项目管理员人与干系人充分合作,采取一定的步骤和方法将其确定下来,成为项目要求达到的目标。

项目干系人在提出其需求时,未必充分考虑了其实现的可能性。项目管理者还应协助客户进行可行性研究,评估项目的得失,调整项目的需求,优化项目的目标。有时可引导客户和其他干系人追求进一步的需求,有时要帮助他们放弃不切实际的需求,有时甚至要否定一下项目,避免不必要的损失。

项目干系人的需求在项目进展过程中往往还会发生变化,项目需求的变化将引起项目目标、范围、计划等一系列相应的变化。因此,根据需求进行项目目标和范围管理自始至终都是项目管理中极为重要的内容。

(1) 项目需求的内容

项目管理一般开始于对需求、问题或机会的识别。通过对需求的分析,包括提炼、分析和仔细审查已经收集到的需求,通过与利益相关方反复讨论、反复修改的过程,确保所有项目利益相关方的合理项目需求能够被识别。

需求识别分析的过程一般结束于项目需求建议书(也叫作项目规范书)的发布和项目主要利益相关方对需求的确认。

项目需求是整个项目的基础,因此,正确识别并认识项目需求是项目成功的必要条件之一。

项目需求成功批准的原因:

①市场需求。如某汽车公司针对市场上汽油短缺的情况,批准一个项目,研制更省油的汽车。

②商业需求。如一个培训公司批准开发一个新的课程来增加收入。

③顾客需求。如某电力公司批准一个项目,建立新的变电站向一个新的工业开发区提供电力资源。

④技术领先需求。如在电脑硬件不改变的情况下,批准开发一个新的三维游戏。

⑤法律需求。如某化工厂授权一个项目来处理该厂的废弃物。

⑥社会需求。如非典、禽流感期间的医药卫生项目开发。

(2)项目需求的类型

①按是否能够确定本项目需求来划分。主要分为待定需求和确定需求。

A.待定需求。待定需求一般是利益相关方不能确定,或者虽然能够明确描述但是无法确定是否包含在项目范围中的需求。

待定需求一般不包含在需求建议书中,如果一定要包含,需要作如下处理:首先,对产生"待定"一词的条件进行描述,使得问题能被解决;其次,描述必须干什么事,以删除这个"待定";再次,标识文件版本号;最后,拒绝对任何标识有"待定"一词需求的建议书章节的承诺。

B.确定需求。确定需求是由项目相关方经过接触、交流等方式确定下来的明确清晰的、且包含在项目范围内的需求。这些需求需要采用各种方法、明确地用文档的方式描述出来。

②按需求是否具有可执行和可描述性来划分。主要分为明确需求和模糊需求。

A.明确需求。明确需求是指能够清晰描述并能够被项目利益相关方共同理解的需求。

明确需求只是可以明确地描述和提出的需求,不一定就是项目利益相关方达成共识的确定需求。因此,明确需求既可能包括确定需求,也可能包括待定需求。

B.模糊需求。有些时候,利益相关方无法将需求明确地描述出来,需要调研人员在充分了解利益相关方的环境、工作、爱好等方面的基础上,理解利益相关方的可能需求,再将需求明确地描述出来。

因而,模糊需求是一种含而不露的需求,是一种我们知道确有其事却因变化不定而无法定义或定位的需求。

例如:业主要求建筑师设计一座符合建筑安全标准且非常舒适的住宅,请问这是什么需求?

③按项目需求的时效性来划分。主要分为现在需求和未来需求。

A.现在需求。即项目进行时就已经具备实现条件的需求,既可能是确定的,也可能是待定的。

B.未来需求。未来需求是利益相关方能够明确描述的,但由于在项目需求识别时还不需要,或者是在需求识别时还不具备满足利益方期望的条件等原因,而不必包含在项目需求范围中的利益相关方需求之内。

不过,优秀的项目解决方案应考虑未来需求,即项目成果未来的发展。

2）确定项目目标

（1）项目的基本目标

每个组织都有自己的目标定义，但对于项目而言，目标应该是具体的、可衡量的、实际的、有一定期限的。电子商务项目由众多工作和活动组成，每项工作和活动都有自己特定的目标，其中比较重要的目标有：项目的工期目标、项目的成本目标和项目的质量目标。通常，可以在目标中整句使用关键性动词来说明项目的目标。

案例：电子商务网上办公系统项目目标

第一，在得到项目授权的两个月内调查并选择电子商务网上办公系统；

第二，在进行选择的两个月内安装调试完毕系统无误、培训用户学会使用并完全应用新系统；

第三，发生的全部费用70万，其中：采购费用50万（含软硬件），实施费用（含培训、调试及其他管理费用）20万，共计70万元。

上面就是一个电子商务网上办公系统项目采购与应用项目的目标，简洁、明确，时间上有要求（两个月内），质量上有要求（安装调试完毕系统无误、培训用户学会使用并完全应用新系统），成本上有要求（全部费用70万），这是一个比较明确的项目目标。

人们可能认为使用项目按时并且在预算内完成是颇具诱惑力的目标，但实际上这并不是项目的目标，而是项目成功与否的衡量标准之一。如果项目达到了目标，我们才能衡量项目竣工的成功与否。不过，一个项目即使没有达到以上两个标准也可以竣工。

一般来说，整个项目有4~5个大目标就足够了。如果制订的大目标远不止四五个，则很可能意味着这方面过于细化了，可以考虑将目标分为不同的层次，更多的细化目标可以放在大目标的下层。通常这项工作在后面的工作分解结构（WBS）中完成。在软件工程领域，对于电子商务软件开发类的项目而言，需求分析之后形成的《需求规格说明书》通常就是在这几个大目标下划分更小的目标，以达成详细的需求规格说明。一般而言，电子商务项目的制订也是按照质量、成本、时间来确定大方向的目标。

①技术目标（性能质量目标）。这里是指电子商务项目在实现功能的手段上，应该使用什么新系统和新技术，应该达到什么标准，有什么特殊的要求。也就是项目满足明确或隐含需求的程度。

一般通过定义工作范围中的交付物标准来明确定义，在定义功能目标中，要尽可能详细、明确和具体。

②成本目标。指完成项目需要的所有款项,包括人力成本、原材料、设备租金、分包费用和咨询费用等。

项目的总成本应以预算为基础,项目结束时的最终成本应控制在预算之内。

③时间目标。与项目时间相关的因素用进度计划描述。进度计划既要说明项目工作范围内所有工作所需要的时间,也要规定每个活动具体开始和完成的日期。

案例:易和公司电子商务管理系统开发项目

该项目的项目目标的关键有三要素:

1)项目的可交付成果

一套符合质量要求的电子商务管理系统。

2)工期要求

从 2008 年 1 月 1 日开始,交付日期为 2008 年 8 月 31 日,工期 8 个月。

3)成本要求

100 万人民币(项目的合同额)。

小知识

项目要旨

在项目实施前,项目组需要就项目要旨达成共识。没有这样一种共识,则不可能有高效率的小组工作。一项对项目组进行的全球性研究发现,每个运行良好的项目组都非常明确自己的目标是什么。

分享共同的项目要旨在许多方面是有用的,这有助于让小事件的决策更加合理化。同样,它也有助于保持项目组的凝聚力,避免浪费时间。这种共识能在项目组成员中建立信任,因为他们知道大家是向着同一目标在努力。团队能作决定并能执行这些决定,这期间没有争吵、无须在已经决定的事情上浪费时间。一个效率良好的项目组能建立某种合作关系,它优于一个纯粹由拥有相似技能的个人组合。

---

(2)电子商务项目目标的特点

①多目标性。相互冲突、相互依存。

②优先性。在项目生命周期的不同阶段有不同的优先性:

A.初始阶段——技术性能(质量)目标。

B.实施阶段——成本目标。

C.结束阶段——时间目标。

③层次性。目标描述需要由抽象到具体,要有一定的层次性。它的最高层是总体目标,指明要达到的总的期望。最下层是具体目标,指出解决问题的具体措施。层次越低,则目标越具体可控。

④追溯性。项目必须进行跟踪控制与绩效评估,因而目标制订必须能够被跟踪、被追溯。

(3)确定项目目标的过程

一般由项目发起人或项目提议人来确定,当项目经理被任命负责一个新项目时,它的第一个工作就是与对此项目负有基本责任的高级经理一起,根据项目的背景确认项目的目标,明确此项目目标的目的,分析与同类项目的不同之处。

并且,描述项目目标时,应明确、具体,尽量定量描述,保证项目目标容易被沟通和理解,并使每个项目组成员结合项目目标确定个人的具体目标。

注意

随着项目的进行,项目组将深入了解制作预想的电子商务软件需要多少工作量,并随着了解的逐渐加深,下述可能性中的任何一种都会发生:

1.最初的项目预算和进度表与预想的软件特征集是协调的。

2.最初的项目预算和进度表目标不足以达到预期的软件特征集,为了达到预期的软件特征集,需要调整预算和进度表目标。

3.最初的项目预算和进度表目标不足以达到预期的软件特征集,为了符合预期的预算和进度表而缩减了软件特征集。

电子商务软件开发是一个不断完善的过程,特别是针对竞争对手的变化经常进行从软件系统到内容改版的变化,这个过程实际上是进度表、软件特征集、预算之间的一种折中和妥协。

6.2 电子商务项目范围确定

项目范围也称为工作范围,是指项目组织为了成功地完成项目并实现项目目标所必须完成的全部项目工作和各项活动。

一般通过识别和确定项目交付物和交付物标准来定义工作范围,首要任务是确定并控制哪些工作内容应该包含在项目范畴内,并对其他项目管理工作起指导作用。

项目范围(Project-scope)包括项目的最终产品或服务以及实现该产品或服务所需要做的各项具体工作。因此,范围管理(Scope Management)就是为成功实现项目的目标,规范或控制哪些方面是项目应该做的,哪些方面是不该做的,即定义项目的范畴。它的首要任务是办公室项目,它包含且只包含所有需要完成的工作,并对其他项目管理工作起指导作用,以保证顺利完成项目需要的所有过程。其中,"包含且只包含……"表明了项目"不做额外工作(No Extra)",或"不要镀金膜(No Gold-plating)"的策略。

实践告诉我们,进行项目范围定义,或者说在划分项目边界时,确定项目不做什么比确定项目做什么更为重要。

案例:无穷无尽的报表

智达软件公司接到东方门业公司的订单,要求为其量身定制一套数据管理系统。在基本的功能确定之后,东方门业公司提出要能够按照自身的需求定制一些报表。由于智达软件公司近期业绩一直不太好,急于拿到订单,于是便答应了下来。双方的合同中并未就需要定制的报表数量、类型做出定义,只在合同末尾留下了一句"未尽事宜,双方协商解决"的字样。

按照计划,三个月后该项目就已经结束了。双方对软件功能、性能等指标进行了鉴定,然后东方门业公司决定再试用一个月后付款给智达软件公司。一切好像都在意料之中,皆大欢喜。

然而,一个月之后,东方门业公司根据自身业务需求的发展,要求智达软件公司再为其在原有数据管理系统的基础上再开发若干新报表(由于报表极为复杂,用户极难通过自定义的方式做好),智达软件公司以已经完成合同为由拒绝执行新的报表开发义务,而东方门业公司则以"报表功能不完善"为由拒付智达软件公司软件开发费用,双方为此对簿公堂。

由于双方未对报表的数量、类型、规格等做具体的要求,即该项目在这项目标上没有明确的项目范围,因此该项目将是一个永无止境的项目。

6.2.1 项目范围的定义

项目范围即是为了交付具有一定特征和功能的产品或服务所应做的工作,简单地讲,就是项目要做什么,不做什么,如何才能实现项目的目标。

由此可见,项目范围的定义要以组成它的所有产品或服务的范围定义为基础。

一般来讲,产品范围的定义就是对产品要求的度量,项目范围的定义在一定程度上是产生项目计划的基础。因此两种范围的定义要紧密结合,以保证项目的工作结果能够最终交付一个或一系列满足特别要求的产品。

通常来说确定了项目范围的同时也就定义了项目的工作边界,明确了项目的目标和项目主要的可交付成果。无论是对新技术或是新产品的研发项目,还是对服务性的项目,恰当的范围定义对于项目的成功来讲都是十分关键的。因为,如果项目的范围定义不明确,或在实施的过程中不能有效控制,变更就会不可避免地出现,而变更的出现通常会破坏项目的节奏、进程,造成返工、延长项目工期、降低项目工作人员的生产效率和士气等,从而造成项目最后的成本大大超出预算的要求。

电子商务项目的范围确定就是为了确保项目的成功完成所做的工作,其核心是规划、界定和控制项目所包括的和没有包括的所有工作内容。

1)项目范围管理中的常见问题

(1)项目方案的设计问题

项目达到目标的总体策略、方式上存在的不合理性对项目范围的影响极大,这种不合理性一般不是项目可行与不可行的问题,而是项目实施效率高低的导因,是对达成项目目标和方案设计、决定项目范围合理与否的关键。

案例:阿里巴巴(www.alibaba.com)与亚马逊(www.amazon.com)的物流模式

阿里巴巴(www.alibaba.com)是中国最大的综合性电子商务公司,从创业之始为解决物流、交易安全等方面的问题做了大量的工作。阿里巴巴物流公司采用的是与众多第三方物流公司合作,建立起一个供需链生态圈。而国际上著名的亚马逊电子商务公司则采用自建物流的方式,在某种程度上约束了它的快速增长。

利用第三方渠道与自建渠道,两种模式共存于世,两种模式谁更合理,用户的认同度与业绩的增长速度将会作出正确的回答。

案例:"协和"客机最后的风姿

10月21日,一架英国航空公司的"协和"客机从伦敦希思罗机场起飞,飞往美国。英国航空公司的"协和"客机将在10月18日至24日的一周飞行后,结束其27年的服役生涯。世界上只有英国和法国的航空公司拥有研制于上世纪60年代末的"协和"客机。两家公司已于今年4月10日宣布"协和"客机将退出商业飞行。法国航空公司在今年5月31日宣布其11架"协和"式飞机全部退役。

10月23日,一架英国航空公司的"协和"客机从伦敦希思罗机场起飞。10月24日,英国航空公司著名的"协和"式超音速客机将结束其近30年的航空生涯。

"协和"式飞机为什么退出历史舞台？

1956年至1961年，英法两国就分别对超音速客机进行了研究，并各有一种设计方案，由于研制费用高，加上两国方案相近，于是两国决定联合试制。1962年11月达成合作协议，将飞机正式命名为"协和"，研制费用两国平摊，1969年3月2日，"协和"客机在图卢兹实现了首次试飞，1976年1月12日"协和"正式投入航线使用。但由于噪声问题和经济性差，最终也只有英航和法航将协和投入航线飞行。

"协和"的三大弱点：

第一，经济性差。由于耗油率过高，载客量偏小，成本高，"协和"号的票价非常昂贵，大多数乘客望而却步。

第二，航程短。"协和"号的航程仅为5 110千米，只能勉强飞越大西洋，这一航程无法发挥超音速飞机的优势。特别是在太平洋航线上，"协和"号难以发挥作用。

第三，噪声污染严重。"协和"式由于音爆水平高，所以被限制不得在大陆上空进行超音速飞行。噪声可以说是"协和"商业失败的关键性因素。

美国联邦航空局的第36条规定噪声标准使"协和"号不能在美国境内飞行。由于"协和"飞机在飞行和起降时，发动机噪声巨大，让乘客和机场附近居民难以忍受。因此，继美国之后，欧洲和亚洲一些国家从环保的角度考虑，也开始禁止"协和"客机超音速飞越其领空，各大航空公司纷纷终止了与英法签订的订货合同。最后只有英国和法国自己的航空公司买单。由于产品没有实现批量化生产，价格和维护费用更是昂贵。

"协和"客机记载了人类科技发展的脚步，同时也留给人们一些思考：美好的愿望、单纯的技术革新和突破并不一定能够为商业的成功带来保证，只有当技术发展到一个相对成熟的阶段，符合当时的市场条件，才能真正催生新的商机。人们期待着客机领域真正的超音速时代的到来。

可见，单从项目方案的经济性上来看，"协和"式飞机已经存在着成本高昂的缺陷，因此这个项目方案从一开始就有问题。

来源：新华社　2003-10-24

（2）项目范围蔓延问题

由于各种各样的原因，项目利益相关者会在项目实施过程中加入很多"细小的"计划外工作，项目范围就会像霉菌一样悄悄蔓延。项目管理者并不一定意识到其对项目的致命性破坏，直到有一天这些蔓延由量变引起质变彻底摧毁项目为止，正所谓"千里之堤，毁于蚁穴"。

项目范围蔓延产生的原因主要有两种：一种来自客户；另一种来自项目组自身。

客户在项目过程中，一般会提出一些小的、略增加一些工作量就能够实现的工作。这些工作虽然与项目成果无太大关系，但会使客户更愉快、更满意。然而，这些细小的变化积累起来就会形成项目工期的拖延、费用的超支，而到了那时不仅是项目发起人对项目不满意，客户同样会对项目不满意。客户不会因为对项目组在项目过程中所做的额外工作的满意而抵消对整个项目延期的不满。更有甚者，尽管项目的延期可能是由于客户带来项目范围的蔓延引的，但如果对这些范围蔓延不加以记录和确认，还可能会造成一些法律纠纷。

为了避免客户造成项目范围的蔓延，记住这一条原则是十分有用的："决不让步，除非交换。"变化是客户的权利，但任何项目范围的改变都需要通过商业谈判完成（尽管它可能不是正规的），必须在项目工期、费用或质量基准方面作出相应的、正规的变更。

来自项目组自身原因造成的项目范围蔓延同样值得注意，因为这种情况的发生是没人买单的，所造成的损失只能由项目组或其所在企业承担。

项目组自身造成的范围蔓延较隐蔽，它一般是由项目人员的技术心态造成的。技术人员从技术中获得的成就感促使他们自觉不自觉地按照自己的兴趣去生产一些没有必要的、不合理的、满足自身情感需要的产品。

因此，不仅清晰地定义项目的需求和目标十分重要，定义清楚项目的边界，即决定哪些活动不属于项目范围也同样重要。

案例：雕弓满月

古代有一名将军偶然得到了一块上好的木料，决定交给一位著名的工匠打造一张好弓。经过一个多月的时间，这位工匠就将这张弓做好了，试了一下力道，确实非常完美。这时，他忽然觉得这么好的弓没有纹饰太单调了，不配它的身价，于是又动手在弓上雕花。又经过一个多月的时间，工匠用了浅浮雕、深浮雕、镂空等技法，将弓身上的花纹雕得非常好看，山川林木、脱兔飞鹰，栩栩如生。

在八月十五这天夜里，工匠把这张雕弓郑重地送到了将军府上。将军一看非常高兴，边饮边叹："会满雕弓如满月，西北望，射天狼"，说罢就抄起雕弓，对着夜空拉动弓弦。就在雕弓呈现出完美的满月形时，突然"啪"的一声断为两截。断开的地方，正是雕弓上镂空技法用得最多的地方。

技术人员始终有种追求完美的心态，有时甚至不顾这种心态的反面作用，作为项目管理者要特别警惕。

2）项目范围的作用

项目的范围对项目管理来说可以产生如下具体作用：

（1）提高费用、时间和资源估算的准确性

项目的工作边界如果被定义清楚，项目的实际工作内容就具体明确了，同时也为项目实施过程中所需要花费的费用、时间、资源的估计打下了一定的基础。

（2）确定了进度测量和控制的基准

项目范围是项目计划的基础，如果项目范围确定了，就为项目进度计划和控制确定了基准。

（3）有助于清楚地分派责任

在项目范围确定的同时，也就确定了项目的具体工作任务，为进一步分派任务打下了基础。

6.2.2　项目范围确定的过程与方法

1）项目范围规划

范围规划是项目计划编制中重要的组成部分，实际上，进行项目范围规划就是确定项目的范围并编写项目范围说明书的过程。

项目范围规划以项目的所有相关利益者对项目的共同理解为基础，说明为什么要进行这个项目，形成项目的基本框架，这是将来项目决策的指导性文件，是监督和评价项目实施情况的背景文件。

在西方，人们常常提到 KISS 原则，就是在做事的时候保持简单，不要把本来简单的事情复杂化，不多做任何不必要的事情，但也不少做任何必要的事情。当然，必须首先搞清楚何为必要，何为不必要。项目管理也是这样，拿到一个项目，首先就要搞清楚完成项目任务必须进行哪些工作，其中哪些工作属于项目小组，哪些属于其他机构，在此基础上形成书面文件，以获得项目利益相关者的同意和认可。这实际上就是确定项目范围并编写项目范围说明书的过程。

（1）项目范围规划的输入和工具

范围规划是以启动过程的成果——产品描述、项目章程、各种约束条件和假定的最初定义为依据的。在进行范围规划时，可以使用多种不同的工具或技术，如产品分析、收益/成本分析、项目方案识别技术、专家评定等。

产品分析，是为了对项目产品有一个更好的理解，它包括使用诸如产品分解分析系统工程、价值工程、功能分析、质量函数等技术。

收益/成本分析,涉及对各种项目和产品方案可见或潜在的成本(费用)和收益(回报)的估算,然后用财务的测量尺度,如投资回报或投资回收期等,来评估确定方案的相对期望。

项目方案识别技术,可以包括一切用于选择方案的方法和技术。许多一般的管理技术常以此发挥作用,如头脑风暴法和横向思维等。

专家评定,即由具有专业知识或管理经验的个人或团体来进行评定。

(2)项目范围的输出

项目范围的输出包括范围说明书和范围管理计划,并带有详细依据。

①项目范围说明书。在进行项目范围确定前,一定要有范围说明书,因为范围说明书详细说明了为什么要进行这个项目,明确了项目的目标和主要的可交付成果。而且项目班子和任务委托者之间签订协议的基础,也是未来项目实施的基础。随着项目的不断地实施和进展,需要对范围说明进行修改和细化,以反映项目本身和外部环境的变化。在实际的项目实施中,不管是对于项目还是子项目,项目管理人员都要编写其各自的项目范围说明书。

在编写项目范围说明书时,必须走访客户,了解客户的需求以及任务委托者在项目结束时要求项目班子交出的成果。这种走访应当是深入和细致的,决不能作表面文章。通过与客户广泛而深入地沟通,划清工作界面,确定哪些是项目小组做的,哪些是任务委托者做的。项目范围说明书的主要内容应包括以下几个方面:

A.项目信息及合理性说明。提供项目名称、客户名称、项目经理以及项目发起人姓名等与项目相关的一般信息。同时,还要描述项目要满足的期望或要解决的问题,以及项目的背景等方面的内容,说明为什么要实施这个项目,即实施这个项目的目的是什么。项目的合理性说明为将来提供了评估各种利弊关系的基础。

B.项目目标。项目目标是项目所要达到的期望产品或服务,确定了项目目标,也就确定了成功实现项目所必须满足的某些标准。项目目标至少应包括费用、时间进度和技术性能或质量标准。

当项目成功完成时,必须向他人表明,项目事先设定的目标均已达到。如果项目目标不能够被量化,则可能承担很大的风险。

项目目标确定的同时还必须考虑包括一些阶段性目标(里程碑),阶段性目标描述项目某一阶段所要达到的期望,它至少应该包括该阶段的费用、时间进度和产品、服务或中间产品所要达到的技术性能或质量标准。项目阶段性目标作为项目阶段验收的依据,当整个项目足够简单的时候,项目阶段性目标可以省略。

C.项目可交付成果清单。陈述项目的交付结果以及完成项目的衡量指标,将项目要创造的产品或服务的要求和特征描述出来,形成文档。项目的可交付成果是项目的知名度成果,即项目的产品或服务。项目可交付成果有两类:一类是中间可交付成果是项目的以后阶段要全盘的可交付成果。另一类是最终可交付成果是项目竣工后要移交给客户的可交付成果。

如果可交付成果较难确定,可以通过下面的方法来确定:

方法一,浏览每个目标,然后确定每个目标的可交付成果。每个目标的可交付成果列表组合起来就是整个项目的可交付成果列表。

方法二,考虑可交付成果的类别。产品和服务是两个主要的类别,但各自又可进一步细分。

例如,产品可交付成果可以包括计算机软件、硬件、客户使用手册、培训、建筑、设计方案、项目进度以及报表。培训可交付成果可以包括培训手册、培训课程以及培训参与人员。报表可交付成果可以包括情况报告或者场地、设计方案的选择等。

服务可交付成果包括产品证书、专家意见、计算机维护等。

D.实施项目的方法。详细陈述项目是依靠内部自己完成,还是需要外部力量的帮助和介入,以及项目范围变更管理的方法。

E.项目的制约因素。即项目是否受到特别的限制来制约项目经理的各种选择。这些限制因素可能是由环境决定的,如地形、气候情况,可能是由政府机构、客户,也可能是设备、技术、资金、时间等。这些都要在项目一开始就摆到桌面上来,以便项目负责人有机会反复权衡并寻求可替换解决的办法。

F.项目的假设前提。指为了制订项目计划,对那些暂时无法确定或以后极有可能变化的因素作出某些假设。例如,在编制网站开发计划时,其中某些资料客户暂时未交付,于是项目小组假设一个日期,作为客户提交该资料的时间,这就是一种假设。显然,假设往往包含一定程度的风险。

G.项目的工作范围。确定项目需要完成的工作,包括相关的业务要求。

H.例外工作。确定不属于项目范围的工作,包括相关业务要求。

项目范围说明书因项目类型的不同而不同。规模大、内容复杂的项目,其范围说明书也可能会很长。政府项目通常会有一个被称为工作说明书的范围说明。工作说明书中不仅包括项目的范围说明,还包括项目实施工艺的工序说明。有的工作说明书可以长达几百页,特别是对产品进行详细说明的时候。总之,项目说明书应根据实际情况作适当的调整以满足不同的、具体的项目的需要。

②项目范围管理计划。项目范围的管理计划包括：

A.范围核实。依据范围说明书对项目完成情况进行比对的过程。

B.范围变更管理。应当清晰地描述如何对范围变更进行确定和分类，以及项目范围的变更是如何被集成到项目管理中的。

C.范围管理计划的稳定性评估与预测。如可能发生范围变更的原因、变更的频率和变更量等。

基于项目实际情况的需要，范围管理计划可以是正式的，也可以是非正式的，可详可简，它是项目计划的一个要素。

③详细依据。项目团队应将范围说明的详细依据及时、有序地进行组织并形成文档，以便其他项目在管理过程中使用。详细依据应当包括所有确定的假定和约束条件的文档。详细依据的数量是随应用领域的不同而变化的。

2) 项目范围定义

项目范围定义又称为项目范围界定。其目的是通过细分项目管理，对项目进行分解，便于明确具体分工，合理调配和使用资源，保证工期。细分的方法通常采用工作分解结构（WBS）。

恰当的范围定义对项目成功来说是十分关键的。当范围定义不明确时，就会不可避免地出现变更，并破坏项目的节奏，进而造成返工，或延长项目工期、降低项目团队成员的士气和工作效率等一系列恶劣的影响，从而造成项目最后的成本大大超出预算。

3) 工作分解结构 WBS

项目范围说明书明确了为交付客户所要求的产品和服务，项目组必须完成的任务。在项目范围说明书里界定的这些任务往往比较粗。为此，还需要将任务作进一步细分，以便确定具体应该做什么，如何做，才能移交项目的交付成果，这便要用到一种分解技术。

分解技术就是为了管理和控制的方便，对项目进行细分和再细分的过程。在项目管理过程中，把项目一下子分解到最细致和最具体的工作是困难的甚至是不可能的，也是不可取的，应该分层次进行分解，每深入一层详细程度会更具体一些。一般需要从项目产品开始分解，把产品分解到一个个中间产品或子产品，即为产品分解结构（PWS）。然后再确定需要做哪些工作才能够实现这些中间产品，即为项目的工作分解结构（WBS）。

项目的工作分解结构就是把项目整体分解成较小的、易于管理和控制的若干子项目或工作单元的过程，直到可交付成果定义得足够详细，足以支持项目将来的活动，如资源需求计划、工期估计、成本估计、人员安排、跟踪控制等。通过工作分解，更加详细和具体地确定了项目的全部范围，也标示了项目管理活动的努力方向。

工作分解结构(Work Breakdown Structure, WBS)，是进行项目范围定义时所使用的重要工具和技术之一，是面向可交付成果的对项目元素的分组，它组织并定义了整个项目范围，未列入工作分解结构的工作将被排除在项目范围之外。它是项目团队在项目期间要完成或生产出最终细目的等级树，所有这些细目的完成或产出构成了整个项目的工作范围。进行工作分解是非常重要的工作，它给予人们解决复杂问题的清晰思路——解剖麻雀，然后各个击破。就像给你一个大西瓜，如果不借助刀把它切开，你会感到无从下口。只有西瓜被切成小块后，问题才会迎刃而解。工作分解在很大程度上决定了项目是否成功。如果项目工作分解得不好，在实施过程中难免要进行修改，可能会打乱项目的进程，造成返工、延误工期、增加费用等。

（1）为什么要进行工作分解

①把项目要做的所有工作都清楚地展示出来，不至于漏掉任何重要的事情。

②使用项目执行者明确具体的任务及其关联关系，做到胸有成竹。

③容易对每项分解出的活动估计所需时间、所需成本，便于制订完善的项目计划。

④通过项目分解，可以确定完成项目所需要的技术、人力及其他资源。

⑤有利于界定职责和权限，便于各方面的沟通。

⑥使项目团队成员更清楚地理解任务的性质及其努力的方向。

⑦便于跟踪、控制和反馈。

（2）WBS 层次划分

从根本上来说，WBS 是将项目工作分解为越来越小的、更易于管理和控制的单元系统。

为了能够很好地划分与管理项目，项目工作分解有不同的层次，从最高一层到最低一层分别有不同的叫法，如图 6.2 所示。

层次	分层分解	描述	电子商务项目对应的软件工程步骤
1	项目群	产品或服务包含的工作总和	项目规划 / 可行性研究 / 需求分析与需求规格说明 / 概要设计 / 详细设计 / 程序编码与软件测试 / 系统实施
2	项目	主要可交付成果	
3	任务	可交付子成果	
4	活动	最底层的可交付子成果	
5	工作包	可识别的工作活动	
6	工作单元	执行工作包的具体动作	

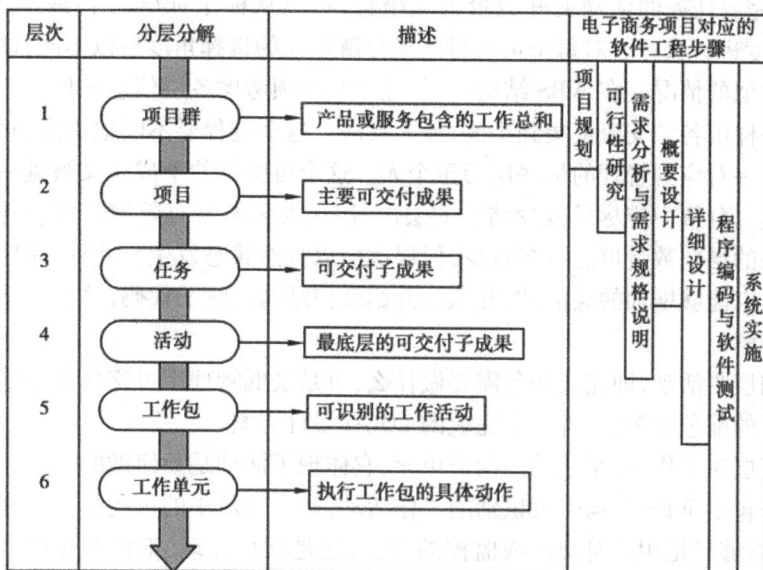

图 6.2 工作分解结构的分层分解

第一层叫作项目群,或者叫大项目,即完成大项目包含的工作的总和。一个项目群是由多个项目构成的复杂工程。例如承建一个大型的电子商务购物网站及其所有配套物流软硬件系统,它包含了网站建设、物流设备购置、服务器网络设备搭建等多个项目。

第二层叫作项目,标明项目主要的可交付成果,但不是全部成果。主要成果应包括里程碑,里程碑是划分项目阶段的标志,表示了项目进程中从一个阶段进入另一个阶段,工作内容将发生变化。主要成果还可以有对项目进程具有较大影响的其他可交付成果。这一层的主要可交付成果的选择因项目工作范围特点的不同而不同,还可以从项目的功能构成和组成部分相对独立性的角度选择。选择这一层面的可交付成果的原则是便于进行管理。

网站建设本身就是一个项目,有自己的项目经理与项目小组,可以是软件公司自己来做,也可以转包给其他公司。

第三层叫作任务,它是完成项目必须进行的工作,可交付子成果。比如相关的LOGO设计、网站色彩与布局、图片创意等网页美工设计,就是网站建设中的一项任务。

制订的原则同上一层类似,根据完成成果的活动构成的特点,比如以时间为横坐标,以完成任务的活动展开数量为纵坐标,可以从横坐标(时间)或纵坐标(活动)的角度进行选择。对每个可交付成果分解单元的选择角度可以不同,以下分层也具有类似的情况。在 WBS 结构的每一层中,必须考虑各层信息如何像一条江河的流水一样由各条支流汇集到干流,流入大海。这个过程要不断地重复,直到可交付的子成果对应到管理的最底层乃至个人。这个可交付的子成果又被进一步分解为工作包。分解中应尽量减少结构的层次,层次太多不易有效地管理。各主要可交付成果的层次数量可能有多有少,但层次应以自然状态发生。此外,还应考虑到使结构具有能够增加的灵活性,并从一开始就使结构被赋予代码,这样对于用户来说易于理解。

第四层叫活动,即完成任务需要做什么,也是最低管理层可交付的子成果。如一个网站的配色方案,或者一个完成的 LOGO 设计方案。

第五层叫工作包,是活动的构成单元,它体现了活动是如何做的。

工作包是 WBS 结构中可识别的工作活动,是项目最小的可控单元。在这一层次上,应能够满足用户对交流或监控的需要,这是项目经理、工程和建设人员管理项目所要求的最低层次。工作包是短期任务,可能包含不同的工作各类,有明确的起点和终点,消耗一定的资源并占用一定的成本。每个工作包都是一个控制点,工作包的管理者有责任关注这个工作包,按照技术说明的要求在预算内被按期完成。工作包除了要包含短期任务的名称外,最好还要包括预定的起止日期、任务持续时间、人工量估算、可交付成果、完工衡量标准等内容。

第六层叫工作单元,是执行工作包的具体动作或努力方向。在一般的 WBS 中,不需要分解到工作单元这一层。

(3)WBS 层次划分的步骤与注意事项

①WBS 层次划分步骤。具体分解过程中,遵循下面的 5 个步骤,对于建立正确的 WBS 将非常有帮助。

A.先问:需要干什么? 如果是需要打扫房间,这就是要做的项目。

B.再问:打扫房间需要做什么? 需要清扫地板、收拾家具、擦窗户、清理垃圾。这些都是打扫房间这个项目需要完成的主要任务。注意,从这里就要开始检查不要漏掉了某些任务。如果打扫房间还必须将损坏的家具修理好,别忘了将修理家具加到任务中。

C.接着问:每项任务如何做? 用墩布擦地板、用清洁剂清洁家具、用肥皂水清洗窗户,这些是完成任务的活动。

D.然后问:怎样才能完成这些活动? 用墩布擦地板时需要取墩布、湿润墩布、擦地板、洗墩布等一系列的子活动,它们实际上就是用墩布擦地板这项活动的工作包。

E.最后问:这样分解是否正确和完整? 有没有遗漏的任务? 每项任务是否可以很容易地分配责任和角色? 每项任务需要的资源是否很容易确定? 每项任务的工期是否很容易估计? 每期任务完成的衡量标准是否十分清楚? 如果答案否定的,就需要进一步地修改和分解。

像打扫房间这样的简单项目,分解到 3~4 层就足够了,如果是复杂的项目,可能需要进行更详细的分解。

②WBS 层次划分注意事项。

A.分解出的工作包应是一项项的行动,而不能用名词来表达。

B.不要把工作分解结构变成物品清单,这是很多人在使用工作分解结构时的误区。

例如,在网站美工设计的任务下有:LOGO、FLASH、颜色等,实际就成了一个名词库,这样来定义活动并不合适。实际上,对于这些活动应当用一个"动宾结构"的短语来描述。如,绘制 LOGO、制作 FLASH、选配颜色。

C.不要考虑活动之间的先后顺序,工作分解结构的目的是清楚地界定实现项目目标所要执行的具体活动,并不关心究竟先做哪个,后做哪个。活动之间的先后顺序需要等到确定关键路径时再考虑,这样有助于尽早确定具体工作内容。

③工作分解的约束条件。

A.分解后的每项工作应该是可管理的,可定量检查和可分配任务的;

B.表示出各工作任务之间的联系,不表示各项工作之间的顺序关系;

C.包含分承包商的活动和各种管理活动。

④WBS 工作分解原则。现在许多组织仍然只有项目层次上对项目进行跟踪,也就意味着项目的工作人员跟踪的只是项目完成所需要的时间,而不是项目的具体任务。该方法的问题在于,尽管我们了解项目的所有实际情况,但是没有历史任务度量体系,对以后项目的具体任务进行估算就困难得多。

案例:软件项目延期怎么办?

中源公司是一家专门从事系统集成和应用软件开发的公司,公司目前有员工 50 多人,公司有销售部、软件开发部、系统网络部等业务部门,其中销售部主要负责进行公司服务和产品的销售工作,他们会将公司现有的产品推销给客户,同时也会根据客户的具体需要,承接应用软件的研发项目,然后将此项目移交给软件开发部,进行软件的研发工作。软件开发部共有开发人员有 18 人,主要是进行软件产品的研发,以及客户应用软件的开发。

经过近半年的跟踪,第二年元旦,销售部门与某银行签订了一个银行前置机的软件系统的项目,合同规定,5月1日之前系统必须完成,并且进行试运行。在合同鉴定后,销售部门将此合同移交给了软件开发部,进行项目的实施。

王伟被指定为这个项目的项目经理,王伟做过5年的金融系统的应用软件研发工作,有较丰富的经验,可以做系统分析员和系统设计,但作为项目经理还是第一次。此外,项目组还有另外4名成员,1名系统分析员(含项目经理),2名有1年工作经验的程序员,1名技术专家(不太熟悉业务)。项目组的成员均全程参加项目。

在被指定负责这个项目后,王伟制订了项目的进度计划,简单描述如下为:

1月10日—2月1日需求分析;

2月1日—2月25日系统设计,包括概要设计和详细设计;

2月26日—4月1日编码;

4月2日—4月30日系统测试;

5月1日试运行。

但在2月17日王伟检查工作时发现详细设计刚刚开始,2月25日肯定完不成系统设计,您建议王伟应该如何做?他在项目的管理中有问题吗?

这个案例具有一定的综合性,首先在系统设计方面的WBS过粗,其次每项时间的估算或中途监控都有问题,缺乏详细的里程碑、开始时间、持续时间、结束时间、人工量估算等,这些都是在WBS定义和项目时间计划管理中没有足够细化造成的。如果要在现在的基础上完成计划,可以与客户商量延期,同时从现在开始重新制定新的WBS,并划分更细、估计更充分、加强监控,这样尚有补救项目的可能。

如果计划改变项目时间的跟踪方法,那么要确保项目人员理解这样做的原因。因为对某些人来说,时间跟踪是一个非常敏感的问题。因此,在进行WBS工作单元的划分时要充分考虑到这一点。

时间跟踪的另一个方法是在可交付成果的层次上进行跟踪。如果是应用于某采购软件系统的阶段跟踪方法,那么项目人员要注意的是他们在进行设计、编码还是测试,而不是跟踪他们在设计、编码或测试什么。如果是应用于网站建设,那么项目人员要跟踪的是他们在进行网页美工设计、代码编写还是网站系统集成测试,而不是跟踪他们在进行什么样的设计、编写什么样的代码或是测试什么样的内容。

如果想收集度量体系(指用多少时间从事什么任务合适),以便于以后的估算,那么最好的方法就是对项目进行时间跟踪直至跟踪到任务层次。为了更准确地度量分解时间,可以通过合适的分解原则来保障。

因为 WBS 是用来估算和跟踪项目进度的,所以在确定是否已把汇总型任务分解为适当的细节型任务时,需要考虑以下几个方面的问题:

A.明确知道任务的起止时间以及项目的人工量。

如果一个人在执行任务时无法说出该任务的开始时间以及任务的进度如何,那么说明该项任务的规模太大或者划分得过于具体。

B.细节型任务应该落实到某个人或某项职责上来。

例如,可以把软件或建筑性项目的一项任务分配给多个程序员或多个木匠,只要每个人都明确任务的起始时间和持续时间即可。不过,WBS 中的任务不能要求程序员或木匠在执行同一任务时进行不同的作业。类似这样的任务应该进一步分解为程序员的作业或木匠的作业,以便于他们明确各自的任务。

C.细节型任务的人工量应该合适。

某些项目经理可能认为每项任务应该有至少多少小时的工作量,但与此相比,更为重要的准则是每项任务是否有确切的开始日期/时间、结束日期/时间,以及确切的持续时间。

D.不要使项目成员因任务庞大而不知所措。

根据相关的约束条件和原则,将较大的任务分解成合适的细节型任务。

总之,不要期望一次就能创建出完整的 WBS。如同项目其他部分的制订过程一样,WBS 的创建过程是一个反复性的过程。在估算和安排项目的进度时,可能会发现以前遗漏的任务。尽管实施项目前最好有一个确切的 WBS,但在项目的实施中才发现遗漏任务也是很平常的。

E.一项汇总型任务不能只包含一项细节型任务,至少需要分解出两项细节型任务、要不就删除此项汇总型任务。

F.当某项汇总型任务下的所有细节型任务全部完成时,必须确保其汇总型任务也得以完成,否则就需要增加额外的细节型任务。

(4)WBS 编码设计

项目工作分解结构有两种比较通用的形式:一种是类似于组织机构图的图形方式,只不过方框中的内容表示活动,而非人名或职务;第二种是任务清单式的直线排列方式,从上往下排列,上面一层是大任务,下面一层是完成大任务的具体活动以及更详细的工作内容,如图 6.3 所示。

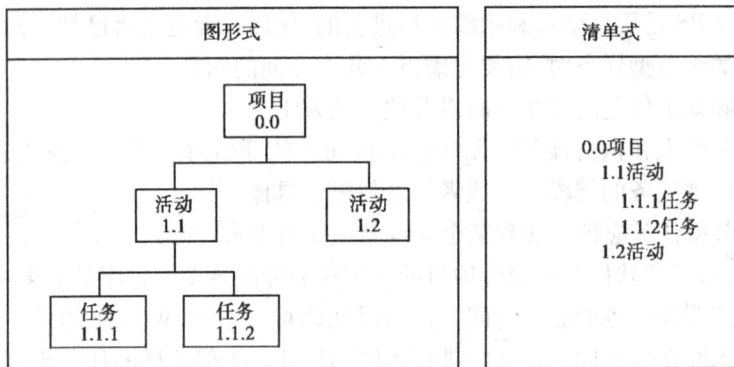

图 6.3　工作分解结构的表达形式

工作分解结构中的每一项工作包都要编上号码,用来唯一确定每一个单元,这些号码的全体叫作编码系统。编码系统同项目工作分解结构本身一样重要,在项目规划和以后的各个阶段,项目各基本单元的查找、变更、费用计算、时间安排、资源安排、质量要求等各个方面都要参照这个编码系统。若编码系统不完整或编排得不合适,会引起很多麻烦。

利用编码技术对 WBS 进行信息交换,可以简化 WBS 的信息交流过程。编码设计与结构设计是有对应关系的。结构的每一层次代表编码的某一位数,有一个分配给它的特定的代码数字。在最高层次,项目可以不需要代码;在第二层次,如果要管理的关键活动小于 9(假设用数字编码),则编码是一个典型的 1 位数编码,如用字母,那么这一层上就可能有 26 个关键活动,如果用字母加数字,那么这一层上就可能有 35 个关键活动;下一层次代表上述每一个关键活动所包含的主要任务,这个层次如果是一个两位数编码,其灵活性范围在 99 以内,或者如果再加上字母,则大于 99,以此类推。

WBS 编码也可以由 4 位数来组成(如图 6.4),第 1 位数表示处于 0 级的整个项目;第 2 位数表示处于第 1 级的子工作单元(或任务、活动、工作包)的编码;第 3 位数是处于第 2 级具体工作单元的编码;第 4 位数是处于第 3 级的更细更具体的工作单元的编码。编码的每一位数字,由左到右表示不同的级别,即第 1 位代表 0 级,第 2 位代表 1 级,依此类推。

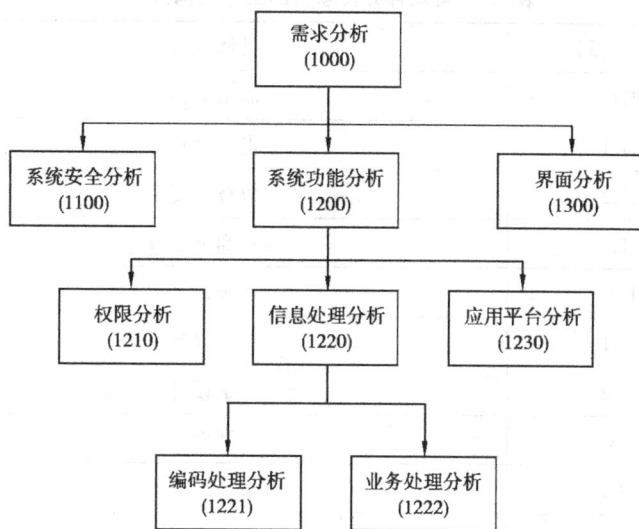

图 6.4　需求分析的编码结构

　　在 WBS 编码中,任何等级的工作单元,是其余全部次一级工作单元的总和。如第 2 个数字代表子工作单元(或任务、活动、工作包),也就是把原项目分解为更小的部分。于是,整个项目就是子项目的总和。所有子项目的编码的第 1 位数字相同,而代表子项目的数字不同,紧接着后面两位数字是零,再下一级工作单元的编码,依此类推。

　　在制订 WBS 编码时,责任与预算也可以用同编码数字一起制订出来。就职责来说,第 1 位数字代表责任最大者——项目经理;第 2 位数字代表各子项目的负责人;第 3 和第 4 位数字则分别代表第 2 级、第 3 级工作单元的相应负责人。对于预算也有着同样的关系。

　　编码设计对于作为项目控制系统应用手段的 WBS 来说是个关键。不管用户是高级管理人员还是其他职员,编码对于所有人来说都应当有共同的意义。在进行编码设计时,必须仔细考虑收集到的信息和收集信息所用到的方法,使信息能够自然地通过 WBS 编码进入应用记录系统。

　　除了使用树状结构图外,经常使用的还有 WBS 分层和编码设计表(如表6.1)。编码中如果需要灵活处理每一层级的编码位数,不妨直接在各层编码中加入圆点符号来间隔,这样更为直观。

表 6.1　某软件开发项目的工作结构分解

WBS 编码	具体任务
1.1	需求分析
1.1.1	走访客户
1.1.2	分析技术要求
1.1.3	分析商务条件
1.2	系统设计
1.2.1	概要设计
1.2.2	详细设计
1.3	开发
1.3.1	登录系统开发
1.3.2	系统配置开发
1.3.3	信息录入模块开发
1.3.4	信息处理模块开发
1.3.5	信息打印输出模块开发
1.3.6	数据传输模块开发
1.4	文档编写
1.4.1	用户手册编写
1.4.2	培训教材编写
1.5	测试
1.5.1	单元模块测试
1.5.2	集成测试
1.5.3	综合测试
1.6	验收
1.6.1	用户培训
1.6.2	售后支持

（5）WBS 词典

对于项目,特别是较大的项目来说,编写一个项目工作分解结构词典更能包含详细的工作包描述以及计划编制信息,如进度计划、成本预算和人员安排,以便在需要时随时查阅,这种工作通常被叫作编制工作分解结构词典(WBS dictionary)。

简单地讲,工作分解结构词典是一套工作分解结构(WBS)的单元说明书和手册,通常包括:项目的 WBS 单元编码体系说明;按照顺序列出的单元的标识;定义目标;说明单元计划发生的费用和完成的工作量;摘要叙述要完成的工作以及该单元与其他单元的关系,如表 6.2 所示。

表 6.2　WBS 词典

A.项目信息			
提供关于项目名称、客户名称、项目经理以及项目发起人姓名等一般信息			
项目名称	汽车发动机研发	客户名称	昌都集团
项目经理	张成	计划起草人	林启明
项目发起人	刘志	日期	2009 年 12 月 5 日

B.工作分解结构词典					
描述工作分解结构的活动名称,每个活动的历时估计、成本估计,每个活动的前导活动以及责任人等方面的信息。					
WBS 编码	活动名称	历时估计	成本估计	前导活动	责任人
111	获取项目授权书	1	1 200		李伟
1121	成立项目小组	2	2 400	111	李伟
1122	确定项目目标	1	1 200	1121	李伟
1123	编制项目计划书	10	12 000	1122	李伟
1124	评审项目计划书	2	2 400	1122,1123	李伟
113	报批项目计划书	1	1 200	1124	李伟
1211	走访客户	1	1 200		李伟
1212	确认需求	2	2 400	1211	李伟
1221	设计形状参数	30	24 000	1124,1212	王琳
1222	设计功能特征	20	16 000	1221	王琳
1231	设计工装模具	30	24 000	1222	赵明
1232	设计工艺流程	30	24 000	1231	赵明
124	评审设计方案	2	2 400	122,123	李伟

续表

WBS 编码	活动名称	历时估计	成本估计	前导活动	责任人
125	认可设计方案	2	2 400	124	李伟
1311	采购零件	30	30 800	125	孙浩
1312	采购工装模具	20	21 600	1311	孙浩
1313	采购测试设备	20	51 600	1312	孙浩
1321	制订作业指导书	5	4 000	1313	吴倩
1322	制订质量要求	5	4 000	1322	吴倩
1323	组装样件	10	6 400	1321,1322	吴倩
1411	确定测试标准	3	2 400	1241,1323	张勇
1412	准备测试文件	5	4 000	1411	张勇
1413	确定测试现场	1	1 200	1412	李伟
142	进行产品测试	8	6 400	1323,1413	张勇
143	认可测试结果	3	2 400	142	王琳
144	提交样件	5	6 000	143	李伟
145	认可样件	2	2 400	144	李伟
151	项目移交评审	5	6 000	145	李伟
152	合同收尾	3	3 600	151	李伟
153	行政收尾	5	6 000	152	李伟

(6)组织分解结构(OBS)责任图

组织分解结构是项目组织结构图的一种特殊形式,描述负责每个项目活动的具体组织单元,WBS 是实现组织结构分解的依据。对于项目最底层的工作通常都要非常具体,而且要完整无缺地分配给项目内外的不同个人或是组织,以便明确各个工作块之间的界面,并保证各工作块的负责人都能够明确自己的具体任务、努力的目标和所承担的责任。同时,工作如果划分得具体,也便于项目管理人员对项目的执行情况进行监督和业绩考核。

实际上,进行逐层分解项目或其主要的可交付成果的过程,也就是给项目的组织人员分派各自角色和任务的过程。工作分解结构一旦完成,就必须用工作分解结构来落实分配责任人,这就构成了责任图,或者称为责任矩阵,如图 6.5 所示。

任务名称	项目经理	系统组	开发组	测试组	商务组	实施组	质量与配置组	客户
11 项目启动及策划	★							
111 组建项目团队	▲	○	○		○	○	○	
112 编制项目计划	▲	○	○	○	○	○	○	○
113 项目计划评审	▲							
12 项目需求分析	★							
121 需求调研		▲	○		○		○	
122 用户需求说明		▲	○		○		○	
123 需求说明评审		▲	○	○	○		○	
124 需求分析		▲	○		○			
125 需求规格说明及评审		▲	○		○	○	○	
126 界面原型		○	▲			○		
13 系统实现	★							
131 系统架构设计		▲	○			○	○	
132 系统开发		○	▲	○		○	○	
133 系统测试		○	○	▲		○	○	
134 验收测试		○	○	▲		○	○	
14 系统运行	★							
141 系统试运行	▲				○	○	○	○
142 系统培训	▲					○	○	
143 系统交付	▲					○	○	
144 系统验收					▲	○	○	
15 项目监控及管理	★							
151 里程碑评审	★	○	○	▲	○	○	○	
152 风险变更	▲	○	○	○	○	○	○	
153 项目沟通机制	▲	○	○	○	○	○	○	
154 商务收尾	○				▲			○
155 项目收尾	▲	○	○	○	○	○	○	▲

注:▲负责;○参与;★批准。

图 6.5　责任矩阵

责任图将所分解的工作落实到有关部门或个人,并明确表示出各有关部门或个人对组织工作的关系、责任、地位等。同时,责任图还能够系统地阐述项目组织内与组织之间、个人与个人之间的相互关系,以及组织或个人在整个系统中的地位和职责,由此组织或个人就能够充分认识到在与他人配合当中应承担的责任,从而能够充分、全面地认识到自己的全部责任。总之,责任图是以表格的形式表示完成工作分解结构中工作单元的个人责任的方法。

用来表示工作任务参与性的符号有多种形式,如数字、字母、几何图形等,用字母通常有 8 种角色和责任代码:

X:执行工作;

D:单独或决定性决策;

P:部分或参与决策;

S:控制进度;

T:需要培训工作;

C:必须咨询;

I:必须通报;

A:可以提议。

在制作责任图的过程中应结合实际需要来确定。责任图有助于人们了解自己的职责,使自己对自己在整个项目组织中的地位有一个全面的了解。因此,责任图是一个非常有用的工具。

6.3　电子商务项目的时间计划

电子商务项目的时间计划,是电子商务项目按时完工所进行的一系列时间计划管理过程。任何项目都需要在一定的时间和预算内完成一定的工作范围,并让客户满意。因此项目的重要特征之一是具有具体的时间期限。为了使项目能够按时完成,在项目开始之前制订一份项目活动的进度计划是非常有必要的,这里的进度计划就是使项目的每项活动的开始及结束时间具体化的计划,如果没有这样的计划,将会增加项目不能按时在预算内完成全部工作范围的风险。

案例:土耳其总统特格特·欧塞尔墓地的建造

土耳其已逝总统特格特·欧塞尔是一个真正的民主主义者,在 1990 年至 1991 年的海湾战争中,他是第一个响应联合国对伊拉克实施制裁的国家领导人,而他经常在 CNN 上发表关于中东局势和国际间需要协作和友谊的演讲。

1993 年,特格特·欧塞尔总统不幸逝世,土耳其需要在几天内建造一个符合宗教信仰、高质量的总统墓地,而且这个墓地要能容纳成千上万的人来这里谒陵,雅皮·莫克西被任命组建一个项目组来负责这个项目。

当雅皮·莫克西组建好项目组并设定计划时,该项目完成时间只剩下了 78.5 小时。为了能够在规定的时间内完成项目,项目组制订了一个进度计划,该进度计划由 27 项活动组成,其中主要活动包括原材料准备、地点勘定、地基挖掘、混凝土浇筑、大理石装饰安装、照明设备安装、花坛安置和最后的卫生清扫工作,每项活动只有严格地在规定时间内完成,整个项目才能按期完工。

这个项目最后是严格地按照已制订的进度计划进行的。15 000 平方米的墓地包括一个底层的平台、阶梯和一个上层平台,由 20 名工程师和 40 名建筑工人日夜不停地施工建成。

显然,在时间、质量和成本三者中,时间是该项目的首要目标,基准是质量,然后才是成本。对于该项目,如果不制订一个合理的进度计划,不能采取措施确保项目活动严格按照进度计划执行,该项目就难以实现目标。由此可见,项目时间计划管理对实现项目的目标具有重要的作用。

6.3.1　电子商务项目时间计划的定义

项目时间计划管理就是要采用一定的方法对项目范围所包括的活动及其之间的相互关系进行分析,对各项活动所需要的时间进行估计,并在项目的时间期限内合理地安排和控制活动开始和结束的时间。显然,这对保证项目按时间期限在预算内完成项目的全部工作范围具有重要作用。

项目时间计划管理在理论上可以概括为几个主要过程:

1) 活动定义(Activity Definition)

确定为完成各种项目可交付成果所必需进行的各项具体活动。

2) 活动排序(Activity Sequencing)

确定各活动之间的依赖关系,并形成文档。

3) 活动持续时间估算(Activity Duration Estimating)

估算完成单项活动所需要的时间长度。

4）进度计划制订（Schedule Development）：

在分析活动顺序、活动持续时间和资源需求的基础上编制项目进度计划。

项目时间管理的几个主要过程在实际项目管理中表现出相互交叉和重叠的关系，很难截然将其分开，在某些小型项目中，项目的一些管理过程甚至可以合并在一起视为一个阶段。

6.3.2　电子商务项目时间计划的过程与方法

1）活动定义

要完成一个项目，并实现项目的目标，应事先确定实施项目所需要开展的活动，拟出一份包括所有活动的清单无疑是必要的。活动定义就是为了完成这项工作。具体来说，活动定义就是对工作分解结构中规定的可交付成果或半成品的产生所必须进行的具体活动进行定义，并形成文档的过程。简单地说，活动定义就是需要消耗一定时间的一项明确的工作，但不一定消耗人力（例如酿酒过程中的自然发酵过程）。

活动定义的主要依据是项目目标、项目范围的界定和项目工作的分解结构，另外还需要参考各种历史的信息与数据，考虑项目的各种约束条件和假设的前提条件。活动定义的结果是项目的活动清单，以及有关项目活动清单的支持细节等。

（1）活动定义的工具和技术

活动定义的一个主要成果是项目活动清单。对一些小型项目来说，得到一份完整的项目活动清单可能相对要容易些，一般通过项目团队成员采用"头脑风暴法"进行集思广益就可以生成项目活动清单。不过，对于较大型的复杂项目，比如较大型的网站系统，仅仅这样可能难以获得符合要求的项目活动清单，这种情况下需要采用一些活动定义的工具和技术。

①活动分解技术。活动分解技术是在项目工作分解结构的基础上，将项目工作按一定的层次结构逐步分解为更小的、更具体的和更容易控制的许多具体的项目活动，从而找出完成项目所需的所有活动的技术。

活动分解技术类似于工作分解技术。具体来说，工作分解技术是将项目分解为有内在联系的若干工作包的技术，这里工作包是实现项目目标所要完成的相关工作活动的集合。而活动分解技术则是在工作分解结构的基础上，将实现工作包的具体活动——分解的技术。

表6.3是一个公司网站的工作分解结构，该工作分解结构中任何一个分支的

最底层部分都是工作包,例如,数据录入、走访客户、设计布线。为了使项目目标得以实现,需要确定每个工作包中所有的详细活动,这一工作可以由每个工作包的责任人或责任小组来界定。例如,对于工作包中的"设计网页构图与布局"可以明确出这些详细的活动:查询资料、确定风格、色彩选择、基本构图、内容布局、讨论会审、修订构图等。

表 6.3　一个公司网站的 WBS 计划

编　码	具体任务	责任人
0.0	公司网站建设项目	刘　成
1.1	准备硬件设备	周靖生
1.1.1	设计硬件	周靖生
1.1.1.1	设计机房	周靖生
1.1.1.2	设计布线	张成波
1.1.1.3	设计网络	刘　涛
1.1.2	采购硬件	王　亮
1.1.2.1	进行机房装修分包	赵　伟
1.1.2.2	进行布线分包	赵　伟
1.1.2.3	执行采购	王　亮
1.1.3	安装	刘　涛
1.1.3.1	安装专线	林月轩
1.1.3.2	系统集成	林月轩
1.2	准备应用软件	陈德旺
1.2.1	确定需求	陈德旺
1.2.1.1	走访客户	陈德旺
1.2.1.2	准备报告	陈德旺
1.2.2	开发软件	卓凯歌
1.2.2.1	设计数据库	刘志成

续表

编　码	具体任务	责任人
1.2.2.2	设计网页构图与布局	赵　波
1.2.2.3	进行网页编程	张德一
1.2.2.4	编写用户手册	肖傅明
1.2.3	测试	孙聚贤
1.2.3.1	制订测试计划	孙聚贤
1.2.3.2	执行测试任务	蒋　壮
1.2.3.3	验收测试结果	孙聚贤
1.3	培训人员	吴天峰
1.3.1	设计培训课程	吴天峰
1.3.2	安排培训教室	黄卫国
1.3.3	执行培训教学	吴天峰
1.4	系统运行维护	关　山
1.4.1	安装软件	卓凯歌
1.4.2	数据录入	黄卫国
1.4.3	技术支持	张德一

②模板法。已完成的类似项目的活动清单或其中的一部分往往可以作为一个新项目活动清单的模板,通过对模板中包含的活动进行增减或修改就可以得到新项目的活动清单。

(2)活动定义的输出

活动清单是活动定义最主要的输出结果。就活动清单的内容而言,它必须包括项目所需要进行的所有活动,但不能包括任何不属于本项目的活动。活动清单与工作分解结构的关系表现为活动清单是对工作分解结构的细化和扩展,活动清单列出的是比工作分解结构更为详细和具体的项目活动。

详细的依据是项目定义输出的另一项结果,包括所有的假定和所识别的各种约束条件,其数量随着应用领域的不同而有所变化。活动清单的依据都必须整理成文档材料,以便于在项目管理中能够很方便地使用。

在利用工作分解结构识别项目需要进行活动时,项目管理人员可能会发现原有工作分解结构有遗漏、错误或不妥的地方,这时需要对原有工作分解结构进行修订和更新,因此更新的工作分解结构是活动定义的一个可能的输出结果。

2) 活动排序

活动定义以活动清单的形式给出了完成项目所必需的各项活动,这些活动在实际的执行中必须按一定的顺序进行,其中一个原因是一些活动的执行必须在某些活动完成之后才能进行,因此,接下来需要进行活动的排序工作。

活动排序就是对活动清单中各项活动的相互关系进行识别,并据此对各项活动的先后顺序进行安排和确定。由此可见,活动排序首先必须识别出各项活动之间的先后依赖关系,这种先后依赖关系有的是活动之间本身存在的、无法改变的逻辑关系,有的则是根据需要人为确定的。一般来说,活动排序对活动之间依赖关系的确定,首先应分析确定工作之间本身存在的逻辑关系,在逻辑关系的基础上再确定各活动之间的人为关系。

工作排序主要考虑的问题是:

每项工作开始之前,哪些工作必须结束?

哪些工作可以同时进行?

哪些工作只有在该工作完成后才能开始?

活动排序主要由活动清单、产品描述、活动之间的逻辑关系、项目约束条件与假设条件、里程碑确定。通过前导图法、箭线图法、条件图法、网络模板等方法来确定。

(1) 活动排序依赖条件

① 活动清单。活动清单是活动定义的主要输出,同时也是活动排序的主要输入,而且是活动排序的基础。

② 产品描述。项目产品是活动的成果。项目产品描述是有关项目将要创造的产品或服务特性的文档。产品的特性将会直接影响项目活动的顺序,通过对项目产品特性的分析可以帮助确定项目活动的顺序,因此在活动排序中需要输入产品描述。

③ 活动之间的逻辑关系。在安排活动顺序时,要明确各活动之间的逻辑关系。逻辑关系有 3 种:

A. 强制性依赖关系。指活动性质中固有的依赖关系,常常是某些客观限制条件。例如:网页编程工作需要在网页风格、网页布局等工作完成之后进行;软件安装必须在电脑硬件已经安装就位的前提下才能进行;电子商务软件开发前必须进行总体设计和详细设计,然后才能进入代码编写、测试等阶段。

B.可灵活处理的关系。可由项目班子根据具体情况安排的关系。由于这类关系可能会限制以后各活动的顺序安排,所以在使用时要特别当心。具体来说,通常可以细分出两种做法:

第一种是软逻辑关系。按已知"最好做法"来安排的关系。按这种关系,只要不影响项目的总进度,活动之间的先后顺序可按习惯或项目班子喜欢的方式安排。比如网页设计与网线布局设计,这两者之间没有强制性的依赖关系,可以同步或略有先后,也可根据当时的情况来灵活处理。

第二种情况是优先逻辑关系。为了照顾活动的某些特殊性而对活动顺序作出的安排。其顺序即使不存在实际制约关系也要强制安排。比如做网页设计的项目成员是做兼职工作的,为了不影响他们的其他工作,在做项目计划时可以考虑照顾他们的这种特殊性,让他们在允许的范围内优先安排。

C.外部依赖关系。大多数依赖关系限于项目内部两个活动之间。然而,有些依赖关系则涉及同本项目之外的其他项目的联系或者涉及同一个或多个干系人非本项目活动的联系。例如,在网站建设的过程中,希望同期将原创资料收集起来,并在与出版社约定的时间范围内完成一本网站建设培训教材的编写;再如采购条件、上游施工(如外包的网络布线与硬件到位)完工等。

④项目的约束条件与假设条件。项目的约束条件是项目所面临的资源等方面的限制因素,这些因素对活动排序具有一定的限制和影响。例如,在没有资源限制的条件下,多个活动可以同时开展,但是在有资源限制的条件下,这几个活动可能就只能够依次进行。

项目的假设条件是对开展项目活动所涉及的一些不确定条件的假设,这种假设条件也会直接影响项目活动的排序。

⑤里程碑。里程碑(Milestone)是项目中的重大事件,通常指主要可交付成果的完成,即事先约定好的某段时间应该达到的目标。里程碑事件需要作为活动排序的一部分,以确保达到里程碑的要求。

(2)活动排序的工具和技术

①前导图法(PDM-Precedence Diagramming Method)。又称单代号网络图法、先后关系图法,这是一种利用方框(节点)代表活动,并利用表示依赖关系的箭线,将节点联系起来的绘制项目网络图的方法。

②箭线图法(ADM-Arrow Diagramming Method)。又称为双代号网络图法,是一

种利用箭线代表活动,通过节点将活动连接起来表示依赖关系的绘制项目网络图的方法。

③条件图法。PDM 和 ADM 都不允许存在回路或条件分枝,因此这两种方法在某些情况下将不能很好地描述活动之间的依赖关系,如"只有检查发现错误时才需要修改设计"中的活动"检查"和"修改"之间就不是顺序性关系,而是一种条件分枝关系,只能用条件图法描述。条件图法允许有诸如回路(如必须重复多次的试验)的非顺序性活动或条件分枝。

④网络模板。一些标准的网络图可以应用到项目网络图的准备和绘制过程中,标准的网络图可能包括整个项目的网络或者其中的一部分子网络。

(3)项目活动排序的结果

项目活动排序的结果主要包括以下两个方面:

①项目网络图。项目网络图(Net Diagramming)就是项目活动及其逻辑关系的示意图。该图可以包括项目的所有具体活动,也可以只包括项目的主要活动,图中还应附有简单的说明,描述活动排序的基本方法,对于任何特别的排序都应作详细的说明。

②更新后的活动清单。在活动定义的过程上可能会发现与原有工作分解结构存在不妥之处,从而产生对工作分解结构的更新。同样,在编制项目网络图的过程中,则可能会发现必须对某些活动进行再分解或重新定义后,才能编制出正确的逻辑关系图的情况,从而产生对项目活动清单的更新。需要注意的是,这一阶段也可能对工作分解结构进行修订,此时一定要更新原有的工件分解结构。

(4)前导图画法

前导图法(用于绘制单代号网络图)的画法是:用节点代表一个活动,用箭线表明活动之间的相互关系与活动流程的方向。因此,前导图法的显著特点是活动在节点里,用一个代号来表示活动,如图 6.6 所示。

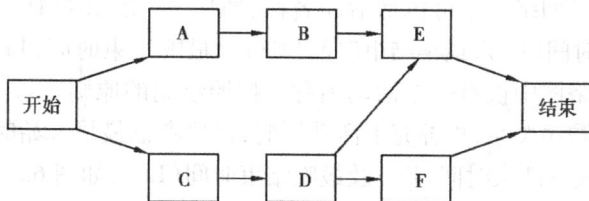

图 6.6　用前导图法绘制的单代号网络图示例

①前导图法的四种逻辑关系。前导图法表示了活动之间的四种逻辑关系,如图6.7所示:结束—开始(FS)、开始—开始(SS)、结束—结束(FF)、开始—结束(SF)。

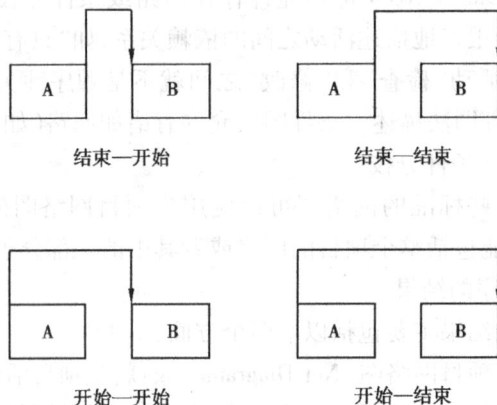

图 6.7　单代号网络图(箭线图法)的四种逻辑关系

A.结束—开始(FS):紧后工作的开始依赖于紧前工作的结束。

B.开始—开始(SS):紧后工作的开始依赖于紧前工作的开始。

C.结束—结束(FF):紧后工作的结束依赖于紧前工作的结束。

D.开始—结束(SF):紧后工作的结束依赖于紧前工作的开始。

所谓紧前工作,是指在某项工作开始之前必须结束的工作称为该工作的紧前工作。

所谓紧后工作,是指在某项工作结束以后才能开始的工作称为该工作的紧后工作。

②前导图法的一般规定。单代号网络图的箭头可以画成水平直线、折线或斜线,箭头的水平投影方向一般应自左向右,表示工作的进行方向。

详尽的单代号网络图中可包括活动名称(NO)、活动历时(D)、最早开始时间(ES)、最晚开始时间(LS)、最早结束时间(EF)及最晚结束时间(LF)等多个事项;简单的单代号网络图中仅有一个活动名称。按照绘制的原则,可以先确定活动名称与活动的先后顺序关系,再补充上活动历时,最后考虑最早开始时间(ES)、最晚开始时间(LS)、最早结束时间(EF)及最晚结束时间(LF),如图6.8所示。

③前导图法(用于绘制单代号网络图)的绘制规则约束。

A.单代号网络图中,严禁出现循环回路。

		D		
ES		NO		EF
LS				LF

图例

NO	活动名称
D	活动历时
ES	最早开始时间
LS	最晚开始时间
EF	最早结束时间
LF	最晚结束时间

1			10			15		
1	2.初步设计	2	10	3.详细设计	20	23	4.代码编写	38
2		4	12		24	25		40

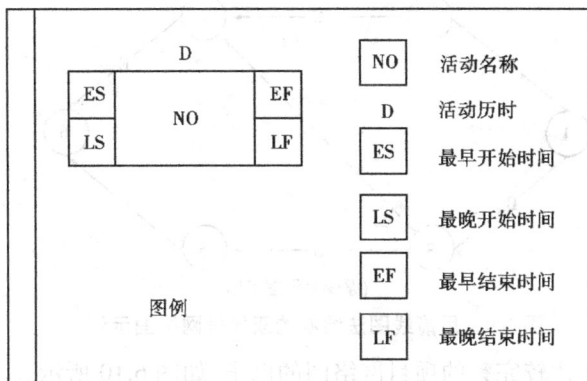

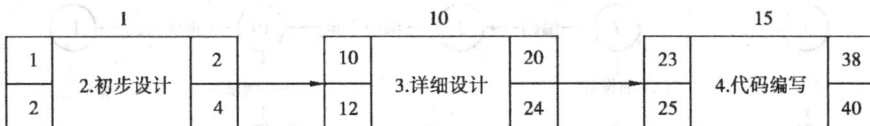

图 6.8　单代号网络图举例

B.单代号网络图中,严禁出现双向箭头或者无箭头的连线。

C.单代号网络图中,严禁出现没有箭尾节点和没有箭头节点的箭线。

D.单代号网络图中,只能有一个起点节点和一个终点节点。

（5）箭线图画法

①箭线图法的一般画法。箭线图法（用于绘制双代号网络图法）的画法是：用圆圈（节点）表示一个事件（Event），用连接两个节点的箭线代表一个活动,如图6.9所示。这里,事件是满足一定条件的时间点,例如一个或多个活动的开始或完成,其特点是不需要花费任何时间和消耗任何资源的,即瞬时发生。事件的典型例子如"提供起草的报告""设计的开始"。里程碑（Milestone）也是一种事件,是项目中的重大事件,通常指主要可交付成果的完成,因此里程碑不需要消耗资源。活动（Activity）需要占用时间和资源,如"制订报告格式""评审设计结果"。根据箭线图法的符号可知,箭线图法的显著特点是活动在箭线上。

在双代号网络图中,每个圆圈（节点）代表一个事件,表示指向它的活动的结束,离开它的活动的开始：一条箭线代表一个活动,每条箭线始于一个节点,表示活动的开始;终止于另一个节点,表示活动的结束。表示活动的箭线通过表示事件的圆圈连接起来。另外,需要说明的是,箭线的长度并不与活动的持续时间成正比。

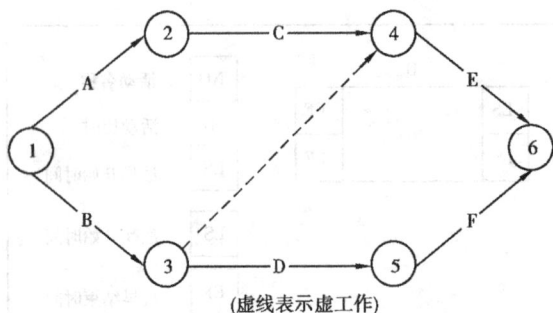

(虚线表示虚工作)

图 6.9 用箭线图法绘制的双代号网络图示例

采用箭线图法比较完整的项目网络图的例子,如图 6.10 所示。

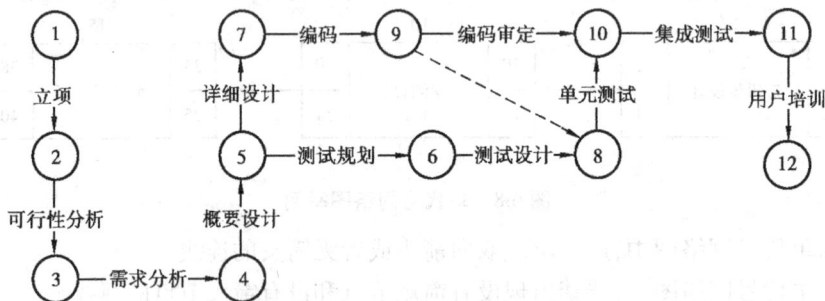

图 6.10 用箭线图法绘制的软件开发双代号网络图

由于活动是通过节点联系起来的,因此双代号网络图所表示的活动之间的逻辑关系只能是结束—开始型的。为了正确地描述活动之间的各种逻辑关系,必要时双代号图需要引入虚活动(Dummy Activity),通过引入虚活动,可以间接地将其他 3 种活动间的逻辑关系表示出来。虚活动没有历时,不需要资源,用虚箭线表示。

在上面的例子中箭线除了可以表示对活动的描述之外,为了能够描述更多有关活动的信息,双代号网络图的箭线还可以加上负责人、工期估计等内容,分行排列在箭线的两侧。

②双代号网络图法的绘图规定。

A.双代号网络图中,一项工作只有唯一的一条箭线和相应的一对节点编号,箭尾的节点编号小于箭头的节点编号。编号从小到大,可以间断,但严禁重复。

B.虚箭线表示虚工作。

C.严禁出现循环回路。

双代号网络图的正误如图 6.11 所示。

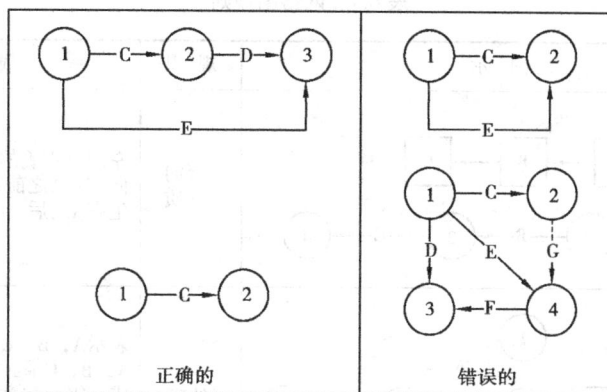

图 6.11 双代号网络图的正误

(6)网络图的规则

要编制一个合乎要求的网络图,必要的规则是不可缺少的。这包括:流向性质、约束性质、编号法则、首尾原则、循环和假设的属性,如表6.4所示。

①流向性质。网络图绘制中应按照时间顺序从左向右依次展开,箭线从左至右指向且可以交叉。

②约束性质。在相互制约的网络图中,全部紧前活动完成以后,后续活动才能开始。

③编号法则。每一个节点必须有且只有一个编号;箭头节点编号大于箭尾节点编号。

④首尾原则。无论开始和结束,都只能有一个节点。当项目有多个起始点时,可引入虚活动(Dummy Activity),即引入额外的节点把它们连接起来。当项目有多个终结点时,应当采用共同的节点把它们连接起来。

⑤循环和假设属性。项目的循环和假设属性为"否定",即不允许活动的连接出现循环,其原因是具有循环的项目网络图不能显示项目的整个工期。也不允许出现条件语句。

如图 6.12 是一个项目网络图的子网络,该子网络构成一个循环,这意味着该项目将无休止地进行下去,项目规划者将无法对网络图进行分析,得出项目的整个工期。为了避免这种情况,可以将图 6.12 修改为图 6.13。尽管图 6.13 中的活动(11 和12)仍然包含隐蔽的回路,但考虑到预计的修改次数,此活动仍然要有一个固定的工期,因此这样就可以对网络图本身进行分析了。

表 6.4 网络图规则

图 示	规 则	属 性
A → B → C ①—A→②—B→③—C→④	流向 性质	左图是正确的图示,表示从左向右:A之前没有活动,B发生在A之后,C发生在B之后。
A、B、C → D ①—A、②—B、③—C→④—D→⑤	约束 性质	表示A,B,C可以同时开始,A,B,C都必须在D之前完成。需要注意的是,左图仅在网络图的局部范围内正确,从全图来看,需要一个唯一的开始节点或任务(详见首尾原则)。
I → J ①—I→J	编号 法则	箭尾节点编号>箭头节点编号
A → B → C ①—A→②、C、B、③	循环 法则	左图为错误的画法,网络图中不允许出现循环,左图犯了循环的错误。
K → A、B ①—A→②、B→③	首尾 原则	如果A和B两项活动同时开始,那么在单代号网络图中可以虚拟一个虚活动K,在双代号网络图中,可以将A和B用一个开始节点连接。

⑩ —编写程序→ ⑪ —测试程序→ ⑫

—测试失败,则重新编写—

图 6.12 不可采纳的回路

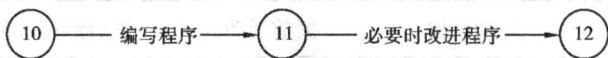

图 6.13　可以采纳的包括有限重复活动的网络图

（7）项目网络图的绘制步骤

一般来说，绘制项目网络图需要 4 个基本的步骤。

①借助于工作分解结构列出项目的活动清单。该步骤其实就是活动定义所要完成的任务。

②界定各项活动之间的关系。首先，对于每项活动必须明确以下问题：

A.哪些活动需要安排在此项活动之前？或者说，在进行此项活动之前，其他哪些活动需要完成？

B.哪些活动需要安排在此项活动之后？或者说，在此项活动结束之前哪些活动不能开始？

C.哪些活动可以和此项活动同时进行？或者说，哪些活动可以和此项活动在同一段时间内进行？

通过明确上述问题就可以界定各项活动之间的关系，但是有些活动之间的关系可能不会很清楚，只有真正动手绘制网络图时才能明确。

③绘制项目网络图。根据以上步骤的结果，绘制一张完整的、可行的项目网络图。

④检查项目网络图的逻辑结构。为了得到最佳的项目网络图，需要对所绘制的项目网络图的逻辑结构进行检查。此时，通常需要对每一项活动及活动之间的关系进行审查，以保证所有的活动都是必要的，所有活动之间的关系都是恰当的。另外，这一步骤中，应注意把项目网络图和工作分解结构对照起来，这样可能还会发现一些不必要的项目活动。

（8）项目网络图绘制实例

项目网络图的两种绘制方法在本质上是一致的，其中一种形式可以转换为另一种形式。按照上述项目网络图的绘制步骤，采用前导图法绘制某企业电子商务开发项目的单代号网络图，如表 6.5 所示。

表 6.5 获取分解结构(WBS)与开发任务信息

WBS 编码	运动名称	紧前活动	紧后活动	活动历时
11	项目启动及策划*			5
111	组建项目团队		112	1
112	编制项目计划	111	113	3
113	项目计划详审	112	121	1
12	项目需求分析*			6
121	需求调研	118	122	2
122	用户需求说明	121	123.124	1
123	需求分析	122	131	1
124	界面原塑	122	131	2
13	系统实现*			22
131	系统架构设计	123.124	132	2
132	系统开发	131	133.134	13
133	系统测试	132	141、142、143	5
134	验收测试	132	141、142、143	2
14	系统运行*			7
141	系统试运行	133、134	151	4
142	系统培训	133、134	151	1
143	系统验收交付	133、134	151	2
15	项目监控及管理*			2
151	项目收尾	141、142、143		2
合　计				42

①获取工作分解结构(WBS)。

②画出基本的框图,并填写任务、历时、最早开始时间、最早结束时间。针对单代号网络图,最早结束时间=最早开始时间+活动历时。

A.从第一个活动开始顺序往后推,最早开始时间为0,最早结束时间=最早开始时间+活动历时,后一任务的最早开始时间=前一任务的最早结束时间。

B.当遇到前一工作任务有两个以上并行任务时(如图6.14中"系统架构设计""系统试运行""系统培训""系统验收交付""项目收尾"),该任务的最早开始时间=前面并行任务中最早结束时间中的较大者。

针对单代号网络图:最晚开始时间=最晚结束时间-活动历时

③倒推求出最晚开始时间和最晚结束时间。

A.从最后一个活动开始倒序往前推,最晚结束时间为全部任务合计时间(根据WBS得出),最晚开始时间=最晚结束时间-活动历时,前一任务的最晚结束时间=后一任务的最晚开始时间。

B.当遇到后一工作任务有两个以上并行任务时(如图6.15中"用户需求说明""系统开发""系统测试""验收测试"),该任务的最晚结束时间=后面并行任务中最晚开始时间中的较小者。

3)活动持续时间估算

活动持续时间估算(Activity Duration Estimating),也叫活动历时估计或活动工期估计,是根据项目范围、资源和相关信息对项目已确定的各种活动的可能持续时间长度的估算工作。大多数活动持续时间的长短都取决于分配给它们的人力、物力和财力资源的多寡,还受到分配给它们的人员能力、物资质量和设备效率的影响。对活动持续时间的估算,通常要考虑项目活动的延误时间。例如,"编码"持续时间的估算必须考虑到因下雨、公休而延误的时间。应当由最熟悉具体活动内容和性质的人或部门来完成估算或审核。

(1)活动持续时间估算不准的原因分析

活动持续时间估算不是一劳永逸的事,而是应随着时间的推移和经验的增多不断地对估算进行更新,因为在项目进展中可以获得更多的经验和认识,从而能够给出比事前更准确的估算。估算更新后,需要对剩余的活动进行重新安排。不过,无论采用何种估算方法,活动的实际持续时间和事前估算的时间总会有所不同,主要是因为:

①参与人员的熟练程度。一般估算是以典型人员的熟练程度为基础进行的,

图例

ES	D	EF
LS	NO	LF

NO	D	活动名称
		活动历时
ES		最早开始时间
LS		最晚开始时间
EF		最早结束时间
LF		最晚结束时间

0	1	1
	组建项目团队	
	3	

1	4	5
	编制项目计划	
	1	

4	5	7
	项目计划评审	
	2	

5	7	7
	需求调研	
	2	

7	8	8
	用户需求说明	
	1	

8	9	
	需求分析	
	1	

8	10	
	界面原型	
	2	

10	12	12
	系统架构设计	
	2	

12	13	25
	系统开发	
	13	

25	30	30
	系统测试	
	5	

25	27	
	验收测试	
	2	

30	34	34
	系统试运行	
	4	

30	31	
	系统培训	
	1	

30	32	
	系统验收支付	
	2	

34	36	
	项目收尾	
	2	

①

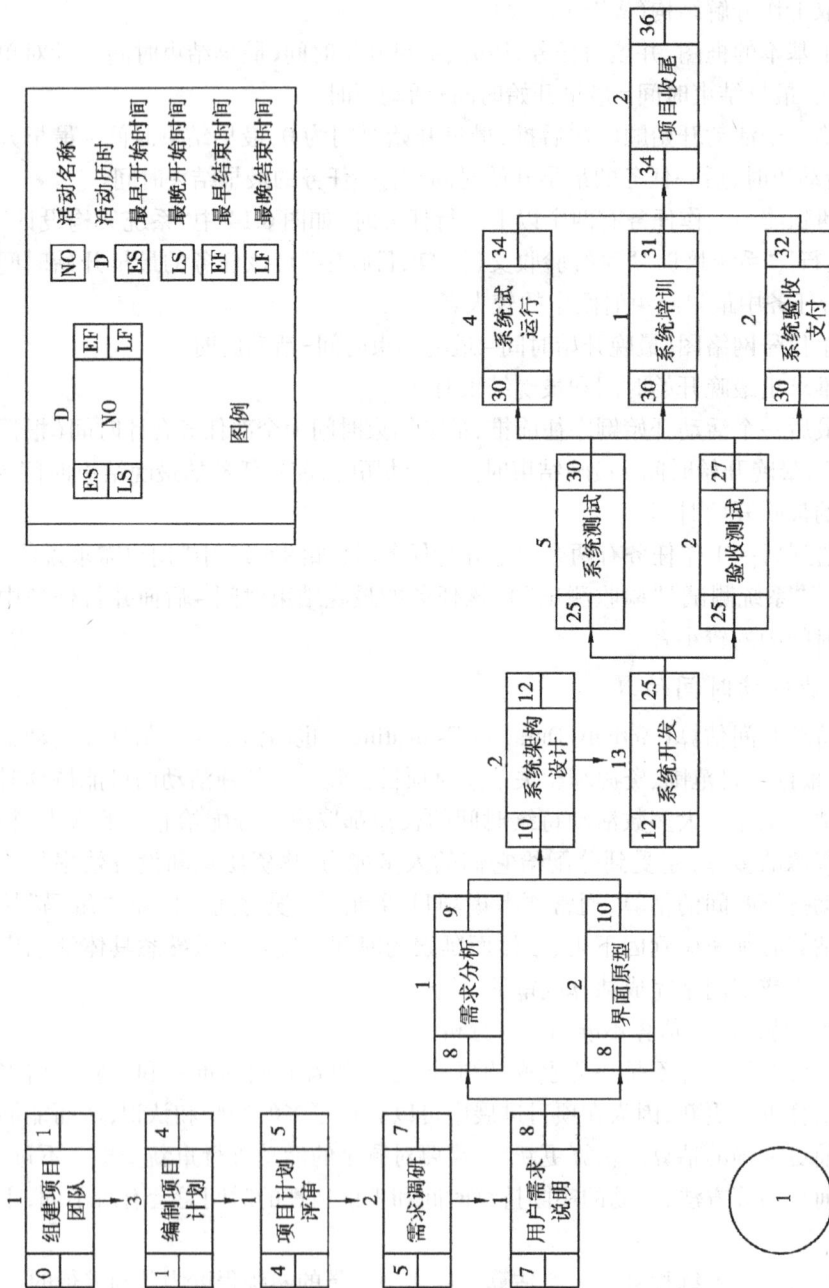

图6.14 开发任务单代号网络图（1）

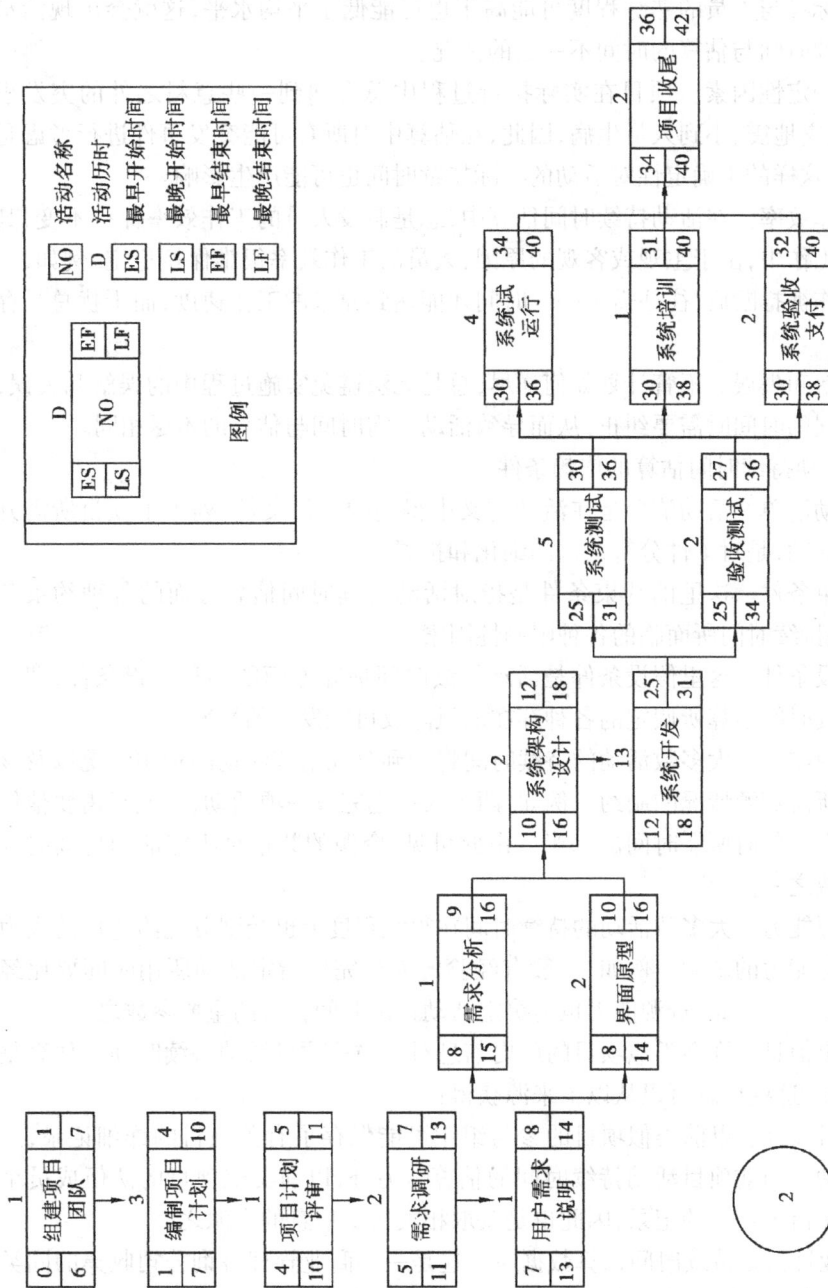

图6.15 开发任务单代号网络图（2）

而项目实际参与人员的熟练程度可能高于也可能低于平均水平,这就会出现活动的实际持续时间与估算的时间不一致的情况。

②不确定性因素。项目在实际执行过程中总会遇到一些意料之外的突发事件,大到洪灾地震、小到人员生病,因此,在估算中对所有可能突发事件进行考虑是不可能的,这样的不确定性对活动的实际持续时间也可能产生影响。

③工作效率。在活动持续时间估算中,总是假设人员的工作效率保持不变,其实在实际工作中,由于主观或客观的原因,人员的工作效率很难保持稳定,例如,一个人的工作被打断后,往往需要一定时间才能达到原来的工作速度,而干扰总是存在的。

④误解和失误。不管计划如何详尽,总是无法避免实施过程中的误解和失误,而出现错误的时间时需要纠正,从而导致活动所需时间与估算的不尽相同。

(2)活动持续时间估算的依赖条件

①活动清单。活动清单是在活动定义中得到的一份文件,列出了项目所需开展的全部活动,是对工件分解结构的细化和扩展。

②约束条件。这里的约束条件是指对活动持续时间估算方面的各种约束条件,即活动持续时间所面临的各种限制性因素。

③假设条件。这里假设条件是活动持续时间估算方面的各种假设条件,即对于活动持续时间估算所假定的各种存在的风险及可能发生的情况。

④资源需求。大多数活动的持续时间将受到分配给该活动的资源情况以及该活动实际所需资源情况的制约。例如,两个人一起完成一项活动,可能只需要他们单独一个人工件时所需时间的一半。由此可见,资源的数量是决定活动持续时间的重要参数之一。

⑤资源能力。大多数活动的持续时间在很大程度上也受到分配给它们的人力和物力资源能力的影响。例如,一般有经验的人员完成指定活动所用时间要比经验少的人员短。因此,资源能力也是决定活动持续时间长短的重要参数之一。

⑥历史信息。许多类似项目的历史信息对于当前项目活动持续时间的估算是很有帮助的,这些信息可以从以下来源获得:

A.项目文件。以前类似项目的参与组织可能保存了有关项目的详细记录,这些记录有助于当前项目活动持续时间的估算。另外,以前类似项目的队伍成员个人可能也保留了这样的记录,因此也是获取相关历史信息的来源之一。

B.商业性活动持续时间估算数据库。这是一些商业管理咨询公司收集的同类项目的历史信息,通常可以通过购买或咨询、互联网搜索等方式得到。当活动持续时间不是由实际工作内容决定时,如混凝土养护所需时间的确定,这些数据库将非常有用。

C.项目队伍的知识。项目队伍成员可能还记得以前同类项目的实际或估算的活动持续时间,此类记忆的信息可能对当前项目的活动持续时间估算非常有用,但与上面两项通过文档记录的信息比较起来其可靠程度要低一些。

(3)活动持续时间估算的工具和技术

活动持续时间估算的工具和技术主要包括以下几种:

①专家评估法。专家评估法是由项目时间管理专家运用他们的经验和专业特长对项目活动持续时间进行估计和评价的方法。由于活动持续时间估算涉及众多因素,通常是相当困难的,很难找到一个通用的计算方法。在这种情况下,专家评估将是行之有效的方法。只要有可能,应当由专家根据历史信息进行评估,如果找不到这样的专家,那么活动持续时间的估算必然是不确定和高风险的,当然专家主要依赖于历史的经验和信息,其估算结果也具有一定的不确定性和风险。

②类似估算法。类似估算法也叫作详细估算法或自上而下的估算,它是依据以前类似的项目活动的持续时间来推测估计当前项目各项活动持续时间的方法。当项目活动持续时间方面的信息有限时,如在项目的初期阶段,这是一种最为常用的方法。在当前项目和类比项目在本质上而不是表面上相似,以及估算人员掌握了必要的专门技术的条件下,类比估算法将非常可靠。

③模拟法。模拟法是以一定的假设条件为前提对活动持续时间进行估算的方法,这种方法也可用来对整个项目的工期进行估算。常用的模拟法有蒙特卡罗模拟法、三点估计法等,其中三点估计法相对比较简单。

④德尔菲(Delphi)法。德尔菲法是一种群体技术,集中利用一个群体的知识来获得一种估计,在专家难以获得时,该方法是一种有效的替代方法。

(4)活动持续时间估算的输出内容

①估算出活动的持续时间。活动持续时间的估算是对完成某一活动可能需要时间的定量估算,估算出的活动持续时间都应以某种指标表明可能结果的变动范围,例如:

A.2 周±2 天(表明该活动至少持续 8 天,最多不超过 12 天)。

B.超过 3 周的概率为 15%(表明该活动在 3 周之内完成的概率很高,达到 85%)。

估算出的活动持续时间或活动工期可以反映在项目网络图中。

②活动持续时间估算的依据。活动持续时间估算的依据应当作为项目活动持

续时间估算结果的补充说明材料写入文档。

③更新的活动清单。在项目活动持续时间估算的过程中，可能会发现活动清单中存在各种问题。例如，活动清单遗漏了一些活动或活动间的逻辑关系不恰当等。因此，需要对活动清单进行修正，从而产生更新的活动清单。

（5）三点估计法

一般来说，项目活动的持续时间是一个随机变量，在活动重复进行时，其实际完成时间一般会表现为一种随机分布的形式，这种随机分布可能集中在一个特定值的周围，也可能比较分散。

三点估计法的基本思路首先是确定活动的三个估计时间，即：

①乐观时间（Optimistic Time，t_o）。是指在任何事情都进行得很顺利，没有遇到任何困难的情况下，完成某项活动所需要的时间。

②最可能时间（Most Likely Time，t_m）。是指在正常情况下完成某项活动最经常出现的时间。如果某项活动已经发生过多次，则其最经常发生的持续时间可以看作该活动的最可能时间。

③悲观时间（Pessimistic Time，t_p）。是指某项活动在最不利的情况下，如遇到未遇见到的困难的情况下完成活动的时间。

以上 3 个时间中，最可能时间必须大于或等于乐观时间，悲观时间必须大于或等于最可能时间。

进一步，假定 3 个时间估计均服从 β 概率分布，则由活动的 3 个估计时间计算活动的期望持续时间（t_e），计算公式如下：

$$t_e = \frac{t_o + 4t_m + t_p}{6}$$

进一步可以计算活动持续时间的标准差，其计算公式如下：

$$\sigma = \frac{(t_p - t_o)}{6}$$

假定一项活动的乐观时间为 1 周，最可能时间为 5 周，悲观时间为 15 周，则该项活动的期望持续时间和标准差分别为：

$$t_e = \frac{t_o + 4t_m + t_p}{6} = \frac{1 + 4 \times 5 + 15}{6} 周 = 6 周$$

$$\sigma = \frac{(t_p - t_o)}{6} = \frac{15 - 1}{6} \approx 2.3（周）$$

该项活动的 β 概率分布如图 6.16 所示，该图中曲线的峰值代表了活动的最可

能时间 t_m（=5），活动期望持续时间 t_e。将 β 概率曲线下的总面积分成相等的两个部分，因此该项活动的实际持续时间超出 t_e（=6）的概率为50%，少于 t_e（=6）的概率也为50%。

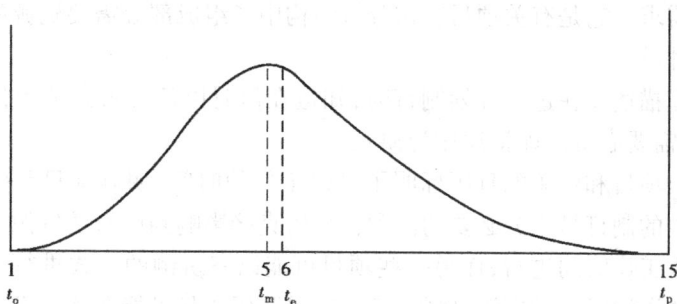

图6.16 三点时间估算法概率分布图

通过建立以上3个时间估计，使得活动持续时间的估计将不确定因素考虑进去成为可能。不过，对项目的每期活动都给出三个时间估计是不必要的。一般来说，如果某项活动有非常类似的活动时间的数据可以借鉴，而且完成活动的各有关因素比较确定，则对该活动的持续时间可以只作一个估计，这就是单一时间估计法。然而，在某项活动的持续时间存在高度不确定因素时，给出3个时间估计是必要的。

4）进度计划制订

进度计划制订（Schedule Development）是根据项目的活动定义、活动排序、活动持续时间估算的结果及所需要的资源进行的进度计划编制的工作，其主要任务是确定各项目活动的起始和完成日期、具体的实施方案和措施。项目的主要特点之一就是有严格的时间期限要求，制订项目进度计划的目的是控制项目的时间，从而节约时间，因此，进度计划在项目管理中具有重要的作用。制订进度计划时，项目主管要组织有关职能部门参加，明确对各部门的要求，各职能部门据此可拟订本部门的进度计划。

项目进度计划目前多采用网络计划技术的形式，这一形式有助于明确反映项目各活动之间的相互关系，有利于项目执行过程中各工作之间的协调与控制。项目进度计划在定稿前，其编制过程必须反复进行，为进度计划编制提供输入的过程也需要随之反复进行，尤其是活动持续时间估算和成本估算的过程。

（1）进度计划制订的依据

①项目网络图。它是活动排序过程中所得到的有关各项活动以及它们之间关

系的示意图。

②活动持续时间的估算。它是活动持续时间估算过程中得到的有关项目各项活动可能持续时间的文件。

③资源需求。它是有关项目工作分解结构中各组成部分需要资源的类型和所需数量的文件。

④资源库描述。在进度计划制订时,知道在何时以何种形式取得何种资源是必要的,为此需要有资源库描述作为输入。

⑤日历。项目和资源的日历标明了可以工作的时间,明确项目和资源的日历对于进度计划的制订是十分必要的。项目日历直接影响到所有的资源,例如,一些项目仅在正常工作时间进行,而另一些项目可能以三班倒的方式进行。资源日历影响某一具体资源或一类资源,例如,某一项目队伍成员可能在休假或参加培训。

⑥约束条件。约束条件是那些制约项目队伍选择方案的因素,在项目进度计划的制订过程中,有两类主要的约束条件必须考虑:

A.强制日期。活动开始或结束的强制日期可以用来限定活动开始或结束不早于或不晚于某一特定日期。项目管理软件中一般可以使用 4 种日期约束条件,但最常用的约束条件是"开始不早于"和"完成不晚于"。具有日期约束条件的典型情况例如天气对室外活动的约束、政府强制命令等。

B.关键事件或主要里程碑。项目业主、用户或其他项目干系人可能要求在某一规定日期前完成某些可交付成果,并以此作为项目的关键事件或项目进度计划中的一个里程碑,这样的关键事件或里程碑在进度计划制订时必须作为约束条件考虑。

⑦假设。同许多其他过程一样,进度计划制订往往要依赖于一定的假设前提条件。

⑧提前或滞后要求。提前(Lead)是活动的逻辑关系中允许提前后续活动的限定词。例如,在一个有 3 天提前时间的结束—开始关系中,后续活动在前导活动完成前 3 天就能开始(如图 6.17 所示)。由此可见,提前的是重叠的时间。

滞后(Lag)是活动逻辑关系中指示推迟后续活动的限定词。例如,在一个有 3 天延迟时间的结束—开始型关系中,后续活动只能在前导活动完成 3 天后才能开始(如图 6.17)。由此可见,滞后是拖后时间或等待时间。

提前和滞后使活动的相关关系更加精确,为了准确地确定活动之间的逻辑关系,有些逻辑关系可能需要规定提前或滞后时间。

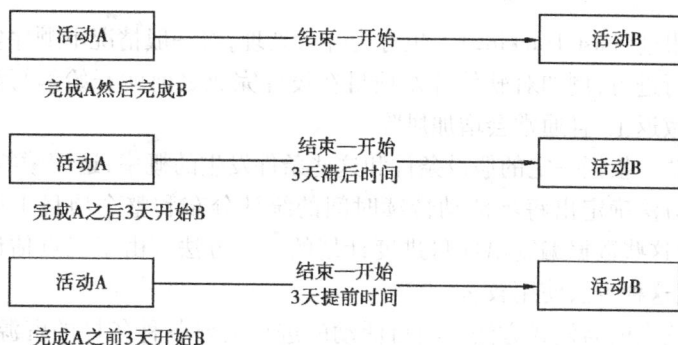

图 6.17　提前和滞后示意图

⑨风险管理计划。风险管理计划包括了在整个项目期间用于管理风险的各种措施,是进度计划制订所需要的重要依据。

⑩活动特性。活动特性包括职责(即由谁执行这项工作)、地理位置或地点(即在何处执行这项工作)和活动类型,这些特性对于进一步以方便用户的方式选择和归类所计划的活动是非常重要的。

(2)进度计划制订的工具和技术

项目进度涉及的影响因素很多,因此它的编制往往需要反复谋算和综合平衡;项目进度计划在各个项目专项计划中是最为重要的,它直接影响到项目的集成计划和其他专项计划。由于项目进度计划的以上特性,使得该计划的编制方法比较复杂,主要使用以下工具和方法:

①数学分析。数学分析涉及在不考虑项目资源安排的情况下计算所有项目活动的最早和最迟开始和结束时间的计算理论,按照这样的计算理论计算出来的日期也不一定是可靠的进度计划。只能是一种可能的进度计划。因为这种计算还没有考虑到资源供应量和其他一些约束条件的限制。最常用的数学分析技术有:关键路线法(CPM)和计划评审技术(PERT)。

②持续时间压缩。持续时间压缩是数学分析方法种的一种特殊情况,其目的是缩短项目的进度,通常是由于遇到了一些特别的限制或其他进度目标的要求。持续时间压缩的技术主要包括:

A.赶工(Crashing)。对成本和进度进行权衡,确定如何以最小的成本增加取得最大的持续时间压缩。在进度和费用之间往往存在一定的转换关系,这种技术的本质就是通过增加一定的费用来换取进度的适度缩短,因此,这种技术也被称为费用交换。

B.快速跟进(Fast Tracking)。也称为并行处理,将一般情况下顺序实施的多项活动改为平行进行,例如对软件开发项目在设计完成之前就开始编写程序。这种方法经常导致返工,且通常会增加风险。

③模拟法。根据一定的假设条件和这些条件发生的概率,运用蒙特卡罗模拟、三点估计等方法确定出每项活动持续时间的统计分布和整个项目工期的统计分布,然后使用这些数据编制出项目进度计划的一种方法。由于三点估计法相对比较简单,因此这种方法使用较多。

④资源均衡的启发式方法。项目活动的进行需要各种各样的资源,如何合理地安排好各种资源的利用是非常重要的问题。这种问题分为两类:一类是在资源限制的情况下如何寻求最短的实施方案,称为有限资源的合理分配;另一类是在工期限定的情况下如何合理地利用资源,以保证资源需求的均衡,称为资源的均衡利用。对于这两类问题的处理,由于数学方法所建立的模型往往很复杂而且难以应用,因此产生了大量的启发式方法。

⑤项目管理软件。各种项目管理软件已被大量地应用于项目进度计划的编制过程中,其中大多数软件都能够根据项目的资源和时间自动分析和计算项目的最佳工期和最佳进度计划,同时还可以以多种形式输出或打印项目的进度计划。

(3)进度计划制订的输出

①项目进度计划。通过项目进度计划的制订而得到的项目进度计划至少应包括每项活动的计划开始日期和预期完成日期。另外,在项目的资源分配被确认之前,项目进度计划制订所得到的项目进度计划只是初步计划,正式的项目进度计划只有在项目资源分配得到确认后才能得到。

项目进度计划可以以摘要的形式(主进度计划)或详细描述的形式表示。尽管项目进度计划可以用表格表示,但更为常用的是利用一种或多种格式的图表表示,如带日历的项目网络图、甘特图、里程碑图以及时间坐标网络图等。

②详细依据。项目进度计划制订的详细依据至少应该包括所有设定的假设和约束条件。此外,还应包括各种应用方面的详细说明,例如对于建筑项目,多数情况下应该包括资源的直方图、现金流预测以及订货和交货计划。

③进度管理计划。进度管理计划主要说明何种进度变化将予以处理。根据项目的需要,进度管理计划可以是正式的或是非正式的,十分详细的或基本框架的。进度管理计划是整体项目计划的一个附属部分。

④更新的项目资源需求。在项目进度计划的编制中,会出现对初步估算的资

源需求的改动,因此在项目进度计划的编制过程中应对这些发动进行整理,重新编制项目资源需求文件。

5)进度计划的参数及其计算

项目进度计划是在工作分解结构的基础上对项目及其活动作出的一系列时间计划,为此,项目进度计划要涉及下述一些时间参数。

（1）活动持续时间

也叫活动历时或活动工期,是项目活动从开始到完成所经历的时间,其计算在活动持续时间估算中已作过介绍。

（2）项目的预计开始时间和要求完工时间

为项目选择一个预计开始时间（Estimated Start Time）和一个要求完工时间（Required Completion Time）是非常必要的,这两个时间规定了项目可能开始和必须完成的时间,为项目依据所有活动的持续时间来计算进度提供了基准。

一般情况下,预计开始时间和要求完工时间都要在合同中明确,例如:"项目将在3月1日之后开始,并且必须于10月30日前完成。"有时,客户只明确提出项目必须完成的日期。另外,在一些情况下客户可能用时间段的形式表示对预计开始时间和要求完工时间的要求,而不是用特定的日期,例如:"项目要在合同签署后的100天完成。"

（3）最早和最迟时间

在已经估算出网络图中每项活动的持续时间和项目必须完成时间段的情况下,为了明确网络图中的各项活动能否在要求的时间段内完成,往往需要计算出活动的最早和最迟时间。

①最早时间。最早时间包括最早开始时间和最早结束时间,这两个时间是以项目的预计开始时间为参照点来计算的。最早开始最早结束时间的含义和计算具体如下:

A.最早开始时间（Earliest Start Date,ES）。最早开始时间就是某项活动能够开始的最早时间。由于一个活动的开始时间可能依赖于其他活动的结束时间,在其他活动结束前,该活动不能开始,因此以项目预计开始时间为参照点,每个活动肯定都有一个可能开始的最早时间,也就是最早开始时间。显然,活动的最早开始时间可以在对项目的预计开始时间和所有紧前活动的持续时间估计的基础上计算出来,具体的计算规则是:某项活动的最早开始时间必须相同或晚于直接指向这项活动的所有活动的最早结束时间中的最晚时间,其中的最早结束时间如下。

B.最早结束时间(Earliest Finish Time,EF)。最早结束时间就是某项活动能够完成的最早时间。显然,活动的最早开始时间加上估算的活动持续时间就是活动的最早结束时间,即:

最早结束时间(EF)= 最早开始时间(ES)+活动持续时间估计

有关活动的最早开始和结束时间计算的一个简单例子如图 6.18 所示。该图所示的项目预计开始时间为 0,因此活动"练习剧本"的最早开始时间为 0,由于该活动的持续时间为 5,则该活动的最早结束时间为 5。同理,活动"烧开水"的最早开始时间和结束时间分别为 0 和 6,活动"淘菜"则分别为 0 和 4。对于活动"煮面条",由于其三个紧前活动的最早结束时间和最晚值为 6,因此该活动的最早开始时间只能是 6,其最早结束时间为 6 加上其持续时间 2,即为 8。从该例可见,最早开始时间和最早结束时间是通过正向计算得到的,即从项目开始沿网络图到项目完成进行计算,这种方法叫作正推法(Forward Pass)。

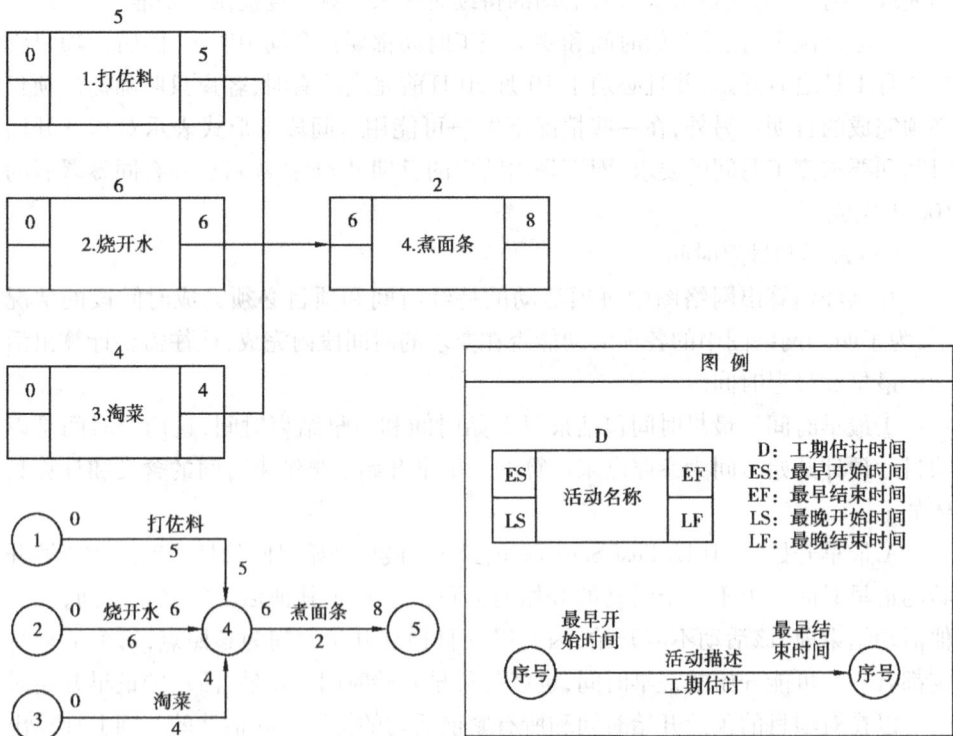

图 6.18　最早开始和最早结束时间示意图

②最迟时间。最迟时间包括最迟开始时间和最迟结束时间,这两个时间参数是以项目的要求完成时间为参照点来计算的。最迟结束时间和最迟开始时间的含义和计算具体如下:

A.最迟结束时间(Latest Finish Date,LF)。最迟结束时间是指为了使项目在要求时间内完成,某项活动必须完成的最迟时间。某活动的结束时间决定着其紧后活动的开始时间,为了保证该活动的后续活动和项目的如期完成,该活动有一个结束的最迟时间,这就是最迟结束时间。活动的最迟结束时间可以在对项目的要求完工时间和其紧后活动的持续时间估计的基础上计算出来,计算的规则是:某项活动的最迟结束时间必须相同或早于该活动直接指向的所有活动的最迟开始时间的最早时间,其中的最迟开始时间参照图6.19的介绍。

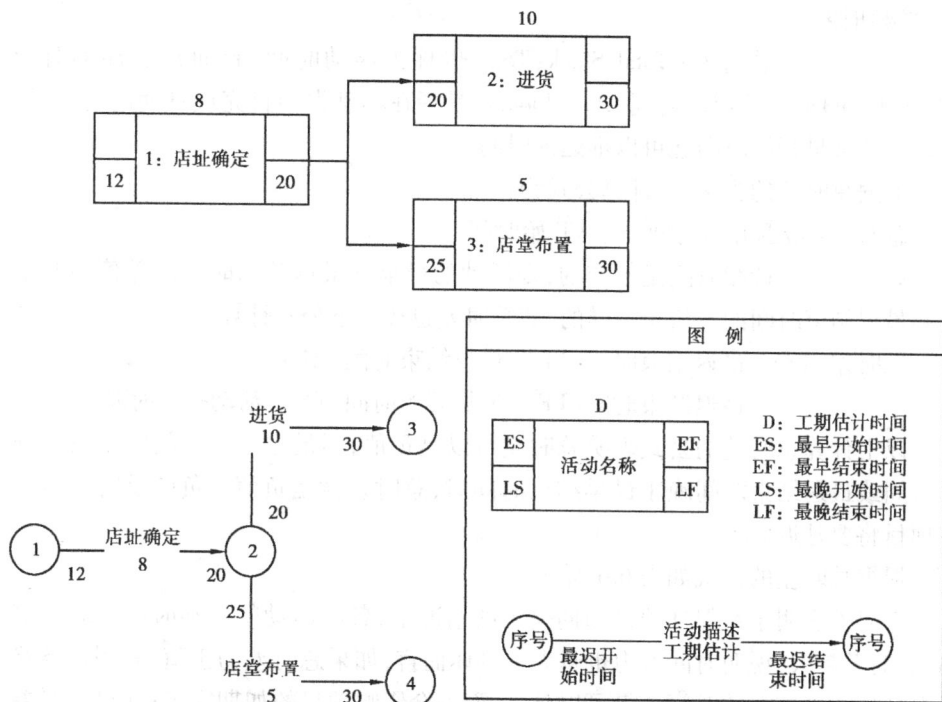

图 6.19　最晚开始和结束时间示意图

B.最迟开始时间(Latest Start Date,LS)。最迟开始时间是指为了使项目在要求时间内完成,某项活动必须开始的最迟时间。显然,活动的最迟结束时间减去估

算的活动持续时间就是活动的最迟开始时间,即:

最迟开始时间(LS)=最迟结束时间(LF)-活动的持续时间估计

有关活动的最迟开始时间和最迟结束时间计算的一个简单的例子如图6.20所示。该图所示的项目的要求完工时间为第30天,则"进货"和"店堂布置"的最迟结束时间都只能是30,进一步用最迟结束时间减去活动的持续时间估计可计算出这两个活动的最迟开始时间,分别为20和25。由于"店址确定"的紧后活动,即"进货"和"店堂布置"这两个活动的最迟开始时间的最早时间为20,所以"店址确定"的最迟结束时间只能是20,进一步可计算出该活动的最迟开始时间为12。从该例可知,最迟结束时间和最迟开始时间是通过反向推算得出的,即从项目完成沿网络图到项目的开始时间推算,这种方法叫作逆推法(Backward Pass)。

(4)时差

①总时差。总时差(Total Slack,TS),也称为浮动时间(Float)、总浮动时间(Total Float)或路径浮动时间(Path Float),是指在不延误项目完成日期的情况下,活动自其最早开始时间起可以推迟的时间。

根据总时差的含义,其计算公式为:

总时差=最迟开始时间-最早开始时间

如果活动的持续时间是不变的,则活动的最早和最迟开始时间的差值与其最早和最迟结束时间的差值是一样的,即总时差也按如下公式计算:

总时差(TS)=最迟结束时间(LF)-最早结束时间(EF)

=最迟结束时间(LF)-最早开始时间(ES)-活动持续时间

以上计算总时差的公式表明总时差可以是负值,当最迟开始时间晚于最早开始时间或最迟结束时间晚于最早结束时间时,总时差就是负值。负的总时差意味着项目将要延迟。

根据总时差的公式如表6.6所示。

总时差表明了在保证项目如期完工的情况下,各项活动的机动时间或时间潜力,总时差越大,说明时间潜力也越大。具体而言,如果总时差为正值,表明该条路径上各项活动花费的时间总量可以延长,而不会影响项目的如期完工;如果总时差为负值,则表明该条路径上各项活动要加速完成以减少整个路径上花费的时间总量,保证项目按期完成;如果总时间为零,则该条路径上的各项活动不用加速完成同时也不能拖延。

表 6.6　附有总时差值的某网站建设项目的进度计划表

序号	活动名称	负责人	工期估计	最 早		最 迟		总时差
				开始时间	结束时间	开始时间	结束时间	
1	设计机房	周靖生	3	0	3	−8	−5	−8
2	设计布线	周靖生	10	3	13	−5	5	−8
3	设计网络	刘　涛	20	13	33	5	25	−8
4	机房装修	赵　伟	5	33	38	25	30	−8
5	机房布线	赵　伟	2	38	40	38	40	0
6	采购执行	王　宏	10	38	48	30	40	−8
7	确定需求	陈德旺	12	38	50	88	100	50
8	网页设计	刘竞成	2	38	40	98	100	60
9	网站编程	李志彬	65	48	113	40	105	−8
10	测试网站	张　成	5	50	55	100	105	50
11	培训用户	王　宏	7	113	120	105	112	−8
12	分析效果	周靖生	8	120	128	112	120	−8
13	鉴定项目	李林月	10	128	138	120	130	−8

需要注意的是,某一路径上的总时差是由该路径上的所有活动所共有的,如果某项活动占用了该条路径上的部分或全部总时差,则此路径上其他活动的可用时差就会相应减少,正因为如此,总时差也叫路径浮动时间或路径时差。认识到总时差是在活动之间共同分享非常重要,否则项目小组成员就可能会认为他们执行的活动可以毫无顾虑地使用总时差。实际上,只要他们使用了总时差,其他组员执行活动的机动时间就会相应减少。

根据总时差可以定义许多有用的概念,如总时差为零的活动是关键活动(Critical Activity),这些活动决定了项目的总工期,总时差很大的活动叫作松弛活动,总时差短的活动叫作次关键活动(Near-Critical Activity),总时差为负值的活动叫作超关键活动(Super-Critical Activity)。另外,一个大的网络图从开始到结束可以有很多条路径,一些路径可以有正的总时差,另一些可能有负的总时差,具有正的总时差的路径有时被称为非关键路径(Non-Critical Path),而总时差为零或最小(可能是负值)的路径被称为关键路径(Critical Path),其中耗时最长的路径经常被称为最关键路径(Most Critical Path)。

②自由时差。如果一项活动所用的时间比其估计的持续时间长,也就是如果该活动战胜了总时差,相应路径上其他活动的可用时差就会减少。然而,有时候某些活动有另一种时差,活动对该种时差的使用不会对其后续活动产生任何影响,这种时差就是自由时差。

自由时差(Free Slack),也叫浮动时间(Free Float),是指某项活动在不推迟其任何紧后活动的最早开始时间的情况下可以延迟的时间量。

根据自由时差的含义,其计算可采用如下公式:

自由时差=活动的紧后活动的最早开始时间-活动的最早结束时间

　　　　=活动的紧后活动的最早开始时间-活动的最早开始时间-活动的持续时间

显然,当活动的紧后活动有多个的情况下,公式中"活动的紧后活动的最早开始时间"应取最早开始时间中的值最小的那个紧后活动的最早开始时间值,只有这样才会不推迟活动的任何紧后活动的最早开始时间;并且,自由时差总为非负值。

6)网络计划技术

网络计划技术包括关键路线法(Critical Path Method,CPM)和计划评审技术(Program Evaluation and Review Technique,PERT)。这两种技术在20世纪50年代后期几乎是同时出现的计划方法。这两种方法产生的背景是:在当时出现了许多庞大而复杂的科研和工程项目,这些项目常常需要动用大量的人力、物力和财力。因此,如何合理而有效地对这些项目进行组织,在有限资源下,以最短的时间和最低的费用最好地完成整个项目成为一个突出的问题。由此,CPM和PERT应运而生并独立发展起来。

(1)关键路线法

对于一个项目而言,只有项目网络图中耗时最多的活动路线完成之后,项目才能结束,这条耗时最多的活动路线就叫作关键路线(Critical Path)。关键路线法的主要目的就是确定项目中的关键工作,以保证实施过程中能重点关照,保证项目的如期完成。

①关键路线法的特点。

A.关键路线上活动的持续时间决定项目的工期,关键路线上所有活动的持续时间加起来就是项目的工期。

B.关键路线上任何一个活动都是关键活动,其中任何一个活动的延迟都会导致整个项目完成时间的延迟。

C.关键路线是从起点到终点的项目路线中耗时最长的路线。因此,要想缩短项目的工期,必须在关键路线上想办法。反之,若关键路线耗时延长,则整个项目的完工期就会延长。

D.关键路线的耗时是可以完成项目的最短的时间量。

E.关键路线上的活动是总时差最小的活动。

关键路线法(Critical Path Method,CPM)是一种通过分析哪个活动序列(或哪条路线)进度安排的灵活性,即总时差最少来预测项目工期的网络分析技术。关键路径法(Critical Path Method,CPM)是在项目网络图的基础上,根据活动的历时确定出来的每个活动的最早开始、最早结束、最晚开始、最晚结束的时间或日期,从而判断出项目关键路径上的工期和非关键路径上的时差,以及那些可以灵活安排进度和不能灵活安排进度的活动。

具体而言,该方法依赖于项目网络图和活动持续时间的估计,通过正推法计算活动的最早时间,通过逆推法计算活动的最迟时间,在此基础上确定关键路线,并对关键路线进行调整和优化,从而使项目工期最短,使项目进度计划最优。

②关键路线法计算步骤。关键路线法的关键是确定项目网络图的关键路线,这一工作需要依赖于活动清单、项目网络图及活动持续时间估计等,如果这些文档已具备,则可以借助于项目管理软件自动计算出关键路线,如果采用手工计算,可以遵循如下步骤:

A.把所有的项目活动及活动的持续时间估计反映到一张工作表中。

B.计算每项活动的最早开始时间和最早结束时间,计算公式为 $EF = ES +$ 活动持续时间估计。

C.计算每期活动的最迟结束时间和最迟开始时间,计算公式为 $LS = LF -$ 活动持续时间估计。

D.计算每项活动的时差,计算公式为 $TS = LS - ES = LF - EF$。

E.找出总时差最小的活动,这些活动就构成了关键路线。

最后需要说明的是,以上有关关键路线法的讨论中隐含着一个前提,就是项目活动的持续时间具有单一的估计值,这一估计值是依据历史数据确定的,采用的是活动持续时间的最可能值。因此关键路线法主要适用于项目的大多数活动同以往执行过多次的其他活动类似的、活动持续时间估计有历史数据的可供参考的项目。

③关键路径法的计算案例。

A.关键路径法绘制图例。关键路径法图例如图 6.20 所示。

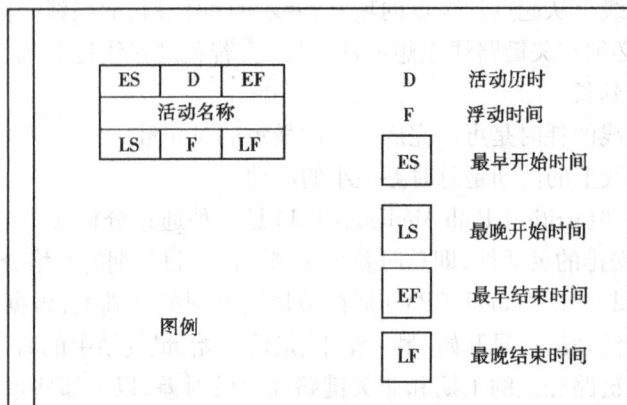

ES	D	EF
活动名称		
LS	F	LF

D　活动历时

F　浮动时间

ES　最早开始时间

LS　最晚开始时间

EF　最早结束时间

LF　最晚结束时间

图例

图 6.20　关键路径法图例

B.顺推法确定每项活动的最早开始时间(ES)和最早结束时间(EF)。顺推法,又称顺排工期法,是指从项目的开始往结束的方向推导,以此计算网络图中每项活动的最早开始时间和最早结束时间。具体来说,分为下面两步:

首先,从网络图的左边开始,最早开始时间加上活动历时(即工期估计),就得到最早结束时间。公式:

最早结束时间(EF) = 最早开始时间(ES) + 活动历时

然后,在不同路径的交会点,应取它前面较大的那个时间数值,作为后面活动的最早开始时间。

办公室网络改造关键路径顺推法如图 6.21 所示。

图 6.21　办公室网络改造关键路径顺推法

C.逆推法确定每项活动的最晚开始时间(LS)和最晚结束时间(LF)。逆推法,又称倒排工期法,是指从项目提交结果的最后期限算起,看看每项活动最晚什么时间结束,或者最晚必须什么时间开始的方法。具体来说,分为如下两步:

首先,从网络图的右边开始,最晚结束时间减去历时,就得到早晚开始时间。公式:

最晚开始时间(LS) = 最晚结束时间(LF) − 活动历时

然后,在不同路径的交会点,应取它后面较小的那个时间数值,作为前面活动的最晚结束时间。

办公室网络改造关键路径逆推法如图 6.22 所示。

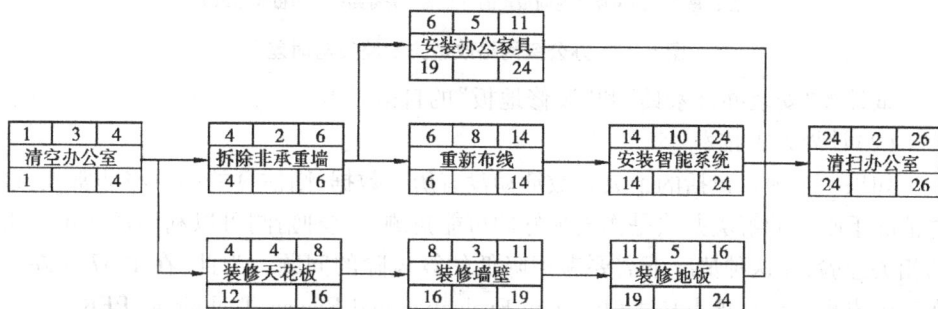

图 6.22　办公室网络改造关键路径逆推法

D.确定活动的时差和关键路径。用活动的最晚结束时间(LF)减去最早结束时间(EF),或者用最晚开始时间(LS)减去最早开始时间(ES),所得之差称为浮动时间,又称时差或机动时间。如果浮动时间大于零,则表示该任务可以在浮动时间内推迟,并且不影响整个项目的完成时间。

办公室网络改造关键路径与时差如图 6.23 所示。

没有时差的活动称为关键活动,包含这些关键活动的路径称为关键路径。公式:

时差 = 最晚开始时间(LS) − 最早开始时间(ES)
= 最晚结束时间(LF) − 最早结束时间(EF)

总时差,是针对某条路径而言的,总时差等于该路径上的所有活动的时差中的最大值。公式:

总时差 = MAX[该路径各活动时差]

自由时差,是多个紧前活动对同一个紧后活动而言的

自由时差 = 后续活动的最早开始时间(ES) − 当前活动的最早开始时间(ES) −
当前活动的持续时间

6	5	11
安装办公家具		
19	13	24

1	3	4
清空办公室		
1	0	4

4	2	6
拆除非承重墙		
4	0	6

6	8	14
重新布线		
6	0	14

14	10	24
安装智能系统		
14	0	24

24	2	26
清扫办公室		
24	0	26

4	4	8
装修天花板		
12	8	16

8	3	11
装修墙壁		
16	8	19

11	5	16
装修地板		
19	8	24

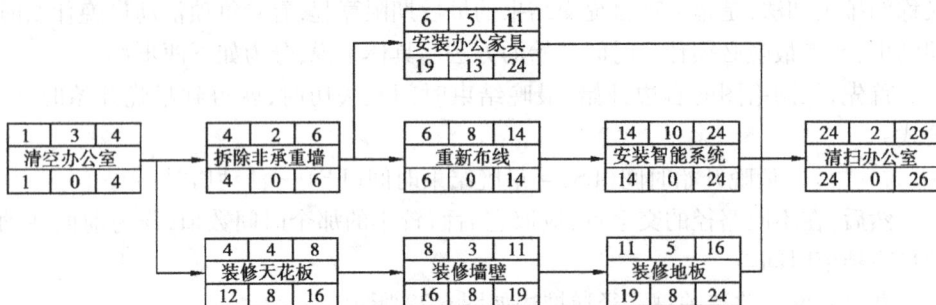

注：每条线路里浮动时间最短的自然成为关键路线（用粗线标识）

图 6.23　办公室网络改造关键路径与时差

试计算"安装办公家具"和"装修地板"的自由时差。

（2）计划评审技术

如果一个项目包括的绝大多数活动没有历史数据，则估算的困难将非常大，这种情况下唯一的解决办法是作出最好的可能猜测。这种猜测可以利用任何可获得的相关经验，在这种情况下需要考虑降低估算风险的问题。为此，在 1957 年左右在美国出现了计划评审技术（Program Evaluation and Review Technique，PERT）。

①PERT 的活动持续时间估算。PERT 把各项目活动时间看成服从某种概率分布的独立随机变量，因此可以采用三点估计法来估算活动的持续时间。

采用三点估计法，PERT 确定活动持续时间的计算公式如下：

$$t_e = \frac{t_o + 4t_m + t_p}{6}$$

进一步可以计算活动持续时间的标准差，其计算公式如下：

$$\sigma = \frac{(t_p - t_o)}{6}$$

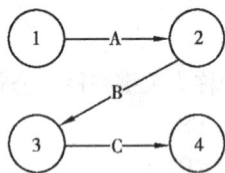

方差越大，即活动的悲观和乐观持续时间之间的差别越大，表明项目班子对该项活动真正需要的时间把握越小，应当采取措施。PERT 计算举例如图 6.24 所示。

图 6.24　PERT 计算举例

由图 6.24 中的简单网络图可知，假定项目的开始时间为 0 并且必须在第 40 天以内完成，项目各项活动的 3 个时间估计如表 6.7 所示。

表 6.7　PERT 计算举例中的各项活动的 3 个时间估计值

活　动	t_o	t_m	t_p
A	2	4	6
B	5	13	15
C	13	18	35

各项活动的平均持续时间计算如下：

活动 A：$t_e = (2 + 4 \times 4 + 6)/6 = 4$

活动 B：$t_e = (5 + 4 \times 13 + 15)/6 = 12$

活动 C：$t_e = (13 + 4 \times 18 + 35)/6 = 20$

各项活动的方差计算如下：

活动 A：$\sigma^2 = \left(\dfrac{6 - 2}{6}\right)^2 = 0.444$

活动 B：$\sigma^2 = \left(\dfrac{15 - 5}{6}\right)^2 = 2.778$

活动 C：$\sigma^2 = \left(\dfrac{35 - 13}{6}\right)^2 = 13.444$

②PERT 中活动的最早与最晚时间计算。在 PERT 中，通过三点估计法确定了活动的持续时间后，PERT 网络的计算就与 CPM 的计算相同了。正推计算可得到活动的最早时间，逆推计算可得到活动的最晚时间。

③PERT 的关键路线消耗时间估算和项目的最早期望结束时间。确定关键路线时 PERT 用活动持续时间的数学期望代替 CPM 的活动持续时间。PERT 认为项目完成时间是服从正态分布的随机变量，其数学期望和方差分别等于关键路线上各活动持续时间的数学期望和方差之和，即：

$$\sigma_{cp} = \sqrt{\sigma_1^2 + \sigma_2^2 + K + \sigma_n^2}$$

接着考虑图 6.24 所示的例子，网络图的关键路线 1—2—3—4 的平均消耗时间等于活动 A，B，C 的平均持续时间之和，即 4+12+20=36。关键路线 1—2—3—4 消耗时间的标准差等于活动 A，B，C 的方差之和的平方根，即

$$\sigma_{cp} = \sqrt{0.444 + 2.778 + 13.444} = \sqrt{16.666} = 4.08$$

项目的最早期望结束时间取决于网络图中的关键路线,等于项目预计开始时间加上关键路线的平均消耗时间。

④PERT 中项目完成的概率计算。将该网络关键路线的平均消耗时间及其标准差反映到关键路线消耗时间这一随机变量的概率分布上,如图 6.25 所示。

在图 6.25 中,在 $\pm\sigma$ 范围内即在 31.92 与 40.08 之间包含了正态曲线下总面积的 68%,在 $\pm2\sigma$ 范围内即在 27.84 与 44.16 之间包含了正态曲线下总面积的 95%,在 $\pm3\sigma$ 范围内即在 23.76 与 48.24 之间包含了正态曲线下总面积的 99%。因此,在 31.92 与 40.08 之间完成项目的概率为 68%,在 27.84 与 44.16 之间完成项目的概率为 95%,在 23.76 与 48.24 之间完成项目的概率为 99%。

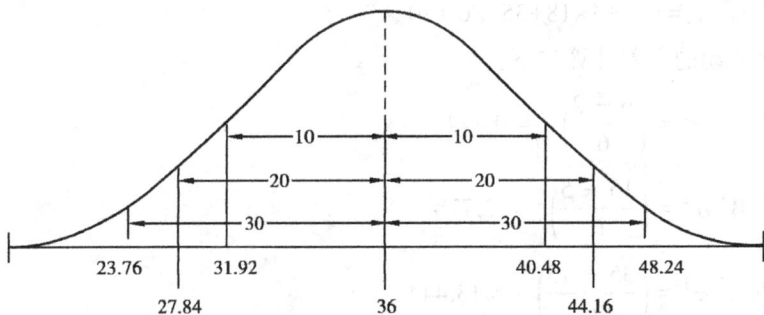

图 6.25　举例中的网络关键路线消耗时间的正态概率分布

(3)两种网络分析技术的比较

CPM 实际上假设了项目持续时间以及整个项目完成时间的长短是确定的,不存在其他可能。而 PERT 则认为它们是随机的,服从某种概率分布。PERT 利用活动逻辑关系和项目持续时间的加权估计,即项目持续时间的数学期望计算项目时间。

从表面上看,CPM 侧重活动,而 PERT 侧重事件。PERT 可以估计整个项目在某个时间内完成的可能性大小,即概率;而 CPM 则不能。PERT 做出来的时间进度计划要比 CPM 原来使用的最大可能估计做出来的更现实。关键路线法是一种确定的网络分析方法,计划评审技术则属于非确定型的网络分析技术,如表 6.6 所示。

表 6.8　两种网络分析方法的比较

比较项目	关键路线法	计划评审技术
技术类型	确定型	概率型
活动的流向	所有活动均由起点流向终点,不允许有回路	所有活动均由起点流向终点,不允许有回路
活动的持续时间	活动的持续时间是确定的	活动的持续时间为概率型,计算时用期望值
逻辑关系	所有节点及活动都必须实现	所有节点及活动都必须实现,但条件改变时可预测实现概率
适用情况	适用于项目活动的持续时间有历史数据的项目	适用于项目活动的持续时间受到较多不可预知因素影响的项目,如从未做过的新的项目或复杂的项目

7) 项目进度计划的输出形式

除了如表 6.6 所示的那种表格式输出形式之外,项目进度计划的输出更多地采用图形形式,如甘特图、里程碑图、时间坐标网络图等。

（1）甘特图

甘特图（Gantt Chart）也称为条形图或横道图,是描述进度计划最常用的工具,它将项目活动与时间的关系表示成二维图形,从而直观地表达了项目的各项活动及其所需要的时间。具体来说,项目活动在纵轴上列出,项目活动时间在横轴上列出。横道线显示了每项活动的开始时间、结束时间以及活动的持续时间,另外还可以用不同的横道线把关键活动和非关键活动区分开来。

甘特图时间轴的单位决定了项目计划的粗略程度,根据项目计划的需要,可以小时、天、周、月或年为单位作为度量项目进度的时间单位。例如,如果一个项目需要一年的时间才能完成,可以选择周甘特图或月甘特图,如果一个项目需要一个月左右的时间就能完成,则用日甘特图更有助于实际的项目管理,如图 6.26 所示。

（2）里程碑图

里程碑图与甘特图类似,但仅表示主要可交付成果的计划开始和完成时间以及关键的外部界面,如表 6.9 所示。

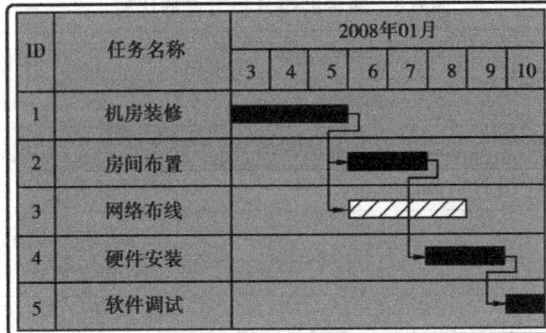

注：黑色的表示关键活动，用链接箭线表示前后任务之间的
紧密连接关系。

图 6.26　甘特图

表 6.9　某系统开发的里程碑图

里程碑事件	1 周	2 周	3 周	4 周	5 周	6 周	7 周	8 周	9 周
通过评审的项目可行性研究报告	▲								
用户确认的需求规格说明书		▲							
通过评审的需求设计报告			▲						
通过评审的详细设计报告						▲			
通过验证的源代码和目标代码								▲	
通过系统测试的目标代码									▲
可供用户使用的用户手册							▲		

小知识

微型里程碑

　　在项目的每一阶段，无论是开发阶段、测试阶段、里程碑阶段还是做计划阶段，我们都要进行监视。

　　每一阶段中一项关键性管理活动就是积极跟踪项目进展。每一阶段的计划都要为跟踪进展打下工作基础。要做到这一点，就应确立一系列细化的里程碑——即微型里程碑，项目经理可以根据它们来评估项目的进展状况。

微型里程碑在开发中是项目成员经常面对的项目——至少每周一次,次数多些更好。每天一次大概是切合实际的里程碑的最小尺度。每个里程碑都是"二元的",这意味着它要么完成要么没完成,它不会是"90%完成了"。因为这些里程碑很小,所以也被称为"英寸石"。

微型里程碑的原理有利于项目进度的计划与管理,可以根据微型里程碑的状态轻易地统计出真实的项目进展情况。此外,微型里程碑还可以帮助该项目组将注意力集中在最重要的任务上。若仅仅使用长期里程碑,开发人员可能轻易地在这里浪费一天时间。在浪费的时间里,项目组成员在一些似乎有趣或高产的模糊观念上兜圈子,他们可能花费了时间却未能推动项目进展。

确定微型里程碑将花费时间,但是用过这种人生做法的许多人都会认同:一旦确定了里程碑,他们的工作就已经完成了一半。

6.4　电子商务项目资源管理计划

6.4.1　电子商务项目资源管理计划的定义

电子商务项目资源,就是完成电子商务项目所必需的各种实际投入。电子商务项目资源在硬件上包括项目中完成任务的人员、设备、物资、资金以及时间等,软件上包括电子商务项目所需的各种技术、信息等。

1)电子商务项目资源的分类

在项目管理中对所使用的资源进行分类的方法有多种,如按资源用途、资源使用手段、资源特点等进行分类。不过,对于电子商务项目而言,通常可作如下划分:

(1)人力资源

包括项目实施中的人力问题,各种级别的人力,各种不同专业的人才以及不同层次的管理人员。人力是项目实施中的主体,具有持续使用、有限制的特点。

(2)物资资源

如服务器、电脑、交换机、开发工具、数据库系统、服务器机房等设备,以及各种材料,这类资源是主体的工作对象,构成项目的实体和手段。

（3）时间资源

从项目启动到项目结束的有限时间范围,是一种消耗性资源。

（4）资金资源

从项目投入资金到项目结束时总投资入的资金,是一种消耗性资源。

案例:行政管理与项目资源的冲突(人力资源的冲突)

小张是技术处的一名职工,最近被抽调到某新产品开发项目组工作。有一天,小张接到他的处长老李的电话:"小张,你现在能不能马上到处里来一下?"

小张正与项目客户讨论一些项目的技术细节,一下子很难走开,他想向李处长解释一下。可是,没等他讲完,李处长便轻轻将他的话打断了:"你很忙啊,好,好,那你就看着办吧。"

结果会怎么样?小张立刻放下手头的工作,气喘吁吁地赶回处里,问李处长出了什么事。

"其实也没什么大事,就是我的一份资料找不着了,想请你回来帮着找一找。"李处长不介意地说。

小张有脾气吗?没有,因为他知道,对他来说,李处长远比项目经理重要。

项目组没有冗余人员,不同环节需要不同的人员来完成项目任务。当任务完成后,他们将离开项目组。

相关人员从哪里来,往哪里去?很显然,从各个相关部门来,到各个相关部门去。因此,部门经理们通常会认为:"我们不是收容所,如果项目需要人我们就给它人,不需要人时我们还要接受他们,那么部门的工作就没法干了。"

这种情况造成的结果是,项目经理需要的是"贤人",但部门提供的是"闲人",部门经理和项目经理常常为了抢夺项目资源而起纠纷。

2) 项目资源分析

当项目管理者在规划完成项目需要哪些资源(包括人员)时,必须考虑如下7个基本要素:人员、资金、工具、设备、原材料、信息、技术。项目经理和项目经理班子必须要解决这7个基本要素。为此,需要回答如下两个基本问题:

①完成每项工作活动需要哪些原材料、设备以及什么样的项目成员。通过项目网络计划图和工作结构分解,将很快得到一张完成该项活动的资源清单。

②在该清单中,已拥有哪些资源?还缺什么资源?如何才能获得?

人员是项目管理的关键,在配置其他资源之前,首先要配置项目的队员。即使在一个小型的日常项目中,选择最合适的人员也显得相当重要。

6.4.2　项目资源计划的过程

项目资源计划的过程主要指项目资源管理计划的编制。通过工作分解结构、范围定义、历史资料、资源库信息和工作进度计划,采用组织策略和工具,辅以数学模型,输出资源文件。

1) 编制资源规划的输入

(1)工作分解结构(WBS)

工作分解结构显示并确定了要研制的产品或服务,并使要完成的工作单元彼此之间及其和最终成品之间建立起联系。在 WBS 的工作单元级,将得到项目最基本的资源需求说明。工作分解结构明确了项目的各个工件所需资源的基本情况,因此 WBS 是资源规划的基础。任何其他相关计划的输出都应该以 WBS 作为合适的控制工具。

(2)范围定义

范围定义包括了项目工作说明和项目目标,这些应该在项目资源计划的编制过程中特别予以关注。

(3)历史资料与关注电子商务市场

历史资料记录了以前类似工作使用资源的情况,不过对于电子商务项目来说,可借鉴的新资料并不多,更多的要通过关注电子商务市场的发展状况来达到参考与借鉴的目的。

(4)资源库信息

资源库就是项目组拥有的可供使用的资源描述的集合,资源规划所应得到的资源都应在资源库中予以说明,即一个关于本项目资源的数据库。资源库应紧密依靠 WBS 并始终保持一致。

(5)项目工作进度计划

项目工作进度计划是制订资源计划的基础。通过项目的进度计划可明显看出每一项工作何时需要何种资源。

2) 资源文件的输出

资源文件是资源规划的输出结果,它表述了项目对资源的需求。资源文件通过资源规划的方法与技术将由资源库和工作分解所得到的资料作进一步整理而形成的文件。在资源文件中,应明确规定工作分解结构每个单元需要什么类型的资源及数量,包括人员、设备、资金等。除了为费用估算、预算和费用控制提供依据外,资源文件还可以为项目人力资源管理和项目采购管理提供重要的信息。

资源文件并没有一定的格式,项目经理可根据自己的项目特点,结合工作结构分解制订。

6.5 电子商务项目费用管理计划

电子商务项目费用管理主要指费用预算及其风险控制。制订项目的费用预算是从确定项目工作要素的估价单开始,包括每个工作要素的价格、费用与利润。在制订费用预算时要控制好费用预算的层次。层次太少,项目预算缺乏控制;层次太多,则意味着要过多地准备时间与费用,使项目难以控制。

6.5.1 电子商务项目费用结构分解与费用估算

费用分解结构是完成这项工作的有效工具,它将估算费用按工作包分配到 WBS 中去,替换其中的产品或服务,得到比较明晰的费用分配树。它的分解可以按照与工作分解结构相适应的规则进行,并形成相应的、便于管理的账目分解结构(ABS),ABS 是组织单元为分项工作而对其费用加以管理的一种工具(可以参考 WBS 绘制,内容变更为金额)。更为直观的方法是直接在 WBS 的工作结构分解表中增加一列,从最明细项开始填写预算费用,并在更高层次中各自汇总,如表 6.10 所示。

表 6.10 带有预算费用项目的工作分解结构

WBS 编码	具体任务	预算费用
1.1	需求分析	5 500
1.1.1	走访客户	500
1.1.2	分析技术要求	3 000
1.1.3	分析商务条件	2 000
1.2	系统设计	28 000
1.2.1	概要设计	5 000
1.2.2	详细设计	23 000
1.3	开发	183 000

续表

WBS 编码	具体任务	预算费用
1.3.1	登录系统开发	65 000
1.3.2	系统配置开发	26 000
1.3.3	信息录入模块开发	13 000
1.3.4	信息处理模块开发	33 000
1.3.5	信息打印输出模块开发	23 000
1.3.6	数据传输模块开发	23 000
1.4	文档编写	13 000
1.4.1	用户手册编写	5 000
1.4.2	培训教材编写	8 000
1.5	测试	24 000
1.5.1	单元模块测试	12 000
1.5.2	集成测试	6 000
1.5.3	综合测试	6 000
1.6	验收	30 000
1.6.1	用户培训	10 000
1.6.2	售后支持	20 000

> 小知识
>
> ### 电子商务软件开发费用的估算
>
> 在电子商务软件开发中,国外通常以代码行估算,不过这种估算方法有较大的偏差,因为国内外对于代码的书写规范要求不尽相同。现行国内较有效的方法是基于功能点和人月来估算,即在需要规格说明书的基础上,考虑所花人力费用开销,再乘以一定的系数(如乘以1.3或1.5)以规避不可预见的费用带来的风险。另外,如果有历史资料可循,也可以通过查询历史资料加以参考以达成较准确的预算。

6.5.2 电子商务项目费用预算方法

1）项目费用预算制订的原则

准确的费用预算是每个项目成功的关键因素。为了制订准确的费用预算，必须遵循如下原则：

（1）项目费用与既定的项目目标相联系

为了达成不同的效果，费用预算时的差距可能达到数倍。因此，透彻理解既定项目的目标要求，才能达到"把钱用在刀刃上"的效果。

（2）项目费用与项目进度有关

一般情况下，项目的进度越快，项目的费用越高（通常是加班、加急等费用）；不过，拖期或怠工的费用同样会导致项目费用的产生（没有工效却依然支付各种费用），这种情况需要通过有效的进度计划与控制来杜绝。

（3）项目费用取决于项目组成员对项目计划的理解和把握

项目组成员对项目计划的理解也极大地影响着项目的费用。如果项目经理与项目执行者能够很好地沟通，项目费用将有效地节省。

2）项目费用预算的内容

（1）人工费用

通常人力是指人员工资，在做预算时还要考虑诸如加班费、人员离职后招聘费用等。

（2）调查费用

电子商务项目中很多子项目的推出，或者某个网络营销方案的产生都需要大量的调查数据。在互联网上有不少专业机构专门从事各种数据调查，而这些调查中最具有商业价值的数据通常需要收费。因此，调查费用将是一笔必要的开支。调查的结果在很大程度上将对未来电子商务平台业务的推出起着至关重要的作用。

（3）接洽费用

电子商务项目涉及投资较大，可能存在较多的项目干系人（如投资商、政府机构、分包商等）。因此，各类接洽工作不可避免，事先预算出这类费用能够使项目有序地进行。

（4）分包与顾问费用

当项目团队缺少某项专门技术时，可以通过分包子项目，或者聘用具有相当水平的专家充当项目顾问以保证项目按顺序进行。因此,在项目工作分解后,可以通过对项目团队技术能力进行充分考虑,预算这一部分的费用。

(5)原材料

原材料费用对于电子商务项目来说,可能存在硬件(设备、耗材)和软件组件两大类。由于大多数电子商务项目存在软件开发的过程,为了保证软件的开发质量和开发效率,必要时购买软件组件以提高工效成为一件很自然的事情。通过购买组件(必要时购买源码),将给软件开发带来极大的工效。

以上仅是预算表中所包括的部分内容,实际中还需要考虑更多的因素。为了防止遗漏,可以尝试编制项目预算表,如表 6.11 所示。

表 6.11　机房建设子项目费用预算表

项目名称:机房建设子项目　日期:2008 年 7 月 10 日至 2008 年 8 月 31 日　制表人:李成							
项目大项	项目细项	开始时间	结束时间	数　量	单　价	预计费用	小　计
人员费用	负责人工资	2008 年 7 月 10 日	2008 年 8 月 31 日	1	5 000	5 000	3 000
	装修负责人	2008 年 7 月 10 日	2008 年 7 月 31 日	1	2 000	2 000	
	硬件安装负责人	2008 年 8 月 1 日	2008 年 8 月 15 日	1	2 000	2 000	
	安装人员费用	2008 年 8 月 1 日	2008 年 8 月 15 日	3	1 500	4 500	
	管理费用	2008 年 8 月 1 日	2008 年 8 月 30 日	3	500	1 500	
	顾问费用	2008 年 7 月 10 日	2008 年 8 月 5 日	1	8 000	8 000	
原材料	投影仪	2008 年 8 月 1 日	2008 年 8 月 15 日	1	15 000	15 000	800 000
	服务器	2008 年 8 月 1 日	2008 年 8 月 15 日	2	50 000	100 000	
	计算机	2008 年 8 月 1 日	2008 年 8 月 15 日	50	3 000	150 000	
	交换机	2008 年 8 月 1 日	2008 年 8 月 15 日	5	1 000	5 000	
	…	…	…	…	…	…	

3)项目费用预算方法

项目费用预算通常用两种方法:自上而下法和自下而上法。

(1)自上而下的项目费用预算

这种方法主要依赖于中上层的项目管理人员的经验判断。这种方法可能来自历史数据或相关项目的现实数据。首先,由项目的上层和中层管理人员对项目的总体费用、构成项目的子项目费用进行估计,并将这些估计的结果给低层的管理人员。在此基础上,他们对组成项目或子项目的任务和子任务的费用进行估计。然后向下一级传递,直到最底层。

这种预算方法的缺点是:当上层管理人员根据他们的经验进行的费用估计分解到下层时,可能会出现下层人员认为上层的估计不足以完成相应任务的情况。这时,下层人员为了避免与上级的冲突不一定会表达出自己的真实观点,因此,可能存在一些费用被低估或被漏估的现象。在实际工作中,下层人员通常采取沉默的态度来等待上级管理者自行发现问题并予以纠正,这样往往会给项目带来诸多问题,甚至导致项目的失败。

自上而下的项目预算方法的优点是:总体预算往往比较准确,通过将既定预算在一系列工作任务中分配,避免了某些任务获得过多的预算而使其他任务预算被忽视的情况。

(2)自下而上的项目预算

自下而上的项目预算方法要求运用 WBS 对项目的所有工作任务时间和预算进行仔细考察。最初,预算是针对资源(团队成员的工作时间和原材料)进行的,然后才转化为所需要的经费。所有工作任务估算的总体汇总就形成了项目总费用的直接估计。项目经理在此基础上再加上适当的间接费用(如不可预见的费用等)和项目的目标利润,就形成了项目总预算。

自下而上的预算方法要求全面考虑所有涉及的工作任务。它和自上而下的预算方法一样,该方法也要求项目有一个详尽的 WBS。

这种预算方法同自上而下的方法一样,存在着一个估计准确的问题:当基层管理人员认为上层管理人员会以一定比例削减预算时,他们就会高估自己的资源需求;而上层管理人员又认为下层的估算含有水分,需要加以消减,从而陷入僵局,最终只好由双方做某种程度的妥协。

在现实中常用自上而下预算方法,高层管理者出于对总体利益的权衡,不会轻易放弃资金分配的权力。无论哪一种方法,得出预算数字后的进一步工作就是对已估算出的结果进行调整。

首先,借助工作分解结构或工作任务表对估算结果进行初步调整,以增补遗漏的工作任务,删减不必要的工作活动。

其次,要依据项目所处的政治经济环境,对估算结果进行综合调整,一般是在初步调整结果的基础上变动一定比例的百分数。

最后,当项目预算看上去已经合理可行时,就要将其写进项目计划提交审核,说服高层管理人员接受。这个过程可能存在循环,直到双方满意为止。调整的表格可以参考预算表格加以修改,增加调整比例、整理理由。

6.5.3　电子商务项目的不可预见费用

电子商务项目与传统项目最大的区别之一就是风险较大。由于涉及面广、缺乏可参考的陈规。即使在项目预算中尽可能将工作任务划分仔细,仍然有可能会有突发性的费用产生。不过,预见费用正是为了防范这类风险而预留的保险机制。

不可预见费用,是指为了应付突发事件或未能预料到的变化而准备的费用,主要用于防备因失误和疏忽而造成的费用增加。

不可预见费用的数额是根据项目工作范围、风险分析(如数量偏差、价格变化、进度拖延和项目特殊情况)、类似项目的经验以及项目团队的评估来确定的。在所有的费用估算和预算中,都应该将不可预见费用单独列出。通常不可预见费用所占的比较为 10%,不过对于不同的电子商务项目可以作适当的调整(例如倍增或倍减)。

不可预见费用主要用于应付在项目管理中做预算时没能预见的一切可能变动,这些变动没有超出既定的项目工作范围。如果是计划与设计的重大变更,或进度的重大变动等所导致的可能费用的增加,则需要重新估算,追加投资,而不能利用不可预见的费用来支付。也就是说,列入费用预算的不可预见费用,不包括那些人们无法预料和控制的风险(如不可抗力、社会经济发生重大变化等)引起的异常风险费用。

1)不可预见费用的估算

不可预见费用要考虑两个方面:一是"基本不可预见费用",这是综合考虑项目实施中各项费用可能发生的不利情况和有利情况,按其平均值来选取的;二是"最大风险不可预见费用",指的是在最坏情况下需要考虑的不可预见费用。

电子商务项目管理中可以通过采用"蒙特卡罗法"来求取基本不可预见费用,该方法通过进行模拟风险分析来确定不可预见费用。

(1)提交估算

这是根据所获得的图纸、文件和数据等资料,按 WBS 中组码一级分类编制的估算。此估算包括应当考虑的信息余量,但不包括不可预见费用。

(2)确定风险区

风险区分为两大类:定量风险区和附加风险区。

①定量风险区。定量风险区是指与提交估算偏差幅度有关的风险。通常将它分解成三个主要风险区:技术信息风险、材料统计风险和价格风险。设计部门负责评估其中的技术信息风险和材料统计风险,采购部门负责评估价格风险。模拟风险分析流程如图 6.27 所示。

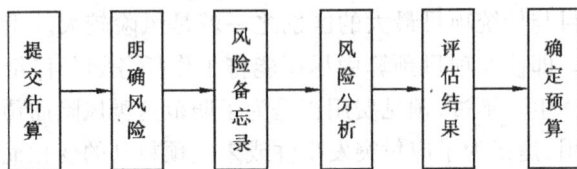

提交估算 → 明确风险 → 风险备忘录 → 风险分析 → 评估结果 → 确定预算

图 6.27　模拟风险分析流程图

技术信息风险主要是指提交估算所使用的资料、数据的可靠程度;材料统计风险是指对编制估算的数量、数据表和费用等统计工作的准确性进行评估;价格风险是对定价方法和单价的准确性进行评估。这三个主要的定量风险区将依次顺序进行。

②附加风险区。附加风险区是指为了求取最大风险不可预见的费用而应评估的风险。

(3)编制风险备忘录

风险备忘录是指应对可能影响费用和进度的潜在风险因素着重予以强调。

(4)风险分析

根据风险备忘录提出的风险评估数据,可以采用蒙特卡罗模拟技术进行风险分析。

蒙特卡罗模拟技术是用随机数对输入的每类费用进行随机模拟,经过多次模拟,得到每类费用和项目费用的概率分布图。并根据概率分布曲线和可接受的风险等级来选择不可预见的费用。

用蒙特卡罗法进行模拟风险分析时,应输入下述数据:

①净估算值(不含不可预见费用)。

②高估值(最小值)。可用百分比或数值来表示,高估值是指估算值可能大于实际最终值的百分比或数值(从估算值中减去高估值即可得到最小估算值)。该值限定出现的机会为十分之一或更小。

③低估值(最大值)。低估值是指估算值可能低于实际最终值的百分比或数值(将估算值加上低估值即可得到最大估算值),该值限定出现的机会为十分之一或更小。

输入上述数据的目的是为了界定各类费用可能变化的范围。然后通过模拟计算得到概率分布曲线,一般以概率为 50%作为定量风险分析的最可能值,再加上附加风险即可确定不可预见费用。

(5)评估结果

根据风险分析结果,取概率为 50%的值减去提交估算值作为基本不可预测费用,再根据项目的具体情况求得最大风险不可预见费用,由项目经理会同项目组有关人员进行审核,并由项目经理向高层管理部门提出建议的不可预见费用。

(6)确定不可预见费用

由高层管理部门最终审定不可预见费用。

2)不可预见费用的管理

将基本不可预见费用作为费用估算的组成部分列入估算中,而将最大风险不可预见费用作为项目的一项独立费用,用来弥补通过判断可能发生的主要风险所引起的额外损失。

不可预见费用在项目实施过程中要不断地分析和调整。对项目实施过程中编制的每次估算(如初期控制估算、批准的控制估算、首次核定估算和二次核定估算)都要进行风险分析和修正。

随着项目实施的进展,费用估算中某些费用项发生,不会再超支,这时应该把至今未见成效的费用项作为控制不可预见费用的重点,定期进行核定,避免费用超支。随着电子商务项目工作的开展,可预见的范围扩大,不确定因素逐渐减少,这时需要定期对剩余时间内的不可预见性进行正式的评估。从整个电子商务项目周期来看,不可预见费用的调整要依据不可预见费用缩减的原则进行。可以采用直线下降法确定,即从控制估算的不可预见费用水平开始,恒量地减少到项目目标实现。

6.6 电子商务项目质量管理计划

6.6.1 电子商务项目质量的定义

1)质量

根据国际标准 ISO 8402 对质量的定义,质量是反映实体满足规定或潜在需要的特性总和,包括如下内容:

①质量的实体也就是质量的主体,它是能够被单独地描述或研究的事物,包括产品、服务、活动、过程、体系或过程,质量的客体是顾客和其他相关方。

②质量是满足要求的程度。要求包括明示的、隐含的和必须履行的需求和期望,定义中的"满足规定",一般是指在合同环境中,用户明确提出的要求和需要,通常是指通过合同及标准、规范、图纸和技术文件作出明文规定,由供方保证实现,定义中的"潜在需要"一般是指市场环境中,用户未提出或未明确提出的,而由企业通过市场调研进行识别和探明的要求或需要,这是用户或社会对产品服务的期望。

质量具有如下特征:

第一,质量是综合的概念。质量要求功能、成本、服务、环境、心理等诸方面都能满足用户需要,即在一定条件下,实现上述诸要求的最佳结合。

第二,质量是一个动态、相对、变化、发展的概念。质量将随着地域、时期、使用对象、社会环境、市场竞争的变化而赋予不同的内容和要求,而且随着社会的进步及知识创新,其内涵与要求也是不断更新和丰富的。

第三,质量定义中的特性,是指实体所特有的性质,而不是赋予的特性,它反映了实体满足需要的能力。

现行的质量定义特别强调要满足顾客的需要,而以往对质量的概念仅局限于符合规定的要求,而忽视了顾客的需要,这是质量管理的一大发展。

小知识

ISO 9000

ISO 9000 是由西方的品质保证活动发展起来的。二战期间,因战争扩大,武器需求量急剧膨胀,美国军火商因当时武器制造工厂的规模、技术、人员限制未能满足"一切为了战争"。美国国防部为此面临千方百计扩大武器生产量,同时又要保证质量的现实问题。分析当时企业:大多数管理是 NO1,即工头凭借经验管理,指挥生产,技术全在脑袋里面,而一个 NO1 管理的人数很有限,产量当然有限,与战争需求量相距很远。于是,国防部组织大型企业的技术人员编写技术标准文件,开设培训班,对来自其他相关原机械工厂的员工(如五金、工具、铸造工厂)进行大量训练,使其能够在很短的时间内学会识别工艺图及工艺规则,掌握武器制造所需要的关键技术,从而将"专用技术"迅速"复制"到其他机械工厂,从而奇迹般地有效地解决了战争难题。战后,美国国防部将该宝贵的"工艺

文件化"经验进行总结、丰富,编制更为周详的标准在全国工厂推广应用,并同样取得了满意的效果。当时美国盛行文件风,后来,美国军工企业的这个经验很快被其他工业发达国家的军工部门所采用,并逐步推广到民用工业,在西方各国蓬勃发展起来。

随着上述品质保证活动的迅速发展,各国的认证机构在进行产品品质认证的时候,逐渐增加了对企业的品质保证体系进行审核的内容,进一步推动了品质保证活动的发展。到了20世纪70年代后期,英国一家认证机构BSI(英国标准协会)首先开展了单独的品质保证体系的认证业务,使品质保证活动由第二方审核发展到第三方认证,受到了各方面的欢迎,更加推动了品质保证活动的迅速发展。

通过三年的实践,BSI认为,这种品质保证体系的认证适应面广,灵活性大,有向国际社会推广的价值。于是,BSI在1979年向ISO提交了一项建议。ISO根据BSI的建议,当年即决定在ISO认证委员会"品质保证工作组"的基础上成立"品质保证委员会"。1980年,ISO正式批准成立了"品质保证技术委员会"(即TC176)着手这一工作,从而导致了"ISO 9000"标准的诞生,健全了单独的品质体系认证制度,一方面扩大了原有品质认证机构的业务范围,另一方面又导致了一大批新的专门品质体系认证机构的诞生。

自从1987年ISO 9000系列标准问世以来,为了加强品质管理,适应品质竞争的需要,企业家们纷纷采用ISO 9000系列标准在企业内部建立品质管理体系,申请品质体系认证,很快形成了一个世界性的潮流。目前,全世界已有100多个国家和地区正在积极推行ISO 9000国际标准。

一般说来,获得ISO 9000认证的好处分为内部和外部。

内部可强化管理,提高人员素质和企业文化;外部可提升企业形象和市场份额。具体内容如下:

1.强化品质管理,提高企业效益;增强客户信心,扩大市场份额。

负责ISO 9000品质体系认证的机构都是经过国家认可机构认可的权威机构,对企业品质体系的审核是非常严格的。这样,对于企业内部来说,可按照经过严格审核的国际标准化品质体系进行品质管理,真正达到法治化、科学化的要求,极大地提高了工作效率和产品合格率,迅速提高企业的经济效益和社会效益。对于企业外部来说,当顾客得知供方按照国际标准实行管理,拿到了ISO 9000品质体系认证证书,并且有认证机构的严格审核和定期监督,就可以确信该企业是能够稳定地提供合格产品或服务,从而放心地与企业订立供销合同,扩大了企业的市场占有率。可以说,在这两方面都收到了立竿见影的功效。

2.获得了国际贸易绿卡——"通行证",消除了国际贸易壁垒。

许多国家为了保护自身的利益,设置了种种贸易壁垒,包括关税壁垒和非关税壁垒。其中非关税壁垒主要是技术壁垒,技术壁垒中,又主要是产品品质认证和 ISO 9000 品质体系认证的壁垒。特别是在世界贸易组织内,各成员国之间相互排除了关税壁垒,只能设置技术壁垒,所以,获得认证是消除贸易壁垒的主要途径。我国入世以后,失去了区分国内贸易和国际贸易的严格界限,所有贸易都有可能遭遇上述技术壁垒,应该引起企业界的高度重视,及早防范。

3.节省了第二方审核的精力和费用。

在现代贸易实践中,第二方审核早就成为惯例,又逐渐发现其存在很大的弊端:一方面,一个组织通常要为许多顾客供货,第二方审核无疑会给组织带来沉重的负担;另一方面,顾客也需要支付相当的费用,同时还要考虑派出或雇佣人员的经验和水平问题,否则,花了费用也达不到预期的目的。唯有 ISO 9000 认证可以排除这样的弊端。因为,作为第一方申请了第三方的 ISO 9000 认证并获得了认证证书以后,众多第二方就不必再对第一方进行审核。这样,不管是对第一方还是对第二方都可以节省很多精力或费用。还有,如果企业在获得了 ISO 9000 认证之后,再申请 UL、CE 等产品品质认证,还可以免除认证机构对企业的质量管理体系进行重复认证的开支。

4.在产品品质竞争中永远立于不败之地。

国际贸易竞争的手段主要是价格竞争和品质竞争。由于低价销售的方法不仅使利润锐减,如果构成倾销,还会受到贸易制裁。所以,价格竞争的手段越来越不可取。20 世纪 70 年代以来,品质竞争已成为国际贸易竞争的主要手段,不少国家把提高进口商品的品质要求作为奖出限入的贸易保护主义的重要措施。实行 ISO 9000 国际标准化的品质管理,可以稳定地提高产品品质,使企业在产品品质竞争中永远立于不败之地。

5.有利于国际间的经济合作和技术交流。

按照国际间经济合作和技术交流的惯例,合作双方必须在产品(包括服务)品质方面有共同的语言、统一的认识和共同遵守的规范,方能进行合作与交流。ISO 9000 质量管理体系认证正好提供了这样的信任,有利于双方迅速达成协议。

6.强化企业内部管理,稳定经营运作,减少因员工辞职造成的技术或质量的波动。

7.提高企业形象。

2）电子商务项目质量

电子商务项目质量表现在两个方面：一是电子商务项目过程质量；二是电子商务项目成果质量。如果未能满足两个方面中的任何一个，均会对项目产品及部分或全部项目干系人造成消极后果。电子商务项目质量的"明确要求和隐含需要"将在项目范围管理中隐含需要转变为明确需求，不能明确的需求会给项目质量带来风险。

电子商务项目中通常含有软件工程，其中对于软件需求的提出显得尤为重要。由于软件（或网站）在未开发出来以前的不可见性、缺乏相应的参照等，其各项功能特别容易被人忽视。因此，类似于软件工程中《需求规格说明书》一类的需求文档就非常必要，这类文档将约定项目最终达成的质量要求，是项目开发、推进与验收的出发点和归宿。

小原则

ISO 9000：2000 版八大质量管理原则

ISO 9000：2000 版八项质量管理原则是 ISO/TC 176 在总结质量管理实践经验，并吸纳了国际上最受尊敬的一批质量管理专家的意见，用高度概括、易于理解的语言所表达的质量管理最基本、最通用的一般性规律，成为质量管理的理论基础。它是组织的领导者有效实施质量管理工作必须遵循的原则。

1. 以顾客为关注焦点

组织依赖于顾客，因此组织应该理解顾客当前的和未来的需求，从而满足顾客要求并超越其期望值。①顾客永远是对的；②如果不对，则参照第①条。

2. 领导作用

领导者将本组织的宗旨、方向和内部环境统一起来，并创造使员工能够充分参与实现组织目标的环境。质量问题 80% 与管理有关，20% 与员工有关。

3. 全员参与

各级员工是组织的生存和发展之本，只有他们的充分参与，才能使其给组织带来最佳效益。岗位职责包括了全体员工（从总经理到基层员工）。

4. 过程方法

将相关的资源和活动作为过程进行管理，可以更高效地取得预期结果。流程图方法。

5.管理的系统方法

针对设定的目标,识别、理解并管理一个由相互关联的过程所组成的体系,有助于提高组织的有效性和效率。木水桶的围板原理。

6.持续改进

是组织的一个永恒发展的目标。PDCA 循环。

7.基于事实的决策方法:

针对数据和信息的逻辑分析或判断是有效决策的基础。用数据和事实说话。

8.互利的供方关系

通过互利的关系,增强组织及其供方创造价值的能力,如麦当劳的管理方式。

3)电子商务项目质量管理

根据国际标准 ISO 8402 对质量管理的定义,从总体上讲质量管理应包括企业的质量战略计划、资源分配和其他系统性的活动,为满足用户对质量提出的越来越严格的要求,企业必须开发一系列的技术活动和管理活动,包括直接影响产品质量的要素控制,并对这些控制活动进行精心的计划、组织、协调、审核和检查,以实现质量计划目标。所有这些活动统称质量管理。

项目质量管理是为满足项目相关利益者需要的,对项目产出物的质量和项目工作质量的全面管理工作。

项目质量管理涵盖了全面管理职能的所有活动,这些活动决定着质量方针、目标和责任,并在质量体系中凭借着质量计划编制、质量控制、质量保证和质量改进等措施,决定对质量方针的执行,对质量目标的完成以及对质量责任的履行。

项目质量的管理过程包括:质量计划编制、质量保证和质量控制。

电子商务项目质量管理包括:为了保证项目满足电子商务项目目标要求,指导、组织和控制关于质量的相互协调的活动的过程。电子商务项目团队应该认识到现代质量管理是对项目管理的补充。

(1)用户满意是检验和衡量质量优劣的基本尺度

让用户满意是市场经济条件下质量的新观念,项目的质量管理工作必须面向用户,了解和研究用户的需求,为用户服务。电子商务属于服务行业,更要把满足用户需要放在项目管理的首位,做好用户服务,不断提高服务质量。

"服务"是一种无形的产品,服务质量是指企业在销售前后的服务过程中,满足用户要求的程序。其质量特性依服务业内不同行业而异,但一般包括以下内容:

①服务时间。指为用户服务主动、及时、准时、适时、周到的程度。

②服务的能力。指为用户服务时准确判断,迅速排除故障,以及指导用户合理使用产品的程度。

③服务态度。指在服务过程中,热情、诚恳、有礼貌、守信用,尽力良好服务的信誉程度。

(2)要保证项目质量,首先要保证工作质量

工作质量是指参与项目的实施者,为了保证项目质量,所从事工作的水平和完善程度。工作质量包括:

①社会工作质量。如社会调查、市场预测和质量回访等。

②生产过程工作质量。如政治思想工作质量、管理工作质量和技术工作质量等。工作质量的好坏是整个项目过程的各方面、各环节工作质量的综合反映,而不是靠质量检验检查出来的,检查和检验只是质量管理中的一种手段。要保证工作质量要求有关部门和人员精心工作,对决定和影响工作质量的所有因素严加控制,即通过工作质量来提高项目质量。

③必须坚持全面的质量管理。中国质量管理协会对全面质量管理的定义是:企业全体职工及其有关部门同心协力,综合运用管理技术、专业技术和科学方法,经济地开发、销售用户满意的产品和管理活动。全面质量管理意味着利用每个人的努力以最低的成本制造零缺陷的产品,零缺陷意味着不断满足顾客的需求。

小知识

6σ 质量管理

6σ 质量的名词来源于统计学的度量,一个过程相对于其规定的极限有多广的变化范围。问题是,制造出来的零件如果超出了规范的限度(质量过高、过于苛刻),对于任何人来说都意味着价格昂贵。因此,我们应该减少产品变化的范围,使用过程的变化比规定中所允许的变化要小得多。那么,让缺陷成为一种稀少的事物。生产的成本和使用的成本,对于过程的起始人一直到最终的用户来说,都将减少。

6σ 管理法是一种统计评估法,其核心是追求零缺陷生产,防范产品责任风险,降低成本,提高生产率和市场占有率,同时提高顾客满意度和忠诚度。6σ 管理既着眼于产品、服务质量,又关注过程的改进。"σ"是希腊文的一个字母,在统计学上用来表示标准偏差值,用以描述总体中的个体离均值的偏离程度,测量出的 σ 表征着诸如单位缺陷、百万缺陷或错误的概率,σ 值越大,缺陷或错误就越少。

6 个 σ = 3.4 失误/百万机会——意味着卓越的管理,强大的竞争力和忠诚的客户。

5 个 σ = 230 失误/百万机会——意味着优秀的管理,很强的竞争力和比较忠诚的客户。

4 个 σ = 6 210 失误/百万机会——意味着较好的管理和运营能力,满意的客户。

3 个 σ = 66 800 失误/百万机会——意味着平平常常的管理,缺乏竞争力。

2 个 σ = 308 000 失误/百万机会——意味着企业资源每天都有 1/3 的浪费。

1 个 σ = 690 000 失误/百万机会——意味着每天有 2/3 的事情做错,企业无法生存。

6σ 是一个目标,这个质量水平意味着所有的过程和结果中,99.999 66% 是无缺陷的,也就是说,做 100 万件事情,其中只有 3.4 件是有缺陷的,这几乎趋近到人类能够达到的最为完美的境界。6σ 管理关注过程,特别是企业为市场向顾客提供价值的核心过程。因为过程能力用 σ 来度量后,σ 越大,过程的波动越小,过程的成本损失越低,时间周期越短,满足顾客要求的能力就越强。6σ 理论认为,大多数企业在 3σ ~ 4σ 间运转,也就是说,通常每百万次操作失误在 6 210 ~ 66 800,这些缺陷要求经营者以销售额在 15% ~ 30% 的资金进行事后的弥补或修正,而如果做到 6σ,事后弥补的资金将降低到约为销售额的 5%。

为了达到 6σ,首先要制订标准,在管理中随时跟踪考核操作与标准的偏差,不断改进,最终达到 6σ。现已形成一套使每个环节不断改进的简单的流程模式:界定、测量、分析、改进、控制。

1.界定:确定需要改进的目标及其进度,企业高层领导就是确定企业的策略目标,中层营运目标是提高制造部门的生产量,项目层的目标是减少次品和提高效率。界定前,需要辨析并绘制出流程。

2.测量:以灵活有效的衡量标准测量和权衡现存的系统与数据,了解现有质量水平。

3.分析:利用统计学工具对整个系统进行分析,找到影响质量的少数几个关键因素。

4.改进:运用项目管理和其他管理工具,针对关键因素确立最佳改进方案。

5.控制:监控新的系统流程,采取措施以维持改进的结果,以期整个流程充分发挥功效。

6.6.2　电子商务项目质量计划的编制

1)质量计划概述

质量计划主要是用来描述项目管理应该如何实现其质量方针。在 ISO 9000 中,项目的质量系统被描述为包括对组织结构、责任、方法、步骤及资源等实施质量管理。

质量计划提供了对整个项目进行质量控制、质量保证及质量改进的基础。

2)电子商务项目质量计划的制订

制订电子商务项目质量计划的主要目的是:确保项目满足客户需要的质量标准能够得以满意的实现。其关键是:在项目的计划期内确保项目保质保量按期完成。

对电子商务项目团队而言,首先应当理解客户的要求,并努力去满足这些要求,同时应具备良好的技术能力,严格按照规范和质量保证计划开展工作。从质量保证的角度描述项目中所执行的质量保证活动,如设定质量目标、审计活动和日常活动等内容。

虽然有关产品的质量控制有大量的标准和技术可供采用,但电子商务项目管理对质量的要求还需强调另一方面,即管理的质量,如 ISO 9000、CMM 等质量管理认证。

3)电子商务项目质量计划的内容

电子商务项目质量计划没有模板,因为它的内容和复杂性要随着组织的实际情况而发生变化。然而,一些质量管理的基本方面应该在所有项目中有所体现。

第一,不论有无质量控制部门,管理质量是项目经理的职责。通过 ISO 质量管理文件、公司或组织内部的质量管理体系、或者引入专职的质量管理人员加入到项目组织中都是一些有效的手段。

第二,项目经理人员一定要认识到质量管理的目的是满足客户(或项目干系人)提出的要求(如质量说明书、需求规格说明书、招标书等)。

第三,典型的质量管理包括检测问题和解决问题。质量管理计划一定要预示项目将要位于何种过程,这种过程就是检测偏离质量要求的问题所在,也详细说明了那些问题是如何在项目中得以解决的。

质量管理计划的确定是保证项目成功的过程之一,应当同项目其他计划的制订过程结合起来。

4)电子商务项目质量计划的编制

主要从项目范围、项目交付结果、交付接受的标准、质量保证计划、质量监督及控制措施、质量责任等几方面进行计划,必要时还可以通过流程图来描述各质量控制环节。电子商务项目质量计划的编制是为了对电子商务项目质量进行更好的管理而进行的,具体内容如下:

(1)概述

提供项目名称、客户名称、项目经理与项目发起人姓名等与项目相关的一般信息。

项目名称:	客户名称:
项目经理:	计划起草人:
项目发起人:	日期:

(2)项目范围

按照项目范围说明书的要求描述项目的工作范围、主要交付结果、项目总体目标、客户需求以及应遵循的程序等方面的信息。

(3)项目的交付结果

描述项目的主要交付结果,包括合同规定的交付结果以及重大里程碑事件。

(4)交付结果的接受标准

描述交付结果的接受标准或者产品测试的验收标准,详细列出客户提出的相关质量标准。

（5）质量保证计划

确定项目质量保证活动,包括项目质量责任人、工作程序、作业指导书、里程碑检查清单、测试标准和流程、质量事故报告及沟通渠道,以及持续改进措施等。

（6）质量监督及控制措施

提供有关质量监督与质量控制的措施。

（7）质量责任

确定与项目质量相关的责任人,包括产品测试、过程评审、质量检查等。

6.7　电子商务项目风险管理计划

对电子商务项目来说,风险管理显得尤为重要。相对于传统项目,电子商务项目涉及面更广,投资主体与投资额更多,项目失败的影响相当巨大。因此,电子商务项目需要更加关注风险管理。

6.7.1　电子商务项目风险管理计划的定义

1）风险及其特征

（1）风险

广义的风险是指损失或损坏的不确定性。狭义的风险就是普通意义上的"可能发生的危险",即人们从事各种活动可能蒙受的损失或损害。广义的风险是一种不确定性,风险是由不确定性的存在,使得在给定的情况下和特定时间内,那些可能发生的结果之间的差异,差异越大则风险越大。风险是不确定性的,那么风险既可能是危险又可能是机会,即造成的差异可能是不利的,也可能是有利的。因此,风险存在着统计意义上的可预知性与个体识别上的不可预知性。

（2）风险要素

①事件(不希望发生的变化);

②事件发生的概率(事件发生具有不确定性);

③事件的影响(后果);

④风险的原因。

风险中包含不确定的成分,在这类问题中可以使用概率计算。同时失败引起的后果和灾难也必须加以考虑。每个风险事件的风险可定义为不确定性和后果的函数:

$$风险 = f(事件 | 事故, 不确定性, 后果, 安全措施)$$

总的来说, 不确定性和后果的严重性增加, 风险加大。

风险是潜在的, 只有具备了一定条件时, 才有可能发生风险事件, 这个一定的条件称为转化条件。即使具备了转化条件, 风险也不一定演变成风险事件。只有具备了另外一些条件时, 风险事件才会真正发生, 这后面的条件称为触发条件或触发器。

2) 风险的特点

除了不确定性以外, 风险还具有随机性、相对性、可变性的特点。

(1) 随机性

风险事件的发生及其后果都具有随机性, 即偶然性。

(2) 相对性

风险总是相对项目活动主体而言的, 同样的风险对于不同的活动主体有不同的影响。对于风险事故有一定的承受能力, 但这种能力因活动、人和时间而异。对于项目风险, 承受能力主要受到收益大小、投入大小、项目或其他活动主体的地位和拥有的资源大小等因素的影响。

(3) 可变性

风险的可变性体现在风险的性质、后果(包括后果发生的频率、收益或损失大小)等都是随着时间及具体环境的变化而变化的。

3) 项目风险

项目的一次性使其不确定性要比其他一些活动大许多, 因此, 项目的可预测性也就差得多。重复性的生产或业务活动如果出现了问题, 通常可以在以后找到机会补偿, 而项目一旦出了问题, 则很难补救。虽然项目多种多样, 每一个项目却都各自有各自的具体问题。不过, 有些问题却是很多项目所共有的。通过提炼这些问题的共性, 有助于防范类似项目中的风险于未然。

项目风险贯穿整个项目的生命期, 并且项目的不同阶段会有不同的风险。风险大多数随着项目的进展而变化, 不确定性一般会逐渐减少。最大的不确定性存在于项目的早期, 早期阶段作出的决策对以后阶段和项目目标的实现影响最大。项目的各种风险中, 进度拖延往往是费用超支、现金流出以及其他损失的主要原因。

项目风险管理是指为了最好地达到项目的目标, 识别、分配、应对项目生命周期内风险的科学与艺术。

控制风险是为了减轻潜在的不利事件对项目的影响而采取的一项活动,是组织和个人努力在项目各个方面中寻找风险和机会之间的平衡的一种活动,是贯穿在整个项目生命周期过程中的一系列管理过程,其中包括风险识别、风险定性或定量分析、风险应对策略和风险控制等。

项目风险分为直接风险和间接风险,直接风险是能够在一定程度上加以控制的风险,而间接风险则是无法控制的风险。

项目风险管理的真正含义并不是要彻底消除风险,而是要提高对直接风险的认识程度。

案例:南极遇险

哪怕是具有丰富科学知识的人也可能会因为项目风险而丧失生命。一些多次去南极探险的科学家们曾找到了一些若干年前在南极牺牲的探险家们的尸体,他们是被暴风雪困在帐篷里饥寒交迫而死的。

奇怪的是,帐篷里有充足的食物,只是装燃料的油桶是空的。科学家们经过仔细察看后发现,这些桶是用锡焊接的,在低温条件下,锡变成了粉末,使燃油全部漏光。当疲惫不堪的探险队员回到基地帐篷中时,因为没有燃料取暖,而食物又冻得像岩石般坚硬,探险家们只能无可奈何地坐在那里等待生命最后时候的到来了。

4)项目风险分类

(1)一般项目风险分类

①技术、性能、质量风险。电子商务项目中采用新技术或技术创新在提高项目绩效的同时,也带来了不稳定或不成熟的问题,影响项目的成功。

②项目管理风险。项目管理风险包括项目过程管理的方方面面,如:项目计划的时间、资源分配(包括人员、设备和材料)、项目质量管理、项目管理技术(流程、规范和工具等)的采用以及外包商的管理等。

③组织风险。项目决策时所确定的项目范围、时间与费用之间的矛盾,以及资源不足或资源冲突、组织文化氛围等导致的风险产生。

④项目外部风险。主要指项目的政治、经济环境的变化导致的风险。

(2)电子商务项目风险的分类

①产品识别风险。由于网络的虚拟性,买方有可能索取或得到不真实的样品,如网络照片不一定完全真实,买方不能从网络的图片和文字描述中得到产品全面、准确的资料。这会给买方带来产品识别的风险,这种风险会延伸到产品的性能、质量等诸多方面。

②质量控制风险。电子商务中卖方可能并不是产品的制造者,质量控制便成为风险因素之一,如果卖方选择了不当的外包方式,就有可能使买方承担这一风险。

③网上支付风险。作为电子商务的一部分,支付手段也会有所变化,目前,仍然有不少企业或个人担心网络安全问题而不愿意使用网上支付手段。不断增加的安全支付模式,仍然存在需要改进的地方。

④物权转移风险。物权转移过程中,如果出现货物损失或损坏,责任究竟该由卖方、买方还是承运机构来承担?

⑤信息传送风险。网上留存的信息或电脑中的信息在联网情况下,有可能被不法分子利用。

6.7.2 电子商务项目风险来源与计划编制

1)常见项目风险来源

(1)整体管理

计划不充分,资源配置错误,缺乏项目评审。

(2)范围管理

范围定义不清晰,质量要求不完全,范围控制不恰当。

(3)成本管理

绩效、成本、变更或应急不充分。

(4)质量管理

错误的质量观念,缺乏相应的质量保证机制。

(5)人力资源管理

没有明确的责任定义,缺乏领导。

(6)沟通管理

计划编制与沟通较差,没有和项目利益相关方的充分交流。

(7)风险管理

忽视风险管理,管理不善。

(8)采购管理

没有好的管理机制及过程控制。

2)其他类型的风险来源

(1)市场风险

项目产生的产品和服务对组织是否有用？市场情况如何？用户是否会接受这一产品和服务？

（2）财务风险

组织有能力承担这一项目吗？项目绩效、成本是否能够使项目继续进行？

（3）技术风险

该项目在技术上可行吗？是否有相应的技术来支持项目目标？在产品或服务产生出来之前，该技术是否会过时？

6.7.3　项目风险策略与项目风险计划的编制

1）风险应对策略

（1）风险回避

风险回避是指采用根除风险原因的方法，根除某一具体的项目风险。虽然项目团队永远不可能消除所有的风险，但是某些特定的风险是可以回避的。回避是指当项目风险潜在威胁发生的可能性太大，不利的后果也太严重，又无其他策略可用时，主动放弃项目或改变项目目标与行动方案，从而规避风险的一种策略。如果通过风险评价发现项目实施将面临巨大的威胁，项目团队又没有别的办法控制风险时，应当果断放弃项目的实施，避免出现无法承担的巨大损失。例如，不使用不熟悉的产品和技术，在资源允许的情况下尽早开始可能会延期的工作等。又如，保险公司认为某项目风险太大，拒绝承保；避免雨季进行建筑施工；认为开发技术不到位，暂不接受开发项目。

（2）风险转移

风险转移又叫合伙分担风险，其目的不是降低风险发生的概率和不利后果的大小，而是利用合同或协议，在风险事故一旦发生时将损失的一部分转移到项目以外的第三方身上。

实行转移风险策略时需要遵循两个原则：第一，必须让承担风险者得到相应的报答。第二，对于各项具体的风险，谁最有能力管理就让谁分担。风险转移通常有4种方式：出售、发包、开脱责任合同、保险与担保。例如，选择分担承包商分包项目、出售、保险、邮寄包裹时填的保价金额。

（3）风险接受

风险接受又称风险自留，指如果风险发生，就接受其带来的后果。对风险的发生可以消极地接受，也可以制订一些应急或后备计划，来积极应对。例如，某移动通讯业务公司"错误计费,双倍赔偿"的策略,就是一种积极的风险接受。

(4)风险减轻

风险减轻是指通过降低风险事件发生的概率,来减轻风险事件的影响,或在不能降低风险事件发生概率的情况下,采取措施来降低风险的影响。

对于已知风险,项目团队可以在很大程度上加以控制,可以动用项目现有资源减少。例如,通过压缩关键工序的时间以及加班等方法来减轻项目进度的风险。

对于可预测风险或不可预测风险,项目班子很少或根本不能控制的风险,有必要采取迂回策略。例如,涉及政府投资的电子商务项目,其预算不在项目管理班子的直接控制之中,因此有政府在项目进行当中削减项目预算的风险。为了减轻这类风险,必须进行深入细致的调查研究,以减少其不确定性。并且针对这种可能性,事先准备几套预案,以便当风险出现时立即采用有效的预案。

2)使用过程失效模式制订项目风险管理计划

(1)过程失效模式及后果分析的来源

过程失效模式及后果分析是一种综合分析技术,主要用来分析和识别生产或产品制造过程中可能出现的失效模式,以及这些失效模式发生后对产品质量的影响,从而有针对性地制订出控制措施,以有效地减少工艺生产和产品制造过程中的风险。

这项综合分析技术出现于20世纪60年代中期,最早应用在美国航空航天领域,如阿波罗登月计划,1974年被美国海军采用,再后来被通用汽车、福特和克莱斯勒三大汽车公司用来减少产品制造及工艺生产过程中出现的失效方式,从而达到控制和提升产品质量的目的。

(2)过程失效模式及后果分析(PFMEA)的原理

过程失效模式由过程功能要求、潜在失效模式、失效后果、严重性、失效的原因、可能性、现行控制方法、不易探测性、风险级、建议采取的措施,以及措施的结果(严重性、可能性、不易探测性、风险性)共同构成。

PFMEA事实上就是一套严密的识别、控制、改善失效模式的管理过程。通过对过程失效模式及其后果的系统分析,制订出相应的预防措施和行动方案,从而大大降低失败的机会。这种系统分析工具不仅可以用于工艺过程的管理,也可应用于任何期望能严格控制潜在问题出现的管理过程,尤其是类似于电子商务项目这种产品或服务质量好坏可能极大影响到客户利益的领域。具体应用时,可能根据项目或行业的实际情况设定一系列类似的评价标准,在具体操作手法上也可以根据实情采用适合自身的方式,只要能达到更有效的识别,控制潜在问题的发生,提高管理过程质量的目的即可。

（3）过程失效模式及后果分析的作用

①表明项目管理过程中可能出现的风险事件。

②显示每种风险事件发生的可能性、后果的严重性和可控制程度,以及风险级别的大小,从而为制订风险应对措施提供依据。

③确保级别高的风险得到优先控制,避免项目遭受严重损失。

④为跟踪、控制以及更新项目的风险提供依据。

（4）过程失效模式及后果分析的含义

根据过程失效模式及后果分析的原理加以改进,得出项目风险管理计划,如表6.12 所示。

表 6.12　项目风险管理计划

项目管理过程	风险识别		风险评估				风险应对措施		责任人
	风险事件	来源	可能性	严重性	不可控性	风险级别	应急措施	预防措施	

风险级 = 严重性(1~10)×可能性(1~10)×不可控性(1~10)

①项目管理过程。项目管理过程是指项目管理生命期的启动、计划、执行、控制和收尾 5 个过程。不同的行业叫法有所不同,如软件开发项目通常分为需求分析、系统设计、编码、测试、上线安装和系统维护等几个过程。工程建设项目则分为项目评估、设计准备、设计、施工、验收与移交等几个过程。

②风险识别。风险识别包括确定那些潜在的、可能对项目造成影响的风险事件。风险识别的方法通常使用头脑风暴法、故障树分析、系统分解法、检查表法、德尔菲法、SWOT 分析技术等方法来识别项目的风险事件。

③风险评估。风险评估是指在风险识别的基础上,就每种风险事件对项目的

影响进行定性或定量的分析,并根据风险对项目目标的影响程度对项目风险由大到小分级排序的过程。按照 PFMEA(过程失效模式及后果分析)的思想,可以从风险发生的可能性、严重性、不可控性三方面进行定量分析。

④风险应对措施。风险应对措施包括紧急措施和预防措施,如回避、转移、缓解、接受。

6.8　电子商务项目沟通管理计划

在电子商务项目中,项目经理可能会花上几个小时去解释电子商务项目,解决问题,作演示,并通过沟通来使所有的工作都平稳地运行。除了正常的项目推进工作以外,每个项目组成员都需要与项目组其他成员交流,交流方式可能有谈话、电子商务邮件、电话、传真等。如果团队内部缺乏交流,就会产生不良影响。

6.8.1　电子商务项目沟通管理计划的定义

1)电子商务项目沟通管理

电子商务项目沟通就是信息的交流,交流的形式有多种多样,可以是人与人之间的交流,可以是组织与组织之间的交流,也可能是通信工具之间的信息交流。

2)电子商务项目沟通的作用

(1)降低项目实施过程的模糊性

通常来讲,赢利是项目的原动力。有效管理则是项目成果产生利润的必然保证,而有效的管理需要完善、高效的沟通网络体系保驾护航,因为太多因素会诱发组织内部的模糊和不确定性的产生。

案例:无效的单向沟通

一个星期五的下午,张三出差回来,刚走进办公室,部门经理李四就冲着他说:"幸好你及时回来,5分钟后客户就会到我们办公室,和我们讨论。把你准备好的材料带上。"

张三听得一头雾水:"发生了什么事?讨论什么?什么材料?我怎么不知道?"

部门经理一脸诧异:"我通知过你的,在你出差的第二天我就发了电子邮件给你!"

"老天!"张三感叹到:"要知道我出差期间根本不可能上网收邮件!"

接下来的情况难以想象……

（2）实现有效管理

有效的沟通能力是项目成功实施管理的关键。所有重要管理职能的履行完全依赖于管理者和下属间进行的有效沟通。在作出重要的决策前，项目经理有必要从各参与人员处获取信息，并最终将决策结果反馈给下属执行。

（3）满足员工对信息的需要

员工需要获得更多相关项目的各类信息。这种对信息的需求只有通过组织内发达畅通的沟通渠道来实现。如果沟通的需要不能通过正式渠道得到满足，必然会通过非正式渠道得到满足。

（4）构建工作关系

高效的组织结构需要和鼓励员工与员工、员工与工作建立紧密的关系。因工作而结成的关系在许多方面影响员工的工作表现。正确顺畅的沟通渠道有助于构建并维系积极向上的员工与员工、员工与工作的良好关系。同时，正确顺畅的沟通渠道还体现在以下几方面：

①高效。合理准确的沟通可以保证项目按预定的计划进行，同时可能缩短工期，按确定目标交付项目成果。

②激励。畅通无阻的信息交流，可以振奋人心、提高士气，同时激发工作的成就感与参与感。

③创新。定期通过某种方式进行沟通有利于共同思考和探索，往往能迸发出创意的火花。

④变更。顾客需求信息的变化，内部财务信息的变化，项目进度的延迟等，通过及时的沟通，有利于进行正确及时的变更和控制。

3）正式沟通渠道的类型

在正式沟通渠道中，发送者并不一定会直接把信息给接收者，而是要经过一些中间人的转发，这样的沟通渠道就会表现为一定的网络结构。沟通渠道的网络结构对信息交流的效率有较大的影响。巴维拉斯（Bavelas）等人曾对 5 种沟通渠道网络结构形式的特点和优缺点进行了实验比较，5 种沟通渠道的网络结构形式如图 6.28 所示，图中的圆圈可看做是一个成员或一个组织，箭头表示信息传递的方向。

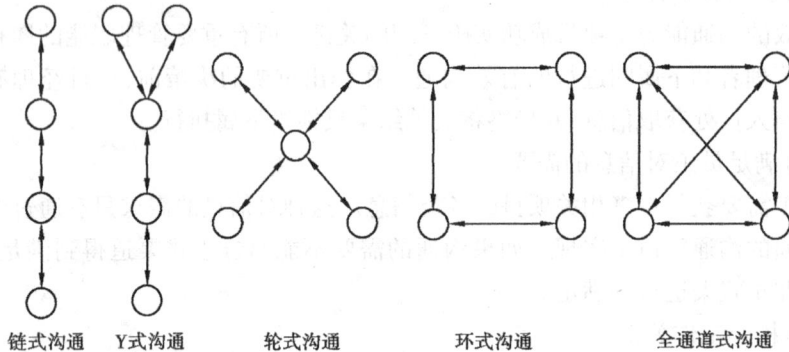

链式沟通　　　Y式沟通　　　轮式沟通　　　环式沟通　　　全通道式沟通

图 6.28　5 种沟通渠道

（1）链式沟通

信息在这种沟通渠道中逐级传递，可以自上而下，也可以自下而上，居于上端和下端的成员只能与其内侧和与其相邻的一个成员或组织相联系。这种沟通渠道最大的优点就是信息传递速度快，适用于实行分层管理的项目组织。缺点是信息经过层层筛选，可能使上级和下级互相不了解真实情况。

（2）Y 式沟通

这种沟通第二级主管是一个节点与两个上级联系，有些具有 4 个或 5 个等级的组织，其纵向沟通渠道可以看作是 Y 式沟通渠道。

（3）轮式沟通

在这种沟通渠道中，主管人员分别同其下属部门发生联系，向各下属部门发出指令，并汇集和传递来自各个部门的信息，从而成为信息的中心。这种沟通渠道有助于加强控制和提高工作效率。

（4）环式沟通

在这种沟通中，每个成员可与其相邻的两个成员进行信息沟通。这种沟通渠道有助于提高群体成员的士气。

（5）全通道式沟通渠道

在这种沟通渠道中，每个成员之间都有一定的联系，彼此十分了解，因此在这种沟通渠道下民主气氛浓厚，成员之间的合作精神很强。

表 6.13　5 种沟通渠道的比较

比较内容	链式	Y 式	轮式	环式	全通道式
解决问题的速度	适中	适中	快	慢	快
信息传递的准确性	高	高	高	低	适中
领导者的突出性	相当显著	非常显著	非常显著	不发生	不发生
成员的士气	适中	适中	低	高	高

6.8.2　电子商务项目沟通管理计划的编制过程及方法

1)沟通的需求分析

沟通需求是沟通计划的重要基础。因此,确定项目的沟通需求是编制项目沟通计划前期的重要工作。该项工作涉及对确定沟通需求所需要的信息的收集、加工以及对项目信息需求的全面决策。

（1）信息的收集

项目信息的收集工作涉及项目沟通信息的来源和最终用户。项目沟通信息的来源是指项目沟通中所交流信息的生成者和发布者(生成者和发布者可能是同一主体,也可能不是同一主体),项目沟通信息的最终用户就是项目沟通中所交流信息的接收者。

谁是信息的生成者,谁是信息的发布者,谁是信息的接收者,这些是确定沟通需求的重要信息,需要全面收集。

（2）信息的加工处理

为了确定项目的沟通需求,需要对收集到的信息进行加工处理,使之成为编制项目沟通计划的有效信息。所进行的加工处理工作通常是归纳、整理、汇总和其他的必要工作。

需要注意的是,在信息的加工处理中,可能会发现所收集信息有遗漏或信息之间存在矛盾,这种情况下需要做进一步的信息调查和收集工作。

（3）项目沟通需求的确定

项目沟通需求是指所有的项目干系人在项目实施过程中的信息需求,如项目的工期、进度、环境影响、资源需求、预算控制、经费结算等,这里的项目干系人涉及项目业主(客户)、项目团队、项目经理、项目实施组织、项目供应商等。项目沟通需要确定的是:在对相关信息进行收集和加工处理的基础上对项目的信息需求作出全面的决策,具体涉及各种信息的内容、格式、类型、传递方式、更新频率、信息来源等方面的决策。

2) 沟通计划的编制

项目沟通计划编制涉及对项目全过程的沟通工作、沟通方法、沟通渠道等各个方面的计划和安排,通过该过程可以确定项目干系人的信息需求和沟通需求,也就是确定了何人在何时需要何种信息,以及如何将信息提供给他们。

虽然任何项目都需要进行项目信息沟通,但对于不同项目信息的需求和编制方法差别很大。因此,对于一个特定的项目,识别项目干系人的信息需求,并选择一套合适的方法满足这些需求是使项目成功的重要保证。

需要注意的是,大多数项目的沟通计划编制工作是在项目的早期阶段完成的。为了保证计划的持续适用,在计划的实施过程中应根据计划实施的结果进行定期审查,必要时还要对计划加以修正。这样看来,项目沟通计划编制工作是贯穿于项目全过程的一项工作,因为只有这样才能保证项目沟通计划适应项目沟通的实际需要。项目沟通计划的编制按以下几个步骤顺序进行:

(1)确定项目沟通的目标

①根据项目沟通的目标确定项目沟通的各项任务。

②根据项目沟通的时间和频率要求安排项目沟通的任务。

③进一步确定保障项目沟通的资源需求和预算。

需要说明的是,尽管项目沟通计划与一般计划有许多相同之处,但也有许多不同之处,例如项目沟通的资源和预算很难确定和控制。

(2)根据沟通需求确定计划内容

项目的沟通需求是项目干系人信息需求的总和,通常可以通过所需要的综合的信息内容、形式和类型以及信息价值确定计划内容。一般需要如下信息:

①项目组织和项目干系人的责任关系。

②项目中涉及的规定、部门和作业。

③项目在何地涉及多少人的后勤工作。

④外部信息需求,如与外界媒体进行沟通的需求。

(3)确定项目沟通技术

各种沟通如正式和非正式沟通、单向和双向沟通、书面沟通和口头沟通、横向交叉和纵向沟通等,在项目沟通计划编制中都可以考虑选用。选择何种沟通取决于以下因素:

①项目对信息及时性的要求。有些项目需要及时获得不断更新的信息,而有些项目只需要定期发布书面报告。在电子商务项目中,通常可以采用博客、电子邮

件群发、论坛等方式保证信息的及时有效。

②项目沟通的性质。不同性质的沟通会影响沟通的选择。如对投资者的沟通,宜采用正式的书面沟通方式;而对于项目组的沟通则可以采用电子邮件群发、手机短信群发等方式。

③预期的项目人员配置。沟通技术的选择应考虑到项目参与人员的经历、知识水平、接受与理解的能力以及在沟通方面的习惯做法等,使其所选用的沟通技术与项目参与人员的经验和专长等相匹配,否则就应该采用其他匹配的沟通技术,或者对项目参与人员进行培训。

④项目本身的规模。对于工作量不大、生命周期很短、投资不大的项目,一般可以选用现有的、人们比较习惯的和便于实施的沟通技术,如手机短信;对于项目规模大、生命周期长、投资巨大、要求较高的项目,可以采用更为先进的沟通技术,如视频会议。

(4)确定信息收集渠道和归档格式

项目沟通管理计划要详细说明用何种方法收集信息,即信息的收集渠道,同时也要说明采用何种方法存储不同类型的信息,也就是信息的归档格式。

(5)确定信息分发渠道以及信息的使用权限

项目沟通管理计划要详细说明各种信息将流向何人,采用何种方法传送各类信息,同时也要说明各种信息的分发权限以及最终用户的使用权限。

(6)准备发布信息的描述

项目沟通管理计划要对准备发布的信息进行必要的描述,包括信息的格式、内容、详细程度、信息的来源、获得信息的方法、信息的存储要求等方面的描述。

(7)信息发生的日程表

项目沟通管理计划还需要给出信息发生的日程表,也就是说明何时进行何种沟通。

(8)约束条件和假设前提

约束条件和假设前提是项目沟通管理计划编制的重要依据,因此需要在沟通管理计划中予以说明,以便在这些条件发生变化时对沟通管理计划进行修订。如费用、风险、时间、人员等。

(9)更新和修订项目沟通管理计划的方法

项目沟通编制工作是贯穿于项目全过程的一项工作,为了保证项目沟通计划适应项目沟通的实际需要,随着项目进展的需要对项目沟通管理计划进行更新和修订。因此,项目沟通管理计划不需要特别注意更新和修订的方法。

项目沟通管理计划根据项目的实际情况,可以有不同的表现形式,以下给出一个简化的项目沟通计划供参考(如表6.14)。

表 6.14　简化的项目沟通计划

沟通的内容	发布频率	发布方法	发布形式	发布	项目发起人	项目经理	客户	技术中心	供应商
项目计划书	项目启动前1次	电子邮件	书面	刘明	√	√	√	√	
项目中存在的问题	随时	会议	会议纪要	李利	√	√	√	√	√
客户需求	1次	面对面讨论	书面	刘明	√	√	√	√	
工作中需要协调的事项	随时	现场讨论	口头	刘明	√	√	√	√	√
项目进展报告	每月1次	电子邮件	书面	张朋	√	√	√	√	√
技术方案	1次	会议	书面	赵建	√	√	√	√	
商务协议	1次	会议	书面	赵建	√	√	√		
项目变更	随时	会议	书面	李东	√	√	√		
项目授权书	随时	电子邮件	书面	李东	√	√		√	
开发协议	随时	会议	书面	刘明	√	√	√	√	

思 考 题

1.如何确定电子商务目标?

2.如何确定电子商务项目范围?

3.项目范围管理中常见的问题有哪些?

4.如何采用活动分解技术制订电子商务项目时间计划?

5.项目进度计划包括哪些内容? 如何进行计算?

6.试述电子商务项目资源的分类。

7.如何开展电子商务项目费用预算?

8.电子商务项目质量管理的具体内容有哪些?

9.电子商务项目风险有哪些应对策略?

10.试述电子商务项目沟通管理计划的编制过程及方法。

第 7 章
电子商务项目实施

本章学习目标
■了解电子商务项目实施的内容
■掌握电子商务项目实施的方法
■掌握电子商务项目实施的技术

本章知识要点
■电子商务项目信息发送与沟通管理
■电子商务项目资源获取与资源战略
■电子商务项目质量管理的方法
■电子商务项目风险识别技术

通篇案例

背景：

项目经过层层审批，终于开始启动了，小钟成了大忙人。

案例：

小钟首先根据以前拟订的计划开始逐步地建立项目团队。在最开始的时候只有3名项目组成员，他们分别负责硬件、软件和业务三大版块的架构。随着时间的推进，小钟发现，即使加上自己也忙不过来了，他想到了外聘人员。不过，他知道行不通。项目经费中并没有外聘项目成员的开支，因此得不到批准。怎么办呢？想起上次赵工的答疑，小钟有了主意。中午吃饭时，小钟主动地跑到财务部小金的面前与他拉家常，小金在财务部工作很认真、很上进，深得同事们的认同。

"小金，你进我们集团公司几年了？"小钟若无其事地问。

"有两年了。"

"感觉如何，工作干起来有没有劲？"

"一般般吧，财务工作就是有点平淡、枯燥，有时我也想做一些更具挑战性的工作，不过没机会……"小金喃喃地说。

"要是现在有一个机会，既不脱离你的本职工作，又能锻炼你的能力，也有一定的挑战性，你愿不愿意做？"

"有这种事？"小金两眼放光地望着小钟。

小钟微笑地面对小金，把希望小金能够兼职进入电子商务项目组的可能性告诉了小金。没多久，小钟用类似方法在公司每个部门分别引进了部分同事作为项目组的兼职工作人员。

星期一上午9点，原计划早晨到的服务器还没有到位，小钟有点急了，这批服务器的到位将影响准点调试工作。上周五才给采购部苟经理谈好的，无论如何都会保证星期一早晨到的，是什么原因呢，难道路上耽搁了？不会呀，上周五不是说已经送到公司仓库了吗？小钟迫不及待地给苟经理打去电话：

"苟经理你好，我是小钟。"

"哦，小钟呀，你好，不好意思，刚才送货的搬运工给另一个项目送货去了，可能要晚点才回来。"

"大约什么时候能够回来呀？"

"这个不好说，尽快吧。"苟经理看来并不急。

"苟经理,我们的工作全部都停下来了,这样会影响项目进度的,有没有什么办法能够让他们早点过来送货?"

"这样吧,我马上给搬运组长打个电话,叫他立即安排人手过来……"

中午 12 点,服务器终于送到机房了,小钟抹了一把额头的汗水,"看来今晚要加班了,安装系统和调试软件都挺费时间的。"

思考:

1.项目团队可以如何组建? 还有什么办法没有?

2.如何在实施过程中保证资源能够及时到位? 你有没有更好的办法?

7.1　信息发送与沟通管理

7.1.1　信息发送的主要方式

信息发送是指将需要的信息及时地传送给项目干系人,它不但包括实施沟通管理计划,而且还包括对事先未打招呼而临时索取请求的回复。

1)沟通的基本方式

有效和经常的人员沟通、保持项目进展、识别潜在问题、征求建议以及改进项目绩效、满足客户需求和避免意外是非常重要的。人员沟通可通过语言或非语言的行为,如身体语言进行。它可以是面对面的,也可以使用一些媒介,如电话、电子邮件、书信、备忘录、博客、公告牌、看板、论坛、及时在线聊天工具(如 MSN)、手机短信、视频会议或通过专业的办公软件系统。人员沟通可以是口头的,也可以是书面的。

(1)口头沟通

人员的口头沟通可以是面对面的,也可以通过电话及在线聊天工具(如 MSN)进行,还可以通过电视会议等方式实现。通过口头沟通,我们可以以一种更准确、便捷的方式获得信息。这种沟通为讨论、澄清问题、理解和即时反馈信息提供了场所。面对面的沟通同时提供了一种在沟通时观察身体语言的机会,即使是电话沟通也能让听者感受到语调、声音的变化等感情色彩。与电话沟通相比,面对面沟通可以更好地加强人员的沟通,身体语言不仅被讲话人使用,同时也被听者作为向讲话人提供反馈的一种方式而应用。肯定的身体语言包括直接的眼神接触、微笑、手势、前倾和表示致谢或同意的点头等;否定的身体语言可能是皱眉、两臂交叉、无精打采、坐立不安、走神或东张西望、胡写乱画或打哈欠等。在人员沟通中，不管是其他团队成员还是客户，人们需要对反映参与者文化差异的身体语言保持敏感。当与来自其他文化和国家的人沟通时，你需要了解他们有关问候、手势、礼物赠送和礼仪等习俗。

在项目早期，良好的面对面沟通对促进团队建设、发展良好的工作关系和建立共同期望是特别重要的。将项目团队安排在一个有利于沟通的场所，因为到某人的办公室交流比打电话更方便、直观、清晰。在大型的电子商务项目的开发过程中，安排项目团队成员在一起一般不容易办到，这时就需要借助视频会议、手机短信、博客、公告牌、看板、论坛甚至专业的办公软件系统等方式进行非面对面的及时沟通。

口头沟通应该明确得体，不要引起接收信息方在理解上的偏差。为了保证沟通效果，可以采用询问等方式进行双向沟通，以反馈信息来保证沟通的效果。

（2）书面沟通

人员的书面沟通一般通过在项目团队中使用内部备忘录，对客户和非公司成员（如承包人）使用外部信件的方式进行沟通。备忘录和信函（包括电子邮件）均可通过电子化方式传递。当无法召开会议或信息需要及时传递时，备忘录和信件是许多人进行有效交流和沟通的方式。书面沟通仅在必要和不会增加文书工作的情况下使用。因为项目参与者通常很忙，他们没有时间去看那些包含在琐碎备忘录中的、在下次项目会议中能够通过口头沟通获得的信息。

在确认决策和行动时，以一张备忘录或一封信件作为面对面会谈或电话交流的笔录可能比个人的记忆力更为合适，以备忘录或一封信件作为面对面会谈或电话交流的笔录可能比个人的记忆力更合适一些，当以备忘录来确认口头沟通时，应该给其他不包括在这次沟通中但又需要知道这些信息的人一份副本（或者通过电子邮件群发）。另外，当项目团队成员离开项目时，候补人员则需要对有关以前行动和决策的沟通记录有所了解，这时书面沟通更有效。

无论书面沟通如何重要，它的表现形式还是会对项目团队成员工作效率产生一定的影响。因此，书面沟通大多用来进行通知、确认和要求等活动。其中，类似于备忘录和信件等书面函件必须清楚、简洁、明确、高效。

2）电子商务项目的有效沟通方式

电子商务项目整个过程中，有效的、经常性的信息沟通是项目顺利进展的有效保证。电子商务项目成功的主要因素有：用户的积极参与、明确的需求表达和管理层的大力支持。而这些项目全部依赖于良好、有效的沟通。对于成功,最大的威胁就是沟通的失败。项目经理通常花在沟通上面的时间占到全部工作时间的75%~90%。

(1)正式书面沟通(项目章程或管理计划)

通过项目组织明文规定的渠道,进行书面信息的传递和交流,例如各种项目章程、通知、会议纪要、合同、传真等。

(2)非正式书面沟通(工作笔记、备忘录)

较正式书面沟通更轻松、简单,它是正式书面沟通的辅助和补充。除了笔记和备忘录之外,MSN、QQ、手机短信、电子邮件等都是新型的非正式书面沟通。

(3)正式口头沟通(演讲、介绍)

一种正式的带有目的性的沟通,往往是经过事先准备的,参与者对沟通主体事前有所了解,在内容、结构、时间、场所方面通常有一定要求,如产品演示会等。

案例:一次成功的正式沟通

在某次项目资金申请的演示会上,李明被安排在第4个发言,负责给董事会做一个演示。前面每个人的演示都用完了分配给他们的时间,而且每一个演示都非常精彩,里面有一些非常棒的图片,甚至是动画。

李明为此次演示准备的是静态的黑白胶片,并且当轮到他做演示的时候,时间所剩无几。一些董事会成员已经在开始收拾东西,以便过一会儿可以尽快离开。剩下的其他成员要么很紧张(还没有轮到演示的),要么很不耐烦(已经演示过的)。事实上,这是一个非常重要的演示,它决定着项目的资金能否落实。

李明看到这种情况,果断地作出决定,采取速战速决的方式。演示内容从项目所碰到的问题开始,到如何创造一个可收益的产品。概述了该产品的收益和可能出现的竞争。

在展示了计划的提纲后,他请求批准项目开始,所有这一切都在十分钟内完成,并且只用了四张胶片。

最后,他的提案成为这次会议唯一通过的一个提案。一名董事会成员指出,如果其他的陈述者在计划的内容和那些花哨的图片上花费同样的时间,他们所获得的结果可能就会不同。

那么,是什么促使李明获得成功?是内容与形式的有机结合,由李明临场发挥的水平最终决定的。

同样的内容,如果没有适当的形式,过多的表达形式可能会有反作用,那样会促使受众过早进入"审美疲劳"的境地。

李明采取的沟通策略是：形式上解放受众被多媒体熏坏的大脑——仅仅使用四张胶片，内容上大量精简，整个过程在十分钟内完成。

（4）非正式口头（面谈）

运用最多的一种谈话，有时需要在电脑屏幕前一同探讨。当某些内容复杂得通过电子邮件或即时聊天工具都无法说清楚时，面谈就是必不可少的。

试验一下，如果某人连英文字母和拼音都不认识，你试着通过电话教他发电子邮件，会是怎样的情况？

注：正式沟通多为单向沟通，非正式沟通多为双向沟通。

7.1.2　沟通步骤与执行效果控制

1）沟通步骤

沟通步骤是一个思考与行动相互配合、完善的过程，通过事先提出问题作出回答，可以使沟通效果得到保障。

（1）确定目标和听众

你想要与之交流的人是谁，考虑哪些是你要去联系的人。这些人对您的项目看法如何？他们会持什么样的态度？他们对电子商务项目有什么了解？他们已经知道什么，从而可以使沟通的过程变得更加简洁？当他们接受了您所传递的消息后可能会采取什么行动？他们将把得到的信息传递给谁？回答这些问题将有助于你决定沟通内容的详细程度和所需的背景材料，另外还要决定用什么样的语气开展交流，选择最合适的媒介方式。

你为什么要跟他人沟通呢？如果没有立即沟通会发生什么样的事情？在许多公司里，都存在着信息过量的问题，那么沟通的行为将耗费大量的资源，沟通是否复杂？

通过上述自我设问和回答，明确目标和听众，为进一步沟通工作打下前期基础。

（2）整理消息

消息本身并不是沟通，而是包含在沟通之内。沟通技巧有高有低，信息的接受者不一定都能准确领会交流的内容。为了避免含糊其辞，首先需要将即将阐述的内容建立一个提纲。通常，提纲应该包括如下内容：

①介绍选定的问题或形势。

②沟通的详细步骤（5W1H：Who，When，Where，Why，What，How）。

③信息接受者可能会采取的行动。

④关于消息的预期反馈。

(3)确定沟通媒介方式和时间安排

对所有问题的讨论,都应该采用亲自接触或者用电话直接联系的方式。如果直接面对面交流,可以即时得到任何问题的回答(或表态)。对于异常的信息,最好使用电子邮件。而不要使用类似于传真、纸质报告等易丢失的交流方式。

尽量采用非正式沟通,而仅将正式的会议作为后备方式,用于形成一般印象。非正式沟通更容易被项目组成员接受,效率更高。

在选择传递消息的媒介后,考虑接受将使用何种媒介做出怎样的反应。

①沟通媒介的组合。有时,在选择媒介时需要组合使用沟通方式。例如,对于重要的指令,采用电子邮件发送之后,为了保证效果,最好再发送一次手机短信提醒查收并要求短信回复;如果对方未及时回复,则立即打电话通知对方接收电子邮件。这种方式通过组合各类沟通媒介,发挥了各类媒介的长处,避免了单向沟通的不足。

②沟通媒介的特点与选用。各类沟通媒介有自身的优势或不足,通过认真分析要发布的消息类别,可以在电子商务项目中充分组合动用,形成沟通效果的优势互补。

A.纸质文档或传真等传统的沟通方式。效率低、易于遗失、耗费资源较多。除非是要签字、盖章等非纸质文档,通常情况下尽量不要使用。

B.电子邮件。电子邮件是一种功能强大,费用低廉的沟通方式。它的优点是:能够充分利用时间,可让接收邮件者打开邮件后一次性处理多个任务。缺点是:电子邮件的即时性相对于电话、短信差,属于一种效率中等的沟通媒介,需要辅助手机短信和电话、即时通信软件等配合使用。

C.即时通信软件或手机短信。即时通信软件通常有 QQ、MSN、旺旺、Skype 等,除了一对一沟通外,还有一种"群"功能(手机短信除了一对一发送外,有的也可以群发)。在项目组中建立群,其优点是有利于以最高效率即时发送消息。其缺点是有些即时通信软件安全性差,一些消息、特别是群消息如果在对方不在线时发布,可能对方上线时会丢失;此外,这种方式不容易像电子邮件那样容易存档,除了快速通知发布以外,重要内容必须辅以电子邮件来完成。

D.论坛或博客。论坛或博客(包括网页)的优点是对于通知型的消息传递效果较好。其缺点是需要花费大量时间来反馈,双向沟通效率较低,只适用于上级向下级发送的单向沟通的消息。

（4）选择表达方式

在这个步骤中，需要计划在沟通活动中装载所要表达的信息。如果这些信息很重要，无论是书面表达还是口头表达，都需要一个提纲来指导沟通活动。对于口头的沟通活动，可以准备一些要点；对于书面的沟通活动，则需要准备相关文件。一般情况下，尽量使用简单的词语，句子也要简洁一些；段落必须短小、精炼，避免使用专业术语。

（5）进行沟通

如果沟通活动的进行引发信息接受者提出了很多问题，应该与他们进行面对面谈话，借此来检查所传播的消息。如果在直接的联系中出现了复杂的问题，可以通过召开会议的方式专门解决这类问题。

2）沟通执行效果控制

如果成功地传播了消息，但没有成功地跟踪它们的效果，人们可能会认为这个消息并不重要。因此，需要在日志里作一个记录，内容包括您送出的信息，以及送出该消息的时间。检查是否收到了任何反馈。看看消息是否已经被接收，以及接收者作出了怎样的反应。例如，在电子邮件末尾加上一句"敬盼回复""亟待回音"之类的字样，或者直接明确提出要求在什么时间以前回复，以达成沟通效果。

（1）有效的报告和演示

在考虑项目的演示和报告时，报告人的注意力通常会集中在技术细节和问题深度的讨论上。要建立一个有效的报告或演示，必须考虑以下 6 个方面的问题：

①媒介形式。消息所使用的媒介是什么？

②长度。沟通活动将持续多少时间？

③组织。将用什么内容开始你的演示？在什么地方结束？你将如何从开始走向结束？

④论证的方法。在你的论证中，电子商务项目数据、个人的权威和经验或者历史的经验会被用到吗？对项目的支持是基于什么之上的？

⑤对信息接收者的态度。你对信息接收者的态度如何（友好的、敌对的、客气的、非正式的或者其他）？

⑥印象。信息的接收者听见或阅读消息之后，会如何评价你？

将以上问题的答案当作您策略的一部分，后续工作可以从将信息、表格、图片、计划以及其他的东西组织开始着手。

（2）演示风格

①描述性的报告或演示。问题、形势和机会都可能会被传递给听众,通常以一个主题介绍开始;然后让听众建立起信任,即自我介绍、引用自己的经验;接着给出一个总体的看法;之后才是主题的详细内容;最后将接收者带到最初的主题。这样,听众能够将总体看法与具体内容联系起来。

这种风格适合巡回展示或学术性演示,但在管理上效率较低。对于电子商务项目而言,需要做的是:努力获得支持与赞同。

②分析报告或演示。通过电子商务项目中出现的问题作一个报告,通常从确定要分析什么开始。

首先,要努力获取听众的信任。其次,描述问题现状。然后,确定分析中用到的原理、方法和工具。再次,提出解决问题的措施。最后,用结论和建议来结束演示。

这种风格非常适合重要事件的评价以及其他评估类型的工作,但并不适合大多数演示。

③说服性的报告和演示。这是电子商务项目中报告和演示的重点,应该将努力和实践的重点也集中到这种风格的演示上。

跟前两种一样,需要从对问题的简介和自己的资格开始;然后,陈述需要做些什么、需要解决什么问题,避免叙述方案或说明收益。接着回答下面的问题:"如果这种需求没有得到满足,将会发生什么事情?"指出严重的后果。再转以一种乐观的语气来描述,如果需求得到满足将会发生什么,获得什么样的收益。这需要充分调动听众热情,并且为他们准备好一切(甚至提前想到他们可能提出的反对意义的对策),然后引导他们转向你的解决方案。

（3）会议

会议是促进团队建设和强化团队成员期望、角色以及对项目目标投入的工具。对于电子商务项目而言,通常有项目启动会议、情况评审会议、解决问题会议和设计评审会议。

①项目启动会议。项目启动会议是项目成立以后的第一次会议,其目的是:

A.项目组的初步交流。会议可以为项目成员之间的相互了解与熟悉提供一个机会,为以后的合作工作打下基础。

B.加深对项目目标的理解。这是会议的主要目的。项目组成员对项目目标、意义的全面深入理解,对项目的成功是非常关键的。

C.统一思想认识。对项目的组织结构、工作方式、管理方式及一些方针政策等取得一致的认识,以确保项目的顺利实施。

D.明确岗位职责。明确项目经理的权利职责范围,明确项目中各个岗位的角色、主要任务和要求等,帮助项目成员更好地理解他们的工作任务。

通过模板来建立电子商务项目计划,从而为会议作准备,但要将最底层的细则排除在外。订立沟通、报告、工作和解决问题的程序,尽量使一切处于有序状态。在项目启动阶段同时也在树立纪律性,今后的项目成员沟通将会以此为参考,因此,明确、清晰的表达将是一种必然的趋势。

项目启动会议由项目经理负责筹备和主持,出席会议的人员应包括:项目发起人、客户代表、公司主管领导、有关职能部门经理和全体项目组成员。根据会议的目的,会议的议题可以有:项目的基本情况(如目标、意义、规模、计划完成时间等)、项目的主要成果、项目所需资源的要求(如项目团队成员技术要求、设备要求等)、项目的管理制度、项目的主要任务及进度安排、项目可能会遇到的困难及变化等。

②情况评审会议。项目情况评审会议通常由项目经理主持或召集,会议成员一般包括全部或部分项目团队成员以及客户或项目团队的上层管理人员。会议的基本目的是通知情况、找出问题和制订行动内容。项目情况评审会议应该定期召开,以便早日发现问题,防止危及项目目标实现的意外情况出现。例如,情况评审会议可以在项目团队中每周召开一次,与客户进行的项目情况评审会议周期可以长一些,如每月一次,这将根据项目的整个持续时间和合同要求而定。

③解决问题会议。当项目团队成员发现问题或存在潜在问题时,应立即和其他有关人员召开一个解决问题的会议,而不是等着在以后的情况评审会议上解决。尽早发现和解决问题对项目的成功非常关键。

在项目开始,对由谁、在什么时候召开解决问题会议以及实施纠正措施所需权限大小等问题,项目经理和项目团队应当设立准则。

④设计评审会议。电子商务项目中通常伴随着软件系统开发和网络布线工作,这类工作均需要详尽的设计。设计评审会议可参照软件工程的原则,在需求分析、概要设计、详细设计等阶段或中间的某些子阶段,对设计结果进行评审,以确保项目质量达成预期的要求。

⑤里程碑会议。当一个重要事件或最终产品出现或者回顾里程碑时召开此类会议。会议开始时,需提供给听众一个问题的一览表和评价的标准,让人们知道通过这个会议您希望得到什么。接下来的议程中,通过审视里程碑的完成情况,记录出现的问题或其他人提到的解决思路,并在会议结束时将问题分配出去。

⑥经验教训会议。经验教训会议是一种累积的过程,能够建立在取得某一重大进展或问题的基础之上。需要落实的是通过此次会议,得到了什么样的经验教训,并记录备案,以从中获益。如:

经验教训是如何产生的?

怎样在实践中借鉴这些经验教训?

经验教训所能够带来的收益有哪些?

如果对这些经验教训产生疑问,应该与谁联系?

如何在以后为这些经验教训增加更多细节?

如何评价与衡量经验教训的价值?

小原则

如何确保项目会议的有效性?

召开各种各样的会议是项目管理过程中必不可少的一种沟通活动。面对面的开会有其沟通的优势,同时,也有其劣势。例如,开会成本上升,在开会期间无法完成其他的工作,如果会议组织不当还会引起一些矛盾等。

要使项目会议有效,则需要遵循以下原则:

1.开会之前要确定开会的议程,明确会议要讨论的内容,搞清楚会议的真正目的。

很多会议,特别是所谓的例会常常不会告诉与会者会议将讨论什么内容。在参加这样的会议前,人们无法作好充分的准备,这必将带来会议成效的低下。

2.要确定会议的目标,并且坚持会议的目标。会议的目的有多个,有的是通报信息,有的是解决问题,有的是作出决定,等等。

召开项目会议前必须先明确会议的目的究竟是什么,然后将这些目的具体化,形成会议目标并使与会者都知道会议的目标。

此外,在会议过程中要坚持这些目标。许多项目会议在进行当中经常发生"跑题"现象,这种现象浪费了大量的时间。

3.仅仅邀请必需的人员。有些管理者喜欢会议室座无虚席,这样会给他们带来一种权力的感觉。同样,一些下属也喜欢开会,因为他们认为会议的参加权是一种待遇。尽管有很多人会在会议过程中努力作记录,但仅仅是那些会议议题确实与自己相关的人员才会在会后去看那些记录,更多的"陪会"人员只是为了表明他们尊重上司而在记录。

解决这个问题的办法是，在开会时先发一个通知说明开会的内容，并注明："下列人员必须参加……其他认为与自己相关的人也欢迎参加。如不能参加，会后我们将给每人发一份会议纪要。"

4.按时开始。很多会议都存在等某些人到来而拖延会议开始时间的现象。这些会拖延几分钟，甚至几个小时。

有些企业规定根据迟到的时间比例由与会者交罚款，不过这并不是一个好办法，因为交完罚款后迟到就成了"合法"的，可以让人心安理得。

5.控制会议进程。控制会议进程并非像我们想象的那样容易。很多会议都会限制每个发言人发言的时间。例如，规定每个发言人的发言时间不能超过10分钟。而常见的现象是，第一个发言人讲了15分钟，而第二个发言人觉得自己不能讲得比他少，于是讲了20分钟，结果时间越拖越长。

解决的办法是：设立会务秘书提醒制度。当计划的发言时间即将到达前的10分钟、5分钟、1分钟等时间点（会议的"微型里程碑"）到达时，由会务秘书提醒。会议除了主持人和记录人以外，应该有持有秒表的会议秘书专门负责时间控制与提醒工作。

6.作好会议总结。每一次会议要有结论，如果没有会议结论，那么整个会议就是失败的。

会议结论通常是落实会议计划解决问题的措施，如果会议计划在会上解决问题，那么就要在会议总结中给出解决的结果。因而，会议的主持人非常重要，他将负责对整个会议进程、会议质量、引导与会者思路的控制。

7.记录会议内容，并将会议决定落实到人。为确保会议决定能够落实，责任到人（而非机构）并制订反馈时间、检查者是非常必要的。

8.问问自己究竟召开这样的会议有无必要。虽然这条原则排在最后，却是最重要的一条。

7.2　电子商务项目团队建设

7.2.1　项目团队的形成

电子商务项目团队在形成阶段每个人都会有许多疑问:我们的目的是什么? 其他团队成员的技术、人品怎么样? 每个人都急于知道他们能否与其他成员友好相处。项目团队形成的最初阶段是项目经理的选择与任命,对于项目经理的选择也有一定的要求。

1)项目经理的选择

由于电子商务项目的复杂性,电子商务项目经理在电子商务项目中起着非常重要的作用,他是一个项目全面管理的核心和焦点。

因此,项目经理的职责和工作性质决定了他必须具有一定的个人素质、良好的知识结构、丰富的工程经验、优秀的组织能力以及良好的判断能力。实践证明,任何一种能力的欠缺都会给项目带来影响,甚至导致项目的失败。

(1)能力要求

①个性因素。理性、谦虚、果断,能够体现出较强的理解力,特别是能够有效理解项目中其他人的需求和动机并具有良好的沟通能力。

电子商务项目中还有一个特别的要求,那就是电子商务项目经理能够转变观念,不墨守成规,积极灵活地应对项目管理过程中所遇到的问题。

②管理技能。首先要求项目经理能够把项目作为一个整体来看待,认识到电子商务项目各部分之间的相互联系和制约以及项目与上级组织之间的关系。

③技术技能。电子商务是新兴学科,不同的电子商务项目又有其特殊性,这就意味着电子商务项目可以借鉴的成功因素不是很多。电子商务项目经理对电子商务行业和团队开发能力要有深入的了解,对商业学科知识和 IT 技术(即商务、市场营销、创新、技术等)熟悉,并了解如何将这些知识和技术应用到电子商务系统中,使其发挥作用。

(2)两人以上的项目经理

有国外观点认为,电子商务项目由于自身的复杂性,试图找到某一个人来管理全部实施过程是不现实的。

①选择一名项目经理是不现实的

A.成功实施电子商务项目需要多方面的技能与知识,一个人很难具备全面的功底。

B.电子商务项目实施推进过程的不同阶段,需要各种不同的技能。在初期,项目领导人要富于创造力,懂得市场策略;在后期,项目领导人要能操控实施,并驾驭工作人员。

C.应对电子商务项目实施过程中所需要的多种问题,需要多方面人才。

D.有几个领导者便于管理拓展后的项目实施。

②选择电子商务项目经理的建议

A.整个过程中保证两人进行总体管理,其中一人是初期的原始指导者,另外一人领导后期的实施导向。在不同阶段,非主导者向主导者提供支持。

模式:开发项目负责人 A,实施项目负责人 B。

B.具体实施过程中,各个子项目最好有单独的领导者,他们向上述两个总负责人汇报工作。

C.电子商务项目的领导者们共享构成项目指导委员会。

③双人制项目经理的好处

A.发挥各个人员的不同才能。

B.一个领导者辞职时还有另一人在,可以减少风险。

C.与人相处时,不同人有不同的能力,可以从容面对不同的受众。

D.可以配合出不同的管理风格,但要注意避免多头管理与"办公室政治"。

(3)电子商务项目经理的任务

①协调

A.负责获得项目所需的人力和材料资源,确保项目中的工作人员有恰当的知识、资源以及完成任务的时间。

B.擅长谈判和解决各种冲突,包括项目成员之间、项目团队与高级管理层之间、项目团队与客户和外部人员之间等,其目标是使冲突最小化,合作规范化,保证项目的成功实施。

C.采取系统性方法进行决策和管理项目,负责项目的计划编制、人员配置、预算以及指导和控制,并在预算、进度和技术性能(质量)之间进行权衡。

D.负责发挥领导能力,解决紧急事件和处理阻碍项目进展的事件。

②沟通

A.与外部机构、签约各方和专家学者进行联络,并对其进行管理。

B.有效的资源管理和会议管理,注意必须让高级管理层了解项目的最新情况。

C.就项目的进展与客户进行沟通,包括可能出现的偏差以及补救措施,变化控制,监控其他影响进程的因素以及风险管理。

D.管理并遵守为项目团队和客户设定的最后期限和里程碑。

E.采用高科技途径(如电子邮件、视频会议、及时通讯等)进行项目管理。

③建立项目文档

A.编写客户认可的项目规格说明,确保团队所需的参数都已经清晰界定,并制订衡量项目成功与否的标准。

B.按照要求,进一步完成项目文献资料的信息汇集,如测试策略、服务品质协议、保密协议、合同、市场调查和策略。

C.确保项目进程中文档的所有版本,在已经达成共识的阶段完成。

D.进行项目存档,包括对文档资料、资产、内容要素以及要返回给客户和其他来源的资料进行存档。

④质量控制

A.在产品交付使用之前,要确保按照协议,对产品进行测试。

B.确保项目的每一个组件都是按照一定的技术和功能规模进行生产的。

C.进行项目评审,评估项目执行情况的优点与不足,以及如何改进。

⑤工作方法

A.提高个人技能并确保团队其他成员都有机会提高自身的水平。

B.寻找新的机会和上级沟通,寻求改进工作的方法并且建立起团队的专业知识体系。

2)项目成员的选择

电子商务项目成员组成之前需要回答一些问题:

①假定需要参与电子商务项目的人都有哪些?

②在工作的哪个阶段需要这些人? 他们在哪个阶段可以完成工作,离开电子商务项目组?

③什么样的职务与责任可以被来自于同一部门的人承担?

④什么任务需要人长期全职工作?

⑤电子商务需要哪些专业人员?

⑥电子商务团队计划在何时组建完成?

⑦在项目实施过程中是招聘新人还是使用公司老员工?

电子商务项目与标准 IT 项目有所不同,因为其中涉及更多的人,他们全都面临更大的时间压力。通常来说,既掌握新科技又对商业知识有深入了解的人不多。他们不会专门服务于某个特定项目。这些因素都为在公司中找到适合的从事电子商务的人员造成更大的压力。

另外,电子商务项目要求项目成员同时担任项目工作与非项目工作。许多项目团队成员还在业务组织中担任职务。

小知识

项目组部分成员简称

无论一个项目组的规模有多大,都要区分其组员所起的不同的作用。如果是小型项目,同一人员可以担任几个职务。

PM:项目经理

DM:开发经理

AR:体系结构

SE:软件工程师

SE/TL:软件工程师/小组负责人

PC:产品顾问

CE:配置工程师

CE/TL:配置工程师/小组负责人

PL:项目负责人

DV:开发人员

QA:质量保证/测试人员

TS:工具制作者

RS:风险管理负责人

7.2.2　有效项目团队的特征

仅把一组人员集合到一个项目中共同工作,并不能形成团队(team),而仅仅是一个工作组(Group)。项目团队不仅仅是指被分配到某个项目中工作的一组人员,它是指一组互相依赖的人员齐心协力进行工作,以实现项目目标。要使这些成员发展成为一个有效协作的团队,既需要项目经理付出努力,又需要项目团队中每位成员的努力。项目团队工作是否有效率,可以决定项目的成败。尽管要有计划,需要项目管理技能,但项目组成员才是项目成功的关键。有成效的项目团队拥有如下特征:

1) 对项目目标的清晰理解

为使项目团队工作有成效,要高度明确工作范围、质量标准、预算和进度计划。对于要实现的项目目标,每个团队成员必须对这一结果以及由此带来的益处有共同的设想。

2) 对每位成员角色和职责的明确期望

有成效的项目团队成员要参与制订项目计划,这样他们就能够知道怎样与他们的工作结合。团队成员重视彼此的知识与技能,并肯定能为实现项目目标付出劳动。

3) 目标导向

有成效的项目团队中的每位成员都强烈希望为取得项目目标付出努力。为树立一个良好的典范,项目经理需要为大家确定努力工作的标准。团队成员能够积极热情地为项目成功付出必要的时间和努力。例如,为使项目按计划进行,必要时项目成员需要通过加班、牺牲周末休息时间等方式完成。

4) 高度的合作互助

有成效的项目团队通常要进行坦诚而及时的沟通。成员愿意交流信息、想法及感情。他们不羞于寻求其他成员的帮助,成员能成为彼此的力量和源泉,而不仅限于完成自己分派的任务。他们希望看到其他成员成功地完成任务,并愿意在他们陷入困境或停滞不前时提供帮助。他们能相互做出和接受彼此的反馈及建议性的批评。基于这样的合作,团队就能在解决问题时有创造性,并能及时地作出决策。

5) 高度信任

有成效的项目团队成员理解他们之间的相互依赖性,承认团队中的每位成员都是项目成功的重要因素。每位成员做他们要做的和想做的事情,而且会按预期标准完成。团队成员互相关心,由于承认彼此存在的差异,团队成员会感到自我的存在。鼓励不同的意见,允许自由地表达,并尊重这些意见。解决问题的办法是通过建设性的、及时的反馈和积极地正视问题。

7.2.3　组建电子商务项目团队的战略原则

1）电子商务项目团队的特点

①电子商务项目团队的具体规模和构成会随着项目各种特定因素的变化而变化，例如，工作范围、预算、进度、可用资源、目标市场、客户和项目的性质（如以系统集成为主还是以软件编程为主）等。

②电子商务项目涉及面广，项目成员全都面临很大的时间压力，在国内往往要求项目成员是一个多面手。

③更多的外部人员介入了项目工作，采用更多的新技术进行沟通。

2）电子商务项目团队战略

电子商务项目团队战略包括组建团队的时机、选择人员的方法和核心成员的组成3个方面。

（1）组建团队的时机

电子商务项目与其他项目相比，在项目早期范围比较模糊，以至于并不清楚人才的准确需求。另外，过早将人员安排下来并不适用，也缺乏灵活性。因此，首先只选择几个必要的人。其次，这几个人参与项目越晚越好，或者刚刚适时即可。这样就可以尽量防止由于技能与知识缺乏所造成的部门资源不足。分配给这些人的工作应该只是短期任务，如过程分析、数据收集、电子交易定义等相关工作。如果需求明晰时更换人员也更灵活。同时，这也意味着不会向其他部门过度提出人员要求，容易获得其他部门的支持。

案例：银行业项目的组建

在一个大型电子商务的银行业项目中，团队组建很早。团队由10人组成。在项目的范围和方向定义好之后，工作开始了。过了一个星期，团队就发现实际上没有那么多工作分配给10个人去做。这时四周也开始出现了关于浪费的传言。团队中的有些人开始去做别的事情，士气逐渐低落，团队不得不重新构建，减少人员，时间和金钱都浪费了。

因此，首先确定团队的几位核心成员即可，使他们在项目中持续工作。这些人应该较早地开始工作。

其次，决定团队需要其他哪些成员，但是要在有工作需要时才把他们招进来。尽量晚一些将其他成员招进来，避免浪费他们的时间，这样做同时可以增加灵活度，减少成本消耗。另外要有这样的认识：团队大部分成员都会采用兼职的工作方式。

如果电子商务项目的需求不明,就推迟组建团队。等到目标、需求和进度表都清晰以后再招集人员。

(2)选择人员的方法

在电子商务项目中通常需要两类人:一类是对部门业务流程有深入了解的人,另一类是能质疑现有进程并支持变化的人。大体来说,这两类人是完全相反的,可以通过先行挖掘那些精力充沛的低级职员,他们的离开不会对部门原有工作造成太大的影响。

在管理层批准以前,可以先接触一些人,问问他们对于电子商务项目的兴趣如何。那些工作习惯与模式比较适合项目的人,那些拥有你所需要的技能的人,那些能够很好地完成任务的人,都是值得选择的对象。

长期的项目团队成员应该是从事过电子商务、有记录可查的工作人员。人们如果在项目中表现优秀就会愿意继续在同一领域工作。

另外,要轮流使用某个部门的人员。这样做的好处是:充分获取对工作多方面的看法;为项目争取不同的技能;不同人员的参加将使电子商务的支持者增加。

(3)核心成员的组成

电子商务团队的核心成员应该能基本保证全职工作,这样可以保证其稳定性。核心团队还会有许多兼职成员。

核心团队应该包括一个来自 IT 组织的人,至少有一个来自业务领域的人,一个熟悉市场营销的人,一个来自主要顾问公司或合作伙伴公司的人。这些人中有的可以担任电子商务子项目的领导。

将核心团队的人数控制在 2~4 人,这样将更容易管理和协调,成员责任心也会更强,资源占用减少。

3)组建原则与方法

(1)为项目团队招募工作人员

首先与一些有意向的人进行非正式接触,了解他们是否有时间与愿望。下一步则是向他们的管理者提出候选人名单。如果找的这些人就非常棒,管理者可能不大情愿让他们走。另外,人们可能也会比较犹豫,毕竟现有的业务职位或是其他项目看起来相当稳定,而电子商务项目的前景尚不确定。

对于这种情况的解决方法是:首先向管理者描述项目的意义;其次使他们确信存在的风险是合理的;最后同意让他们用兼职的方式来工作。等团队成员都参与进来,逐渐对项目产生了兴趣,了解到自己任务的重要性后,他们就会自愿转成全职人员了。

电子商务项目为团队成员提供了更好的机会,能够尽量向管理层展现自己的才华,比在业务组织中拥有更多的职业机会,它们都可以吸引人才加盟。

某些成员在完成特定任务时,会暂时性地加入团队。当他们的任务完成时,有些人会离开,有些人会继续被指派其他工作。这些人有的是公司员工、有的是外包方。对于一些政府项目,可以根据任务领域来进行管理。给暂时性团队成员分配工作时,一开始就必须讲明任务的开始与结束时的情形。

(2)对团队成员的培训与指导

有些团队成员对于电子商务方面并不一定熟悉,另外,他们在项目组建初期的相互协同也有所欠缺。这时,团队可以进行如下几方面的培训:

①与电子商务相关的常规概念。

②电子商务对原有商务流程作了哪些调整。

③实施电子商务的公司案例。

④工作中各业务部门如何介入。

⑤电子商务的项目模板。

⑥定义任务,估计项目持续时间。

⑦为项目成员的任务更新资料。

⑧发掘电子商务工作的问题与机遇。

⑨协同工作训练。

(3)团队成员的例行活动

除了正常完成所分配的工作之外,电子商务项目团队的成员还要完成如下活动:

①向各自业务部门管理者汇报工作与所取得的成果。

②在所属部门中讲解电子商务的需要,宣传电子商务的好处。

③帮助分析问题,提供解决问题的建议。

④与其他团队成员共同完成某些任务。

⑤帮助新来的团队成员熟悉工作。

▶ 小原则

　　组织一个中等规模的项目,最有效的方法是在需求分析阶段编入资深人员,然后在体系结构阶段和设计阶段安排加入其他人员。在需求分析和安排体系结构时,2~5 人的小组效率最高。一个项目只有在整个项目度过了 10%~20%,一般到了它的计划审查环节才开始增加人员配备。

　　而小型项目(7 人及其以下的项目),使用扁平的人员配备模式是最有效的,当 5 个项目的人员为 5 个时,要避免仅仅因为现在就聘用这些人员的误区,要坚持等待合格人员。特别是对于软件开发人员,效率最高的开发人员和效率最低的开发人员之间至少有 10 倍生产效率的差别。

7.2.4　管理团队的指导方针

1) 激励

　　激励在团队建设中也相当重要,项目经理不仅要善于把项目成员团结在一起,而且要善于调动他们的工作热情,激励每一个队员努力工作。

　　激励,就其内容来说,可归于精神激励和物质激励两大类。两者有机结合,互不可分。

　　另外,通过目标激励(成就感引导)、榜样激励、危机激励、文化激励等方式来建设团队,可以使项目团队保持高昂的士气。

2) 建议

　　①对于管理长期工作的团队成员,需要使他们在项目实施过程中参与解决问题。根据不同的问题给予他们不同的表扬,这样能让成员获得成就感与荣誉感,进而转化为未来工作的动力。

　　②通过管理使成员争辩减少到最低。必要时,与那些成员的部门管理者讨论如何帮助他们。

　　③降低项目监督的关键程度,尽量做到隐身监督。让他们更多关注工作本身,不大容易察觉监督给人的压力。

3)项目团队管理中特定问题的解决

（1）招到一个并不想要的员工

上层管理者有可能会硬塞一个没多大用处的人进来。这时候您会怎么办呢？不要明确地表示不满，应该从积极的角度来看问题。看看那个人的能力，试着给他分配一些不太重要的任务。让这个人列席会议，为解决问题出谋划策。如果事实证明这个人的技能还是有价值的，就继续给他分配重要的任务。

（2）必须替换掉某个人

团队成员的工作目标定在每两周达到一个里程碑。这将为项目工作提供动力，鼓舞士气。如果某个成员拖延了工作，就从细节入手，缩小他的工作范围。因为项目在不断变化中，而且处于过渡阶段。如果这个人是兼职，那么一切容易得多。如何替换掉一个全职成员是主要问题。把他的工作分成几部分，分给不同的兼职人员。这可以避免因某一个人的替换而在团队内造成怨恨。

（3）团队中有内奸

有时团队里可能会有这种人，他总是向对项目怀有敌意的管理者或部门打报告。在这种情况下，首先要给团队所有成员正确的信息，包括心怀敌意的人；其次，哪位成员散布消息说哪里有问题，就与负责的业务管理者建立直接接触，定期开会讨论你的项目；最后，与那位成员交流，找出问题根源并同他协商。

（4）某个团队成员的表现与预期不符

假设某人加入团队后，工作的实际情况与预期相差较远，这时应该找一位能够胜任这份工作的兼职员工。尽量使他们两人合作；如果不能很好地合作，就委派此人去做其他工作。

（5）团队里有两人或更多人相处不融洽

根据管理学的原理，当一个团队人数在7人以上时通常在内部会自发形成更小的非正式团队。因此，保持小团队将有助于减少人际关系的复杂。不过，如果遇到相处不融洽的问题，应该将问题在会议上直接说明，并希望大家能够在某种程度上互相容忍，使项目顺利完成。开会时不要偏向任何一方，应将焦点放在解决问题上。

（6）大家过于疲惫

电子商务项目的限期是很紧的，资源也有限，工作人员往往不得不牺牲自己的个人时间，加班加点工作。你所需要做的，就是管理超时与高强度的工作时，扮演一个积极的角色。不要让高强度工作的时间持续太长，否则人们会纷纷离去，工作效率与将直线下降。

高强度的工作期与正常工作期应该交替分布，就算不按进度表，也不能让员工长时间疲劳工作。作为项目经理，应该努力调整进度表的结果，以补回不足的时间。及时让团队成员了解管理层的想法，这样团队成员才能知道，自己的辛勤工作有多么大的贡献。通常的惯例是，大工作量的时期不能超过 1~2 周，之后必须有两周时间是正常工作量的状态。

（7）团队成员希望承担更有趣的而重要性较低的任务

如果安排的所有工作都非常重要，团队成员就会有抵触情绪，工作无法前进。这时团队管理者应该分别与他们谈话，问问他们希望在不同性质的工作上分配的时间比例。对于那些有趣的工作，定出精确的、可测度高的里程碑以便评估。最开始划定工作范围，或者每周一次的重新分配，可以避免此类问题的发生。

（8）需要重新分配工作

在项目的任何重要阶段，都会产生问题，出现变化。项目团队在应付这些新需求时必须有灵活性。在工作初期，团队管理者应该向项目团队指出，必要时可能会重新分配工作，项目的方向也可能会有所改变。预知变化时，尽快通知大家。同时也告诉他们会做少量的重大调整，而不是频繁地进行小规模变动。在项目中，频繁的小规模变动会让团队成员变得紧张，他们会觉得这个项目容易失控。

（9）电子商务的成败主要取决于某一位担任重要任务的员工

这个问题也很普遍，在那些只有一个人有着重要的技术或业务知识的项目团队中尤其突出。为了能够让这类人发挥作用而不至于出现突然离职无人接替的情况，最好指派初级人员与他一起完成某个任务，这种方式将有助于培训人才，同时降低人员离职风险。

（10）在工作中期，管理层想抽走某些团队成员

管理层可能想调走您团队中的一个关键人物，这种情况首先需要预防，在开始组建团队时就预设未来可能会出现这种情况，及早培养可以接替的人员；另外，当这种情况出现时，只能针对这种情况对管理层提出建设性的过渡计划。

（11）需要对团队进行新技能的培训

为了保证项目的工作效率，不要试图一次完成所有人的培训。正确的做法是先选出，两个人来学习新工具或者新技能，使他们能尽快在工作中运用所学到的知识。

然后，通过一次培训会，让学会新技能的成员教会其他成员。一旦大家知道这些技能可以立即得到运用，他们就会吸收得更快更多。而且，当他们知道是在与团

队中的人进行讨论的时候,就会更有兴趣掌握材料,清楚地抓住重点。用这种方法对团队其他成员进行培训,也能够节省时间。

(12)任务间的相互依赖使工作拖延

任务与任务首尾相接时,前者不结束,后者就无法开始。这样往往会带来麻烦。如果可能,应尽量避免任务间严格的依赖性,防止危机发生。如果依赖性是必需的,就让团队成员计划一下,如果前面的任务有延迟时,自己该做什么? 使负责前后衔接的两项任务的员工达成共识。问一问,某个成员可以将哪些任务完成后立即交接给别人,使别人也能开始。让他们共同工作,熟悉对方在做什么。某一个人遇到问题时,另一个人也应该帮忙解决。

7.3 电子商务项目资源管理

7.3.1 电子商务项目资源的获取

1)电子商务项目资源获取的步骤

①确定需要何种资源,以及应在何时获得该资源。

②建立电子商务项目的预算。

③创建项目的监管机制。

④将资源添加到进度表中。

⑤确定资源战略。

⑥在获取资源的竞争中胜出,结束获取资源的过程。

⑦计划将资源转移到电子商务项目中来。

⑧将资源转移到电子商务项目中来。

2)电子商务项目资源获取的内容

(1)人力资源的获取

首先判断组织内部是否能够获取,如果不能就积极投身到组织外部中寻求;如果判断组织内部能够获得资源,则需要使内部成员产生兴趣,并说服他们加入。

(2)物资资源的获取

①考虑通常状况下可以得到的工具和部件。

②考虑任何电子商务项目所要求的软件、硬件、网络、其他的设备和服务。

③考虑各类的设施,如办公空间、测试设备等。

（3）时间要求

获取某资源以前，必须在进度表中确定和布置获取活动的具体步骤。时间资源主要是通过项目时间进度计划的确认，以 WBS 或甘特图的形式被认可。

7.3.2 电子商务项目资源战略

1）确定资源战略

（1）确定资源战略的理由

产生资源战略的原因是因为资源并非如你所想象或管理层承诺的那样会源源不断地流入项目中，很多时候，管理层对项目的信心会有动摇，并且这种信心建立在目前项目进展成果的基础之上。

另一方面，资源的到位也会稳定项目组成员的信心。比如到了一批新电脑，或者某项资金划拨到位，都会使项目组成员更加努力地工作。

因此，首先需要拟定的策略是：集中在未来三个月（或更短时间）内，在资源获取方面，开始相关工作，并尽早取得成果，以稳固管理层信心，便于进一步获得下一步资源。

（2）确定资源战略的工作重心

①确定对项目所要求资源的负责人

A.寻找直接决策人，以及重要影响者。

B.对于内部资源，在项目早期，与控制资源的管理人员联系，获得他们的支持。提前打招呼，使他们的计划与你的计划匹配。

C.对于外部资源，需要联系采购部门，以便决定获取这些资源的各种程序、步骤以及时间安排。

②了解其他与本项目争夺资源的项目

A.不能只关心项目之内的事，要睁大眼睛了解其他与本项目争夺资源的项目。了解的渠道除了官方渠道之外，也要特别关注各种非官方渠道，尤其要与资源掌握人员搞好关系，从他们那里了解更多相关信息。

B.应该为资源到达的时间留有余地，不能完全靠理论推算资源到达的时间。

③关注提供帮助者的收益

学会感恩。不要因为是工作关系，就觉得理所当然。如果你希望今后继续获得支持，应该考虑到该项目结束之后，相关管理层或相关渠道的人员可能的收益。

2）获取并转移资源到电子商务项目中

由于市场竞争的加剧，组织内闲置的可用资源几乎已经绝迹，这就意味着你必须与其他项目一起为所需资源进行竞争。

（1）竞争获胜的原则

①确认自己已经制订了一个实际的、对资源需求最小的方案。

告诉管理人员，该方案对资源需求的估计确实是最小的，同时也是可行的。你必须愿意为得到这些资源而进行交涉，并随时准备妥协。

②组建电子商务项目小组时，将小组成员的角色定义为销售人员，以便获得资源。

③遵从你的资源策略，争取更多的承诺。

（2）获取资源的过程

①将对资源的要求、项目计划、项目进度表以及通过资源获得的阶段性成果提供给采购人员或管理者，同时指明各项任务将如何影响整个项目的进度。

②提供的信息越多，越容易获得帮助、理解与支持。

③在备忘录中，记下你们的协议。

（3）将资源转移到电子商务项目中来

①介绍情况，使项目组成员熟悉项目的相关资料，以及当前与未来一段时间的进度状况。

②当资源到位时，开始启动资源；如果不能及时到位，不要等待，应立即了解情况并找相关人士配合解决。

③随时准备资源的释放，应对可能出现的变动。

7.3.3　项目资源管理

项目资源计划的方法是指资源均衡与资源分配。在大多数电子商务项目中，进度计划要受到可用资源有限性的制约。

资源均衡和资源分配，是指在不影响整个项目进度的前提下，通过调整工作开始与结束的时间，将一定数量的资源更合理地分配到各项工作中。资源平衡最关心的是如何用最有效的方式合作资源。我们可以通过与资源平衡有关的计划和控制图来说明资源平衡的过程。

如果项目的所有活动的资源需求都为已知，那么一旦项目已经计划好，就可以从总体上计算项目的资源使用情况。如果资源的需求量超过了资源的可供量，那么就要调整时间计划以减少资源的需求。这个问题可以通过消耗时差和延迟非关键活动来解决。如果这两种途径解决不了，那么只能延长项目的周期。

1)资源平衡的意义

在项目管理过程中,当需求的资源超过实际可利用的资源,或者需求的资源水平发生变化时,必然会影响项目进度计划的实现,一种常用的方法就是资源平衡法。

通常有两种方法来进行资源平衡:一是利用非关键路径上可以利用的浮动时间来安排进度计划;二是调整资源的配置,避免资源的过度分配。

通过资源平衡,使项目的资源得以最有效地利用。

2)资源平衡的作用

①减少资源的过度分配,提高资源的使用效率。

②充分利用浮动时间,确保进度计划的实现。

3)资源负荷图

资源负荷是指在特定时间段,现有进度计划所需的个体资源的数量。资源负荷图是资源均衡和资源分配的重要工具。每幅资源负荷图一般表示一种资源的需要情况,要平衡几种资源需要绘制资源负荷图(如图7.1)。

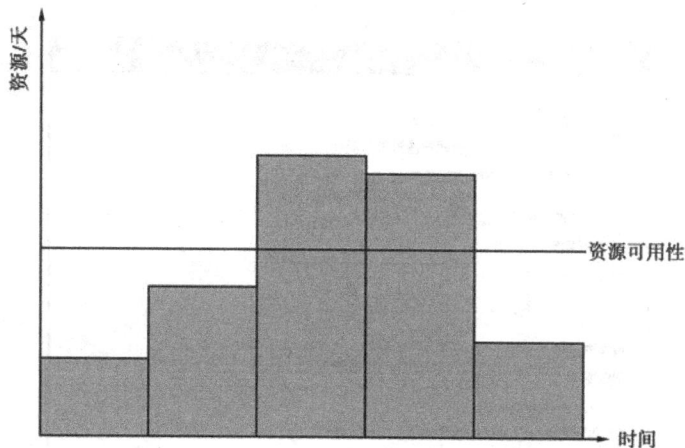

图 7.1 资源负荷图

从图 7.1 中我们可以看出,在相当大的一部分时间内,该项目的这种资源处于超负荷状态。可以通过调整非关键工序的开始时间,缓解需求矛盾、需求高峰和需求低谷。

案例:资源平衡的操作方法

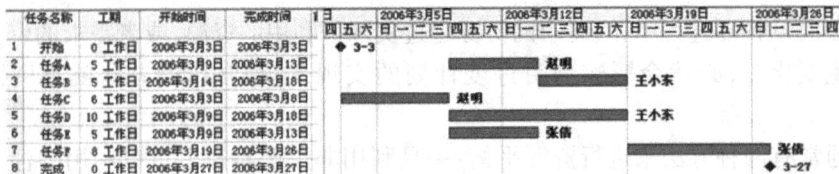

图 7.2

　　如图 7.2 所示,由于王小东承担了很重的任务,可以将工期后延,以达到资源平衡。

　　此外就是利用 PROJECT 的调配资源功能调配。

图 7.3

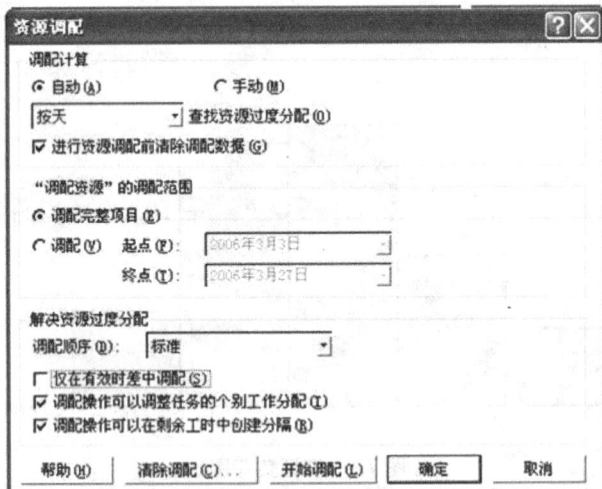

图 7.4

　　点击菜单:"工具—调配资源",在弹出的对话框中选择"自动"。

　　点击"开始调配"按钮后将进行调配,并给出调配结果。

　　这样王小东的工作将与张倩的后一段工作同时进行,当然这需要非关键工作

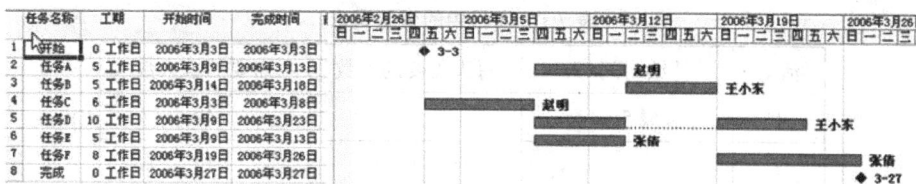

图 7.5

路径才可以。

如果需要针对关键任务进行调配,首先要设置关键任务。

步骤 1:

插入列:最早开始时间和最晚开始时间

步骤 2:

按目测关键任务顺序,从左往右将你认为理想的关键任务的最早开始时间和最晚开始时间设置为相同(即"不得早于……开始"和"不得晚于……开始"的"限制日期"应该相同)。

注意:如果不按从左往右的目测顺序,将无法设置。

图 7.6

4)工期受限进度计划下的资源均衡

在工期受限的情况下,进度计划对资源的考虑主要是在要求的工期内使资源的使用尽可能均衡,称之为资源的均衡化(Resource Smoothing)。尽管在工期受限的进度计划中假定了资源是无限的,但这并不意味着可以不经济地使用资源。为了降低项目成本,即使资源是无限的,也要考虑资源使用的经济性,资源的均衡化就是要尽可能均衡地使用资源。

下面通过一个事例来说明工期受限资源均衡的过程,然后在此基础上总结出工期受限资源均衡的步骤。

(1)工期受限的资源均衡示例

一个项目活动与资源需求如表 7.1 和图 7.7 所示。

表 7.1　项目中的资源需求

活动	持续时间/天	每天需要的人数	需要的总人数
1	5	8	40
2	3	4	12
3	8	3	24
4	7	2	14
5	7	5	35
6	4	9	36
7	5	7	35

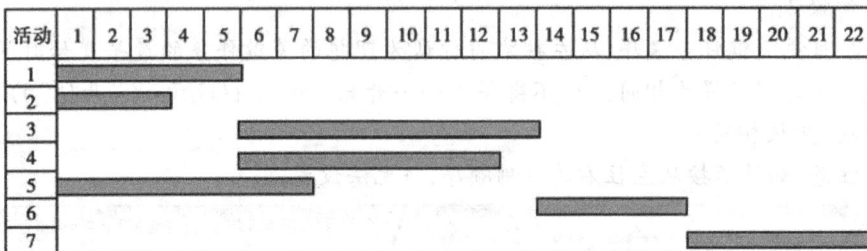

图 7.7　最早开始时间甘特图

假定该项目仅涉及人员这一种资源,而且所有人员可以为所有的活动所共享,另外假定一项活动的整个过程所需要的资源保持不变。

为了便于对资源进行均衡,可以根据以上数据首先画出该项目人员的资源调用图。在每项活动都在最早开始时间形式的情况下,该项目人员的初始资源调用图 7.3 所示。

由图 7.8 可知,资源需求非常不均衡,在最高峰时需要 17 人才能满足要求,低谷时只需要 3 人。因此,需要对资源的调用进行重新安排,尽量使其均衡化。相比于前面的工作来说,接下来的均衡化思路是不断将资源调用图中具有更多总时差的活动右移重新定位,以减少最高资源紧缺。活动右移的理由是因为活动不可能在最早开始时间之前开工。

资源均衡就是在项目的资源需求图中,为了使各活动的资源需求波动最小,对总时差或自由时差进行再次分配。资源均衡是以比较稳定的资源使用率能够导致比较低的资源成本这一假设为前提的。根据上图填写的资源需求量如表 7.2 所示。

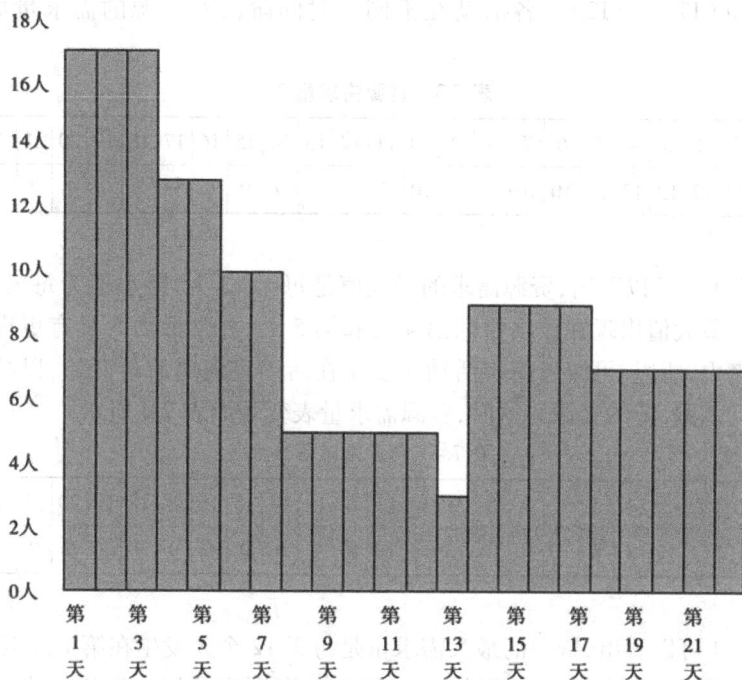

图 7.8　项目的初始资源需求图

表 7.2　资源需求量 1

天	1	2	3	4	5	6	7	8	9	10	11	12	13	14	15	16	17	18	19	20	21	22
人	17	17	17	13	13	10	10	5	5	5	5	5	3	9	9	9	9	7	7	7	7	7

结合前例进行资源均衡,步骤如下:

①计算各阶段的平均人数。在前面的项目中,整个项目总共需要 196 人。由于该项目的工期是 22 天,所以每天需要 196/22≈9 人。

②以最早开始进度计划和非关键活动为依据,从那些具有重新形成的资源需求图,使变更后的资源需求逐渐接近计算的平均值,挑选资源变动最小的计划作为资源均衡的结果。

在该项目中,通过甘特图(图 7.3),可以看出活动 5 有 6 天的自由时差,是所有活动中最大的自由时差。因此,我们首先从活动 5 开始,把它的最早开始时间向后推迟 3 天,使其在活动 2 结束之后,再开始。这样第 1 天到第 3 天的资源需求减少了 5 个单位(17−5 = 12)。各活动在不同的时间阶段对资源的需求量如表 7.3 所示。

表 7.3　资源需求量 2

天	1	2	3	4	5	6	7	8	9	10	11	12	13	14	15	16	17	18	19	20	21	22
人	12	12	12	13	13	10	10	10	10	10	5	5	3	9	9	9	9	7	7	7	7	7

从表 7.3 中可以看出,资源需求的最大值是每天 13 人,最小值为每天 3 个人。由于需求的最大值出现在该项目的第 4 天和第 5 天,并且活动 5 具有更进一步向后推迟的潜力,所以,可以考虑将活动 5 安排在活动完成之后再开始,以减少资源需求的波动范围,节约资源。这时,资源需求量表变为如表 7.4 所示。

表 7.4　资源需求量 3

天	1	2	3	4	5	6	7	8	9	10	11	12	13	14	15	16	17	18	19	20	21	22
人	12	12	12	8	8	10	10	10	10	10	10	10	3	9	9	9	9	7	7	7	7	7

从表 7.4 可以看出,资源的最大需求量是每天 12 个人发生在第 1 天至第 3 天;最小的资源需求量仍然是每天 3 人。该项目中,资源需求的变化范围减少至12−3 =9 人。活动 2 有 2 天的自由时差,如果我们将活动 2 作为第二个调整对象,把它向后推迟 1 天或者 2 天,其结果只能使第 4 天和第 5 天的资源需求量从每天 8 人增加到每天 12 人,并使用该项目的资源需求的波动范围减小。所以,不能将活动 2 作为第二个调整对象。现在,我们如果将活动 4 往后推迟 1 天,可以得到新的资源需求量表 7.5。

表 7.5　资源需求量 4

天	1	2	3	4	5	6	7	8	9	10	11	12	13	14	15	16	17	18	19	20	21	22
人	12	12	12	8	8	8	10	10	10	10	10	10	5	9	9	9	9	7	7	7	7	7

从表 7.5 中可以看出,资源需求的最大值仍然是每天 12 人,不过最小资源需求量则变为每天 5 人。所以,该项目资源需求的变动范围减少至 12−5 =7 人。这个变化范围,同其他的调整方案相比,包括最早开始和最迟开始方案,是比较小的。在该项目中,我们通过不延长整个项目工期的情况下,做到了使资源变化最小化,最大限度地达到了资源的均衡使用。

（2）工期受限的资源均衡步骤

①画出项目甘特图。

②通过表格列出每项活动的资源使用量、持续时间、最早开始时间、最迟结束时间和总时差。

③按总时差的递增顺序排列活动,总时差相同的活动按最迟结束时间排序。

④按活动排序顺序,画出各项活动均在最早开始时间开始的资源调用图。

⑤在活动总时差容许的范围内重新安排活动的时间,使得资源的调用尽可能均衡。活动的工期不能变化,活动间的相互依赖关系必须保留。

⑥通过改变规则,如重新考虑活动间的相互依赖关系和加班等,运用判断力进一步改进资源调用的均衡性。

5）资源受限进度计划下的资源均衡

（1）资源受限的资源均衡举例

在前面的项目中,如果每天可以使用 17 个或者更多的人,那么,无论该项目采用最早开始计划还是最晚开始计划,都会在 22 天内完成。从前面对该项目进行资源均衡后的图表中可以看出:最大的资源需求量是每天 12 人,因此,一旦可以利用的资源达到这一数值,根本不会产生工期拖延。如果在几天中,可供使用的资源很少,那么,项目的完成日期将被拖延,从而超过最早完成日期。如果活动 1 和活动 2 平行实施的话,它们每天总共需要 12 人。为避免产生延期,项目经理可以在忽视较低资源使用状况下,采取以下几种技术:

①用较低的资源使用量完成活动。这种技术只是对那些工期可以延长,用较少的资源就能完成的活动有效。我们现在来研究一下前面案例中的活动 2,假定对于活动 1 和活动 2 来讲,每天仅有 11 人可供利用。活动 1 是关键活动,按计划它每天要占用 8 人。那么,活动 2 每天只有 3 人可供利用。由于活动 2 总共需要 $3 \times 4 = 12$ 人,那么可以安排活动 2 每天 3 人,用 4 天时间完成。如果仍然不够,那么可以继续延长工期。

②分解活动。对于项目中活动原有逻辑关系变化影响不太大的情况,可以把某些活动分解成一些子活动。如将活动 1 分为两个子活动 1A 和 1B,其中子活动 1A 在第 1 天和第 2 天实施,子活动 1B（占 3 天的工期）被中断在 4 天之后再开始实施。这样,项目就能够在 22 天内完成,而每天只需要 11 人。这项技术对于那些可以进行活动分解,并且分解后的各项子活动之间时间间隔相对较短的项目来说,是非常有效的。

③调整网络。当网络只是以结束到开始的逻辑关系为基础时,引入其他类型的逻辑关系,将有助于对有约束的资源进行管理。假如我们用开始到开始的逻辑关系代替结束到开始的逻辑关系,就有可能消除由于资源缺乏而造成的延误。

④使用可以更换的资源。如果项目的资源可以被替换,那么当资源紧张时,完全可以代用替代资源以减少资源负荷。

(2)资源受限的资源分配步骤

①画出项目网络图,计算所有时间参数并计算活动的资源用量。

②在项目开工的时点和每项活动结束并空出资源的每个时点,根据活动的前后关系,找出所有的合格活动,并根据规则选择开工的活动。

需要注意的是:由于规则不是万无一失的,因此最后的资源分配结果并不一定是最优的,但基于上述原则通常能够得到一个接近于最优的结果。

7.4　电子商务项目质量管理

7.4.1　解决与电子商务项目相关的质量问题

1)工作质量很差

(1)工作质量差的原因

①由于时间的推进,质量评估的原则改变。

②由于时间的推进,评估的严格程度发生改变。深层的原因可能是组织内部管理方向的改变、新的底层控件的变化、客户管理方面的变化、新标准的出台等。

③工作质量本身可以接受,但工作的表现方式或印象不可接受。虽然任务完成很好,但上班使用即时聊天工具,上班时过多过长时间的打电话,上班时玩游戏或浏览网页,以及做了其他与工作无关的事情(如上班时吃早餐、化妆等),或者有人习惯白天睡觉,晚上工作,结果被其他正常工作时间的人视为不遵守作息制度等。

(2)改进方法

①对于因时间变化导致的情况,可以采取积极沟通、调整、适应的方法。如与管理层或客户进行沟通,加深双方理解与体谅;积极适应新标准、新程序控件等,使项目迅速走上正轨。

②对于因为工作方式或印象问题,应与其讨论利弊,并积极获得部分授权(如

即时聊天工具对工作的影响与促进),同时以制度方式明确下来。

2)意外情况

(1)原因与表现情形

由于不可预知的因素,导致项目发生较大的变故。可能因此要放弃以前的部分工作,或者增大工作量、延长工作时间。

如总经理层突然宣布要全员学习外语,并且要考试上岗,这样许多项目成员可能会因此忙于应付,导致项目延期。或者某项通知下来,要改变以前的工作内容,重新设置。或者客户的需求突然发生重大改变,需要重新设计。

(2)解决方法

①回顾项目目标。回顾项目最初的目标和现状,掌握以前的责任、义务与项目组的权利。

②分析目前意外情况发生的原因。发生这种意外是否没有被列入风险计划?是否应该事先考虑这种可能?对于非强制性标准的新任务,项目组是否应该提出以前项目组成立之初时的拥有的一些权利?比如在某种程度上拒绝强行摊派的任务。

③抓住机会。比如合并任务,或者与相关人员(如管理层)积极沟通,为保证项目进度与质量取消另一些任务或者拒绝摊派与项目无关的新任务。

7.4.2 电子商务项目质量管理的方法

1)质量功能展开(QFD)

(1)质量功能展开的产生

质量功能展开是全面质量管理中的前期工作,同时应用于项目初期。

当客户不能准确表达他们的需求,或者,即使他们能够表达清楚,他们的需求也是非常笼统和抽象的,并且侧重在产品或服务的功能方面时,项目团队可以采用质量功能展开将项目的质量要求、客户意见转化成产品的技术参数或服务标准。

1972 年,在三菱位于神户的造船厂,QFD 被开发出来,随后被丰田公司采用。也许是因为该方法声称可以削减 60%的设计成本并缩短 40%的设计时间,1986 年它被引入美国,并且最早被福特和施乐公司采用,三年后大约有 24 家美国公司用 QFD 开发其部分或全部的产品和服务。

(2)质量功能展开的特点

这种访求从客户对项目交付结果的质量要求出发,把功能要求与产品或服务的特性对应起来,根据功能要求与产品特性的关系矩阵,以及产品特性之间相关关系的矩阵,进一步确定出项目产品服务的技术参数或服务的质量标准,确保项目团队提供的产品或服务真正能够满足客户的需求。

(3)质量功能展开的作用

①确保项目团队从技术层面把握项目的需求。

②确保客户的需求得到真正地满足。

③直观显示客户需求与项目交付结果的技术参数或服务标准之间的关系。

④客户需求能得到量化的描述,有利于项目的交付、验收。

(4)质量功能展开的用法

①质量功能展开是用图示化的手段来显示项目的需求与产品性能的参数关系,其形状看起来像房子,有时又称质量屋。

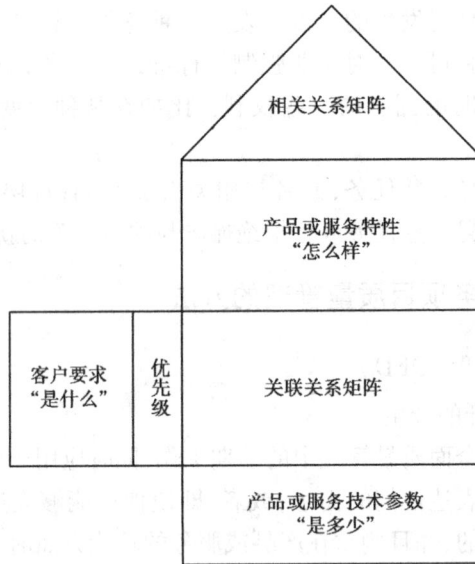

图7.9 质量屋示意图

A.客户要求。客户要求是指客户意见或客户的需要和期望,往往涉及客户希望得到的产品或服务究竟是什么的问题。客户要求通常集中在功能方面,并且非常笼统和抽象,在项目执行之前,项目小组可以通过走访客户、发放调查问卷以及其他市场调查的手段来获取。

B.优先级。优先级是指客户对其各项要求的重视程度,通常由客户来定义,可以按顺序分别用 1,2,3…来表示。通常,客户优先考虑的要求也应成为项目小组的优先考虑。

C.产品或服务特性。产品或服务特性是指为了满足客户要求,在产品设计、制造或服务提供等方面必须具备怎样的特性,这些特性是由项目小组来确定的,通常与产品或服务的某些结构、性能有关。

D.相关关系矩阵。相关关系矩阵是指产品或服务特征之间的相关关系,根据它们之间的相互影响关系,通常用正相关或负相关来表示。

E.关联关系矩阵。关联关系矩阵是指客户要求和产品或服务特征之间的关联关系,根据它们之间的关联程度,通常用强、中、弱三种定性关系来确定。

F.产品或服务技术参数。产品或服务技术参数是指产品或服务的质量性能参数,通常用可以测量的客观标准来衡量,例如,数据库产品的结构参数——字段长度、字段类型;IT 产品的性能参数——并发用户数、传输速率、可承载总用户数;时间参数——保修期、可维护性、耐久性等;商业参数——担保、退换等;社会参数——合法、安全、环保等;服务提供参数——服务时间、服务能力、服务态度等。照这些参数来设计产品和提供服务,才能真正使客户的需求准确无误地得到满足。

②确定项目的要求“是什么”,即搞清楚客户需要什么样的产品或服务,可以通过走访客户或进行市场调查得到。

③将“是什么”转化成“怎么样”,即确定客户需要的产品或服务的特性。

④用关联关系矩阵确定“是什么”和“怎么样”之间的关联关系。客户要求和产品特性之间往往有着密切的关联关系,这就是它们之间的关系矩阵。如果客户要求和产品特性之间有着直接的因果关系,表示关联程度高,属强相关;如果没有必然的因果关系,则表示关联程度低,属弱相关。分别用不同的符号表示它们之间的强、中、弱三种关联关系。

⑤确定产品或服务特性之间的相关关系。这些关系可以帮助项目小组解决特性之间的冲突或者进行实验设计之用。项目产品或服务特性之间的相关关系,分别用正相关和负相关来表示。

⑥确定产品或服务的技术参数。在客户要求、产品特性及相关关系矩阵的基础上,进一步确定产品具体的技术参数,也就是 QFD 矩阵下方“是多少”的问题。这个时候,项目小组需要听取客户的意见,必须与客户一起来确定产品或服务具体的技术要求,依此便可以确定产品其他特性的具体技术参数。当客户需要的这种产品或服务的技术参数完全确定后,项目小组按照这些技术参数设计,生产产品或提供服务,就能从根本上真正满足客户的需求。

（5）质量功能展开举例

某电子商务项目是为客户进行网站建设。

①首先,项目团队通过与客户沟通,了解到客户对网站的需求,归纳起来主要是艺术性强、开发工具先进、易于升级维护、支持内部与外部系统、响应迅速、费用低廉、灵活性强。

②经分析,客户的这些需求,最重要的是支持内部与外部系统,其次是响应迅速……可以按此要求进行需求优先级排序。

③按前述步骤,得到该网站建设项目的 QFD 质量屋,如图 7.10 所示。

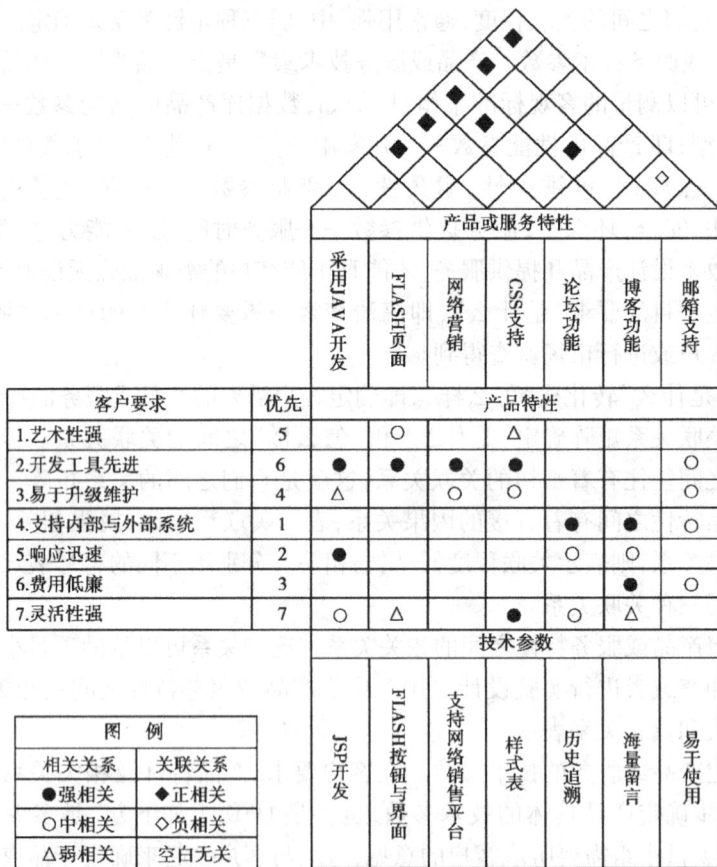

客户要求	优先	采用JAVA开发	FLASH页面	网络营销	CSS支持	论坛功能	博客功能	邮箱支持
		产品特性						
1.艺术性强	5		○		△			
2.开发工具先进	6	●	●	●	●			○
3.易于升级维护	4	△		○	○			○
4.支持内部与外部系统	1					●	●	○
5.响应迅速	2	●				○	●	
6.费用低廉	3						●	○
7.灵活性强	7	○	△		●	○	△	

技术参数：JSP开发、FLASH按钮与界面、支持网络销售平台、样式表、历史追溯、海量留言、易于使用

图例
图 例	
相关关系	关联关系
●强相关	◆正相关
○中相关	◇负相关
△弱相关	空白无关

图 7.10　某网站开发要求质量屋

2）排列图（帕累多图、帕累托图）

（1）使用排列图的理由

影响项目质量及项目目标实现的原因或因素很多，如果从众多的原因中找到若干影响较大的原因（可能只占所有原因中的一小部分，如 20%），并加以控制及处理，往往可以解决大部分的问题（如 80% 以上），这就需要使用排列图的优势，它提供了一种结果化的方法，能够帮助项目团队从纷繁复杂的原因中迅速找到那些导致问题的根本原因，并有针对性地制订出解决问题的方案或办法。

（2）排列图的作用

①清楚地显示导致项目 80% 问题的那些 20% 的原因是什么。

②根据影响项目质量及其他问题的原因分门别类，并计算出各个类别所产生的数据及所占的比例，再进行累计得到图形，直观地显示不同原因的相对重要性。

③帮助团队把注意力集中在重点解决那些导致问题的根本原因上，而不拘泥于次要原因或其他细节。

④防止问题转移，也就是某种解决办法虽然解决了某个问题，却使另外的问题变得更加严重。

（3）排列图的使用方法

①确定需要分析的问题是什么。

②项目团队利用头脑风暴或者查阅现有资料和信息的方式，列出导致上述问题的原因或者影响质量的因素。

③收集一定时间内的质量数据，并统计出各种原因的数据，包括发生的频率、该原因占所有原因的累计频率等。

④绘制左右有两条纵坐标的坐标系统，横坐标表示影响质量的各种因素，按其影响程度的大小从左向右依次排列，每个影响因素都用一个矩形表示，矩形高度表示影响质量因素的大小，各种影响因素在横坐标上的宽度要相等。

⑤在左侧纵坐标上标出各种原因的频数，也就是各种影响质量因素发生或出现的次数，在右侧纵坐标上标出该原因的频率，也就是影响质量因素在所有因素中所占的百分比。

⑥用一条曲线将影响质量因素的累计百分数连接起来，就可以得到排列图曲线。

⑦分析排列图。

（4）排列图分析方法

排列图中的矩形柱高度表示影响程度的大小，在观察排列图寻找主次因素时，主要看矩形柱高矮这个因素。一般确定主次因素可利用排列图曲线，将累计百分数分为3类：

①累计百分数在0~80%的为A类，在此区域内的因素为主要影响因素，应重点加以解决。

②累计百分数在80%~90%的为B类，在此区域内的因素为次要因素。

③累计百分数在90%~100%的为C类，在此区域内的因素为一般因素，不必作为解决问题的重点。

（5）排列图举例

这里以某机房建设项目为例，项目小组首先分析了导致该项目网络经常中断的质量事故产生的一些原因，包括网线质量较差、网络外环境欠佳、电压不稳等，如表7.6所示，然后分析了这些原因出现的频率，最后绘制出该质量事故的排列图。

表7.6　排列图频度表

网络经常中断的原因	频　数	累计频数	累计频率/%
网络外环境欠佳	45	45	56.2
电压不稳	16	61	76.2
网线质量较差	7	68	85
维护不当	5	73	91.3
路由器故障	2	75	93.8
交换机故障	2	77	96.2
其他	3	80	100

根据上表绘制图形。从图中可以清楚地看出，导致的网络经常中断的根本原因是：网络外环境欠佳，占45%，再加上电压不稳、网线质量较差，这3项加起来就超过了80%。因此，进行质量控制应以前3项为重点，只要将这3个方面的问题控制住，工程质量的合格率就会大幅度上升。

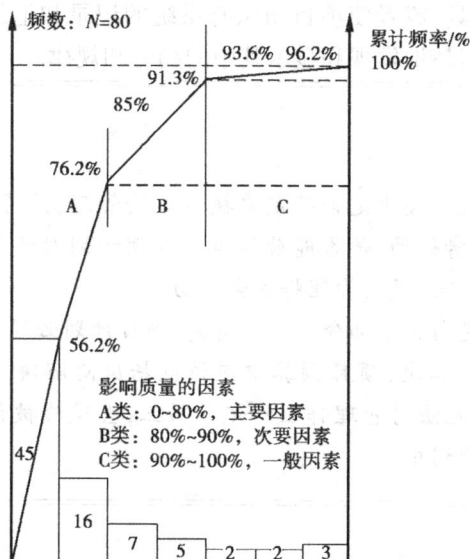

图 7.11　某机房建设项目中网络经常中断的故障分析排列图

7.5　电子商务风险管理

7.5.1　电子商务项目风险识别技术

风险管理的目的是为了减轻潜在的不利事件对项目的影响,所以我们首先要了解什么样的事件会给项目带来风险,这就需要用到风险识别的技术及经验。

风险识别是一个反复迭代的过程,首先由项目组(或风险管理小组)人员完成,其次则由整个项目组和其他项目利益相关者完成,为了能得到公平的分析结果,第三步就应由未参与项目的人员完成。

1)风险识别检查表

通过列出与所有可能的每一个风险因素有关的问题,使得风险管理者能够集中识别常见的、已知的和可预测的风险。通过判定分析或假设分析,给出这些问题的确定答案,估算风险的影响。

(1)使用检查表的理由

检查表通常由详细的条目组成,是一种主要用于核实一系列要求的步骤是否已经实施的结构化工具,或者使项目团队有系统的记录和汇编过去的或正在观察的数据和资料,以便清楚地发现和显示其中的趋势和规律。

小原则

成功的风险管理取决于是否约定要执行风险管理,是否能培养执行风险管理的能力,是否能付诸行动,是否能确认风险管理计划对于每个风险的有效性。如果缺少上述任何一项,风险管理将不会成功。

风险管理的约定由3个部分组成。首先,项目计划必须描述风险管理方法,必须有成文的东西。其次,项目预算中应该包括风险解决方案中的专用资金。如果缺少专用资金,无法对管理作出约定。第三,当风险被评估以后,它们的影响应被考虑到项目计划中。

许多组织都使用统一而专门的检查表以保证频繁执行任务的一致性。

检查表格式多种多样,可根据检查目的的不同而采用不同的格式。常用的检查表有《工作是否完成检查表》《质量分布状态检查表》《质量缺陷部位检查表》《影响质量主要因素检查表》《材料质量特性检查表》等。

表 7.7　项目风险检查表

项目进行的阶段	可能存在的问题	是	否
启动	问题是否定义清楚了?		
	是否进行了可行性研究?		
	目标是否明确?		
计划	计划是否完整?		
	数据是否准确?		
	沟通是否充足?		
	是否有不合理的限定期限?		

项目进行的阶段	可能存在的问题	是	否
执行	员工的技术技能是否足够?		
	时区与任务分配是否有关联?		
	进度变更怎样?		
	需求变更怎样?		
	管理效能如何?		
结束	质量是否达到标准?		
	成本超支的可能性是多少?		
	进度拖延的可能性是多少?		

（2）检查表的作用

①检查工作的实施状态或核实其结果。

②清楚描述每个情况的事实或结果,而不是某个人的主观意见。

③促使对每个情况或事件的解说意见统一,每个人必须查看和记录相同的数据项。

④很快能找到众多数据或资料的规律。

（3）检查表的使用方法

①对检查的事件或情况作出定义。

A.如果是根据观察发现来建立一个事件或情况表,则要明确有关观察项的定义。例如,如果要查寻晚付款的原因,必须对"晚"这个概念有个明确的定义。

B.如果是研究一个独立的事件或情况表,应确保对每个事件或情况的含义和应用意见的一致。例如,如果要记录从不同地区打来的销售电话,就要确保每个人都知道各地区都有哪些省市。

②决定由谁收集资料以及资料的期限和来源。由谁收集资料显然取决于项目本身和资源,资料收集的期限可以是从几个小时到几个月,资料可以取决于样本或总体的多少。

资料收集者一定既要有必要的时间,又要具备必要的知识,这样才能收集到精确的信息。资料收集者要用足够的时间收集资料,以保证资料的结果具有典型意义。

有时,在总体中可能有些重要的差异,这种差异应该在对不同的分级分别进行抽样调查中反映出来,即分层。

③设计一种既清楚又易于使用的检查表。一个完整的检查表应包括两个方面内容:

A.资料来源信息(检查项名称/资料收集地点/资料收集者姓名/日期/其他)。

B.资料内容信息(原因/收集时间或日期/每个竖栏汇总/所有竖、横栏总计)。

④收集相应的资料,并记录在检查表中。确保检查表中的每个条目都写得一清二楚,并注意资料的连贯性、精确性和客观性,项目经理或者小组成员可以帮助资料收集者做好资料的收集工作。

2) 头脑风暴法

(1)头脑风暴法简介

头脑风暴法是最为常用的风险识别方法,其目标是获得一份全面而完整的项目风险列表,以便为将来的风险定性和定量分析提供对象。

这种方法需要项目团队共同参与,在一位协调员(可以是项目经理)的引导下,每位成员随意产生对项目风险的想法,然后根据风险的类型进行风险的分类。

这种方法没有权威影响,同时进行了集体讨论,使得结果真实、全面、客观。

(2)头脑风暴法的使用方法

①召集项目团队,确定需要识别风险的项目。

②指定活动主持人以及现场记录员,明确头脑风暴法的原则与要求,鼓励大家畅所欲言地发表自己的观点,鼓励新思想、歪点子。

③每个人按顺序或随意提出自己的观点,由记录员把每个人的想法记录在黑板或表格中,暂且不管这些想法正确与否,千万不能打击看似愚蠢的想法。

④项目团队可以采用举手表决的方式,对已经产生的每种风险进行讨论与分析,判断这种风险是否成立,剔除那些被否决的风险。如有必要,重复第3步和第4步。

⑤整理汇总,得到项目的风险清单。

(3)头脑风暴法的案例:在寝室架设FTP服务器的风险

①学校相关政策不允许。对策:仔细研究相关政策。

②需要较高的费用。对策:利用已有的网络硬件资源,使用网上免费的支持软件,采用公摊购置一块专用共享硬盘。共享已经有的刻录机、打印机等资源。

③应用不理想。对策:建立相关的奖励机制,鼓励大家上传资料(如书籍、电影

等)。

④技术问题。对策:联络其他院系高手或找相关老师协助解决。

⑤安全问题。对策:经常更换密码,采用认证机制。

⑥资产处置问题。对策:按市价由某位成员收购或对外拍卖后均分。

3)因果图法(鱼刺图、鱼骨图)

导致项目出现某种问题(如质量管理)的原因多种多样,因果图允许项目团队借助于图解清楚而详细地识别、探察以及发现所有涉及这些问题或状态的可能原因,以便为解决这些问题或改变这些状态制订出相应的措施和办法。

(1)因果图使用方法

①描述需要分析的问题或出现的结果,并把它写在一张大白纸的右边,用框图框起来。确保每个人都同意对问题的描述,为了便于分析原因,描述应包含尽可能多的信息,如"4个W"(Who,Where,When,What),以分析出原因(Why),最终得出如何做的措施(How)。

②从左向右画一条带箭头的主干线,指向右边的框图,然后在主干线的上下两侧画出像鱼骨一样的分支线,将它们连到鱼骨图的脊骨上,箭头指向主干线。

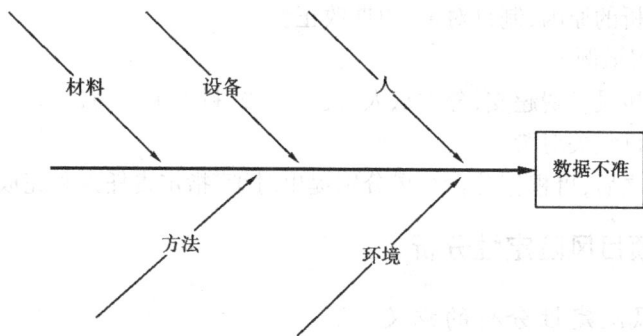

图7.12 因果图画法——先画出分支

③绘制出生产和服务过程的主要范畴或主要步骤。为了分析的系统性和方便程度,通常从人(任务执行者的原因)、机(生产过程中的设备)、料(使用的材料、零件方面的原因或软件系统)、法(不同工作方法方面的原因)、环(空间、温度等环境因素)五个方面来分析,最好是一个原因只属于一个范畴。同时需要建立一个清单,将清单归类。

④针对"主骨"上的每个因素反复进行提问:"为什么会出现这种情况?"

例如,在"人"这类因素里,这样的提问会引出诸如"发货单书写错误""提供的

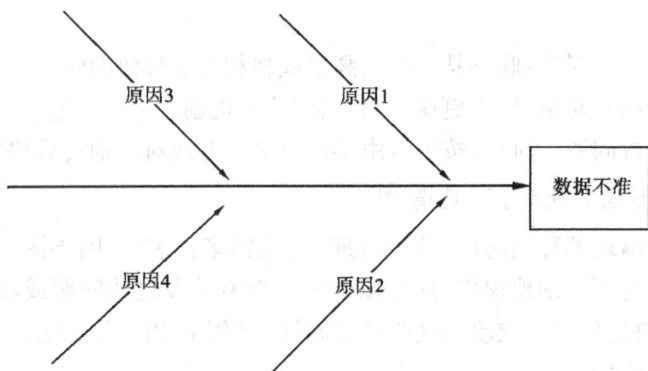

图 7.13　因果图画法——再按要素进行分析

地点不准确"等方面的原因。逐步分析,找出所有可能的原因并作出记号或用文字加以说明。

注意:对于深层的原因要不停地进行追究,但要适可而止,一旦发现某种原因涉及另外一个与本因素无直接关系的因素时就立即停止提问。否则,这种提问可能没完没了,或者可能会挫伤他人的积极性。

⑤根据分析的原因,制订对策,限期改正。

(2)因果图举例

某项目机械设备费超支,分别从人、机、环、法、料5个方面进行了分析,分析原因后还可以制订相关对策。

上述分析之后,可根据分析结果分别提出对策,指定责任人和完成期限。

7.5.2　项目风险定性分析

1)项目风险定性分析的意义

项目风险定性分析是评估已识别风险的影响和可能性的过程,在这一过程中按风险对项目目标可能的影响对风险进行排序。

随着分析工作的反复进行,使分析结果反映出的风险概率及影响逐渐清晰。

2)项目风险定性分析的内容

(1)风险概率及其影响

使用定性术语可以将风险的概率及其后果描述为极高、高、中、低、极低。

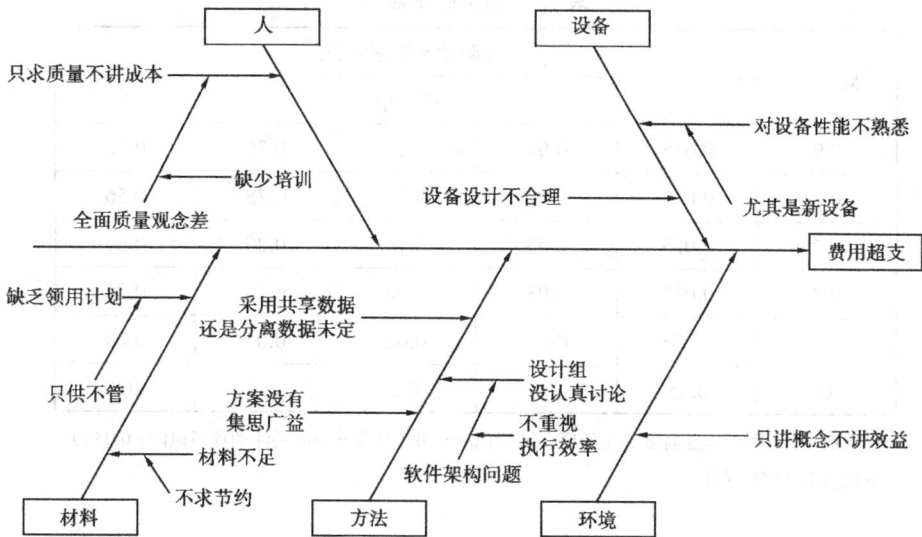

图 7.14 费用超支因果图

表 7.8 风险影响评级

目 标	极 低	低	中	高	极 高
成本	不明显的增加	小于5%	5%~10%	10%~20%	大于20%
进度	不明显的拖延	小于5%	5%~10%	10%~20%	大于20%
范围	范围变化减少到不影响	次要部分受影响	主要部分受影响	不为客户接受	项目产品不可用
质量	基本保证	要求苛刻的工作受影响	质量降低需要用户批准	不为客户接受	项目产品不可用

（2）概率后果风险评分矩阵

在概率和影响的基础上，可以建立一个为风险或条件定性的矩阵。

表 7.9　风险概率影响

概　率	风险值＝概率×影响				
	影　响				
0.9	0.045	0.09	0.18	0.36	0.72
0.7	0.035	0.07	0.14	0.28	0.56
0.5	0.025	0.05	0.10	0.20	0.40
0.3	0.015	0.03	0.06	0.12	0.24
0.1	0.005	0.01	0.02	0.04	0.08
0	0.05	0.1	0.2	0.4	0.8

表中的 0.2 以上是需要高度关注的项目风险；0.05~0.2 是需要中度关注的项目风险；0.05 以下则只需要轻度关注。

7.5.3　项目风险定量分析

1）项目风险定量分析技术

（1）盈亏平衡分析（Break-Even Analysis）

又称量本利分析或损益平衡分析，销量、固定成本、变动成本、销售单价、税金等数据，计算和分析产量、成本和盈利三者间关系，从中找出盈亏平衡点的分析方法。

（2）敏感性分析（Sensitivity Analysis）

考察与项目有关的一个或多个主要因素发生变化时对该项目投资价值指标的影响程度。通过敏感性分析，我们可以了解和掌握在项目经济分析中由于某些参数估算的错误或是使用的数据不太可靠而造成的对投资价值指导的影响程度。

（3）概率分析

运用概率论和数理统计方法，来预测和研究各种不确定因素对软件项目投资价值指标影响的一种定量分析，主要包括解析法和模拟法（蒙特卡罗 Monte Carlo 技术）。

（4）不确定型风险估计

主要有小中取大原则、大中取小原则、遗憾原则、最大数学期望原则、最大可能原则。

（5）随机型风险估计

主要有最大可能原则、最大数学期望原则、最大效用数学期望原则等。

（6）专家判断

依据专家的直觉和经验，以定量或非定量的评估结果，代替和补充量化数学分析的技术。

2）风险分析结果

风险分析主要通过 4 个风险因素（性能、支持地、成本及进度）的影响类别求平均值或加权平均值来反映。

一个具有高影响、低概率的风险因素不应当占用太多的风险管理时间，而对于具有中等概率、高影响和高概率高影响的风险，就应该给予特别的关注。

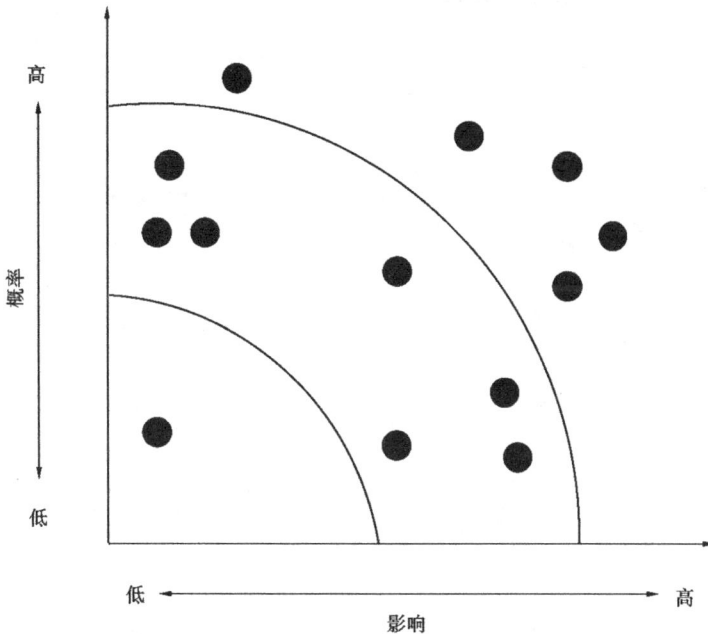

图 7.15　风险概率影响分析

思 考 题

1.什么是有效的电子商务沟通方式?

2.如何进行电子商务项目沟通? 怎样控制沟通效果?

3.项目经理的选择需要考虑哪些因素?

4.如何组建电子商务项目团队?

5.写一个有效的电子商务项目团队建设方案。

6.阐述电子商务项目资源获取的步骤。

7.电子商务项目质量管理的方法有哪些?

8.如何识别电子商务项目风险?

第 8 章
电子商务项目控制

本章学习目标

■理解电子商务项目过程控制的基本原理

■理解电子商务项目专项控制的内容

■掌握电子商务项目范围控制、进度控制、费用控制、质量控制和风险控制的
基本原理、实施方法以及输出结果

本章知识要点

■电子商务项目过程控制的含义、原理、流程

■电子商务项目范围控制的实施、输出

■电子商务项目进度控制的实施、输出

■电子商务项目费用控制的实施、输出

■电子商务项目质量控制的实施、输出

■电子商务项目风险控制的实施、输出

通篇案例

背景：

小钟，S集团信息中心经理，此次电子商务项目经理。项目大规模开展已经大半年，小钟的上级要求查看项目进展情况，小钟这才慌了神，想到对这个项目进行监控的时候到了。可是，怎样才能监控这个项目的进度？应该从哪些方面实施控制呢？

小钟想到了考核项目的实际绩效。这个主意得到了项目团队的一致认可，可项目还在进行，它的功能和结构都不完善，如何衡量已经做过的工作是否有效？有哪些效果？哪些有效？哪些又需要调整和改进呢？小钟他们又犯难了。

案例：

小钟他们首先选择了周会和周报的形式。周会——把项目团队分批次进行口头沟通；周报——进行书面交流。另外，为了获得第一手资料，小钟还带着助手到项目的现场获取第一手资料，除了了解项目的进度，小钟还特别留意到几个程序开发人员抱怨薪水分配不公的问题。

收集了资料，接下来就是对资料进行整理，评估绩效的时候了。他们首先参考以往项目评估的经验，把项目控制内容分为了几个模块：规模、工作量、成本、关键资源、进度、技术活动以及风险，作为控制绩效的标准。小钟希望自己设定的控制内容是明确的、可测量的、可验证的，这样才能让大家服气，可是偏偏有些数据资料不是那么清楚明了，但却非常重要。比如：近期完成的系统测试环境的准备工作，涉及面太广，测试的时间始终没办法确定；在项目进行期间，系统分析、程序员不断有一些小的设计和程序开发错误，被系统设计人员发现并一同修订，这样的问题算不算质量问题？修订的功劳该如何计算；三个月前制订的配置管理计划角色不明确。

像这样不能用量化数据表达的工作还有很多，小钟觉得很重要，特别是涉及项目贡献的系列指标，直接关系到项目团队人员的分配，影响着团队的稳定。小钟开始思考自己凭经验打分的方法来处理。

这些指标和项目计划书进行比较，不是超过就是不足。真是让小钟头痛，但是他的助手告诉他，世界上哪里有这么准确的东西？小钟想到了设定一个所谓的"偏差范围"，如果在这个范围内是可以的，超出这个范围就必须纠正了。

经过偏差比较之后，小钟他们又发愁了，到底是我们最初的《项目计划书》有问题,还是在执行的过程中犯了毛病? 如果是前者,这个时候修改我们的计划还来得及吗? 如果是后者,我们该如何纠正?

经过再三思考,他们还是决定选择后者,改进绩效。他们总结了目前项目的几点问题:首先是人手不够,其次是程序开发方案一直没有具体定下来。对于这些问题,小钟确定了目标,首先是纠正,然后是预防。所谓纠正是把现有的问题纠正到项目计划书设定的要求上;预防是指解决问题的根源,避免以后类似问题的再发生。他们首先向总公司提交了希望增加人手的报告,同时对程序设计人员进行调整,重新设定了新的方案。

一连串的事情做下来了,小钟想:"向公司提交的控制报告又该如何写?"小钟又陷入了思考中……

思考:

1.电子商务项目过程的控制原理是什么,需要完成哪些基本步骤?

2.常规情况下电子商务项目过程中需要对哪些方面进行专向的控制,这些专项控制如何组合起来体现对项目的整体控制?

3.电子商务项目控制需要我们掌握哪些具体技术方法?

8.1　电子商务项目过程控制

8.1.1　电子商务项目过程控制的基本原理

1) 电子商务项目过程控制的含义

项目过程控制就是对整个项目的生命周期进行监控,使得项目保质保量完成。电子商务项目过程从生命周期阶段划分而言,主要包括项目管理的启动、准备、规划、执行以及收尾等几个阶段。

> **注意**
>
> 项目过程控制有以下几个特点:
>
> 1.避免原本合理的计划在实施时落空。
>
> 2.避免"执迷不悟"地按照不合理的计划行事。
>
> 3.将监控过程产生的数据保存起来,为机构持续的过程改进提供有价值的数据。

2)电子商务项目过程控制的基本原理

电子商务项目控制过程的基本原理有3个主要环节:电子商务项目计划跟踪、偏差控制和项目进展汇报。这3个主要环节周期性进行,流程如图8.1所示。

图 8.1　电子商务项目过程控制原理

(1)电子商务项目计划跟踪

电子商务项目经理周期性地跟踪项目计划的各种参数如进度、工作量、费用、资源、工作成果等。

(2)偏差控制

电子商务项目经理将跟踪得到的数据和《项目计划》中的数据进行对比,分析偏差,如果发现项目进展显著偏离计划,应当及时采取纠正措施。

(3)项目进展汇报

项目经理周期性地召开会议,讨论项目进展情况,撰写《项目进展报告》,并通报给机构领导和所有项目成员。

8.1.2　电子商务项目过程控制流程

电子商务项目控制一般分为3部分:项目前控制,即项目实施目标和计划的控制;项目中控制,即项目投入资源和项目成果的控制;项目后期控制,即项目实施效益的控制。

1)项目前期控制

在此阶段是该项目进入系统实施的启动阶段,主要进行的工作包括:确定详细的项目实施范围、定义递交的工作成果、评估实施过程中的主要风险、制订项目实施的时间计划、成本和预算计划、人力资源计划等。

小原则

电子商务项目前期控制内容：

1. 该项目总体安排对项目的时间、进度、费用、人员等的计划实现情况。

2. 资料移交控制，包括合同、售前调研报告、需求分析、验收标准等资料。

3. 项目范围定义，定义该项目的整体范围。

4. 项目授权，由企业与公司销售部门根据项目合同，明确双方职责，并由企业根据项目的需要对实施组进行项目管理的授权。

5. 对该阶段的资料进行整理、归档。

2) 项目中控制

主要是在项目进行的过程中对项目进行监督和控制。其具体内容有：控制项目阶段计划，控制阶段计划的执行进度，指导进行合理调整；控制项目的实际投入，保证投入的合理性及后续阶段的可持续性；控制监督项目的实际结果，保证阶段结果与阶段进程计划相同或相符；控制项目实施中的困难和阻力，提出建设性措施和解决方法，避免项目的重大停顿或中止；克服困难的措施，保证解决困难措施的有效性和可行性，保证项目进程的顺利进行。

小原则

电子商务项目在执行阶段可从以下几个方面控制：

1. 在项目执行过程中，为了保障项目在预期的目标（进度、质量/范围、成本）范围内完成，必须严格执行项目计划，尽量避免项目需求变更和人员变更。如果出现不可预知的因素导致项目变更，必须及时调整项目目标、项目计划，并通知对方，由对方签字确认。

2. 项目控制的主要任务是项目进度控制，按不同管理层次对进度控制的要求可以分为 3 类：项目进度总控制、项目主进度控制、项目详细进度控制。总进度由项目经理负责，主进度由各项目部门负责，详细进度由各作业单位负责。在项目出现进度变更时，要及时提交变更报告，包括变更对进度安排的影响和要求。

3. 作为项目经理应根据项目计划的关键路线图，在项目执行过程中应关注关键路线的执行情况。针对项目变更通常采用补救、更新计划等处理方式。

3) 项目后期控制

主要是在项目实施结束后继续对项目进行监督和控制。主要包括:监督项目实际的总投入,投入的出入出现在哪里,作为经验记入相应的文档,以供以后相似项目的管理控制参考;控制项目的实际成果,找出与计划值的差别,以及出现问题的地方,作为经验记入相应的文档,以供以后相似项目的管理控制参考;项目的实际效益,与期望值的差别,以及出现问题的地方,作为经验记入相应的文档,以供以后相似项目的管理控制参考;改进之处与措施,作为经验知识积累,用于组织的知识库,方便下次相似项目的实施。此阶段的控制主要是做些总结和评价的事情,并进行企业知识积累管理。

小原则

电子商务项目在收尾和后评价阶段可从以下几个方面控制:

1. 电子商务项目收尾阶段提交系统。
2. 电子商务项目范围验收、质量验收、资料整理和验收、项目交接等以及项目后评价。

8.1.3　电子商务项目里程碑控制

里程碑(基线、基点)是一个软件配置项在生存周期内的某一特定时刻正式设计并固定的正式批准的版本,它是阶段性目标(可以认为是一个中间产品)。里程碑是团队阶段性工作完成的标志,对于任何一个里程碑都应该给予认真的检查、审定和批准。一般里程碑应该少于两个月,多于三个星期,里程碑可以给团队带来成就感,提高团队士气。通常电子商务项目 6 个关键里程碑为:第一次电子商务项目管理会议、电子商务项目团队与运作模式、进程计划、成本预算、保证监控措施、阶段性考核。在这 6 个关键里程碑中,第一次项目管理会议将对后 5 个要素进行系统的分析和规划,决定了整个项目实施的最低成本(执行 100%到位时的成本)。电子商务项目团队与运作模式是很关键的一个步骤,能够整合一个项目的多个执行会涉及许多部门,同时组建一个相对稳定的项目团队并确定运作模式,希望将沟通成本降到最低。进程计划和成本预算是保证电子商务项目实施的条件和制约,也是监控、考核的前提。成本是基础,没有成本限制,成功无从谈起。阶段性的考核是对电子商务项目团队与运作模式项目团队的评价,是促使电子商务项目团队与运作模式项目团队改进不足、争取更好的有效手段。

电子商务项目根据其生命周期,重要的里程碑控制可以分解为 4 个顺序的阶段,分别是:初始阶段、细化阶段、构造阶段和交付阶段。每个阶段结束于一个主要的里程碑,每个阶段本质上是两个里程碑之间的时间跨度。在每个阶段的结尾执行一次评估以确定这个阶段的目标是否已经满足。

1) 初始阶段

初始阶段的目标是确定项目的范围。对于建立在原有系统基础上的电子商务项目来讲,初始阶段可能很短,初始阶段结束时是第一个重要的里程碑,即生命周期目标里程碑,它可以评价项目基本的生存能力。

2) 细化阶段

细化阶段的目标是分析问题领域,建立健全体系结构基础,编制项目计划,淘汰项目中最高风险的元素。为了达到该目的,必须在理解整个系统的基础上,对体系结构作出决策,包括其范围、主要功能和诸如性能等非功能需求。同时为项目建立支持环境,包括创建开发案例、创建模板、准备工具。细化阶段结束是第二个重要的里程碑:生命周期结构里程碑。生命周期结构里程碑为系统的结构建立了管理基准并使项目小组能够在构建阶段中进行衡量。

3) 构造阶段

构建阶段是一个制造过程,其重点放在管理资源及控制运作以优化成本、进度和质量。构建阶段结束是第三个重要的里程碑:初始功能里程碑。初始功能里程碑决定了产品是否可以在测试环境中进行部署。此刻,要确定软件、环境、用户是否可以开始系统的运作。此时的产品版本也常被称为"beta"版。

4) 交付阶段

交付阶段的重点是确保电子商务系统对最终用户是可用的。交付阶段可以跨越几次迭代,包括为发布作准备的产品测试,基于用户反馈的少量的调整。在生命周期的这一点上,用户反馈应主要集中在产品调整、设置、安装和可用性问题,所有主要的结构问题应该已经在项目生命周期的早期阶段解决了。在交付阶段的终点是第 4 个里程碑:产品发布里程碑。

8.2 电子商务项目范围控制

8.2.1 电子商务项目范围验证

1) 电子商务项目范围验证概念

范围验证是通过参与者(倡议者、委托人和顾客等)的行为正式确定项目范围的过程。电子商务项目的范围验证是要求系统回顾前期的项目工作和系统成果，以确保项目计划所有要求都能够保质保量地完成。在电子商务项目进行过程中，如果项目提前终止，范围验证过程也是有必要的，项目验证的输出形式应该是书面文件，并把项目开始到终止的完整情况记录下来。

> **注意**
>
> 范围验证不是单纯的质量管理。
> 范围验证过程主要关心验收可交付成果，而质量管理主要关心满足为可交付成果规定的质量要求。

2) 电子商务项目范围验证依据

与传统项目验证相似，电子商务项目范围验证主要基于以下4点依据：

(1)项目范围说明书

电子商务项目范围说明书包括说明待审项目产品的产品范围说明书和产品验收原则。

(2)工作分解结构词汇表

工作分解结构词汇表是详细的项目范围定义的一个组成部分，用于验证已提交并验收的可交付成果是否已被列入批准的项目范围之内。

(3)项目范围管理计划

电子商务项目范围管理计划规定了如何正式验证与验收项目已完成可交付成果的过程。

(4)可交付成果

可交付成果就是已经全部或部分完成的，因而是指导电子商务项目执行过程成果的事项与物品。

3）电子商务项目范围验证成果

通过对项目范围的验证应形成以下成果：

（1）验收的可交付成果

范围验证过程记载了已经完成并经过验收的可交付成果。已经完成但尚未验收的可交付成果也记载下来，并附有未验收的理由。范围验证包括收到的顾客或赞助人证明文件，并记载利害关系者验收项目可交付成果的事实。

（2）请求的变更

在范围验证过程中可能提出变更请求，并通过整体变更控制过程进行审查与批准。

（3）推荐的纠正措施

纠正措施是为了保证项目将来的绩效符合项目管理计划而提出并形成文件的建议。

注意

电子商务项目范围验证的主要作用体现在以下 3 个方面：

1．合理调整电子商务项目范围。电子商务项目范围变更常常伴随着对成本、进度、质量或项目其他目标的调整和变更。

2．纠偏行动。为保证项目目标的顺利实现，就必须进行纠正，从这个意义上来说，项目变更实际上就是一种纠偏行动。

3．总结经验教训。导致项目范围变更的原因、所采取的纠偏行动的依据及其他任何来自变更控制实践中的经验教训，都应该形成文字、数据和资料，以此作为项目组织保存的历史资料。

8.2.2　电子商务项目范围变更控制的实施

电子商务项目范围变更的控制实施主要有以下内容：

1）设定范围变更控制系统

范围变更控制系统用于明确项目范围变更处理程序，包括计划范围文件、跟踪系统和偏差控制与决策机制。范围变更控制系统应与全方位变化控制系统相集成,特别是与输出产品密切相关的系统集成。这样才能使范围变更的控制与其他目标或目标变更控制的行为相兼顾。当要求项目完全按合同要求运行时,项目范围变更控制系统还必须与所有相关的合同要求相一致。

2)偏差分析

项目实施结果测量数据用于评价偏差的大小。判断造成偏离范围基准的原因,以及决定是否应当采取纠正措施,都是范围控制的重要组成部分。

小原则

偏差分析的原则

1.判断偏差是否为关键工作

主要依据出现偏差的这项工作的总时差是否等于零来判断。若总时差等于零,则此项工作处于关键线路上,无论偏差大小,都必将对后续工作及总工期产生影响,发布采取相应的高速措施。若总时差不等于零,则此项工作位于非关键线路上,需作进一步的判断,才能确定对后续工作和总工期产生的影响的程度。

2.判断此进度偏差是否大于总时差

若工作的进度偏差大于该工作的总时差,说明此偏差必将影响后续工作和项目的总工期;若此偏差小于或等于该工作的总时差,说明此偏差不会影响项目的总工期,但它是否对后续工作产生影响,还需要进行下一步判断。

3.判断进度偏差大于该工作的自由时差

若此工作的进度偏差大于该工作的自由时差,说明此偏差必将对后续工作产生影响,需要作相应调整,应根据对后续工作允许影响的程度来确定。

若工作的进度偏差小于或等于该工作的自由时差,则说明此偏差对后续工作无影响,可以不按照原计划进行调整。

---

3)计划变更

计划变更的主要步骤如下:

①变更申请项目经理向机构领导申请变更《项目计划》,变更申请书中应当说明变更原因、变更内容以及此变更对项目造成的影响。

②审批变更申请,如果不同意变更,则退回变更请求,项目按照原计划执行。如果同意变更,继续下一步。

③修改项目计划,项目经理修改原《项目计划》,产生新的《项目计划》。

④审批新的项目计划。

注意

对于项目范围变更中的计划变更的临界点,根据具体电子商务项目的界定,一般可以参照以下标准:

若下列之一发生,应当变更原《项目计划》:

1.进度偏差超过了容许的误差,如 20%。

2.费用偏差超过了容许的误差,如 20%。

3.项目过程模型发生了显著的变化。

4.用户需求发生了重大变化。

5.发生了对项目小组而言不可抗拒的变化,如公司裁员、机构调整、产品发展战略调整等。

4) 配置管理系统

正式的配置管理系统是可交付成果状态的程序,并确保对项目范围与产品范围的变更请求经过全面透彻考虑并形成文件后,再交由整体变更控制过程处理。

小知识

变更控制委员会(CCB)

CCB 是变更控制委员会(Change Control Board)的简称。项目范围变更很可能需要额外的项目资金、额外的资源与时间。因此,应建立包括来自不同领域的项目利益相关者在内的变更控制委员会,以评估范围变更对项目或组织带来的影响。这个委员会应当由具有代表性的人员组成,而且有能力在管理上作出承诺。

电子商务项目中 CCB 需要界定以下几个问题:范围变更发生时要确定项目经理能做些什么以及不能做些什么;规定一个大家都同意的办法,以便提出变更并评估其对项目基准的影响;说明批准或者不批准变更所需的时间、工作量、经费。许多变更控制系统都包括一个变更控制委员会(英文简称 CCB),负责批准或抵制变更要求。控制委员会的权力和责任应该仔细地界定,并且要取得主要参与者的同意。在一些大的复杂的项目中,可能会有很多控制委员会,他们负有不同的职责。

变更申请人向配置控制委员会提交变更申请,重点说明"变更内容"和"变更原因"。CCB 审批该申请,分析此变更对项目造成的影响。如果同意变更,CCB 指定变更执行人,执行变更任务。

8.2.3　电子商务项目范围变更控制输出

电子商务项目范围变更控制输出结果主要有 3 个方面:需求变更控制输出、项目计划变更控制输出和配置项变更控制输出。

1)需求变更控制输出

电子商务项目范围变更的中需求变更主要程序包括需求变更申请、变更申请的审批、更改需求文档、重新评审需求文档和变革结束,每个阶段均需要相关负责人员签字才能进行下一步骤。需求变更控制报告模板如表 8.1 所示。

表 8.1　需求变更控制报告模板

需求变更申请	
申请变更的 需求文档	输入名称、版本、日期等信息
变更的内容 及其理由	
评估需求变更将对 项目造成的影响	
申请人签字	

变更申请的审批意见	
项目经理签字	审批意见： 签字 日期
客户签字 （合同项目）	审批意见： 签字 日期
更改需求文档	
变更后的 需求文档	输入名称,版本,完成日期等信息
更改人签字	
重新评审需求文档	
需求评审小组签字	评审意见： 签字 日期
变更结束	
项目经理签字	签字 日期

2) 项目计划变更控制输出

电子商务项目范围变更中的项目计划变更的主要程序包括：项目计划变更申请、变更申请的审批意见、更改项目计划和审批变更后的项目计划，每个阶段最重要的是相应的审批意见。项目计划变更控制报告模板如表 8.2 所示。

表 8.2　电子商务项目计划变更控制报告

项目计划变更申请	
申请变更的 《项目计划》	输入名称，版本，完成日期等信息
变更的内容 及其理由	
评估计划变更将对 项目造成的影响	
项目经理签字	
变更申请的审批意见	
机构领导审批	审批意见： 签字 日期
客户审批 （合同项目）	审批意见： 签字 日期

更改项目计划	
变更后的 《项目计划》	输入名称,版本,完成日期等信息
项目经理签字	
审批变更后的项目计划	
高级经理审批	审批意见: 签字 日期
客户审批 (合同项目)	审批意见: 签字 日期

3)配置项变更控制输出

电子商务项目范围变更中的配置项变更的主要程序包括变更申请、审批变更申请、变更配置项和结束变更。配置项变更控制报告模板如表 8.3 所示。

表 8.3　配置项变更控制报告

1.变更申请	
申请变更的 配置项	输入名称,版本,日期等信息
变更的内容 及其理由	

续表

估计配置项变更将对项目造成的影响	
变更申请人签字	

2.审批变更申请

CCB 审批意见	审批意见 CCB 负责人签字 日期

批准变更的配置项	变更执行人	时间限制

3.变更配置项

变更后的配置项	重新评审结论	完成日期	责任人

4.结束变更

CCB 签字	CCB 负责人签字 日期

8.3 电子商务项目进度控制

在电子商务项目进度计划实施过程中,为掌握进度计划的实施状况,将实际情况与计划进行对比分析,在实际进度向不理想方向偏离并超出了一定的限度时采取纠正措施,使项目按预定的进度目标进行,避免项目工期的拖延,这一过程称之为电子商务项目进度控制。

电子商务开发项目实施中进度控制是项目管理的关键,若某个分项或阶段实施的进度没有把握好,则会影响整个项目的进度,因此应当尽可能地排除或减少干扰因素对电子商务项目进度的影响,确保项目实施的进度。

8.3.1 电子商务项目进度控制原理

电子商务项目进度控制原理的特征主要体现在 3 个方面:首先是时间—费用(成本)优化,在项目工期和成本之间寻求一种均衡,使得在工期最短的时候费用最低,或者在费用最低的情况下工期最短,从而使两者之间达到最优的组合,这是电子商务项目进度控制的首要内容。其次,由于企业许多信息化项目同时存在,经常发生项目之间相互影响、争夺资源的现象。因此,在资源有限的情况下,如何协调每个项目的计划和资源是电子商务项目进度控制的关键内容。最后,电子商务项目在实施过程中如何应对各种突发事件,如何更真实地反映作业活动时间、消除不确定因素也是电子商务项目进度控制的重要内容。

基于电子商务项目进度控制特点,控制原理主要有以下内容:

1)系统原理侧重项目资源控制

进行项目的进度控制,首先应编制项目的各种计划,包括进度计划、资源计划等,计划的对象由大到小,计划的内容从粗到细,形成了项目的计划系统。项目涉及各个相关主体、各类不同人员,这就需要建立组织体系,形成一个完整的项目实施组织系统。为了保证项目进度,自上而下都应设有专门的职能部门或人员负责项目的检查、统计、分析、调整等工作。当然,不同的人员负有不同的进度控制责任,分工协作,形成一个纵横相连的项目进度控制系统。因此,无论是控制对象,还是控制主体,无论是进度计划,还是控制活动都是一个完整的系统。进度控制实际上就是用系统的理论和方法解决系统问题。

2)封闭循环原理侧重项目过程控制

项目进度计划控制的全过程是计划、实施、检查、比较分析、确定调整措施、再计划。从编制项目施工进度计划开始，经过实施过程中的跟踪检查，收集有关实际进度的信息，比较和分析实际进度与施工计划进度之间的偏差，找出产生原因和解决办法，确定调整措施，再修改原进度计划，形成一个封闭的循环系统。

3）动态控制原理侧重项目偏差控制

项目进度控制是随着项目的进行而不断进行的。是一个动态过程，也是一个循环进行的过程。从项目开始，实际进度就进入了运行的轨迹，也就是计划进入了执行的轨迹。实际进度按计划进行时，实际符合计划，计划的实现就有保证；实际进度与进度计划不一致时，就产生了偏差，若不采取措施加以处理，工期目标就不能实现。所以，当偏差产生时，就应该分析偏差产生的原因，采取措施，调整计划，使实际与计划在新的起点上重合，并尽量使项目按调整后的计划继续进行。但在新因素的干扰下，又有可能产生新的偏差，又需继续按上述方法进行控制，进度控制就是采用这种动态循环的控制方法来实现的。

小知识

一些通用项目进度控制原理：

1.信息原理

信息是项目进度控制的依据。项目进度计划的信息从上到下传递到项目实施的相关人员，使计划得以贯彻落实。而项目实际进度信息则自下而上反馈到各有关部门和人员，以供分析并作出决策、调整，使进度计划仍能符合预定工期目标。这就需要建立信息系统，以便不断地进行信息的传递和反馈。所以，项目进度控制的过程也是一个信息传递和反馈的过程。

2.弹性原理

项目一般工期长且影响因素多。这就要求计划编制人员能根据统计经验估计各种因素的影响程度和出现的可能性，并在确定进度目标时进行目标的风险分析，使进度计划留有余地，即使得计划具有一定的弹性：在进行项目进度控制时，可以利用这些弹性，缩短工作的持续时间，或改变工作之间的搭接关系，以使项目最终能实现工期目标。

3.网络计划技术原理

网络计划技术不仅可以用于编制进度计划，而且可以用于计划的优化、管理和控制。网络计划技术是一种科学、有效的进度管理方法，是项目进度控制，特别是复杂项目进度控制的完整的计划管理和分析计算的理论基础。

8.3.2　电子商务项目进度控制的实施及方法

1）电子商务项目进度控制的实施内容

电子商务项目进度控制的实施内容主要表现在组织管理、技术管理和信息管理等几个方面,其中,组织管理包括以下几个方面的内容:

①项目经理监督并控制项目进展情况。

②进行项目分解,如按项目结构分,按项目进展阶段分,按合同结构分,并建立编码体系。

③制订进度协调制度,确定协调会议时间,参加人员等。

④对影响进度的干扰因素和潜在风险进行分析。

技术管理与人员管理有非常密切的关系。电子商务开发项目的技术难度需要引起重视,有些技术问题可能需要特殊的人员,也可能需要花时间攻克一些技术问题,技术措施就是预测技术问题并制订相应的应对措施。控制的好坏直接影响项目的实施进度。

电子商务项目中合同措施通常不由项目团队负责,企业有专门的合同管理部门负责项目的转包、合同期与进度计划的协调等。项目经理应该及时掌握这些工作转包的情况,按计划通过计划进度与实际进度的动态比较,定期向客户提供比较可靠的报告等。

信息管理主要体现在编制、调整项目进度控制计划时对项目信息的掌握上。这些信息主要是:预测信息,即对分项和分阶段工作的技术难度、风险、工作量、逻辑关系等进行预测;决策信息,即对实施中出现的计划之外的新情况进行应对并作出决策。参与软件开发项目决策的有项目经理、企业项目主管及客户的相关负责人;统计信息,软件开发项目中统计工作主要由参与项目实施的人员自己做,再由项目经理或指定人员检查核实。通过收集、整理和分析,写出项目进展分析报告。根据实际情况,可以按日、周、月等时间要求对进度进行统计和审核,这是进度控制所必需的。

2）电子商务项目进度控制实施的阶段性

电子商务项目进度控制的实施阶段性可以分为:项目准备阶段进度控制,需求分析和设计阶段进度控制,实施阶段进度控制等这几个部分。

准备阶段进度控制任务是:向客户提供有关项目信息,协助客户确定工期总目标;编制阶段计划和项目总进度计划;控制该计划的执行。

需求分析和设计阶段控制的任务是：编制与客户的沟通计划、需求分析、工作进度计划、设计工作进度计划、控制相关计划的执行等。

实施阶段进度控制的任务是：编制实施总进度计划并控制其执行；编制实施计划并控制其执行等。由甲乙双方协调进度计划的编制、调整并采取措施确保进度目标的实施。

3）电子商务项目进度控制的实施方法

电子商务项目进度控制的实施过程可以归纳为规划、控制和协调。规划是指确定项目总进度控制目标和分进度控制目标，并编制其进度计划；控制是指在项目实施全过程中进行的检查、比较及调整；协调是指协调参与项目的各有关单位、部门和人员之间的关系，使之有利于项目的进展。

从具体方法来看，实际进度与计划进度比较阶段的典型方法有横道图、S曲线、前锋线；分析进度偏差对后续工作及总工期影响阶段的典型方法有进度偏差分析、网络计划技术；进度计划调整阶段的典型方法有前锋线、图上记录法、报告表法等。本部分介绍典型的前锋线方法。

前锋线比较法是通过绘制某检查时刻工程项目实际进度前锋线，进行工程实际进度与计划进度比较的方法，它主要适用于时标网络计划。所谓前锋线，是指在原时标网络计划上，从检查时刻的时标点出发，用点划线依次将各项工作实际进展的位置点连接而成的折线。前锋线比较法就是通过实际进度前锋线与原进度计划中各工作箭线交点的位置来判断工作实际进度与计划进度的偏差，进而判定该偏差对后续工作及总工期影响程度的一种方法。采用前锋线比较法进行实际进度与计划进度的比较，其步骤如图8.2所示。

（1）绘制时标网络计划图

工程项目实际进度前锋线在时标网络计划图上标示，为清楚起见，可在时标网络计划图的上方和下方各设一时间坐标。

（2）绘制实际进度前锋线

一般从时标网络计划图上方时间坐标的检查日期开始绘制，依次连接相邻工作实际进展的位置点，最后与时标网络计划图下方坐标的检查日期相连接。

工作实际进展位置点的标定方法有两种：按该工作已完任务量比例进行标定；按尚需作业时间进行标定。

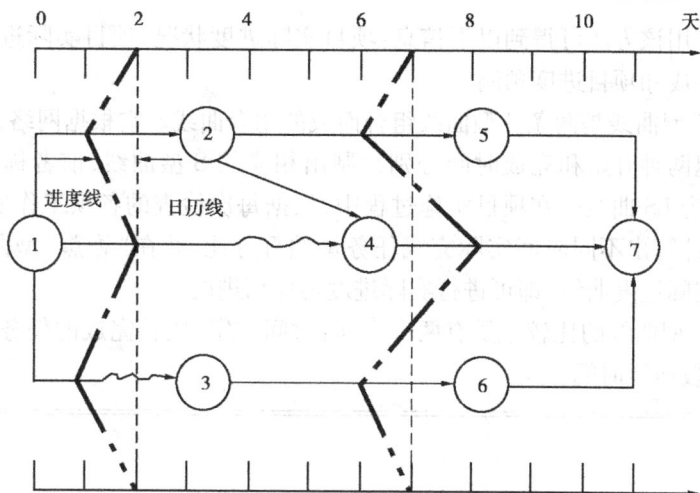

图 8.2　前锋线比较法

（3）进行实际进度与计划进度的比较

前锋线可以直观地反映出与检查日期有关。工作的实际进度与计划进度之间的关系。对某项工作来说，其实际进度与计划进度之间的关系可能存在以下 3 种情况：工作实际进展位置点落在检查日期的左侧，表明该工作实际进度拖后，拖后的时间为两者之差；工作实际进展位置点与检查日期重合，表明该工作实际进度与计划进度一致；工作实际进展位置点落在检查日期的右侧，表明该工作实际进度超前，超前的时间为两者之差。

（4）预测进度偏差对后续工作及总工期的影响

通过实际进度与计划进度的比较确定进度偏差后，还可以根据工作的自由时差和总时差预测该进度偏差对后续工作及项目总工期的影响。由此可见，前锋线比较法既适用于工作实际进度与计划进度之间的局部比较，又可用于分析和预测工程项目的整体进度状况。

> **小知识**
>
> **S 型曲线比较法与"香蕉"型曲线比较法**
>
> S 型曲线比较法是在计划实施前绘制出计划 S 型曲线，在项目进行过程中，将成本实际执行情况绘制在与计划 S 型曲线同一张图中，与计划进度相比较的

一种方法。用该方法可得到以下信息：项目实际进度状况、项目实际进度偏差、项目实际完成和项目进度预测。

"香蕉"型曲线是两条 S 型曲线组合而成的闭合曲线。它根据网络计划中的最早和最迟两种开始和完成时间分别绘制出相应的 S 型曲线，前者称为 ES 曲线，后者称为 LS 曲线。在项目实施过程中，根据每次检查的各项工作实际完成的任务量，计算出不同时间实际完成任务量的百分比，并在"香蕉"型曲线的平面内绘出实际进度曲线，即可进行实际进度与计划进度。

"香蕉"型曲线的比较主要有两个方面：时间一定，比较完成的任务量；任务量一定，比较所需时间。

8.3.3　电子商务项目进度控制的输出

电子商务项目进度控制的成果主要表现为电子商务项目进度报告。电子商务项目进度报告是记录观测检查的结果、项目进度现状和发展趋势等有关内容的最简单的书面形式报告。

电子商务项目进度报告是根据对象的不同，确定不同的编制范围和内容，一般分为项目概要及进度控制报告、项目管理及进度控制报告和业务管理及进度控制报告。电子商务项目进度报告的内容主要包括任务与进度、工作成果、费用、人力资源、软硬件资源，将这些内容的计划与实际情况进行对比，从而发现相应的进度问题，在"问题与对策"部分进行综合性说明。

撰写电子商务项目进度报告的报告期应根据项目的复杂程度和时间期限以及项目的动态监测方式等因素确定，一般可考虑与定期观测的间隔周期相一致。电子商务项目进度报告可以从不同的侧重点对项目进度的监测结果进行反映，可根据需要选择使用。电子商务进度报告的撰写可以参见表 8.4。

表 8.4　电子商务项目进度报告

基本信息			
项目名称		报告日期	
项目编号		报告批次	第×份
项目经理		项目所处阶段	

项目进展状况	计划	实际情况
任务与进度		
工作成果		
费用		
人力资源		
软硬件资源		
问题与对策		

8.4　电子商务项目费用控制

项目费用是因为项目而发生的各种资源耗费的货币体现,也称为项目成本。电子商务项目费用包括项目生命周期每一阶段的资源耗费,其基本要素有人工费、材料费、设备费、咨询费以及其他费用等。项目成本的影响因素有项目的范围、质量、工期、资源数量及其价格、项目管理水平等。

> **注意**
>
> 影响电子商务项目费用的因素较多,但概况起来主要有质量对成本的影响、工期对成本的影响、价格对成本的影响、管理水平对成本的影响。这4个方面对我们了解电子商务项目费用控制很有帮助。

电子商务项目费用控制的主要目的是控制项目成本的变更,涉及项目成本的事前、事中、事后控制。项目成本的事前控制指对可能引起项目成本变化因素的控制;事中控制指在项目实施过程中的成本控制,事后控制指当项目成本变动实际发生时对项目成本变化的控制。

8.4.1 电子商务项目费用控制原则

电子商务项目实施过程中进行费用的控制,必须遵循以下几个原则:

1)全面成本控制原则

全面控制原则包括两个含义,即全员控制和全过程控制。电子商务项目成本的全面控制包括各部门、各单位的责任网络和班组经济核算等,应防止成本控制人人有责,人人不管,使施工项目成本自始至终置于有效的控制之下。

2)经济原则

经济原则是指因推行成本控制而发生的成本不应超过因缺少控制而丧失的收益。任何管理活动都是有成本的,为建立一项控制所花费的人力物力财力不能超过这项控制所节约的成本。这项原则在很大程度上决定了项目只能在重要领域选择关键因素加以控制,只要求在成本控制中对例外情况加以特别关注,而对次要的日常开支采取简化的控制措施,如对超出预算的费用支出进行严格审批等。

3)动态控制原则

因为项目准备阶段的成本控制只是根据施工组织设计的具体内容确定成本目标、编制成本计划、制订成本控制的方案,为今后的成本控制作好准备;而对于收尾阶段的成本控制,由于成本盈亏已基本定局,即使发生了差错,也已来不及纠正。

4)责任权利相结合的原则

要使成本控制真正发挥效益,必须贯彻责任权利相结合的原则。它要求赋予成本控制人员应有的权力,并定期对他们工作的业绩进行考评奖惩,以调动他们工作的积极性和主动性,从而更好地履行成本控制的职责。

小原则

电子商务项目成本控制的依据:

1.项目成本费用线,是度量和监控项目实施过程中项目成本费用支出的最基本的依据。

2.项目执行报告,是实施项目成本分析和控制必不可少的依据。

3.项目变更申请,是项目成本更加科学、合理,符合项目实际的依据。

4.项目成本管理计划,是项目成本控制的有力保证。

8.4.2　电子商务项目费用控制方法

1）项目成本分析表法

项目成本分析表法是利用项目中的各种表格进行成本分析和成本控制的一种方法。应用成本分析表法可以很清晰地进行成本比较研究。常见的成本分析有月成本分析表、成本日报或周报表、月成本计算及最终预测报告表。

2）成本累计曲线法

成本累计曲线又叫作时间—累计成本图。它是反映整个项目或项目中某个相对独立部分开支状况的图示。它可以从成本预算计划中直接导出，也可利用网络图、条线图等图示单独建立。

成本累计曲线图上实际支出与理想情况的任何一点偏差，都是一种警告信号，但并不是说工作中一定发生了问题。图上的偏差只反映了现实与理想情况的差别，发现偏差时要查明原因，判定是正常偏差还是不正常偏差，然后采取措施处理。

3）挣值法

挣值法又称偏差分析法，是一种分析目标实施与目标期望之间差异的方法。挣值法的优点是：能同时判断项目预算和进度计划的执行情况，以预算和费用来衡量工程的进度。

挣值法的 3 个基本参数：计划工作量的预算费用（BCWS—Budgeted Cost for Work Scheduled），也称 PV（计划成本）；已完成工作量的实际费用（ACWP—Actual Cost for Work Performed），也称 AC（实际成本）；已完工作量的预算成本（BCWP—Budgeted Cost for Work Performed），也称 EV（挣值 Earned Value）。

挣值分析法的 4 个评价指标：

（1）进度偏差（Schedule Variance—SV）

$$SV = BCWP - BCWS$$

当 SV 为正值时，表示进度提前；

当 SV 为负值时，表示进度延期。

（2）费用偏差（Cost Variance—CV）

$$CV = BCWP - ACWP$$

当 CV 为正值时，表示实际消耗人工（费用）低于预算值，即有节余或效率高；

当 CV 为负值时，表示执行效果不佳，实际消耗人工（或费用）超过预算值，即超支；

当 CV 等于零,表示实际消耗人工(或费用)等于预算值。

(3)费用执行指标(Cost Performed Index——CPI)

CPI＝BCWP/ACWP

当 CPI>1,表示低于预算,即实际费用低于预算费用；

当 CPI<1,表示超出预算,即实际费用高于预算费用；

当 CPI＝1,表示实际费用与预算费用吻合。

(4)进度执行指标(Schedul Performed Index——SPI)

SPI＝BCWP/BCWS

当 SPI>1,表示进度提前,即实际进度比计划进度快；

当 SPI<1,表示进度延误,即实际进度比计划进度慢；

当 SPI＝1,表示实际进度等于计划进度。

案例

S 集团电子商务项目进行到网络布线阶段,总布线建筑面积为 4 000 立方米,预算单价为 45 元/立方米。该网络布线工程预算总费用为 180 000 元。计划用 10 天完成,每天 400 立方米。

开工后第 7 天早晨刚上班,项目管理人员前去测量,取得了两个数据:已完成网络布线 2 000 立方米,支付给承包单位的工程进度款累计已达 120 000 元。

项目管理人员首先计算已完工作预算费用,得 BCWP ＝45 元/立方米×2 000 立方米＝90 000 元

接着,查看项目计划。计划表明,开工后第 6 天结束时,承包单位应得到的工程进度款累计额为 BCWS＝108 000 元。

进一步计算得:

费用偏差:BCWP-ACWP＝90 000-120 000＝-30 000 元,表明承包单位已经超支。

进度偏差:BCWP-BCWS＝90 000-108 000＝-18 000 元,表明承包单位进度已经拖延。表示项目进度落后,较预算还有相当于价值 18 000 元的工作量没有做。18 000 元/(400×45)＝1 天的工作量,所以承包单位的进度已经落后 1 天。

另外,还可以使用费用实施指数 CPI 和进度实施指数 SPI 测量工作是否按照计划进行。

CPI＝ BCWP/ACWP ＝ 90 000/120 000＝0.75；

SPI＝ BCWP/BCWS ＝ 90 000/108 000＝0.83；

CPI 和 SPI 都小于 1,给该项目亮了黄牌。

8.4.3　电子商务项目费用控制的输出

电子商务项目费用控制输出的内容包括成本估算与预算输出和费用偏差纠正输出。

1)成本估算与预算输出

更新成本估算是为了管理项目的需要而修改成本信息,预算更新是对批准的费用基准所做的变更。其控制的输出为定期成本估算与预算报告表模板,可以参见表 8.5。

表 8.5　电子商务项目成本估算与预算报告表模板

序号	科目编号	名称	支出金额	调整		现在的成本			序号	到竣工尚需金额			最终预算工程成本			合同预算金额			预算比较	
				金额	备注	金额	单价	数量		金额	单价	数量	金额	单价	数量	金额	单价	数量	亏	盈
				增　减																

2)费用偏差纠正输出

费用偏差纠正采用挣值法,其输出如表 8.6 所示。

表 8.6　电子商务项目成本挣值跟踪报告

项目编号:　　　日期:　　年　　月　　日　　文件编号:							
描述:　　　页数:　　　项目:							
制表人:　　　签字:							

WBS 编码或名称	至当日的累计			差异		完成时		需要采取的行动
	BCWC	BCWP	ACWP	进度	成本	预算	最新估算　差异	

8.5 电子商务项目质量控制

质量控制是质量管理的一部分,致力于满足质量要求。电子商务项目质量控制的目标是确保项目质量能满足有关方面所提出的质量要求,其质量控制的范围涉及项目质量形成全过程的各个环节。

电子商务项目成果是一种特殊的产品,具有与其他产品所不同的特性,在质量控制方面,与一般商品的质量控制策略也有很大的不同。电子商务项目质量控制技术的研究基础有两个:一是经济学与管理学对于工程项目的管理中如何减少瑕疵、风险,以提高资金投入的效率和项目质量的理论,以及人力资源的使用与分配的理论;二是工程技术领域在项目的生命周期中所采用的分阶段、确定顺序以及模块化的思想。因此,电子商务项目质量控制研究应该从电子商务项目的建设过程和运行使用过程两个方面着手进行。

8.5.1 电子商务项目质量控制原理

1)电子商务项目质量的特点

电子商务项目具有一般性信息系统项目的工程特性与商业项目的操作性符合的特征,因此,衡量电子商务项目质量具有以下特点:

(1)电子商务项目的复杂性

电子商务项目的复杂性分为建设过程的复杂性和运行过程的复杂性。电子商务项目在建设过程中会划分为若干子系统,各子系统反映不同具体用户的需求,系统反映不同领域的知识,整个项目的开发由不同的项目组协调完成,系统的建设还要受到技术、成本、进度、人员等约束条件的制约,这些因素表明了电子商务项目建设过程的复杂性。在系统实施的过程中,涉及企业相关供应链的各个角色,在运行过程中角色多、运用范围广也形成了电子商务项目的复杂性。

(2)电子商务项目功能的模糊性

电子商务项目的功能最初来自用户对需求的描述,虽然后来用户与电子商务项目建设的技术人员经过深入探讨形成了对系统功能的精确描述,但是对于电子商务项目的描述,即电子商务项目所要完成的任务目标的描述还是非精确的,这种无法克服的模糊性使得电子商务开发项目充满风险。同时,在项目实施过程中,各环节根据系统的需求可能随机地重复发生,这种随机性造成了电子商务项目质量稳定控制的困难。

（3）系统成本和工期的非确定性

系统的成本与工期的非确定性源于对系统需求的模糊性。虽然项目开始之前可以做出系统开发所需要的费用等预算，也可以大致落实项目进展的进程，然而，由于用户描述并经过系统开发人员理解后的系统功能存在模糊性，在开发的过程中，系统会随时发生变更，这种变更对系统成本和项目期限的影响是巨大的。

（4）人力资源质量控制难度大

与一般传统的开发项目不同的是，电子商务项目的开发和维护受人力资源的影响巨大，这与电子商务项目属于智力密集型开发项目密不可分。要保持较高的系统开发和维护质量，团队人力资源管理质量也直接决定了电子商务项目的整体质量。

2）电子商务项目质量控制原理

电子商务项目质量控制采用全面质量管理原理。全面质量管理的实施分为 4 个阶段、8 个步骤：计划阶段（Plan）、实施阶段（Do）、检查阶段（Check）和处理阶段（Action），称为 PDCA 循环。PDCA 循环作为全面质量管理体系运转的基本方法，其实施需要收集大量数据资料，并综合运用各种管理技术和方法。

电子商务项目质量控制 PDCA 循环原理具有 3 大特点：

①各级质量管理都有一个 PDCA 循环，形成一个大环套小环，一环扣一环，相互制约，互为补充的有机整体。在 PDCA 循环中，一般来说，上一级的循环是下一级循环的依据，下一级的循环是上一级循环的落实和具体化。

②每个 PDCA 循环，都不是在原地周而复始地运转，而是像爬楼梯那样，每一循环都有新的目标和内容，这意味着质量管理，经过一次循环，解决了一批问题，质量水平有了新的提高。

③在 PDCA 循环中，A 是循环的一个关键，这是因为在一个循环中，从质量目标计划的制订，质量目标的实施和检查，一直到找出差距和原因。

8.5.2　电子商务项目质量控制的实施

1）质量控制实施过程

运用 PDCA 循环方法，其电子商务项目质量控制基本过程如下：

①选择控制对象。在项目进展的不同时期、不同阶段，质量控制的对象和重点也不相同，这需要在项目实施过程中加以识别和选择。质量控制的对象可以是某

个因素,某个环节,某项工作或工序,某项阶段成果等一切与项目质量有关的要素。

②为控制对象确定标准或目标。

③制订实施计划,确定保证措施。

④按计划执行。

⑤跟踪观测、检查。

⑥发现、分析偏差。

⑦根据偏差采取对策。

2)质量控制实施技术

在运用 PDCA 循环进行全面质量管理的过程中,可以运用一些管理方法和技术,帮助完成质量控制的各个步骤,常用的方法有控制图、直方图、散点图、统计抽样等。

(1)控制图

控制图旨在确定一个过程是否稳定,是否具有可预测的绩效结果。控制图也可作为数据收集工具,表明过程何时受特殊原因影响而使过程失控。同时,控制图也可以反映一个过程随着时间的推移而体现的规律。它构成了过程变量之间交互作用的图形表现形式,可借此得出问题的答案:过程变量是否在可接受的范围内?通过对控制图数据点规律的检查,可以揭示波动幅度很大的过程数值,过程数值的突然变动,或偏差日益增大的趋势。通过对过程结果的监控,可有利于评估过程变更的实施是否能够带来预期的改进。如果过程处于正常控制的范围内,就不应对其进行调整。但如果没有处于正常控制范围之内时,则需要对其进行调整。也就是说,它是画有控制界限的一种图表,用来分析质量波动究竟是由于正常原因引起还是由于异常原因引起,从而判明生产过程是否处于控制状态。

(2)直方图

直方图是指一种横道图,可以反映各变量的分布。每一栏代表一个问题或情况的一个特征或属性。每个栏的高度代表该种特征或属性出现的相对频率。这种工具通过各栏的形状和宽度来确定问题的根源。

(3)趋势图

趋势图可以反映偏差的历史和规律,它是一种线形图,按照数据发生的先后顺序将数据以圆点形式绘制成图形。趋势图可以反映一个过程在一定时间段的趋势,一定时间段的偏差情况,以及过程的改进或恶化。趋势分析是借助趋势图进行的。趋势分析是指根据过去的结果用数学工具预测未来的成果。趋势分析往往用于监测技术绩效(多少错误或缺陷已被确认,其中多少尚未纠正)和费用与进度绩效(每个时期有多少活动在活动完成时出现了明显偏差)。

(4)散点图

散点图显示了两个变量之间的关系和规律。通过该工具,质量团队可以研究并确定两个变量的变更之间可能存在的潜在关系。将独立变量和非独立变量以圆点绘制成图形。两个点越接近对角线,两者的关系就越紧密。

(5)统计抽样

统计抽样是指从感兴趣的群体中选取一部分进行检查,例如,从总数为 75 张的工程图纸目录中随机选取 10 张。适当的抽样往往可以降低质量控制的费用。统计抽样已经形成了规模可观的知识体系。在某些应用领域,项目管理团队有必要熟悉多种不同的抽样技术。

8.5.3 电子商务项目质量控制的输出

电子商务项目质量控制输出的结果主要有质量检查表、质量报告表和质量跟踪表。

1)质量检查表

电子商务项目质量检查表适用于检查"工作过程"与"工作成果"是否符合既定的规范,模板如表 8.7 所示。

表 8.7 电子商务项目质量检查表模板

质量保证检查表		
项目名称		
检查日期		
质量保证员		
检查项状态标记	✓ 合格　✕ 不合格　TBD 待完成　NA 不适用	
1.A 过程域及工作成果检查表		
主要检查项	状态	说明

续表

质量保证检查表		
2.B 过程域及工作成果检查表		
主要检查项	状态	说明
3.C 过程域及工作成果检查表		
主要检查项	状态	说明
……		

2) 质量报告表

电子商务项目质量报告表是对质量检查的最终成果的报告,模板如表 8.8 所示。

表 8.8　电子商务项目质量报告模板

基本信息			
项目名称		报告日期	
质量保证员		报告批次	第 n 份
工作描述			
参加人员			
过程质量检查			
受检查的过程域		检查结果	

产品质量检查	
受检查的工作成果	检查结果
问题与对策,经验总结	

3) 质量跟踪表

电子商务项目质量跟踪表是对质量问题处理的跟踪调查,以促进项目质量问题的彻底解决,模板如表 8.9 所示。

表 8.9 电子商务项目质量问题跟踪表

项目名称			
质量保证员			
编号	问题描述	解决措施	实际解决情况

8.6 电子商务项目风险控制

电子商务项目的实施是一个复杂、创新、动态的过程,其影响因素同时受到多方条件的制约:既包括技术方面的局限性,如开发工具的选择和开发者能力水平的制约,又要受到企业文化、现有管理水平、管理者对电子商务项目的重视程度等因素的影响。诸多条件使得电子商务项目实施包含了众多的不确定性因素,即存在各种各样的风险,电子商务项目实施过程中的项目风险往往会对项目的推进和成功产生负面影响,有时风险的发生甚至导致项目的严重损失。

风险控制是指处理风险的行为或实践活动,包括对风险的计划、评估识别、分析、提出应对风险的处理方法及对风险的监控。风险控制并不是一项局限于风险管理部门本身的独立活动,它实际上是总体的项目管理的一部分。风险控制应该与关键的项目实施过程,即总体项目管理、系统工程、成本、质量、范围及进度等紧密相连。

8.6.1 电子商务项目风险控制原理

1)电子商务项目风险类型

对于电子商务项目风险类型,我们从电子商务项目开发的生命周期进行定性描述,同时我们对电子商务项目风险定义 3 个参数进行定量分析。

(1)电子商务项目开发生命周期中的基本风险

电子商务项目开发生命周期包含项目的可行性分析、设计、实施、测试以及交接等阶段,根据各个阶段的规律,其风险特点如表 8.10 所示。

表 8.10 电子商务项目生命周期阶段的基本风险

阶 段	基本风险
可行性	对问题本身的性质、机会或者技术以及赢利和成本的误解
分析	缺乏对正在研究的问题或机会而提出的解决方案的细节的理解
设计	曲解在系统的分析阶段制订的计划,或者是错误地、不完全地理解与信息系统设计有关的问题
实施	不彻底地或是无竞争力地工作,或者是继续先前在分析和设计阶段犯过的错误,不适当地开发工具或者员工们不知道该如何充分地使用这些工具

阶　段	基本风险
验收	不适当地检测数据、适用程序,或检测计划
交付	没有充分地为系统运行作好准备

（2）电子商务项目风险的定量分析

为了对电子商务项目风险进行量化分析,我们给风险定义 3 个参数,分别为:

①风险严重性:是指风险对项目造成的危害程度。

②风险可能性:是指风险发生的几率。

③风险系数:风险系数=风险严重性×风险可能性。

在这 3 个参数中,我们分别用 5 分量表表达其等级层次,5 分为很高,1 分为很低。因此,我们得到的风险系数值在 1~25,即可判断出该电子商务项目的风险情况。风险严重性的等级划分如表 8.11 所示,风险可能性的等级划分如表 8.12 所示,风险系数的等级划分如表 8.13 所示。

表 8.11　电子商务项目风险严重性等级

参　数	等　级	值	描　述
风险严重性	很高	5	例如进度延误大于 30%,或者费用超支大于 30%
	比较高	4	例如进度延误 20%~30%,或者费用超支20%~30%
	中等	3	例如进度延误低于 20%,或者费用超支低于 20%
	比较低	2	例如进度延误低于 10%,或者费用超支低于 10%
	很低	1	例如进度延误低于 5%,或者费用超支低于 5%

表 8.12　电子商务项目风险可能性等级

参　数	等　级	值	描　述
风险可能性	很高	5	风险发生的几率为 0.8~1.0
	比较高	4	风险发生的几率为 0.6 ~ 0.8
	中等	3	风险发生的几率为 0.4 ~ 0.6
	比较低	2	风险发生的几率为 0.2 ~ 0.4
	很低	1	风险发生的几率为 0.0 ~ 0.2

表 8.13　电子商务项目风险系数等级

风险系数		风险可能性				
		很高 5	比较高 4	中等 3	比较低 2	很低 1
风险严重性	很高　5	25	20	15	10	5
	比较高 4	20	16	12	8	4
	中等　3	15	12	9	6	3
	比较低 2	10	8	6	4	2
	很低　1	5	4	3	2	1
本表灰色部分的风险系数值为 10~25,应当优先处理。						

2)电子商务项目风险控制原理

电子商务项目风险控制过程可以概括为 4 个阶段:

①风险识别。根据风险检查表,识别出本项目的风险。

②风险分析。估计风险严重性、风险可能性、风险系数。

③风险应对。对于风险系数超过"容许值"的每一个风险,都应当采取应对策略。

④风险跟踪。跟踪风险应对过程,记录风险的状态。

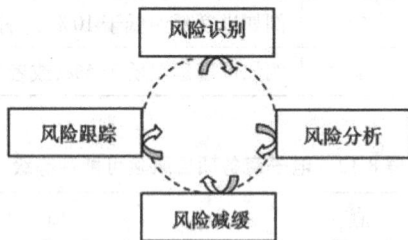

图 8.3　电子商务项目风险控制过程

在项目的生命周期内,上述 4 个活动将被循环执行,如图 8.3 所示,直到项目的所有风险都被识别与解决为止。

8.6.2　电子商务项目风险控制实施

按照电子商务项目风险控制的 4 个阶段,电子商务项目风险控制实施 4 个步骤分别为:风险识别、风险分析、风险应对和风险跟踪。

1) 风险识别

风险识别是实行风险控制计划的第一步,目的是查明电子商务项目实施过程中的不确定性因素、各风险的来源以及风险之间的关系。识别风险的一般性手段包括从历史或其他相似电子商务实施中寻找线索。对照风险的定性和定量分类,找出该电子商务所具有的风险。在电子商务实施计划的基础上进行估计,对可能阻碍实施进度或超出预算的因素进行分析,确定风险。

（1）风险识别程序

电子商务项目风险识别一般可分 3 步进行:

第一步,收集资料。资料和数据能否到手,是否完整必然会影响项目风险损失的大小。能帮助我们识别风险的资料具体有以下几个方面:电子商务项目计划书,项目的前提、假设和制约因素,与本项目类似的案例。

第二步,风险形势估计。风险形势估计可以综合运用电子商务项目风险类型的定性和定量分析手段,明确项目的目标、战略、战术、实现项目目标的手段和资源以及项目的前提和假设,以正确确定项目及其环境的变数。

第三步,根据直接或间接的症状将潜在的风险识别出来。

小原则

电子商务项目风险识别首先需要对制订的项目计划、项目假设条件和约束因素、与本项目具有可比性的已有项目的文档及其他信息进行综合会审。风险的识别可以从原因查结果,也可以从结果反过来找原因。

（2）风险识别的方法

电子商务项目风险识别可以综合利用专门的技术和工具,以保证高效率地识别风险不发生遗漏,这些方法包括检查表、敏感性分析、德尔菲法、头脑风暴法、SWOT 分析等。本部分主要介绍典型的分析方法——检查表和敏感性分析技术。

①检查表。检查表(Checklist)是管理中用来记录和整理数据的常用工具。用

它进行风险识别时,将项目可能发生的许多潜在风险列于一个表上,供识别人员进行检查核对,用来判别某项目是否存在表中所列的或类似风险。检查表中所列的都是历史上类似项目曾发生过的风险,是项目风险管理经验的结晶,对项目管理人员具有开阔思路、启发联想、抛砖引玉的作用。一个成熟的项目公司或项目组织要掌握丰富的风险识别检查表工具。电子商务项目生命周期过程中可能出现的风险因素检查表如表 8.14 所示。

表 8.14　电子商务项目风险因素检查表

生命周期	可能的风险因素
可行性	1.对一个或更多阶段的投入时间不够 2.没有记录下重要信息 3.尚未结束一个或更多的前期阶段就进入下一阶段
分析	1.没有书面记录下所有的背景信息与计划 2.没有进行正式的成本——收益分析 3.没有进行正式的可行性研究 4.不知道是谁首先提出了项目创意
设计	1.计划准备者过去没有承担过类似项目 2.没有写下项目计划 3.遗漏了项目计划的某些部分 4.项目计划的部分或全部没有得到所有关键成员的批准 5.指定完成项目的人不是准备计划的人 6.未参与制订项目计划的人没有审查项目计划,也未提出任何疑问
实施	1.主要客户的需要发生了变化 2.搜集到的有关进度情况和资源消耗的信息不够完整或不够准确 3.项目进展报告不一致 4.一个或更多重要的项目支持者有了新的分配任务 5.在实施期间替换了项目团队成员 6.市场特征或需求发生了变化 7.做了非正式变更,并且没有对它们带给整个项目的影响进行一致分析
验收与交接	1.一个或更多项目驱动者没有正式批准项目成果 2.在尚未完成项目所有工作的情况下,项目成员就被分配到了新的项目组织中

②敏感性分析。敏感性分析是研究建设项目的主要因素如产品售价、产量、经营成本、投资、建设期、汇率、物价上涨指数等发生变化时,项目经济效益评价指标(内部收益率、净现值等指标)的预期值发生变化的程度。

通过敏感性分析,可以找出项目的敏感因素,并确定这些因素变化后,对评价指标的影响程度,使决策者能了解项目建设中可能遇到的风险,从而提高投资决策的准确性。同时,也可以预示对项目经济效益的影响最重要的因素,我们可以对它们进行重新调查、分析、计算,以提高投资决策的可靠性。另外,敏感性分析还为进行各敏感因素对项目评价指标进行风险概率分析提供了方向。

项目对某种因素的敏感程度,可表示为该因素按一定比例变化时引起评估指标的变动幅度,其中变化率为:

$$变化率 = \frac{|效果指标变化幅度|}{|变化因素变化幅度|}$$

同时,项目对某种因素的敏感程度也可表示为评价指标达到临界点(如财务内部收益率等于财务基准收益率,或是经济内部收益率等于社会折现率)时,某个因素允许变化的最大幅度(即极限值)。如果超过此极限,就认为项目不可行,可通过绘制敏感性分析图求此极限。必要时,应对若干个最为敏感的因素重新预测和估算,并进行项目投资风险估计。

小知识

SWOT 分析法

SWOT 分析法是一种环境分析方法,所谓的 SWOT 是英文 Strength(优势)、Weakness(劣势)、Opportunity(机遇)和 Threat(挑战)的简写。

SWOT 分析一般分为以下 5 步:

1. 列出项目的优势和劣势,可能的机会与威胁;

2. 将内部优势与外部机会相组合,制定抓住机会、发挥优势的战略;

3. 将内部劣势与外部机会相组合,制定利用机会克服弱点的战略;

4. 将内部优势与外部威胁相组合,制定利用优势减少威胁战略;

5. 将内部劣势与外部挑战相组合,制定弥补缺点、规避威胁的战略。

2）风险监控

电子商务项目风险监控是一种系统过程,基本目的是以某种方式驾驭风险,保证项目可靠、高效地完成项目目标。电子商务项目风险监控可分为两大类:一类用于监控与项目中系统结果有关的风险;另一类用于监控与项目中系统过程有关的风险。风险监控技术有很多,前面介绍的一些方法、技术也可用于风险监控,核对表法、净值分析法。其他的方法还有:系统项目监控方法、风险预警系统等。

小知识

风险预警管理

风险预警管理是指对于项目管理过程中有可能出现的风险,采取超前或预先防范的管理方式,一旦在监控过程中发现有发生风险的征兆,及时采取校正行动并发出预警信号,以最大限度地控制不利后果的发生。因此,项目风险管理的良好开端是建立一个有效的监控或预警系统,及时觉察计划的偏离,以便高效地实施项目风险管理过程。

8.6.3　电子商务项目风险控制输出

电子商务项目风险控制的输出主要有:对风险识别成果的输出和风险控制过程的输出。

1）项目风险识别表

电子商务项目风险识别可以按照业务风险、开发风险、机构风险三大类进行分析,如表8.15所示。

表 8.15　电子商务项目风险识别表模板

分　类	类　　别	后　　果
业务风险	理解 主要的项目干系人对主要业务问题或者机会的理解不完全或不充分	错误和浪费 造成资源和机会的错误匹配,导致资金不当

续表

分 类	类 别	后 果
业务风险	买进/承诺 　　不适当地买进或承诺购买信息系统,不愿意承诺进行业务改变	信息系统孤立 　　用户的热情降低,导致信息系统的孤立
	业务变化 　　发生在信息系统需求上的改变不会被信息系统开发项目接受或者容纳	相关的损失 　　功能不适合解决目前的问题或利用现有的业务机会
开发风险	评估和计划 　　评估所需的大量工作是不现实的,最初的计划是不够的,或者是不正确的	暴力行为和不信任 　　预算超支和时间超期,信息系统和其他业务专家之间不信任的恶性循环
	职员流动 　　执行者不会保持在一个固定的位置上,或者主要的用户会改变他们的职位,主要的干系人会发生变化	学习曲线和延迟 　　因为学习组织程序和标准、软件和硬件系统而导致延迟
	开发工具 　　硬件和软件的开发工具是不适当的、不够的或者是不奏效的	重做 　　重新设计系统和重新编码
机构风险	技术竞争力 　　组织没有合适的专家成功地实施已经选择好的技术	质量下降 　　信息系统项目没有完成,或做出完全没有希望的充满干扰和其他问题的系统
	技术平台 　　正在使用不合适的或者不够的硬件和软件平台	不稳定 　　项目不能完成或开发不充分
	技术生命周期 　　问题或机会处于技术生命周期的不适当阶段	业务优势的淡化 　　组织期望从信息系统中得到的业务优势被淡化或根本不存在

2) 项目风险控制报告表

电子商务项目风险控制报告主要包含风险描述、风险严重性、风险可能性、风险减缓措施和跟踪记录情况,如表8.16所示。

表8.16　电子商务项目风险控制报告模板

风险名称		风险识别人	
风险编号		风险识别日期	
风险描述			
风险严重性		风险系数	
风险可能性		风险处理人	
风险减缓措施			
跟踪记录	1.记录何人在何时做了什么事情 2.记录当前风险状态(正在处理,已经解决,不作处理)		

思 考 题

1.电子商务项目过程控制的概念是什么？与一般性项目过程控制相比有什么特殊的内涵？

2.电子商务项目过程控制的具体内容有哪些？它们之间有什么异同？

3.电子商务项目范围控制、进度控制、费用控制、质量控制和风险控制分别如何实施？

4.如何对电子商务项目风险进行定量分析？

5.请列举一些电子商务项目费用控制的常用方法。

6.请列举一些电子商务项目质量控制的常用方法。

第 **4** 编

电子商务项目收尾阶段

学习要点

电子商务完工
■电子商务项目完工的定义
■电子商务项目完工的主要步骤
■电子商务项目完工中的合同收尾与管理收尾
■电子商务项目收尾、项目验收、项目移交以及项目审核的一般方法

电子商务项目后评价
■电子商务项目后评价的主要含义、职能
■电子商务项目后评价的主要内容
■电子商务项目后评价的方法、程序及结果

第 9 章
电子商务项目完工

本章学习目标

■理解电子商务项目完工对项目的意义

■了解电子商务项目完工中管理收尾和合同收尾的内容

■了解电子商务项目完工所经历的主要阶段，掌握项目收尾、项目验收、项目移交以及项目审核在电子商务项目管理中的一般方法和特殊性

本章知识要点

■项目完工的定义

■电子商务项目完工的主要步骤

■电子商务项目完工中的合同收尾与管理收尾

■电子商务项目验收、项目移交以及项目审核的一般方法

通篇案例

背景：

小钟，S集团信息中心经理，此次电子商务项目经理。

"什么？只给我不到两周的时间准备？"刚刚休完探亲假，还没来得及休整的小钟被急匆匆地叫回了总部，听到这个他们实施了两年的电子商务项目要进行完工验收，他不知道是喜还是忧。"是的，总裁昨天已经成立了项目委员会，销售、市场、人事的负责人都是项目组成员，由总裁亲自指挥。要求8月16日30个分公司的各1个办事处上线！"郑总(S集团副总裁，分管人事、信息、财务，此次项目的负责人)高兴地对小钟说。

"可是郑总，您知道，项目组成立需要时间，我们需要与软件供应商、运营商谈判，还有硬件设备采购、系统搭建、安装、调试、验收，需要进行各地基础数据的收集、整理、导入，还有……"

"不要和我说这些，我已经帮你把所有需要参与的各级领导拉进项目组了，接下来就看你这个项目经理怎么施展啦……"

听了郑总一番话，小钟没有再作任何的辩解："好的，我尽力吧。"

案例：

验收数据采集遇困难

8月11日，下午1:00。"钟经理，我们发下去的数据采集到目前为止只有一半的办事处文员回复了，这样下去时间来不及了。"负责收集数据的小王急匆匆地跑进小钟的办公室，气喘吁吁地说。"赶紧让销售部门去催促，让他们务必把事情落实到责任人身上。另外，现在的数据导入问题软件公司有没有解决呢？"小钟问道。"已经解决了，他们将负责数据导入，但需要给他们一些时间。"

8月17日，上午10:00。徐筱芳提出了新问题：目前收集的数据中，除了杭州办事处外，还有新疆办事处和哈尔滨办事处的数据。可是现在系统内的数据都乱了。经过检查发现，原因是在期初进行数据准备时，文员没有按照标准准备数据，导致数据混乱。

8月18日，下午3:00。项目组紧急召开会议。在会议中，项目组决定重新整理数据，要求各办事处严格按照项目组标准模板和要求组织数据，并按照进度计划调整上线时间，将上线时间调整至9月1日。

经过这样的一个过程，项目如期得以下发落实。9月1日，系统如期在试点办事处上线,各办事处的数据不再混乱。

项目文档混乱,问题层出不穷

9月15日,发现项目文档中的统计报表分析与日常手工报表发生严重不符,经仔细检查,发现:系统上线前销售渠道分类没有统一的严格规定,虽然在组织数据时销售管理部出了一套标准的销售分类,但由于各销售办事处的理解相同,导致数据分类错误。30个办事处,28万家终端店头的数据被错误地分类融合在一起,这个乱真是理不清。

9月20日,在这样的情况下,小钟和销售管理部一起,重新整理了一套标准,并进行了详细的分析和论证。并将项目进展的情况上报给总裁、副总裁,总裁决定在22日的销售会议上由小钟来汇报这件事。

9月22日,在全国销售会议上,小钟针对目前项目的进展以及面临的困难进行汇报,全项目组在总裁的指示下,重新整理数据,严格按照新的标准来做,并由销售管理部和信息中心严格把关;同时,决定10月9日第三次上线试运行,各办事处需严格按照项目组的数据提交时间来做。

9月30日,收到25个办事处的文档,但都存在问题。

10月6日,数据已经按标准整理完毕,电话通知所有总部项目成员和30个办事处文员,7日全体加班,对数据进行检查测试。

10月7日,晚9:00。数据检查和测试工作还在紧张地继续,只完成了不到一半,眼看着第三次上线时间再次临近,小钟又一次陷入了困境。

全力以赴,完成验收

10月8日,周日,下午1:00。"不推迟项目启动时间,我请咎辞去项目经理,您请更有能力的人去做!"小钟高举着手臂无可奈何地对郑总说。

"我不同意!已经第三次推迟了,我无法向销售分公司交代!"欧阳雪强硬地说。(欧阳雪,35岁,S集团营销总监,此次项目总监。)

小钟:"责任由我来承担!我们的系统从8月15日到现在,存在的问题很多,原因各位也清楚。正是因为已经推迟了三次,所以这一次的上线只能成功不能失败。我们的系统是按周进行运作的,整个国庆黄金周,30个试点办事处的文员都在加班加点地工作,每次数据的提交都要经过3轮的反复才能完成,国庆7天的假期仅我一人就累计加班超过100个小时。但至今仍有5家没有将最后一次数据提交。而提交完整的数据导入系统后,还需要有两轮的数据关系建立,这些数据关系的建立只能由手工在系统中操作。"

欧阳雪听到小钟这样说,也缓和了语气:"那可不可以推迟一天?"

"不行! 我们针对业务员的运作是以周为周期的,明天是周一,推迟一天就是周二了,这样会对系统的运作带来很大的问题。所以,第一次操作我建议还是从周一开始。既然是推迟,推一天也是推,推一周也是推,那我们将上线的时间推迟一周到 10 月 16 日吧!"小钟抓住这个机会建议道。

10 月 8 日,周日下午 2:45,小钟开完项目小组会议,宣布项目验收时间将推迟一周。

思考:

1.电子商务项目完工阶段应该遵循哪些基本步骤?

2.电子商务项目完工阶段涉及哪些利益主体?

3.本案例中为什么没有按时完成验收?

9.1 电子商务项目的收尾活动

项目完工,就是项目的实质性工作已经停止,项目不再有任何进展的可能性,项目结果正在交付用户使用或者已经停滞,项目资源已经转移到其他项目中,项目团队已经解散或正在解散的过程。

项目完工的情况可以分为两种:一是项目任务已顺利完成,项目目标已成功实现,项目正常进入生命周期的最后一个阶段——"结束阶段"的情况,这种状况下的项目结束为"项目正常结束",简称项目终结;二是项目任务无法完成,项目目标无法实现而"忍痛割爱"提前终止项目实施的情况,这种状况下的项目结束为"项目非正常结束",简称项目终止。对于项目终结,我们要对项目的人、财、物进行清理,最终编制项目实施报告。

> ▷▷▷ **小知识** ◁◁
>
> 如果我们将项目的生命周期比作项目"生老病死"的过程,那么,项目终结便是项目生命周期的最后一个过程,是项目"寿终正寝"的过程。项目完工,也就是项目的终结,需要对项目的人、财、物进行总结。

电子商务项目完工是电子商务项目生命周期的最后阶段,是电子商务项目准备提交运用时,电子商务项目部门团队所做的围绕收尾为主的工作。

电子商务项目收尾阶段的意义在于它是项目生命周期的最后阶段,它的目的是确认项目实施的结果是否达到了预期的要求,以通过项目的移交或清算,并且再通过项目的评估后进一步分析项目可能带来的实际效益。收尾工作常常是零碎、烦琐、费时、费力的,我们在做电子商务项目时一定要注重项目收尾的重要性。我们应当清醒地认识到,成功的电子商务项目收尾是软件公司和客户追求的共同目标。在这一阶段,项目的利益相关者会存在较大的冲突,因此,项目收尾阶段的工作对于项目各个参与方都不得是十分重要的,对项目顺利、完整地实施更是意义重大。

9.1.1　电子商务项目收尾的特点

根据 PMI(美国项目管理协会)对项目特点的描述,一般性项目收尾包括管理收尾和合同收尾两部分。收尾过程在电子商务项目中表现出甲方、乙方、中介咨询方等对最终产品进行验收,使项目或项目阶段有序结束的过程。电子商务项目的管理收尾和合同收尾具有某些特殊性。

> **小知识**
>
> 1969 年,美国项目管理协会(PROJECT MANAGEMANET INSTITUTE)成立,简称 PMI。美国项目管理协会是一个拥有 20 万名会员的国际性组织,是全球最大的项目管理专业机构。
>
> 目前,美国项目管理协会(PMI)是全世界最权威、最国际化的项目管理专业研究和认证组织。PMI 建立的认证考试有:PMP(项目管理师)和 CAPM(项目管理助理师)。PMI 的项目管理专业认证体系已经被全球发达地区 50%以上的企业认可和应用,世界 500 强企业 90%以上的单位,正在使用 PMI 的专业体系和资格认证。

1)管理收尾

电子商务项目管理收尾涉及为了使项目甲方、乙方、中介咨询方对项目产品的验收正式化而进行的项目成果验证和归档。具体包括项目需求保证、项目人力资源管理、项目信息管理、项目审核等具体操作。

电子商务项目管理收尾对电子商务项目的最终成功具有重大的意义。项目在尾声表现出的人力资源、财务状况以及项目的某些经验教训都是可以进行总结并再次利用的资源,总结得越多,资源就越丰富,能够形成适合电子商务企业自身的成熟的项目管理模式,降低电子商务项目管理风险和管理成本,真正实现电子商务项目管理的竞争力。

2) 合同收尾

电子商务项目合同收尾就是了结合同并结清账目,包括解决所有尚未了结的事项。合同收尾需要对整个采购过程进行系统地审查,找出进行本项目其他产品或本组织内其他项目采购时值得借鉴的成功和失败之处。合同收尾的重点体现在项目移交阶段。

电子商务项目合同收尾,由于受到电子商务项目 IT 技术运用广、用户需求不明确、不断变更、合同标的通常较大、项目周期较长等原因,在合同最终移交的过程中,必须协调各方关系,特别是诸多不确定因素最终都要在合同收尾最终解决,因此往往是电子商务项目负责人最为头痛的事情。

根据一般项目收尾过程规律,结合电子商务项目特点,我们分别从一般项目管理收尾、合同收尾的特征入手,总结出电子商务项目收尾过程中所需要的主要内容、输出内容以及相应的成功因素,如表9.1 所示。

表 9.1　电子商务项目的收尾过程

过　程	主要内容	输出内容	关键因素
管理收尾	人力资源管理、信息管理、财务审计管理	项目实施报告、项目档案资料、项目总结、项目审核报告	沟通、交流、总结
合同收尾	合同移交、验收	合同文件、正式验收和收尾	协调、理解

注意

电子商务项目收尾成功的因素

电子商务项目收尾是一项复杂的工作,需要项目经理的组织领导、项目团队的协作,同时需要人、财、物的配合,才能完成验收、移交、审核等系列工作。收尾成功要求项目负责人协调收尾工作中的人物的关系,把握住有助于收尾成功的因素,即五个关键词"协调—交流—理解—支持—总结"。

下面我们分别从电子商务项目的团队工作、信息工作以及如何挽救项目等方面分别介绍电子商务项目的实施过程。

9.1.2 收尾阶段的团队工作

在项目实施进入尾声阶段,项目团队的人力资源管理工作决定了项目收尾能否顺利进行。电子商务项目往往具有高风险性、大投入性以及较长的周期性,而收尾阶段的项目管理工作往往同时还面临客户需求的经常变化,甚至包括团队人员的不断流动。这就需要我们把握传统项目人力资源管理的关键因素,同时考虑电子商务项目收尾阶段的特殊情况,有针对性地开展基于项目团队的人力资源管理工作。

1) 电子商务项目团队收尾阶段人力资源管理的特征

较之其他行业的项目管理,电子商务项目管理的风险较高,因此对项目人力资源管理的要求较高,主要体现在项目团队、项目经理、项目团队协同、项目人员流动等方面。我们从项目风险、项目团队、项目经理、项目的团队协同以及项目的人员流动方面分别比较,如表 9.2 所示。

表 9.2　电子商务项目管理与传统项目管理的比较

要　素	电子商务项目管理	传统项目管理
项目风险	较高	较低
项目团队	学习、多项目共享人员、流动性强	专用、稳定
项目经理	学习能力、沟通能力、风险管理能力、对新技术的洞察力	强调经验
项目的团队协同	较强	较弱
项目的人员流动	较强	较弱

比较结果表明,电子商务项目管理和传统项目对"人"的管理要素的特征明显不同。在项目收尾阶段,电子商务项目的人力资源管理的特殊性主要表现在 4 个方面:

①对项目经理的要求不同;

②项目团队的管理方法不同;

③对人员协同性要求较高;

④如果规避人员流动性带来的影响。

小原则

电子商务项目完工需要动态团队管理思想。

动态团队管理是相对传统的企业按照标准的固定化流程,办公地点相对集中的静态组织而言。由过去的组织内协同发展成跨组织跨地区的协同,由紧密型的组织发展成松散型流动型的组织,从固定的管理流程发展成"随需而变"的流程。

实施动态团队管理有三大原则:

1. 完善的动态团队管理"神经系统"是实现敏捷组织的前提;

2. 动态团队管理要实现延伸,要与供应链上下游实现联动;

3. 动态团队管理要有快速的适应能力,这是实现敏捷组织的关键。

---

2) 项目收尾阶段团队管理过程

根据电子商务项目人力资源管理在收尾阶段的特征,我们的团队管理过程为:人员工作安排、项目成员述职报告安排、项目成员经验报告安排以及人员流动安排4个方面内容,以下分别作介绍。

(1) 项目经理做好项目收尾阶段的人员安排

电子商务项目经理在项目收尾阶段,面对团队人员数量较多,但工作性质、工作时间特别是工作进度的差异,做到统一管理较为困难。应该统计人员现状、流向,以便进一步确定项目后期的人员安排。可以通过编制《电子商务项目收尾人员安排表》来实现对团队工作的整体安排,具体来讲可以按照团队中人员的姓名、项目中的职位/角色、主要专长、目前去向、联系方式来进行统计,最终进行有效的收尾阶段的任务安排。这样既有利于团队成员形成阶段性项目工作总结,又有利于团队成员收尾阶段任务安排的透明化和科学化。电子商务项目收尾人员安排表如表9.3所示。

(2) 项目团队成员做好项目成员述职报告

电子商务项目经理在完成好对团队成员的工作情况统计与收尾阶段任务安排后,还应该积极组织团队成员做好项目述职报告。特别是针对项目大多数成员已经或者马上要完成项目规定任务时候,更应该及时对项目情况进行总结。

表 9.3　电子商务项目收尾人员安排表

项目名称		项目经理		项目结束时间	
人员安排一览					
姓　名	项目中的职位/角色	主要专长	去　向	联系方式	收尾阶段任务安排

根据项目管理内容,设定述职报告可以按照 3 个层次的内容进行编制。首先是岗位完成情况,将项目开始前对人员的目标和完成情况进行对比;其次是让成员归纳总结参与和协助具体工作;最后对经验教训进行开放式总结。电子商务项目成员的述职报告有利于项目成员的绩效考核工作,为项目内容的完善提供了人力资源保障。电子商务项目成员述职报告模板如表 9.4 所示。

表 9.4　电子商务项目成员述职报告模板

姓　名		岗　位	
年　度		考核时间	
岗位职责/任务	目　标		完成情况
参加/配合的工作			
未完成工作的原因			

（3）电子商务项目经理组织项目成员经验教训报告

电子商务项目成员经验教训报告,是在绝大部分或者所有成员完成个人述职报告的基础上,由项目经理组织,项目的重要成员参与完成。这是对个人项目述职报告的总结与提炼,是站在电子商务项目的整体高度对项目进行的综合自我评价。其中既包含项目成功的经验总结,又包含对其中教训的总结。电子商务项目成员经验教训报告一般由子项目负责人、关键项目点负责人、项目经理等共同参与完成。

> **注意**
>
> 项目成员述职报告与项目成员经验教训报告有差异。集中体现在述职报告是成员工作计划与成员实施情况的对比,而经验教训报告则是项目完成后的总结报告,是对述职报告的提炼与升华。

电子商务项目成员经验教训报告可以按照 3 个层次的内容进行编制。首先是参与特征,反映了报告人谈经验教训的角度;其次是成功与失败的经验,这是最为核心的部分;最后是自己的收获和对下一次项目的展望,包括其他方面的体会。电子商务项目成员经验教训报告既可以作为项目的总结,又可以存档保留,作为下一次项目可以借鉴的内容。具体表格可以参见如表 9.5 所示。

表 9.5　电子商务项目成员经验教训报告模板

报告人姓名		职　务		项目中的职责	
参与项目的特征	全程参与				
	临时加入				
成功的经验和原因					
失败的教训和原因					

你学到了哪些项目管理的知识
有了本次的经历后,在下一项目中你会特别注意些什么?
你的其他感受
签　名: 日　期:

(4)合理控制人员的流动

在跨度时间较长的电子商务项目中,有一些人员的流动是在我们项目人力资源管理计划以内的,属于正常的人力资源流动。在项目收尾阶段,电子商务项目的雏形已经建立,有可能发生部分人员无事可做的情况,容易出现人员的流动很大,特别是核心团队成员的流失,对项目的收尾产生重大影响。而他们的离开又不是在我们有人力资源管理计划的前提下,这种情况要认真分析人员流动的主客观原因,制订出应急措施,保证项目收尾阶段的人力资源安排。

小知识

电子商务项目收尾人员流动原因复杂,通常可以采取调查、访谈等方式进行。根据经验,主要的原因有:

1.待遇薪酬。收尾阶段,直接面临薪酬问题,是一般人员流动的最主要原因。

2.项目的成长空间。每个员工,都希望自己服务的项目有着明确的岗位职责体系,项目完工后有清晰的项目成长空间,急于为下一个项目作准备。

3.团队氛围。工作氛围也是导致人员流动的一个很重要的因素,快乐而和谐的工作气氛对提高员工的工作积极性起着不可忽视的作用。

在电子商务项目管理中,为合理控制人员流动,保持项目团队稳定性,项目经理需要采取以下具体的预防措施:

①通过各种方式与团队成员保持密切联系,对团队成员的想法和动向有动态的了解。

②可定期向项目成员征求意见,通过这些意见可以了解每一个项目成员的心理思考和企业需要改进的地方。

③其他可采用的方式如与项目成员签署项目聘用协议和提前1～3月提出辞职报告的人事管理制度等。

④对于核心的项目成员,要从一开始就考虑好他们的工作安排,并且培训他们可以交叉做工作。如果一旦出现某一个团队核心成员离开的情况,则其他人员可以胜任这些遗留的工作,使新招聘的人员能够尽快地展开并胜任这个工作。

9.1.3 收尾阶段的信息管理工作

电子商务项目收尾阶段面对的文档很多,因此,如何对收尾阶段进行有效的信息管理,直接影响着电子商务项目实施报告的编写和对项目整体情况的把握。做好电子商务项目收尾阶段的信息管理工作具有重要意义,体现在:首先,通过进行规范化的信息管理工作,明确了相应的项目细则的管理人员责任,为项目管理收尾和合同收尾的顺利进行提供了依据;其次,给电子商务项目的形成实施报告以及审核、评价报告提供信息管理模式,最终形成统一的文本规范,以便在今后的项目回顾和下一个电子商务项目管理中对各项资料的查找和相互交流。

> **小知识**
>
> 电子商务中的信息管理主要是借助信息技术和信息管理方法实现电子商务项目中的信息的集成共享、搭建基于流程的电子商务平台。
>
> 电子商务项目完工阶段的信息管理需要把电子商务项目中的主题内部和外部的相关信息进行整合、分类、加工,为电子商务项目实施报告作准备。

下面分别从电子商务项目收尾阶段信息管理的目的、范围以及信息管理过程进行介绍。

1)信息管理的目的、范围

电子商务项目的生命周期始终贯穿着工作流、物流、资金流和信息流。这4种流动过程之间相互联系,相互依赖又相互影响,共同构成了电子商务项目实施和管理的总过程。在电子商务项目的收尾阶段,4 种流动过程集中汇集,所以信息管理工作的内容较多。

（1）目的

电子商务项目的收尾阶段,信息流将项目的工作流、物流、资金流,将各个管理职能、项目组织,将项目与环境结合在一起。信息流反映、控制、指挥着其他 3 种流。电子商务项目结束的信息管理工作的主要目的是对电子商务项目中的 4 种流动进行汇总,主要有以下几个方面:

①所有重要文档集中管理,维护档案的安全与完整。

②各项目小组人员在工作中形成的具有参考价值的文件、材料由个人或项目负责人整理后报文档管理人员存档。

③明确文档的责任人、提交时间与负责内容。

④根据项目整体需要分类进行归档。

⑤由专人负责项目文档管理工作。

小知识

信息管理的目的是为了有效地开发和利用信息资源,以现代信息技术为手段,对信息资源进行计划、组织、领导和控制的社会活动。简单地说,信息管理就是人对信息资源和信息活动的管理。对于上述定义,我们要注意从以下几个方面去理解:

1.信息管理的对象是信息资源和信息活动。

2.信息管理是管理活动的一种。

3.信息管理是一种社会规模的活动。

（2）范围

电子商务项目收尾阶段信息管理的范围涵盖整个项目生命周期的各种相关信息,可以说相当广泛。电子商务项目收尾的信息管理范围体现在两个方面:一是信息的载体繁多,既有纸质文档,又有影音资料,还有其他媒体形式;二是信息的覆盖面广,我们按照项目的生命周期来看,涵盖了整个生命周期。

依据信息载体,电子商务项目收尾阶段通常可以按照以下 3 类进行整理归类:

①报告系统,是指各种项目的相关报告。如按时间可分为日报、周报、月报、年

报;针对项目结构的报告,如工作报告、整个项目报告;专门的内容的报告,如质量报告、成本报告、工期报告;特殊情况的报告,如风险分析报告、总结报告、特别事件报告等;状态报告,比较报告等。

②文档系统,包含项目相关的纸质和电子文档、多媒体资料以及影音资料等。

③信息系统,电子商务项目管理中,信息系统通常包括信息、信息流通和信息处理各方面的总和,其中,信息流是我们项目收尾阶段信息收集的重要内容。

按照项目的生命周期,结合各个周期的文档数量和繁杂程度,电子商务项目收尾阶段信息分别归纳为3个方面:项目准备阶段、项目进行阶段和项目收尾阶段。

A.项目准备阶段。主要包含与本项目有关的上级主管部门下达的规划或者许可;有关项目的审批的文件、合同书、专家建议;国内外相关情况考察报告和专题分析报告;可行性方案及批准文件,以及项目实施方案、年度计划,项目预算书等。

B.项目进行阶段。主要包含各种重要项目进度的原始记录;各种项目的报告和数据;各阶段项目报告(包括系统的、专题的、分项的和阶段的);重要的技术文件、管理文档等。

C.项目收尾阶段。主要有年度总结和简报;项目例会的会议记录和专业会议文件以及同项目研究有直接关系的重要情报编译材料等。

2)电子商务项目收尾信息管理过程

电子商务项目收尾的信息管理主要有4大步骤:信息的收集、信息分类、信息审核和信息的归档、发布,如图9.1所示。按照对信息载体的分类,我们分别按照文档系统、报告系统和信息系统的信息管理过程进行分解。

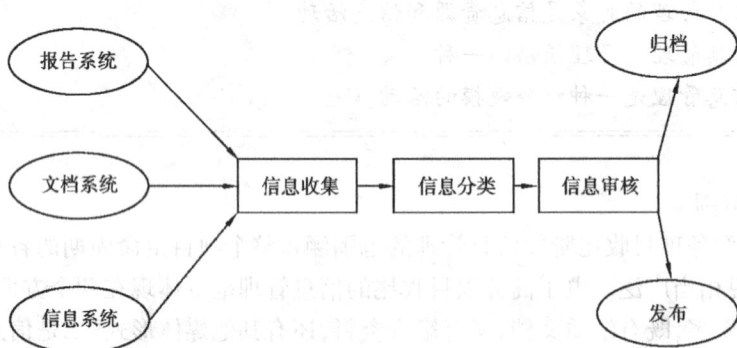

图9.1 电子商务项目收尾阶段信息管理过程

（1）文档信息管理的过程

文档信息管理指的是对作为信息载体的资料进行有序地收集、加工、分解、编目、存档，并为项目各参加者提供专用和常用信息的过程。文档系统是管理信息系统的基础，是管理信息系统有效率运行的前提条件。

文档信息管理要求做到系统性，即包括与项目相关的，应进入信息系统运行的所有资料；唯一性，即各个文档要有单一标志，能够互相区别，通常通过编码区别；责任性，有专门人员或部门负责文档管理工作；真实性，内容正确、实用，在文档处理过程中不失真。

文档信息管理的过程主要包括以下几个方面：

①资料特征标示（编码）。项目收尾阶段相关资料的索引一般可采用表格形式。在项目实施前，它就应被专门设计。表中的栏目应能反映资料的各种特征信息。不同类别的资料可以采用不同的索引表，如果需要查询或调用某种资料，即可按图搜索步骤。

②文档提交。文档的提交时间根据具体规定执行，原则上应在规定的时间内提交，如有特殊情况，可向项目秘书提出申请，经批准后方可执行。

③文档归档。检查文件是否完整，如有短缺，应督促补充齐全；文档资料移送交接手续必须完备；移交和保管与文档无关的资料，应退回经办部门。

④文档使用。注意文档的密级，使用的时候，部分重要文档（如重要技术文档、模型源代码等）应经过文档作者和项目秘书同意并签字授权后方可使用。

（2）报告系统管理的过程

电子商务项目中报告的种类繁多，在电子商务项目收尾阶段可以作为决策的依据、项目评价支撑材料，也可以作为下一个项目的参考。因此，报告整理必须规范化、系统化，在整理过程中处理简单化，内容清楚，突出各个报告侧重点。报告系统管理的过程如下：

①建立报告目录表。报告目录表是将电子商务项目过程中的报告系统化的过程。项目的报告目录表解决两大问题：一是罗列项目过程中应有的各种报告，并系统化；二是确定各种报告的形式、结构、内容、数据和处理方式，并标准化。

报告目录表包含的信息主要包括以下几个方面：

A.需要什么信息？

B.应从何处来？

C.怎样传递？

D.怎样标识它的内容?

报告目录表可以参考如下表格制作,如表9.6所示。

表9.6　报告目录表

报告名称	报告时间	提供者	接收者				
			A	B	C	D	...

②报告系统的层次。报告系统中最基础的是原始资料,它来源于电子商务项目过程,包括完成的程度、工期、质量、人力、材料消耗、费用等情况的记录,以及试验的验收检查记录。在一次性收集中,信息数量多、内容繁杂是一大特点。因此,必须确定报告系统的层次结构。

报告系统的层次结构可以参考金字塔形结构来制作。上层的报告应由上述职能总结归纳,按照项目结构和组织结构层层归纳、浓缩,作出分析和比较,形成金字塔形的报告系统,如图9.2所示。

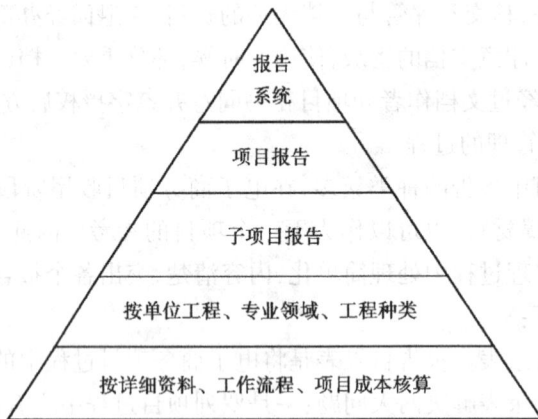

图9.2　报告系统的层次结构

③报告内容标准化。通过项目报告表,统计项目内容;同时,项目层次表区分了项目报告间的关系。对于每个具体的项目,它的形式、内容也需要相对确定,以便进行标准化管理。报告内容可以按要求设计,但形式可以比较固定。

通常可以参考如下内容模块进行设计：

A.概况；

B.项目进度详细说明；

C.预计工期计划；

D.按部分工程负责的单位、部门；

E.项目组织状况说明。

（3）信息管理系统

电子商务项目管理中，信息、信息流通和信息处理各方面的总和称为项目管理信息系统。电子商务项目的信息系统是将各种管理职能和管理组织沟通起来并协调一致的神经系统。建立管理信息系统，并使它顺利地运行，是项目管理者的责任，也是完成项目管理任务的前提。

电子商务项目管理信息系统有一般信息系统所具有的特性，它的总体模式如图9.3所示。

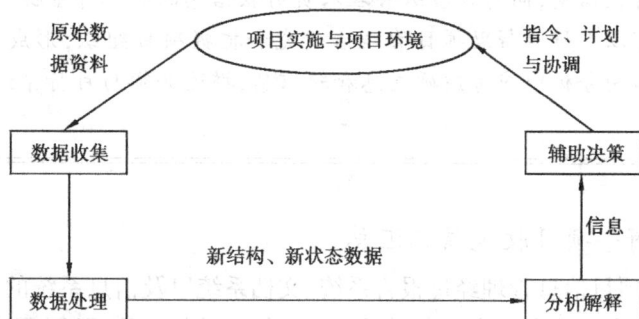

图 9.3　电子商务项目管理信息系统模式

电子商务项目管理系统由许多子系统构成，如计划子系统、合同子系统、成本子系统、质量和技术子系统等，它们共同构成电子商务项目管理系统。按照管理职能划分，可以建立各个项目管理信息子系统，如成本管理信息系统、合同管理信息系统、质量管理信息系统、材料管理信息系统等。它是为专门的职能工作服务的，用于解决专门信息的流通问题。

> ⟩⟩⟩ **小知识** ⟨⟨
>
> 电子商务项目中的软信息
>
> 有许多信息是很难用信息形式表达和通过正规的信息渠道沟通的。反映在电子商务项目中的主要是：项目参与者的心理行为，项目组织状况的信息，工作人员的积极性以及项目的组织程度和组织效率等，它们无法或很难定量化，甚至很难用具体的语言表达。
>
> 获取软信息的方法有：
>
> 1.观察。通过观察现场以及人们的举止、行为、态度，分析他们的动机，分析组织状况。
>
> 2.正规的询问，征求意见。
>
> 3.闲谈、非正式沟通。
>
> 4.要求下层提交的报告中必须包括软信息内容并定义说明范围。这样上层管理者能获得软信息，同时让各级管理人员有软信息的概念并重视它。
>
> 软信息可以更好地帮助项目管理者研究和把握项目组织，形成对项目组织的激励。在趋向分析中应考虑硬信息和软信息，描述必须与目标系统一致，符合特定的要求。

3) 电子商务项目收尾信息汇总

电子商务项目信息管理经过报告系统、文档系统以及信息系统的管理，形成了有层次、分门别类的信息内容。这时候可以对信息进行汇总，以便项目收尾阶段的查询与使用。

电子商务项目收尾信息汇总比较简单的方法是建立一张信息汇总表。信息汇总表的目的是汇总项目各阶段信息。因此，最好按照项目生命周期过程进行汇总，可以分为启动阶段文件列表、计划阶段文件列表、执行控制阶段文件列表、收尾阶段文件列表、会议文件列表、审计文件列表以及移交文件列表进行管理。具体的设计模板如表9.7所示。

表 9.7　电子商务项目收尾信息汇总表

项目名称		项目经理
启动阶段 文件列表		
计划阶段 文件列表		
执行控制阶段 文件列表		
收尾阶段 文件列表		
会议文件列表		
审计文件列表		
用户交付文件 列表		
	项目经理签字： 日　期：	

9.1.4　项目挽救

当电子商务项目收尾的时候,通过项目团队管理以及项目信息管理,发现电子商务项目已延迟或碰到无法预期的困难,或是项目没有达到预期的效果,甚至由于种种原因已不能达到预期的效果,项目已没有可能或没有必要进行下去而必须提前中止,这时我们将面对一项附加的工作,就是项目挽救,有的也称为项目清算。

项目挽救工作主要有两大程序,首先是作出项目清算的决策,即是否进行项目非正常中止;其次是进行项目的正式清算。

> **注意**
>
> 当电子商务项目遇到了停滞不前的局面,项目提前终止是项目业主和项目团队都不希望出现的事件,项目业主很难下决心提早终止项目。但是,依据具体情况及时、果断地终止项目并进行清算无论对业主还是对电子商务项目团队都是必要的。
>
> 对于电子商务项目在实施中如不能顺利进行的话,要以"壮士断腕"的勇气,果断地进行项目清算,这是最大限度减少损失的唯一途径。

1) 项目中止决策

造成电子商务项目出现急需挽救的原因很多,总体来讲可以分为 3 大方面:外部环境因素、项目组织因素和项目实施因素。

电子商务项目外部环境变化剧烈,主要体现在电子商务项目客户需求变化快、项目风险大、项目周期长等方面。虽然这些外部环境变化都可能导致项目的推延或失败,但外部资源无法控制。对于外部环境的变化,项目收尾阶段只能充分了解、适应其变化,采取相应措施。

电子商务项目组织因素涉及整个项目生命周期和项目运作的各个方面,很容易导致项目的提前中止,按照电子商务项目的生命周期,在项目目标、项目实施、项目资金等方面均可能出现问题,具体如表 9.8 所示。

表 9.8　电子商务项目中止的原因

项目阶段、内容	项目问题	对项目影响
项目目标	与组织目标不能保持一致	项目实施结果差异
项目概念	可行性研究报告依据的信息不准确,市场预测失误、重要的经济预测有偏差	项目整体决策失误
项目范围	超出了组织的财务能力和技术能力	无法完成项目内容
项目规划、设计	出现重大技术方向性错误	项目的计划不可能实现
项目环境	环境变化改变了对项目产品的需求	项目的成果已不适应现实需要
项目实施过程	出现重大质量事故	项目继续运作的经济或社会价值基础已经不复存在
项目交接	项目试运行过程中发现项目的技术性能指标或经济效益指标无法达到项目概念设计的项目	项目的经济或社会价值无法实现
项目资金	资金无法近期到位并且无法确定可能到位的具体期限	"烂尾项目"
与项目相关的新政策	制约项目运行的相关新政策的出台(如环保政策等)	项目的继续进行成为不可能

　　电子商务实施中的因素,是项目团队可以控制的主要因素,也是将项目需求报告转换为电子商务项目实践的过程。常见的导致电子商务项目出现挽救危机的问题有:

　　①项目与子项目间的依赖和影响关系没有确定清楚。

　　②项目需求改变没有适当地记录和跟踪。

　　③没有规范的项目开发方式,没有适当的开发和测试环境。

　　④项目时间过紧,正常步骤被省略,导致质量问题。

　　⑤项目的资金问题。

▷▷▷ 小知识 ◁

　　除考虑电子商务项目的内外部环境问题外,项目中止决策还有很多方法,最为简单可行的办法有两种:

　　1.项目成功度决策模型

　　首先确定项目成功或者失败的一系列指标,然后通过衡量项目达到这些指标的程度作为决策的基础,这实际上是一种评分加权模型,即对一些项目有关指标打分,例如技术成功的可能性、商业成功的概率、成本费用规模、高层支持程度等,分别打分并加权平均。

　　2.项目目标实现度决策模型

　　通过满足项目任务和目标的程度来作出决策。最典型的技术经济模型主要是通过对一些主要的技术经济指标进行评价以作出项目是否终止的选择。如评价项目的净现金流量(NPV)等。

2)项目清算程序

　　由于项目清算是由项目业主召集项目团队及其相关人员组成清算班子,来执行清算,因此,项目清算的组织与项目竣工不同。电子商务的项目清算主要以合同为依据,其清算程序主要有:

　　①由业主召集项目团队、工程监理等相关人员组成项目清算小组。

　　②项目清算小组对项目进行的现状及已完成的部分,依据合同逐条进行检查。对项目已经进行的,并且符合合同要求的,免除相关部门和人员责任;对项目中不符合合同目标的,并有可能造成项目失败的工作,依合同条款进行责任确认,同时就损失估算、索赔方案、拟定等事宜的协商。

　　③找出造成项目流产的所有原因,总结经验。

　　④明确责任,确定损失,协商索赔方案,形成项目清算报告,合同各方在清算报告上签证,使之生效。

　　⑤协商不成则按合同的约定提起仲裁,或直接向项目所在地的人民法院提起诉讼。

注意

项目清算和企业清算在依据和程序上都有所不同

1. 企业清算主要以公司法和公司章程为依据。

2. 项目清算主要以合同为依据,成立由各项参与方联合参加的项目清算工作小组,依合同条件进行责任确认、损失估算、索赔方案拟订等事宜的协商,协商成功后形成项目清算报告,各合同供方及需方联合签证生效。

3. 协商不成则按合同的约定提起仲裁或直接向项目所在地的人民法院提起诉讼。

电子商务项目清算能够有效地结束不可能成功的项目,对保证国家资源得到合理使用,增强社会的法律意识都起到了重要作用。电子商务项目实践中,本身存在的大投入、涉及人员广以及项目周期时间长等特点决定了项目的高风险性。由于在项目概念、项目规划和项目实施的合同中没有预设项目清算的方案或条款,容易造成项目"烂尾"或失败。如果当时缺乏相应的处置依据和原则,许多项目因此不了了之,给电子商务项目的业主、合同供应商以及金融、环保等政府和社会公众都造成直接或间接的利益损害。因此,项目各方要树立依据项目实际情况,实事求是地对待项目成果的观念,如果清算,就应及时、客观地进行,对于提高电子商务项目管理水平和项目效益有重大的现实意义。

9.1.5　项目完工报告

电子商务项目管理在项目的收尾阶段应该有记录体系,这就是电子商务项目实施报告,也称为项目结束报告。电子商务项目实施报告或结束报告由项目管理者编写,其每项内容都要经过项目经理和项目参与人的深思熟虑。

注意

从内容上来说,电子商务项目实施报告不是对项目的评价,而是对项目的真实的历史记录,也有人称之为项目整个生命周期内的"编年史"。

1）电子商务项目完工报告内容

一般情况下，电子商务项目完工报告应包括以下内容：

（1）项目的目标及其实现程度

对照项目前期评估报告，应清晰地描述出项目的目标（包括在执行过程中的变化），以便评价目标的真实性及其重要性。通常分3个等级（即成功、部分成功和不成功）评价项目的目标实现程度，评价内容应涉及宏观产业政策目标、财务目标、机构发展目标、实物目标、扶贫和其他社会目标、环境目标以及公共行业管理和私营行业发展等目标。

（2）项目实施记录和主要影响因素

要对影响项目实施的因素进行分析，要区分这些因素是内部的还是外部的，是可以控制的还是不可控制的，以及控制者是谁。

（3）项目的可持续性

即分析项目是否可能够沿着实现项目的主要目标进行下去，是否可以达到预期的运营目标。项目可持续评价可采用可持续、不可持续和尚不明确3个等级来评定。

（4）项目成果评价

通过成功度评价，主要是目标实现程度和项目可持续评价来判断项目的成果，一般可分5个等级去评定：很差、较差、满意、好、很好。

（5）项目管理评价

每个项目组织方式都有其独特的优缺点，在项目结束报告中应该对该项目组织结构的作用进行评论，探讨其对项目进展的促进作用或者制约作用，提出改进组织的建议，向高级管理层就组员的工作效率作不公开的报告，对项目管理技巧——评审预测方法、计划方法和成本控制方法等进行评价。如果对原组织进行调整将对项目管理有益，应该提出相应的建议和解释。

（6）主要经验教训

报告要讨论项目主要的成功经验和失败教训，以及在项目未来发展中如何吸取这些经验教训，这些经验教训对类似国家或同类在建项目以及未来待建项目中有哪些借鉴作用。

2）电子商务项目完工报告格式

项目完工报告的格式与下一章即将介绍的项目后自我评估报告基本一致，主要由概述、主报告、项目评价和总结4个部分组成，详细内容如表9.9所示。

表 9.9　电子商务项目完工报告模板

部分	提　纲	内　　　容	备　注
1.概述	1.1 编写目的	说明编写这份项目开发总结报告的目的,指出预期的阅读范围。	
	1.2 背景	本项目的名称和所开发出来的电子商务项目名称;此电子商务项目的任务提出者、开发者、用户。	
	1.3 定义	列出本文件中用到的专门术语的定义和外文首字母组词的原词组。	
	1.4 参考资料	列出要用到的参考资料,如: 本项目的已核准的计划任务书或合同、上级机关的批文;属于本项目的其他已发表的文件;本文件中各处所引用的文件、资料,包括所要用到的软件开发标准。列出这些文件的标题、文件编号、发表日期和出版单位,说明能够得到这些文件资料的来源。	
2.主报告	2.1 产品	说明最终制成的产品,包括: 程序系统中各个程序的名字,它们之间的层次关系,以千字节为单位的各个程序的程序量、存储媒体的形式和数量; 系统共有哪几个版本,各自的版本号及它们之间的区别。	
	2.2 主要功能和性能	逐项列出本软件产品所实际具有的主要功能和性能。	对照可行性研究报告、项目开发计划、功能需求说明书的有关内容,说明原定的开发目标是达到、未完全达到还是超过。

续表

部分	提纲	内容	备注
2.主报告	2.3 基本流程	用图给出本程序系统实际基本的处理流程。	
	2.4 进度	列出原定计划进度与实际进度的对比,并明确说明实际进度是提前了还是延迟了,分析主要原因。	
	2.5 费用	列出原定计划费用与实际支出费用的对比,包括: 工时,以月为单位,并按不同级别统计; 计算机的使用时间,区别 CPU 时间及其他设备时间; 物料消耗、出差费等其他支出。	明确说明经费是超出了还是节余了,分析其主要原因。
3.项目评价	3.1 对生产效率的评价	给出实际生产效率,包括: 系统的平均生产效率; 文件的平均生产效率。	可以列出原定计划数作为对比。
	3.2 对产品质量的评价	说明在测试中检查出来的程序编制中的错误发生率,即每千条指令(或语句)中的错误指令数(或语句数)。	如果开发中制订过质量保证计划或配置管理计划,要同这些计划相比较。
	3.3 对技术方法的评价	给出对在开发中所使用的技术、方法、工具、手段的评价。	
	3.4 出错原因的分析	给出对于开发中出现的错误的原因分析。	

部分	提　纲	内　容	备　注
4. 总结	4.1　对项目整体的评价	主要是目标实现程度和项目可持续评价来判断项目的成果。	可分 5 个等级去评定:很差、较差、满意、好和很好。
	4.2 经验与教训	列出从这项开发工作中所得到的最主要的经验与教训及对今后项目开发工作的建议。	
	4.3　附件资料	项目的相关资料以附件形式列出。	

9.2　电子商务项目验收

9.2.1　验收的意义和分类

1)验收的意义

项目验收就是项目完工阶段,我们以此来检验是否达到了项目各方预期的结果。项目验收完成,项目的管理收尾和合同收尾就完成了阶段性工作,更为重要的是,项目验收标志着一个项目有一个总结性的评价,如果验收合格就可以移交并投入使用;如果项目有问题,相应的验收结果会详细说明问题的原因及整改内容,项目团队可以着手进行整改,使项目达到合格的标准。可以说项目验收最直接的意义是对项目合格性的评判。因此,我国政府有关部门规定,所有完工的基本建设和技术改造项目都必须进行竣工验收,并把项目竣工验收视为项目后评价的准备阶段。

在电子商务项目基本成型的时期,电子商务项目经过调试、试运行、试管理等前期工作,其开发工作已经基本完成,此时可以着手准备电子商务项目的验收。电子商务项目验收是对整个电子商务开发项目整体结果的后期评价,是电子商务交付实施前对项目进行评估、认定和总结的过程。电子商务项目的验收,是由一系列验收准备工作组成的。在最终验收之前,需要将很多阶段工作细化逐步进行对照检验。电子商务项目验收是电子商务在项目后评价之前最重要的环节,项目验收的内容、方法和资料是进行项目后评价的重要基础。

注意

项目验收与成果鉴定的差别

项目验收是看是否按照合同要求完成了各项指标,经费使用是否合理;成果鉴定则是看这一科研成果是否真实可信,有没有创新、发展,对社会的意义如何等。

---

2) 分类

不同电子商务项目的验收结果根据项目的实际情况,有所不同。归结起来,电子商务项目验收按项目的生命周期可分为合同期验收、中间验收和竣工验收;按验收的内容可分为项目质量验收和项目文件验收。

(1)按项目的生命周期分类

①合同验收主要指按照合同期相关内容执行情况检查:对合同中规定的进度、服务等项目的执行情况进行检查,以保障双方的利益。

②中间验收主要指对电子商务项目的运作过程、项目进度计划进行检验,看是否在规定期限完成项目的进度要求。

③竣工验收主要指项目完工后对项目的整体情况进行总结性检验。

(2)按验收的内容

①项目质量验收。电子商务项目质量验收是依据项目合同中对质量的相关条款进行检验。包含合同中的项目进度、系统指标要求、采购质量以及整体社会经济运用情况等,遵循相关的质量评定标准,对电子商务项目的质量进行认可评定和办理验收交接手续的过程。质量验收是控制项目最终质量的重要手段,也是项目验收的重要内容。

②项目文件验收。电子商务项目文件是项目整个生命周期的详细记录,是项目成果的重要展示形式。电子商务项目过程中的文件既作为项目评价和验收的标准,也是项目交接、维护和后评价的重要原始凭证。因而,项目文件在项目验收工作中起着十分重要的作用,在项目验收过程中,项目验收方只有在对资料验收合格后,才能开始项目竣工验收工作。

9.2.2 验收的方法

项目验收的方法是根据项目的特点不同,而灵活地采用不同的方法。对于电子商务项目,如果运用于生产,可采用试生产的方法,检验生产设备是否能够达到设计要求;如果侧重于系统开发,可采用试运行方式检验项目成果的性能;如果运用于企业的经营管理,可通过测试成果的经济效益指标来检验;如果运用于社会性公共服务、行政管理等,一般通过考核其社会效益、可持续发展性来验收。为了核实项目或项目阶段是否已按规定完成,往往验收需要进行必要的测量、考查和试验等活动。

电子商务项目验收是对电子商务项目成果的检验和确认,也是对项目范围的再确认。因此电子商务项目验收可以参照 IT 项目验收方法,从系统测试、数据导入、系统上线和正式验收 4 个方面入手。

1) 系统测试

电子商务项目的一般性成果大多有软件系统。对系统进行测试是电子商务项目验收的主要内容。系统测试能直接对系统进行全面的测试,应在测试环境中进行,以确保电子商务系统的功能和技术设计满足企业的业务需求,并能够正常运行。系统测试阶段应包括以下主要流程和工作内容:

①制订测试计划。包括编制测试用例,建立测试环境。

②测试。在测试环境中,项目组根据需要,依次对系统进行单元测试、集成测试、压力测试和用户接受测试,记录测试结果并由相关测试人签字确认,编制相应的测试报告。对于未通过测试的内容,项目组应查找失败的原因,并修改相应的程序或设置,重新进行测试。除了进行充分的系统功能测试,测试应包含与内部控制相关的测试内容,如系统认证和授权、交易完整性及数据真实性、完整性的有关功能。

③提交测试报告、用户确认签字。项目组撰写测试报告,将测试报告提交给各相关用户,用户应在测试报告上签字确认。

2) 数据导入

电子商务系统上线时需要将原始数据、文档移植到新系统,并完成以下几项主要的工作内容:

①制订数据移植/转换计划。除了要定义数据收集的格式、范围、进度外,还要考虑系统接口的影响,并建立数据移植完整性和准确性测试方法以及意外事件处理程序。

②数据收集。如果项目实施涉及数据收集,应由数据收集小组根据数据收集格式,对数据进行收集,数据收集小组在收集数据时应培训业务部门的数据提供人员,以确保数据提供人员了解和掌握对数据收集的各项规定和要求。

③数据移植前的测试。在测试环境中对数据移植方法进行测试,书面记录测试结果,解决测试中发现的问题,进行问题记录并归档。

④数据导入并核查结果。项目组成员将数据导入系统,并在导入后按照事先制订的数据移植的完整性和准确性测试方法对系统中的数据作进一步的核查,确保导入数据的质量。如有意外,按照事先制订的意外事件处理程序处理,并留下记录。数据移植完成之后,用户应对数据移植的结果签字确认。

⑤数据移植后要进行适当时间的试运行,确认数据移植的真实性和完整性。试运行时间视具体系统的规模、影响程度而定。对影响较大的系统,至少应试运行3个月。

3）系统上线

系统上线试运行阶段应包括以下几项主要流程和工作内容:

①上线前的准备工作。在上线前,软件开发方应制订系统上线计划,包括上线检查清单、上线支持人员、退回机制等,并提交《上线申请表》。系统上线计划和《上线申请表》应经过信息技术部门和业务部门管理层的正式批准,并通知各相关部门。

②系统上线。所有的上线准备工作做好之后,由软件监督人员确认上线系统版本的正确性之后,与用户确认系统上线时间,下达上线指令。系统上线操作人员将最后版本的系统程序移植到生产环境。

4）正式验收

正式验收前,软件开发方应向信息技术管理部门提交软件开发过程中各阶段性的文档,包括需求分析说明书、概要设计说明书、详细设计说明书、数据库设计说明书、源程序代码、可供安装使用的系统安装程序、系统管理员手册、用户使用手册、测试计划、测试报告、用户报告、数据移植计划及报告、系统上线计划及报告、用户意见书、验收申请等。

信息技术管理部门接到验收申请后,组织专家对项目进行初审。初审通过后,组织管理层领导、业务管理人员和信息技术专家成立项目验收委员会,负责对软件项目进行正式验收。

软件监督应根据软件开发方在整个软件开发过程中的表现,向验收委员会提出全面的软件监督报告,并根据开题设计书、软件开发合同以及《需求分析说明书》,制订验收标准,提交验收委员会。信息技术管理部门组织由验收委员会、软件监督、软件开发方参加的项目验收会,软件开发方以项目汇报、现场应用演示等方式汇报项目完成情况,验收委员会根据验收标准对项目进行评审,形成最终验收意见。

9.2.3 验收的标准

项目验收标准是判断项目成果是否达到目标要求的依据。因而应具有科学性和权威性。只有制定科学的标准,才能有效地验收项目结果。作为项目验收的标准,一般选用项目合同书、行业标准、相关的政策法规以及国际惯例等。

电子商务项目验收理论与实践经历的时间不长,一般电子商务项目验收均可参照 IT 项目验收标准,结合具体的电子商务项目。目前 IT 项目验收的标准分为以下层次:国际标准,以 ISO/IEC 为代表;国家标准,以 GB/T 为代表;行业标准,以制造业、计算机行业为代表;另外还有一些典型企业的标准。

综合各类标准,我们认为一般性电子商务项目验收标准可以从以下几个方面考虑:

1)文档方面

覆盖所有功能的测试用例和系统测试通过的测试报告、代码安全检查通过报告以及测试质量的评估报告。

2)功能方面

原有功能通过抽样测试、新增功能全部通过测试以及系统漏洞解决率,严重的漏洞解决率要达到 100%,一般性漏洞解决率在接收方能允许的范围内。

3)界面方面

界面整洁美观,无错别字,图片显示不完全的现象;功能入口显要,tips 引导明确。

4)其他方面

主要涉及配置测试、兼容性测试与大众化软件(如 IE,TT,Maxthon,Firefox)兼容等。

9.2.4 验收的组织和流程

项目验收依项目大小、性质、特点的不同,其程序也不尽相同,对大型建设项目而言,由于验收环节较多、内容繁杂,因而验收的程序也相对复杂。对一般程序设

计、软件开发或咨询等小项目,验收也相对简单些。但项目验收一般应由下面这些过程组成:

> **注意**
>
> ### 选择第三方中立机构进行电子商务项目验收
>
> 第三方权威机构的测试与验证是电子商务项目成果获得各方面认可的有力保证。由专业的测试机构出具的测试结果具有一定的权威性,可以此判断项目或软件验收是否合格,可以同时维护甲乙合同双方的合法权益。第三方机构一般会出具一份验收报告,其中会对电子商务项目是否满足甲乙双方签订的合同条文给出一个中立的、综合的评价,甲乙双方可以此判断系统是否能够交付使用。

1)验收组织

电子商务项目验收涉及的团队和组织主要有项目的甲方、乙方以及中介机构、监督部门等。如何在验收阶段整合各利益相关方参与验收,需要项目经理或相关负责人对项目团队人员进行组织。电子商务项目验收组织主要有以下步骤:

①邀请一个项目团队之外的、有项目总结经验的人作为主持人,如果需要档次比较高的项目验收,可以选择第三方中立机构。

②画出团队结构图,了解项目小组成员间的协作关系。可以将电子商务项目团队分为项目经理、系统分析组、前台组、后台组等,每组选定负责人、成员,如图 9.4 所示。

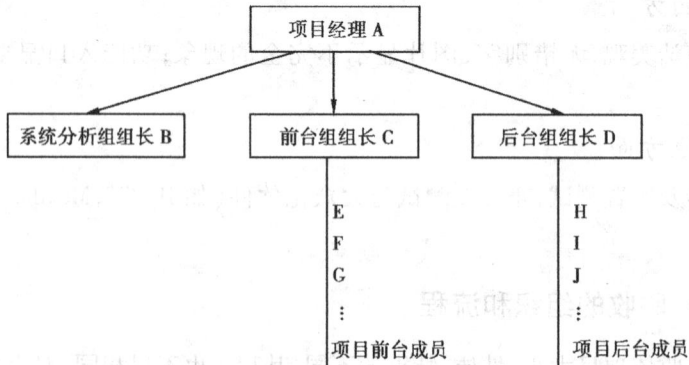

图 9.4 项目验收团队结构图

③将人员与项目验收工作对接。电子商务项目验收的人员在验收阶段主要是根据自己所在组的角色,收集相关的工作成果的数据。数据的收集整理主要涉及以下几个方面:

A.该项目实际上花了多少费用?

B.该项目实际投入了多少人力?

C.该项目实际上用了多长时间?

D.项目组完成了多少实际的工作?

E.产品的质量如何?

F.成本和进度的估计与实际结果相比出入有多大?

④让项目组成员作好总结的准备。首先让项目组成员理解项目总结是一次学习的机会;其次让项目组成员回顾项目进程,重新审视项目,以便将完整的观点带到项目总结活动中来,最后可以让大家收集项目进程中的一些中间成果制品,有利于项目总结。

2)验收流程

(1)完成项目收尾工作

当项目接近尾声时,大量复杂的工作已经完成,但通常还遗留有小部分分散的、零星而棘手的剩余工作需要处理,而这时项目团队已较涣散,团队成员对项目工作的热情已不如项目开始时那样高涨。这就要求项目负责人把握全局,正确处理好团队成员的工作情绪,保质保量地将收尾工作做好,做到项目的善始善终,尤其要在项目成果交付验收之前组织项目团队进行必要的自检自查工作,找出项目存在的问题和漏洞,并尽快解决,以保证项目能够顺利通过验收。

(2)项目验收准备

项目成果材料是项目验收的前提条件和顺利通过项目验收的必要保证。项目团队在项目的实施过程中,就应不间断地做好各种项目文件的收尾工作,编制必要的图样、说明书、合格验收证、测试材料(包括相关的论文、研究报告等)。当项目准备验收时,再将分阶段、分部分的材料汇总、整理、装订成册,就能够形成一整套清新、完整、客观的项目材料。

(3)成立验收班子

项目业主(接受方)应会同项目监理人员、政府相关人员,如有必要还可吸收 IT分析师、审计师、信息产业、电子商务专家等人员,组成验收工作组或验收委员会。项目验收班子成员应坚持公正、公平、科学、客观、负责的态度对项目进行全面验收。

（4）验收实施

项目验收班子在对项目验收材料和项目初审合格的基础上,组织人员对项目进行全面、细致的正式验收。正式验收还可依据项目的特点,实行单项工程验收、整体工程验收,或部分验收、全面验收等。如果验收合格,应签署验收合格文件并立即办理项目移交和固定资产形成、增列手续;如果验收不合格,应通知项目团队进行整改后再进行验收。如在验收中发现较严重的问题,双方难以协商解决,可诉诸法律。

3）验收总结

电子商务项目验收过程有的比较复杂,因此验收结束后项目团队应该进行验收总结。验收总结最简单有效的方式是项目验收单的制作。电子商务项目验收单的主要内容有:交付软件、交付设备、交付文档以及项目验收信息等,如表 9.10 所示。

表 9.10　电子商务项目验收单

项目名称			合同编号	
项目可交付物目录			验收日期	
交付软件	名　称	客户验收意见	项目经理意见及签字	
交付设备	名　称	客户验收意见	项目经理意见及签字	
交付文档	名　称	客户验收意见	项目经理意见及签字	
客户代表总签字				

9.3　电子商务项目移交

9.3.1　移交的范围与依据

1) 移交的概念

项目移交又称为项目交接,是指全部合同收尾后,在政府项目监管部门或社会第三方中介组织的协助下,项目业主与全部项目参与方之间进行项目所有权移交的过程。

电子商务项目的移交,专指全部合同收尾完成后,在政府信息产业监管部门或第三方 IT 项目公司的协助下,电子商务项目甲方与乙方之间进行的电子商务项目所有权转移的过程。

在项目收尾阶段的管理活动中,主要管理工作有:项目完工收尾、项目竣工验收和项目交接三项组成。他们三者之间既是相对独立的管理过程,又有紧密的联系。

作为电子商务项目的收尾管理活动,项目完工收尾是对电子商务项目团队而言的,它表示电子商务项目团队按合同完成了系统建设任务,并对项目的有关质量和资料等内容进行了自查,项目的工期、进度、质量、费用等均已满足合同的要求,认为满意。当该项目的质量和资料等项目成果完全符合项目验收标准,达到要求,最终形成了电子商务项目实施报告,才能进入下一步验收阶段。

电子商务项目验收是通过除甲方、乙方以外的第三方对项目的整体情况进行检验,形成整体的验收意见,对电子商务项目的整体实施提供咨询保证。因此,电子商务的项目验收是对项目整体质量的把关。在第三方项目把关完成以后进入该项目的移交阶段。

电子商务项目移交是:当项目通过验收后,电子商务项目团队将项目成果的所有权交给项目接收方,这个过程就是项目的移交或交接。电子商务项目移交完毕,项目接收方有责任对整个项目进行管理,有权力对项目成果进行使用。这时,项目团队与项目业主的项目合同关系基本结束,项目团队的任务转入对项目的保修阶段。

综上所述,电子商务项目收尾阶段的管理活动是一个整体性的系统工程。电子商务项目完工验收是项目移交的前提,项目移交是项目收尾的最后工作内容,是项目管理的完结。项目完工、项目完工验收与项目交接三者的关系如图 9.5 所示。

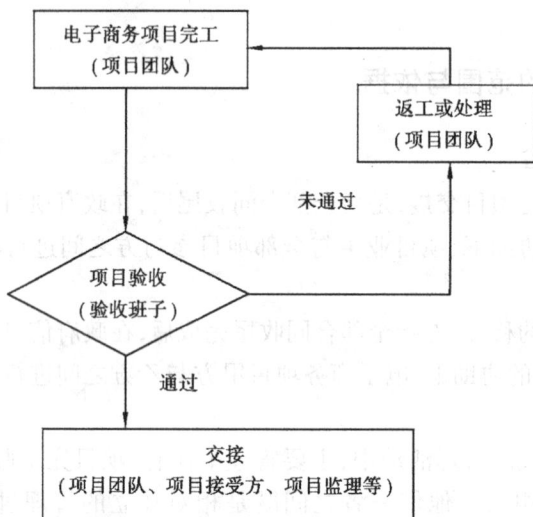

图 9.5　项目竣工、验收、交接关系图

2) 项目交接的范围与依据

对于一般的项目交接,国家的相应行业主管部门出台了各类项目交接的规程或规范。我国按照投资主体的不同对项目交接的范围和依据进行了区分,分为个人投资项目、企(事)业投资项目和国家投资项目。电子商务项目交接既具有一般项目交接的通用性特点,同时也具备 IT 项目风险高、投入大、实施过程复杂等特征。因此,我们对电子商务项目交接按照投资主体进行划分,并介绍其与一般项目交接的不同之处。

(1)个人投资项目交接的范围与依据

个人投资电子商务项目,主要是指投资方为个体或小型企业。这类电子商务项目的投入相对较小、周期相对较短,同时具有创意性强、灵活性高等特点。这类项目一旦验收完毕,应由电子商务项目团队与项目业主按合同进行移交。移交的范围是合同规定的项目成果、完整的项目文件、项目合格证书、项目产权证书等。移交的依据应是电子商务项目甲乙双方签订的合同。

这类项目由于资金、人员等规模相对较小,在项目进行中,合同与管理都相对不是非常完善,因此在项目交接的时候应特别注意对合同的交接,移交的相关材料,如项目文件、项目证书、项目产权等应该由甲乙双方共同完成。如果在项目进行前或进行时有相关材料没有完善的,应由甲乙双方协商解决。

(2)企(事)业单位电子商务项目交接的范围与依据

对于以企(事)业单位为投资主体的电子商务项目,往往表现为投入相对较大、周期相对较长,电子商务项目团队人数较多、项目系统性较强等特征,如企业电子商务平台建设、企业间电子商务供应链管理项目等。项目交接方一般涉及企(事)业单位、利益相关的企(事)业单位、项目承揽方以及项目咨询监理方等。移交的范围是合同规定的项目成果、完整的项目文件、项目合格证书、项目产权证书等,移交的依据是项目合同。

这类项目的移交,往往具有参与方较多、项目文档繁杂、项目历时较长等特征。因此,项目合同的内容是移交的重要内容,因此,对合同内容的移交,一般应由企(事)业的法人代表出面代表项目业主进行项目交接。项目移交的范围由于涉及主体较多,往往需要各方的协调和共同认可。

(3)国家级电子商务项目交接的范围与依据

对于国家投资的电子商务项目,如国家信息化平台建设等,投资主体是国家,但一般是通过国有资产的代表实施投资行为。一般来说,对中、小型国家投资项目,是地方政府的信息主管部门担任业主的角色,如地方信息产业部委托某个企业作为业主;对大型电子商务项目,通常是地方政府的信息产业部门担任项目业主的角色,建成后的所有权属于国家(中央)。对国家投资的电子商务项目,因为项目建成后,项目的使用者(业主)与项目的所有者(国家)不是一体的,因此,竣工验收和移交要分两个层次进行。

首先是项目团队向项目业主进行项目验收和移交。一般是项目已竣工并通过验收班子的竣工验收之后,由监理工程师协助项目团队向项目业主进行项目所有权的交接。

其次是电子商务项目业主向国家进行的验收与交接。由国家信息产业部门会同相关部门,邀请专家组成验收工作小组,在项目收尾并试运行一段时间(一般为1年),在全面检查项目的质量、档案、环保、财务、预算、安全及项目实际运行的性能指标、参数等情况之后,进行项目交接手续。交接在项目法人与国家信息产业部门或国有资产授权代表之间进行。

国家级电子商务项目的移交,参与方有信息产业部门,工程特征一般比较重大,历时时间较长,往往需要聘请专家进行鉴定。因此,项目移交形式比较规范,移交的范围需要分成项目业主所有权移交和国家主管部门移交两个层次。

3）项目移交的内容

电子商务项目移交主要有以下 3 个方面的内容：

（1）目前项目状态

核心内容为项目成果说明，主要形式为项目成果说明文档。在文档中须说明当前所有可提交成果、成果内容描述及成果评估等方面。对项目成果的描述，可以从成果存在形式及现状、成果研发过程说明、成果可用性说明以及成果责任人说明等方面来展开。

（2）交接文档、资料

这部分主要是对项目进行中的文档资料进行移交，包括书面和电子资料。主要内容包含合同、项目建议书、项目任务书、关键流程以及项目测试报告等方面。

（3）项目风险评估报告

这部分主要对项目风险评估内容进行移交。

9.3.2　移交的程序及结果

电子商务项目经验收合格后，便可办理交接手续，即将项目的所有权移交给建设单位。一般性项目的移交包括项目实体移交和项目文件移交两部分，电子商务项目也不例外，移交的内容如下：

1）实体移交

项目内所包括的各种设备实体的交接，项目实体移交的繁简程度随项目承发包模式的不同以及电子商务项目规模等具体情况的不同而不同。电子商务项目的实体交接主要是软件系统、计算机硬件、辅材、耗材等。在实施单位负责设备订货和交接工作时，凡是合同上规定属于用户在生产过程中使用的实体物品，均应由项目团队向项目接受方移交。

2）技术档案文件移交

移交时要编制《工程档案资料移交清单》，项目团队和业主按清单查阅清楚并认可后，双方在移交清单上签字盖章。移交清单一式两份，双方各自保存一份，以备查对，具体表格制作如表 9.11 所示。

表 9.11　工程档案资料移交清单

编　号	专　业	档案资料内容	人员数	备　注
(项目团队)签章 经办人：		(接收单位) 签章 接收人：	说明：	

3) 最终移交

项目实体移交和项目文件移交完成后,移交内容基本完成。可以通过最终项目用户移交表对照,具体表格制作如表 9.12 所示。

表 9.12　最终项目用户移交报告表

项目名称		项目经理	
项目 产品	产品名称		
	产品功能		
	产品主要模块		

续表

协议书 主要内容	
项目 总体 成果	目标的完成情况
	成功或失败的原因
	……
交付 目录	开发的系统
	文档
	……
项目经理意见并签字： 日期：	

> **注意**
>
> ### 项目验收和交接的后续问题
>
> 一方面,对于项目运行中出现的质量问题,在项目质量回访报告中进行登记,及时采取措施加以解决;另一方面,对于项目实施过程中采用的新思想、新工艺、新材料、新技术、新设备等,经运行证明其性能和效果达到预期目标的,要予以总结、确认,为进一步完善、推广积累数据、创造条件。对于无法协调解决的项目质量及其他问题,提交国家有关仲裁部门负责仲裁。

9.3.3 移交后的回访与保修

电子商务项目在竣工验收交付使用后,按照合同和有关的规定,在一定的期限,即回访保修期内(例如 1 年左右的时间)应由项目经理部组织原项目人员主动对交付使用的竣工工程进行回访,听取用户对工程的质量意见,如果回访过程中发现问题,应及时处理。项目移交后的回访与保修从根本上保证项目质量以及项目成果的可持续性。

1)回访与保修形式

回访和保修的一般形式有以下 3 种:

(1)季节性回访

季节性回访也称为定期回访,是按照合同规定,结合该项目的实际情况,选择有效时间段进行检验、处理,如发现问题,采取有效措施及时加以解决。

(2)技术性回访

主要了解在电子商务项目实施过程中软件使用、人员培训、系统更新等方面的技术性、管理性问题和使用后的效果,发现问题及时加以补救和解决。同时也便于总结经验,获取科学依据,为电子商务项目的改进、完善和推广创造条件。

(3)保修期满前的回访

这种回访一般是在保修期即将结束前进行回访。

> **小原则**
>
> 参照一般项目回访的规则,保修工作必须履行施工合同的约定和工程质量保修书中的承诺。
>
> 在保修期内,属于施工单位施工过程中造成的质量问题,应负责维修,不留隐患。一般施工项目竣工后,各承包单位的工程款保留5%左右,作为保修金,按照合同在保修期满退回承包单位。如属于设计原因造成的质量问题,在征得甲方和设计单位认可后,协助修补,其费用由设计单位承担。

2)回访与保修的形式和内容

电子商务项目团队在回访中,或者保修期内接到用户来访、来信的质量投诉后,应立即组织力量维修。项目经理对于回访中发现的质量问题,应组织有关人员进行分析,制订措施,作为进一步改进和提高质量的依据。

回访应纳入承包人的工作计划、服务控制程序和质量体系文件。工作计划应包括下列内容:

①主管回访保修业务的部门。

②回访保修的执行单位。

③回访的对象(发包人或使用人)及其工程名称。

④回访时间安排和主要内容。

⑤回访工程的保修期限。

执行单位在每次回访结束后应填写回访记录,在全部回访后,应编写回访服务报告。主管部门应依据回访记录对回访服务的实施效果进行验证。

3)回访与保修的经济责任

回访和保修的经济责任应按下列方式处理:

①由于承包人未按照国家标准、规范和设计要求施工造成的质量缺陷,应由承包人负责修理并承担经济责任。

②由于设计人造成的质量缺陷,应由设计人承担经济责任。当由承包人修理时,费用数额应按合同约定,不足部分应由发包人补偿。

③由于发包人供应的材料、构配件或设备不合格造成的质量缺陷,应由发包人自行承担经济责任。

④由发包人指定的分包人造成的质量缺陷,应由发包人自行承担经济责任。

⑤因使用人未经许可自行改建造成的质量缺陷,应由使用人自行承担经济责任。

⑥因不可抗力造成损坏的事故,承包人不承担经济责任。

⑦当使用人需要责任以外的修理维护服务时,承包人应提供相应的服务,并在双方协议中明确服务的内容和质量要求,费用由使用人支付。

对所有的回访和保修都必须予以记录,并提交书面报告,作为技术资料归档。项目经理部还应不定期听取用户对工程质量的意见。对于某些质量纠纷或问题应尽量协商解决,若无法达成统一意见,则由有关仲裁部门负责仲裁。

9.4 电子商务项目审核

9.4.1 审核的范围及任务

1)审核的意义

项目审核是指一个项目过程中或者项目完成后,对项目收益与项目预期的评价、核定工作。项目审核过程是依据项目目的、项目进展情况,结合项目的投入,对项目实际产出的预测、评价、核定过程。一般的项目审核,正式的做法是举行项目中期考核、项目终结审核会议等方式。项目审核是完成已有项目并执行好下一个项目的重要环节,电子商务项目具有一般项目审核的特点。

电子商务项目审核的主要目标是为了推进组织未来的项目管理方式,作为知识积累应用于开发其他电子商务项目中,经过两三年它将产生巨大的作用,不但对新的电子商务项目提供了宝贵的经验,而且能提高电子商务项目管理的水平,以确保项目的持续成功。

对于电子商务项目来说,项目审核可以分为项目中审核和项目后审核。项目中的审核是在项目进行过程中抽取关键节点进行控制的过程,具有不完整、不系统等特征。而项目后审核是项目完成并验收后,根据该项目带来的综合收益进行审核。项目中审核的内容与项目后审核基本相同,但项目中审核关注项目的进程与绩效,并检查项目的变化情况,而项目后审核是对项目的立项、管理、验收等全部环节进行系统评价的过程。作为电子商务项目来说,考虑到其项目具有高风险性、长周期性以及大投入性等特点,一般采用项目中审核和项目后审核相结合的方式,既能保证其项目进行过程的顺利,又能从系统角度保证项目的整体质量。

2) 审核的范围

一般项目审核可采取各种不同形式:一种是项目经理书面的项目完工报告,或者以项目审核大会形式的口头报告;另一种是相对独立的项目审计报告。电子商务项目审核也采用了上述两种不同的形式,但内容均是围绕电子商务项目的时间、质量、成本以及利润来展开,最终形成文字性的审核报告,作为审核的最终成果。

为了突出电子商务项目的高风险性和大投入性的特征,我们把目前电子商务项目审核范围归纳为两大类:项目过程审核和项目费用审核。

(1) 项目过程审核

电子商务项目过程审核是依据电子商务项目计划内容,用科学的方法和程序对项目的整体运行状况以及项目的活动进行审核检查。其目的是为了规避电子商务项目的风险,总结电子商务项目经验的得与失。

电子商务项目过程审核范围主要有以下几个方面:

①检查审核项目建设活动是否符合相关法律和规章制度,是否符合国家政策、法律、法规和条例。

②检查审核项目是否按要求完成了需求分析报告。

③检查审核项目项目过程是否明确定义;用户需要更新是否进行记录,项目偏差、裁减以及对应的理由是否明确定义并记录。

④高级经理、项目经理、项目组成员以及相关人员是否明确了各自分工。

⑤检查审核项目的效益。

⑥在检查审核项目建设和管理状况的基础上,提出改进建议,为电子商务战略决策者提供决策依据,促使项目组织改善管理工作。

(2) 项目费用审计

费用审计是对电子商务项目管理中判断有关费用使用的合法性、合理性和有效性的一种活动。费用审计贯穿于项目的全过程中。在项目终结阶段,需进行项目决算审计,审计主要从以下几个方面进行:

①审查项目预算的执行情况。审计人员要审查建设内容与批准的预算和建设计划是否相符,如果决算与预算相比超支过多,则要核查有无擅自改变建设内容的情况,乱摊成本和搞计划外工程的现象。

②审查项目的全部资金来源和资金运用是否正常。要认真审核竣工财务决算

表和竣工决算总表是否正确,其所反映的全部资金来源和资金占用情况是否正常,有没有与历年统计数额不相符的问题,有没有建设资金和专用基金等其他资金相互挪用的问题,有没有技术方面的问题等。

③审查交付使用财产总表和明细表是否正确。交付使用财产总表反映了大、中型建设项目建成后新增固定资产和流动资产的价值,审查时要与各子项目或单项工程的交付使用财产明细表对比进行,看两者有无差异,交付使用财产价值的计算是否准确、可靠,有无虚列、重报等现象,发现问题要及时查明原因,尽快更正,并追究当事人责任。

④审查竣工情况说明书的编制是否真实。竣工情况说明书是对竣工决算报表作进一步分析和补充说明的文件,主要应审查其内容与编制的竣工决算表是否一致,与实际情况是否相符,如发现内容不全、说明不充分、虚报成绩、掩盖问题等现象,审计人员应督促编制者及时作出修改和补充。

⑤审查竣工决算的编报是否及时。项目竣工验收交付使用后一个月内,应编制好竣工决算,并按规定上报。审计人员要检查有无拖延编报期或未将编制好的竣工决算及时送交相关部门等现象的发生,检查经审查批复的竣工决算是否及时办理了调整和结束工作。

项目终结阶段审计的做法是对照项目预算审核实际成本的发生情况,看是超支还是节约。如果超支,应查明是因为成本控制不利还是因为擅自扩大项目范围或乱摊成本所致;如果节约,则应查明是否缩小了项目范围或降低了项目标准。

3) 审核的任务

电子商务项目审核的任务较多,我们用列表的方式,从项目生命周期角度,列举实施电子商务项目管理应注意的审核要点。主要是从管理流程、范围相关的流程、时间相关的流程、资源相关的流程、项目沟通、项目风险以及项目采购等方面提出审核任务。

以下列举任务适用于不同复杂度和规模的项目,具体的电子商务项目审核可以自行根据实际情况有所增减。

管理流程:主要指审核与电子商务项目的时间、资源、顺序等有依赖关系的流程,具体任务如表9.13所示。

表 9.13　管理流程任务

审核任务	审核内容	审核要点
具有关联性的管理流程	概要	谁负责管理项目流程中具有关联性的流程
	项目初始化和项目计划的展开	是否存在良好的项目和质量计划,如果有,它是否符合时宜,谁负责管理? 项目计划是否设计为可以跟踪(度量、评估),如果否,是否存在一些非正式的跟踪方法? 项目的目标是否满足合同的需求,如果是,是否进行了合同的复核? 与项目相关的记录是否得到较好的管理? 所有复核和进度评估中包括项目计划吗? 如果是,复核和评估中还包括预防和矫正的界限吗? 存在什么样的项目接口(联络体制、报告制度、组织功能)? 它们是否定义或控制项目计划?
	互动管理	在项目的组织之上,是否存在对项目实施进行互动的项目团队,如项目风险小组、项目效率评估团体、项目沟通团体等。
	项目变更	项目中是否包括变更管理流程/方法? 项目变更管理流程中是否包括书面化的控制机制?
	项目结束	项目结束时,有关项目的所有记录是否保存一段时间? 项目结束时,是否对项目结束的相关情况进行复核?

　　与范围相关的流程是指客户的需求是如何映射到具体项目实施中,以及具体流程与项目目标的关联性如何,具体任务如表 9.14 所示。

　　与时间相关的管理流程是指是否存在一个与时间相关的管理流程,以便确定活动间的相关性(时间)。同时,估算项目时间以及是否有一个清晰的时间表。具体任务如表 9.15 所示。

表 9.14　与范围相关的流程任务

审核任务	审核内容	审核要点
与范围相关的流程	范围展开和控制	项目范围是否得以展开？ 存在项目范围展开和控制的相应方法和解决方案吗？
	活动的定义（任务、工作包、工作分解结构 WBS）	已经定义的所有的活动是否有对应的负责人和执行者？ 活动的输出是否可以度量？
	活动控制	活动是否明确定义并按项目计划进行展开？ 对活动的复核是否有相应的计划？ 已定义活动的相关变化是否在项目计划中得以更新？

表 9.15　与时间相关的管理流程任务

审核任务	审核内容	审核要点
与时间相关的管理流程	活动依赖性计划	是否定义了项目活动间的逻辑顺序、关联和依赖等关系（用网络图）？
	时间估算	谁为项目中活动的时间估算负责？ 活动时间估算是否与项目资源相关联？ 时间分配是否包括相关活动的准备时间？
	进度开发	项目进度表格式如何？ 关键事件、里程碑、进度评估、关键活动是否在进度计划中标识清楚？
	进度控制	影响项目目标的变更在处理前是否得到顾客和供货商的肯定？ 项目计划修订频度如何？

与资源相关的流程是指项目资源如何满足最初的预算限制，具体任务如表 9.16 所示。

表 9.16　与资源相关的流程任务

审核任务	审核内容	审核要点
与资源相关的流程	资源估算	项目资源是否得到清晰定义,如果是,谁做的? 项目成本开销是否与定义的活动相关联? 项目估算中是否包括风险成分,该风险成分如何控制? 项目中是否建立相应的成本估算流程,它与组织的财务核算流程是否一致?
	成本控制	项目的采购/花费需求的流程如何定义? 成本控制是否被流程化,谁为成本控制负责? 项目支出记录是否被复核、控制和维护? 导致项目预算变化的因素是否被标识,如果有,是否在项目预算复核中?
	资源计划	是否有存在项目资源计划?

与人力资源相关的管理审核主要包括项目组织结构、项目组织的沟通体制、项目组织结构、范围、大小、项目的角色、职权、岗位描述以及对顾客和供应商的管理等方面,具体任务如表 9.17 所示。

表 9.17　与人力资源相关的流程任务

审核任务	审核内容	审核要点
与人员相关的管理流程	职员定位	项目成员选择是否符合员工的定位? 项目成员的教育背景、知识、经验是否存在记录? 项目经理是否具有指派权? 项目人员工作是否高效?
	团队开发	项目组是否得到表彰和奖赏? 项目的环境是否为一个维持良好的工作关系、信任、尊敬和开放式的沟通的环境?

与沟通相关的流程包括项目计划中的沟通计划、项目流程报告中包含项目沟通部分,具体任务如表 9.18 所示。

表 9.18　与沟通相关的流程任务

审核任务	审核内容	审核要点
与沟通相关的流程	信息管理	信息管理的流程是否包括以下过程： 准备信息 收集信息 信息归类 信息散发 筛选信息 更新信息 项目会议中议事事项
	沟通控制	项目的沟通计划是否得到监控和复核以确保满足项目需求？

风险相关管理审核任务主要有项目生命周期内风险的识别以及风险的控制，具体任务如表 9.19 所示。

表 9.19　与风险相关的流程任务

审核任务	审核内容	审核要点
与风险相关的管理流程	风险评估	风险的发生频度、影响范围、可识别程度评估。 何种评估技术被用于衡量风险优先级、控制和记录已标识的风险。 对进度、预算发生影响的风险是否得到区别对待？
	风险控制	项目计划中是否包括偶然性计划或意外计划？ 项目风险是否在项目进度报告中？

采购相关任务主要包含项目计划中是否包括采购流程，采购流程是否包括项目内部和外部采购的途径，在项目组织结构是否定义了与采购相对应的角色以及采购流程是否得到审核等方面，具体任务如表 9.20 所示。

表 9.20　与采购相关的流程任务

审核任务	审核内容	审核要点
与采购相关的流程	需求文档	项目中有无采购文档？ 用户的需求是否列入采购文档中？ 采购文档是否得到严格审核以确保所有采购需求说明完全？
	子承包商评价	与项目相关的子承包商是否得到评价（如技术经验、时间、质量控制系统、财务状况等）？ 与项目相关的信息是如何传递并提供给子承包商的？ 子承包商的估价如何？
	合同控制	项目中是否包括所有合同需求、应付日期、相关记录的管理流程？ 对子承包商的合同执行情况的检查频度如何？ 在项目结束前的所有合同是否得到复核和更新？

9.4.2　审核程序与方法

要使电子商务项目审核有效，必须制订有效的项目审核过程和科学的审核方法。

由于审核在保证电子商务项目成功及经验积累方面的作用越来越明显，电子商务项目经理应主动安排对项目进行审核，对审核的结果保持客观接受的态度，并配合以下审核过程的完成。

1）审核小组的建立

审核小组的规模主要由组织与项目的规模和项目的重要性决定。在确定要进行项目审核后，就必须花一段时间认真地挑选审核小组成员。项目审核小组的领导者必须是具有软件开发经验的，并且参与过项目管理审核的管理者。而审核组的成员也是曾经有过类似的电子商务项目开发经历的人员。

2）制订审核时间表

审核组组建后，审核组成员开始共同制订项目的审核时间进度表，其目的是保证使项目审核成为一个正常、规范的过程,有利于项目组对审核活动的配合。

首先,项目经理要向审核组提交项目资料,包括项目经理与项目的核心成员共同界定的项目范围和项目计划,项目的进度情况以及项目组关注的问题等资料。项目经理与审核组领导合作,根据项目的范围及项目计划,共同明确审核的范围和目标,并对项目成功的标准达成一致意见。

其次,根据项目组提供的资料,审核组对项目组关注的问题根据重要程度进行排序,确定项目优先关注的问题。

最后,根据以上的材料,制订出审核的时间进度表。进度表中应明确当审核进行时,审核组与项目组成员的工作。

3) 信息收集与分析

项目审核是一个信息和数据收集与分析的过程。这一过程有赖于审核双方的共同配合实现。

从项目组的角度,应当确保将充分的文件提供给审核组,确保给予审核组适当的介绍,以使审核组可以协作制订补救计划,以及对审核组建议的全面利用。

同时,从审核组的角度,对信息的收集与分析的主要内容包括:严格审查项目有关文件;与项目团队和其他项目干系人会谈,以获得他们对项目事务的看法;并参与足够多的项目活动,以判断项目中正在进行的工作内容并发现项目的问题和机遇。

在审核过程中,重点要围绕项目成功的标准进行信息与数据的收集和分析,对项目成功程度进行衡量。经过研究所制订的项目实施大纲(PIP),列出度量项目成功的 10 个关键因素是:项目任务、高层管理者的支持、项目进度/计划、顾客咨询、人事、技术任务、顾客接受度、监督和反馈、沟通、困难解决。围绕这 10 个关键因素进行项目审核,可以在项目的执行过程中,定期地评估项目的当前状况,以及与项目有关的重要因素的当前状况。同时能够帮助项目团队勾勒出项目当前状况的完整图像。

4) 形成审核报告

虽然审核报告是根据具体的项目和组织环境做出的,其情况各异。但是,对于电子商务项目企业而言,如果为所有的审核设定一类格式,有利于建立审核数据库,为准备报告和阅读报告,并且按报告行事的管理人员提供了一份共同的提纲。在实际工作中,审核报告通常可以分为 5 个部分,即项目分类、对采集到的信息进行分析、提出的建议、经验教训及附录。

5) 项目审核结论

项目审核的总体结论一般是定性的。按照一般项目审核的结论,我们总结出 5 大方面的结论:很差、较差、满意、好和很好,其项目审核的总体评价体系如表9.21 所示。

表 9.21　项目审核结论评价体系

项目评价	项目审核特征
很差	没有项目相关的管理流程(计划、组织、监控、实施) 项目范围未能符合项目目标 组织涣散、时间和成本严重超支 项目组成员的技能未达到项目的需求 项目结果未符合项目目标
较差	项目管理流程虽然存在,但未能正确地执行 项目范围与项目目标不一致 组织涣散、出现时间和成本超支 项目组成员的技能未达到项目的高效性需求 项目结果未完全符合项目目标
满意	基本的流程符合定义、基本满足项目目标 项目控制环境效率较高,时间和成本基本固定、超支部分不严重 项目组成员的技能达到项目的需求 项目结果基本符合项目目标
好	项目管理流程得到定义 项目范围在项目目标的范围限定内 项目符合时间和预算的限制 项目组成员的技能达到项目的需求 项目达到预期目标
非常好	项目管理流程得到清晰地定义,项目的计划、组织、实施与监控符合组织目标 项目符合时间和预算限制甚至大大低于限定值 项目完全符合预期目标 优秀的项目经验得到标识并提供给其他项目管理过程使用

思 考 题

1.电子商务项目收尾阶段有哪些工作？与一般性项目收尾阶段相比有什么特殊的内涵？

2.电子商务项目收尾的特点有哪些？

3.电子商务项目验收的具体流程是怎样的,验收的标准有哪些?

4.电子商务项目验收的方法有哪些？

5.简述电子商务项目的回访与保修包括的内容。

6.电子商务项目移交的具体流程是怎样的,移交的内容有哪些?

7.电子商务项目审核的具体流程是怎样的,审核的内容有哪些?

8.请总结电子商务项目完工阶段需要具备的表格和报告内容。

第 10 章
电子商务项目后评价

本章学习目标

■理解电子商务项目后评价的主要含义、职能

■掌握电子商务项目后评价的主要方法及其运用情况

■掌握在一个具体的电子商务项目结束后进行评价和总结的方法

本章知识要点

■电子商务项目后评价的主要含义、职能

■电子商务项目后评价的主要内容

■电子商务项目后评价的方法、程序及结果

通篇案例

背景：

S 集团的电子商务项目全面完工，进入项目后评价阶段。

小钟，S 集团信息中心经理，此次电子商务项目经理。小钟认为，项目管理可以分为立项、实施、结项三个阶段，评估工作主要包括事前项目评估、事中项目评估和事后项目评估。

按照此想法，小钟开始策划项目后评价程序。

案例：

项目后评价程序

小钟根据以往项目实施的经验，整理了项目评价的框架。做好以后让他的下属照此开始了项目后评价程序。小钟的项目后评价框架如下：

1. 项目进度

按照项目整体计划或项目滚动计划编写的计划工期与实际工期之间的差距和原因分析。其间有哪些变化？对工作量的估计如何？以便为项目经验库提供相应数据，提高下次计划的准确性。

2. 项目质量

项目的最终交付物与客户实际需求的符合度。具体从质量计划、质量控制、质量保证入手，以保证项目质量的持续改进。具体可以采用 ISO 9000 质量保证体系，加上完善的质量管理工具、图表等辅助工具加以统计分析，得出改进建议。

3. 项目成本

就计划成本、实际成本对比成本构成明细的差距和原因分析及建议，也包括项目合同款执行情况的分析总结。

4. 项目风险

对风险识别、风险分析和风险应对中的经验和教训进行总结，包括项目中事先识别的风险和没有预料到而发生的风险等风险的应对措施的分析和总结。也可以包括项目中发生的变更和项目中发生问题的分析统计的总结。

5. 项目资源

项目资源不仅包括人力资源情况，而且还包括设备、材料等其他资源的合理使用、开发情况。特别是项目成员的绩效统计分析和评价，以便更加有效地开发和利用人力资源。

6.项目范围

项目范围包括产品范围和项目范围。其中,产品范围定义了产品或服务所包含的特性和功能;项目范围定义了为交付具有规定特性和功能的产品或服务所必须完成的工作。合同中所规定的产品范围和项目范围以及用户确认的计划等都属于项目中要控制的范畴,另外,还包括实际执行情况的差距和原因分析。

7.项目沟通

就项目过程中的内部、外部沟通交流是否充分,以及因为沟通而对项目产生的影响等方面进行总结。

8.项目采购

由商务和财务部门负责,对采购过程中的成本、风险、进度、技术和资源等进行分析。

9.项目文档

项目文档包括硬拷贝文档和电子文档两类,将项目文档收集、整理、编制、控制和移交,以便统一归档保存和进一步开发利用。

10.经验教训及建议

不断将实施过的项目中的技术经验、管理经验以及教训等进行总结,并积累起来以形成公司的财富。

项目后评价报告的撰写

小钟认为上交的项目后评价报告可以针对项目管理的全过程进行评价,也可就项目管理中的某部分进行总结。因此他设定了如下提纲交给下属开始撰写。

提纲分为11个部分,分别是:1.项目概述;2.项目结果;3.项目范围管理;4.项目进度管理;5.项目费用管理;6.项目质量管理;7.项目人力资源管理;8.项目沟通管理;9.项目风险管理;10.项目合同/采购管理;11.项目综合管理。

拿到提纲的下属很快写好了,但是小钟发现上交的项目后评价报告内容与完工报告内容差不多,是下属偷懒还是评价报告的提纲出现了问题?下属完成得就就业业,小钟这才意识到自己的提纲主要是对项目的回顾,而缺乏评价体系和评价内容。而更为严重的问题是,自己的项目评价中也主要是围绕项目进程的内容进行的,眼看提交给老总的时间就要到了,是否需要重做呢?

思考:

1.电子商务项目后评价的作用和特征有哪些?

2.电子商务项目后评价的主要内容有哪些?

3.本案例中项目后评价报告是否科学、完善?

10.1 电子商务项目后评价概述

10.1.1 项目后评价的概念

项目后评价是指在项目已经完成并运行一段时间后,对项目的目的、执行过程、效益、作用和影响进行系统的、客观的分析和总结的一种技术经济活动。项目后评价是项目进行完成以后,进行的再评价。

小原则

一般性项目后评价的主要内容

首先,检验预期的目标是否达到,主要的效益指标是否实现。

其次,重新评价整体规划是否合理有效。

再次,针对不足之处,找出成败的原因、总结经验教训,及时有效地反馈信息,提高未来新项目的管理水平,提高决策水平、完善项目管理水平,最终实现提高投资效益的目的。

项目后评价具有透明性和公开性,能客观、公正地评价项目活动的成绩和项目失误的主客观原因,比较公正地、客观地确定项目决策者、管理者和建设者的工作业绩和存在的问题,从而进一步提高他们的责任心和工作水平。

项目评价贯穿整个项目生命周期的始终,项目后评价,应该是在项目完工以后进行。在实际的电子商务项目管理工作中,项目开工之后由项目管理、监督部门所进行的各种评价,都属于项目后评价的范畴。根据评价的时间不同,电子商务项目后评价又可以分为跟踪评价、实施效果评价和影响评价,其具体内容如下:

①电子商务项目跟踪评价。电子商务项目跟踪评价是指项目开工以后到项目收尾验收之前任何一个时点所进行的评价,又称为项目中间评价。

②电子商务项目实施效果评价。电子商务项目实施效果评价是指项目收尾一段时间之后进行的评价,就是通常所称的项目后评价。

③电子商务项目影响评价。电子商务项目影响评价是指项目后评价报告完成一定时间之后所进行的评价,又称为项目效益评价。

可以看出,电子商务项目后评价,是对电子商务项目进行的综合性技术经济指标的反映,它既包括已经发生的项目事实的总结评价,又包括项目未来发展的预测。

IT 类项目评价方式

IT 类项目技术评价方式多种多样,从评价主体来讲,可以采取以下 3 种形式:

一是领导层面的评价。以召开办公会议的形式,由领导采取民主集中的讨论方式,在基于定性分析的基础上对项目进行技术评价。

二是专家层面的评价。采用召开专题会议、专家评审会议等形式,由在项目相关领域具有专业水平的专家组成评审委员会,以项目各技术要素进行度量分析为基础,评审成员对项目作出独立的专业判断和技术评价,遵循严谨的评审规则和流程,形成统一的技术评价意见。由于这种评价形式具有客观、权威、准确、公平的特点,已成为目前 IT 项目技术评价应用最为广泛的一种评价方式。

三是公众层面的评价。由公众根据其对项目的认知、关心程度进行投票。在基于个人主观喜好、经验以及定性分析的基础上进行评价。

10.1.2　电子商务项目后评价的作用与特征

1)电子商务项目后评价的作用

电子商务项目后评价对电子商务项目的作用主要体现在以下几个方面:

①电子商务项目后评价可以作为企业电子商务项目的鉴定和评估标准,也可以作为未来企业电子商务运营或企业信息化的重要组成部分。在这种情况下,首先要描述进行企业信息化改造或者进行全面电子商务的预期结果可能会是怎样的,其次可以就企业感兴趣的内容进行评价。企业感兴趣的领域主要有投入与产出分析,电子商务对企业竞争力的影响以及未来电子商务对企业供应链、客户关系的影响等。

②电子商务项目后评价有助于比较相互竞争资源的多个项目的优劣,从而有可能将企业资源分配到最优的电子商务项目上去。由于企业的资源有限,如何选择最经济、有效的途径来实现企业电子商务战略目标是项目评价的重要内容。

③电子商务项目后评价还可以提供一些度量工具,以帮助企业对项目执行情

况进行控制。主要是对未来电子商务项目所需资源以及所产生的预期收益进行的合理估计。

④电子商务项目后评价为企业全面实施电子商务提供了组织学习经验。如果企业有志于提高其电子商务评价水平和系统研发能力,这种学习经验就显得尤为重要,这也是学习型组织必备的特征之一。

2)电子商务项目后评价的特点

由电子商务项目后评价的定义及项目后评价的作用可以看到电子商务项目后评价具有现实性、公正性、全面性以及反馈性等特征,其具体特点如下:

(1)现实性

电子商务项目后评价是以项目建设和运营的实际情况为基础,对项目建设、运营中存在的现实情况、产生的实际数据进行评价,所以具有现实性的特点。

(2)公正性

公正性表示在实施项目后评价时,应持有实事求是的态度,在发现问题、分析原因和作出结论中始终保持客观、负责的态度。公正性标志着项目后评价及评价者的信誉,应贯穿于整个项目后评价的全过程,即从项目后评价的选定、计划的编制、任务的委托、评价者的组成、具体评价过程直到形成报告。项目后评价必须保证公正性,这也是一条很重要的原则。

(3)全面性

电子商务项目后评价是对项目实践的全面评价,它不仅对项目的立项决策、项目实施、项目运营等全过程进行系统评价,还对项目的经济效益、社会影响、环境影响以及项目综合管理等进行全方位系统评价。这种评价不仅涉及项目生命周期的各阶段,而且还涉及项目的方方面面,因此是比较系统、全面的技术经济活动。

(4)反馈性

电子商务项目后评价是评价完成后在运行若干时间后的评价,具体来说,是指电子商务项目运营一段时间后,对预期的中长期规划的影响评价。项目后评价的结果需要反馈到决策部门,作为新项目立项和评估的基础以及调整投资计划和政策的依据,这是项目后评价的最终目标。因此,项目后评价结论的扩散和反馈机制、手段和方法便成为项目后评价成败的关键环节之一。

10.1.3　电子商务项目后评价一般阶段

参考我国项目管理的项目后评价一般阶段,结合电子商务项目后评价全面、公

正并且需要反馈等特征,我们把电子商务项目后评价归纳为以下 4 个阶段:

1)项目自评阶段

由电子商务项目方按照需求对项目进行自我检测,形成自评报告。

2)行业或地方性主管部门评价

这主要涉及政府性或者大中型电子商务项目,主要形式是项目评价预备会或者专家座谈会等。

3)正式后评价阶段

由相对独立的后评价机构组织专家对项目进行后评价,通过资料收集、现场调查和分析讨论,提出项目后评价报告。

4)成果反馈阶段

在项目后评价报告的编写过程中要广泛征求各方面意见,在报告完成之后要以召开座谈会等形式进行发布,同时散发成果报告。

电子商务项目后评价的 4 个阶段只是对电子商务项目后评价的一般性总结。具体的电子商务项目后评价阶段可以根据项目的规模、类型来确定。

小知识

IT 类项目评价的流程

对 IT 类项目进行技术评价,应对项目每个阶段的关键可交付成果和项目实施情况进行阶段评价;在项目结束后,进行项目的综合评价。技术评价是一个"重结果,轻流程"的工程,评价流程应尽量简单、高效。一般来说,IT 项目技术评价分以下 6 个步骤:

1.建立评价组织,制订评价制度和规范。

2.确定项目技术评价的目标。

3.根据目标制订评价指标体系及评价标准。

4.获取项目度量数据。对可量化指标采用度量工具自动采集数据,对非量化指标通过专家评分、综合统计的方法得出数据。

5.以度量数据为基础,组织开展项目技术评价活动。

6.提出项目技术评价结果,并反馈评价对象。

10.2　电子商务项目后评价的主要内容

电子商务项目理论与实践产生和发展的时间不长,但是,其投入大、风险大、周期长的特征使得项目后评价考虑的因素更多、需要的评价体系更全面。因此,电子商务项目后评价的基本内容包括经济、环境、社会和组织发展等三大方面,考虑到电子商务项目的目标、效益和项目资金来源,电子商务项目后评价主要包括以下 5 个方面的内容:

10.2.1　项目目标后评价

项目目标后评价的目的是评定项目立项时原定目的和目标的实现程度。项目目标后评价要对照原定目标主要指标,检查项目实际完成指标的情况和变化,分析实际指标发生改变的原因,以便判断目标的实现程度。项目目标评价的另一项任务是要对项目原定决策目标的正确性、合理性和实践性进行分析评价,对项目实施过程中可能会发生的重大变化(如政策性变化或市场变化等),重新进行分析和评价。

10.2.2　项目实施过程后评价

项目的实施过程后评价应对照比较和分析项目、立项评估或可行性研究时所预计的情况和实际执行的过程,找出差别,分析原因。项目实施过程后评价一般要分析以下 7 个方面:项目的立项、准备和评估;项目内容和建设规模;项目进度和实施情况;项目配套设施和服务条件;项目干系人范围及其反映;;项目的管理和运行机制;项目财务的执行情况。

10.2.3　项目效益后评价

项目的效益后评价以项目投产后实际取得的效益为基础,重新测算项目的各项经济数据,并与项目前期评估时预测的相关指标进行对比,以评价和分析其偏差及原因。项目效益后评价的主要内容与项目前评估无大的差别,主要分析指标还是内部收益率、净现值和贷款偿还期等项目赢利能力和清偿能力的指标,只不过项目效益后评价对已发生的财务现金流量和经济流量采用实际值,并按统计学原理加以处理,而且对后评价时点以后的现金流量需要作出新的预测。

10.2.4 项目影响后评价

项目的影响后评价内容包括经济影响、环境影响和社会影响的后评价。经济影响后评价主要分析了评价项目对所在国家、地区和所属行业所产生的经济方面的影响,它区别于项目效益评价中的经济分析,评价的内容主要包括分配、就业、国内资源成本、技术进步等;项目的环境影响评价一般包括项目的污染控制、地区环境质量、自然资源利用和保护、区域生态平衡和环境管理等;项目的社会影响评价是对项目在社会的经济、发展方面的有形和无形的效益和结果的一种分析,重点评价项目对所在地区和社区的影响。

10.2.5 项目管理后评价

项目管理后评价是指对项目整个生命同期中各个阶段实行的管理工作进行评价,其目的是通过对项目各阶段管理工作的实际情况进行分析研究,总结项目管理经验,为今后改进项目管理服务。

> **小知识**
>
> 早在 20 世纪 30 年代,美国、瑞典等一些发达国家的财政、审计机构及外援单位就已经开始了工程项目后评价工作,到了 20 世纪 70 年代,项目后评价广泛地被国外许多国家和世界银行等国际金融组织所采用,成为项目周期中的一个重要环节和投资管理的一种重要手段,并逐渐形成了一套比较完善的管理和评价体系,不受任何其他部门的干扰,具有很强的独立性。目前已形成比较完善的项目后评价制度的国家和国际机构有印度、巴西、菲律宾、日本、美国、世界银行、亚洲开发银行等。

电子商务项目后评价与前评价基本体系比较如表 10.1 所示。

表 10.1　电子商务项目后评价与前评价基本体系比较表

对比项	电子商务项目前评价	电子商务项目后评价
时点	项目的起点	项目建成后
目的	确定项目是否可以立项	总结经验教训,改进决策和管理服务
内容	应用预测技术来分析评价项目未来的效益,确定项目投资是否值得、可行	总结项目的准备、实施、完工和运营,通过预测对项目未来进行分析评价
判别标准	投资者要求获得的收益率或基准收益率	与前期评价的结论对比

10.3　电子商务项目后评价的程序和方法

10.3.1　电子商务项目后评价的程序

电子商务项目后评价可以分为面向宏观决策和面向微观决策两类。面向宏观决策的电子商务项目主要是国家级、大型企业的电子商务项目;面向微观决策的电子商务项目主要针对的是中小企业的电子商务实施项目。其评价程序如下:

1)面向宏观决策的后评价程序

(1)制订后评价计划

国家级或者省部级的电子商务项目,其项目结果往往是面向宏观决策或者服务地方经济建设的,项目的后评价,更注重投资活动的整体效果、作用和影响。因此,应从较长远的角度和更高的层次来考虑后评价计划的制订工作。一般说来,电子商务项目后评价计划制订应该较早,应把它作为电子商务项目生命周期的一个必不可少的阶段,以项目规章制度的形式确定下来。

这类项目后评价计划内容包括项目的选定、后评价人员的配备、组织机构、时间进度、内容、范围、评价方法、预算安排等。

(2)后评价项目的选定

为在更高层次上总结出带有方向性的经验教训,不少国家和国际组织采用了"打捆"的方式,即将一个行业或一个地区的几个相关的项目一起列入后评价计划,同时进行评价。一般来讲,选择后评价项目有以下几条标准:项目实施出现重大问题的;非常规的;发生重大变化的;急需了解项目作用和影响的;可为即将实施的国家预算、宏观战略和规划原则提供信息的;为投资规划确定未来发展方向有代表性的;对开展行业部门或地区后评价研究有重要意义的项目。

(3)后评价范围的确定

项目后评价范围和深度根据需要应有所侧重和选择。通常是在委托合同中确定评价任务的目的、内容、深度、时间和费用,一般有以下内容:

①项目后评价的目的和范围,包括对合同执行者明确的调查范围;

②提出评价过程中所采用的方法;

③提出所评项目的主要对比指标;

④确定完成评价的经费和进度。

(4)项目评价咨询专家的选择

项目后评价通常分为自我评价阶段和独立评价阶段。在独立评价阶段,需要委托一个独立的评价咨询机构或由银行内部相对独立的后评价专门机构来实施,由此机构任命后评价负责人,该负责人聘请和组织项目评价专家组去实施后评价。评价专家可以是评价咨询机构的内部人员,他们较熟悉评价方法和程序,费用较低;也可以是熟悉评价项目专业的行家,他们客观公正,同时弥补了评价机构内部人手的不足。

(5)项目后评价的执行

项目后评价的执行包括以下几个方面的工作:

①资料信息的收集。包括项目资料(如项目自我评价、完工、竣工验收、决算审计、概算调整、开工、初步设计、评估和可行性研究等报告及批复文件等);项目所在地区的资料(如国家和地区的统计资料、物价信息等);评价方法的有关规定和准则(如联合国开发署、亚洲开发银行、国家计委、国家开发银行等机构已颁布的手册和规范等)。

②后评价现场调查。现场调查可了解项目的基本情况、目标实现程度、产生的直接和间接影响等。现场调查应事先作好充分准备,明确调查任务,制订调查提纲。

③分析和结论。在收集资料和现场调查后进行全面认真的分析,就可得出一些结论性答案,如项目成功度、投入产出比、成败原因、经验教训、项目可持续性等。

（6）项目后评价的报告

项目后评价报告是评价结果的汇总，应真实反映情况，客观分析问题，认真总结经验。后评价报告应包括：摘要、项目概况、评价内容、主要变化和问题、原因分析、经验教训、结论和建议、评价方法说明等。这些内容既可以形成一份报告，又可以单独成文上报。报告的发现和结论要与问题和分析相对应，经验教训和建议应将评价的结果与将来规划和政策的制订修改联系起来。后评价报告要有相对固定的内容格式，便于分解和计算机录入。

（7）后评价的反馈

反馈机制是后评价体系中的一个决定性环节，它是一个表达和扩散评价成果信息的动态过程。同时，该机制还应保证这些成果在新建或已有项目以及其他开发活动中得到采纳和应用。

反馈过程有两个要素，一是评价信息的报告和扩散，其中包含了评价者的工作责任。后评价的成果和问题应该反馈到决策、规划、立项管理、评估、监督和项目实施等机构和部门。二是应用后评价成果及经验教训，以改进和调整政策的分析和制订，这是反馈最主要的管理功能。在反馈程序里，必须在评价者及其评价成果与应用者之间建立明确的机制，以保持紧密的联系。

2）面向微观决策的后评价程序

此类后评价往往注重某个项目和项目团队，涉及的环境较少，评价的程序比较简化，内容简单，形式多样。一般而言，可以包括以下几个步骤：

（1）自我评价

自我评价由项目组织内部进行，通常以项目总结会的形式开展，通过对项目的整体总结、归纳、统计、分析，找出项目实施过程、结果等方面与计划的偏差，并予以分析。自我评价的结果是形成项目总结报告。自我评价注重项目和项目成果本身，侧重找出项目在实施过程中的变化，以及变化对项目各方面的影响，分析变化原因，以便总结项目团队在工作中的经验教训。

（2）成立项目后评价小组

这种专门的评价小组一般由项目组之外的人员组成，他们可以来自项目所属的业务部门、上级管理部门、独立的评价咨询机构或是外聘专家。评价小组要站在管理的角度进一步地评价项目的管理业绩和产生的效益。

（3）信息的收集

项目后评价小组依据项目总结报告审查项目管理部、财务部、业务部等部门记载和递交的项目记录和报告。项目资料交验方按合同条款有关资料的验收范围及清单进行自检和预验收。项目资料验收的牵头组织方按合同资料清单或档案法规的要求分项一一进行验收、清点、立卷、归档。对验收不合格或有缺陷的项目,通知相关单位采取措施进行修改或补充。交接双方对项目资料验收报告进行确认和签证。

(4)实施评价

为微观决策服务的后评价内容可能会比较具体,如涉及项目的各方面管理行为的评价、项目进度管理评价、项目成本管理评价、项目人力资源管理评价、客户管理评价、项目的质量管理评价、项目责任人业绩评价、项目的效益和前景评价等。每一方面的评价可以细分为一些问题和条件,制作几种便于操作的评分表,以便进行量化评价。

(5)形成评价报告

后评价小组根据评分标准及其评价模型对项目进行整体评价,得出结论,形成报告。该报告通过规定的渠道汇报给各个方面,以起到应有的评价现实项目、支持后续项目的评价目的。

10.3.2　项目后评价的方法

我国项目后评价的方法主要参考项目评估的评价方法和国际上通用的后评价方法,国家计委和国家开发银行已经颁布了有关规定,并在不断完善。电子商务项目后评价的方法与其他项目后评价方法基本相同,主要的后评价方法有统计预测法、对比分析法、逻辑框架法(LFA)、定量和定性相结合的效益分析法等。

1)统计与预测法

电子商务项目后评价从概念上包括了对电子商务项目未来实施、运营过程的预测,这种方法是以对当前数据的统计分析为基础,并对电子商务项目运营规律的把握为前提的预测过程。统计是一种从数量方面认识事物的科学方法,包括统计资料的收集、整理、分析三个阶段,对研究对象进行解剖、对比、分析和综合研究,以揭示事物的内在联系、发展变化的规律和矛盾,找出原因,提出解决问题办法的过程。预测是对尚未发生或目前还不明确的事物进行预先的估计和推测,是在现在对事物将要发生的结果进行探讨和研究。电子商务项目后评价的大量基础资料都是以统计数据为依据的。后评价的调查、数据处理和分析方法也与统计工作十分类似。因此,统计与预测原理和方法完全可以应用在电子商务项目后评价实践中。

电子商务项目后评价中有两种主要的预测：一是有无对比预测，另一种是项目今后效益的预测。

（1）有无对比预测

有无对比预测是将有该电子商务项目所产生的效益与无该项目所自然产生的效果进行比较的过程。有无对比分析法通常是把两种情况分别构建相应的指标体系群，进行量化比较，从数量上展示和说明有无该电子商务项目之间的差异。有无对比预测的核心内容是指标体系群的选择。对于不同的电子商务项目，我们选择指标的侧重点可能有差异，但我们可以从以下对项目产生至关重要的方面来考虑指标体系的选择：

①时间标准。即选择不同时间的指标数值作为对比标准。最常用的是与上年同期比较即"同比"，还可以选择历史上的一些关键时间进行比较，如电子商务项目实施前的历史最好水平等。

②空间标准。即选择不同空间指标数据进行比较，包括：与相似空间的比较，如本市与某些条件相似的城市比较；与先进空间的比较，如我国与发达国家比较；与扩大的空间标准的比较，如我市水平与全国平均水平比较。

③经验或理论标准。经验标准是通过对大量历史资料的归纳总结而得到的标准；理论标准则是通过已知理论经过推理得到的依据。

④计划标准。即与计划数、定额数、目标数对比。

（2）项目今后效益的预测

项目今后效益的预测可以综合运用趋势外推法、参照对比法、专家调查预测法等传统的预测方法进行预测。

案例：运用 EXCEL 软件制作电子商务项目评价趋势图

1.在 EXCEL 表格中输入相关数据，如表 10.2 所示。

表 10.2

年　份	1989	1990	1991	1992	1993	1994	1995	1996	1997	1998
效　益	400	450	510	560	660	740	810	830	900	940

2.选定数据区域—点击图表工具—选择折线图—确定。

3.再用绘图工具栏中的直线或曲线工具画出趋势延伸线，如图 10.1 所示。

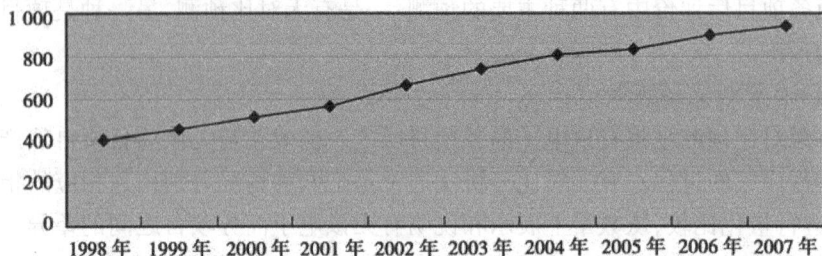

图 10.1

2) 对比分析法

一般性项目的对比分析法包括前后对比法和有无对比法。主要是通过对项目实施前后的数据资料进行对比分析,判断项目的实施效果。运用于非赢利性和具有多重投资目标的项目后评价,尤其是投资项目评价。

小知识

"有无对比法"是"有项目"与"无项目"两种情况进行对比分析;"前后对比法"则是"项目前"与"项目后"的对比分析。对于新建项目来说,"无项目"与"项目前"一般没有区别。可以从两种方法的比较中明显地发现这一区别。"前后比较法"的"项目前"是一种状态,反映未建项目前的状况;而"有无对比法"的"无项目"则是指不建设该项目的一种方案,它考虑在没有该项目的情况下的未来状况。

"有无对比法"是指将项目实际发生的情况与若无项目可能发生的情况进行对比,以度量项目的真实效益、影响和作用,该方法是通过项目实施所付出的资源代价与项目实施后产生的效果进行对比,以评价项目好坏的项目后评价的一个重要方法。电子商务项目后评价的"前后对比法"是将项目前期的可行性研究和评估的预测结论与项目的实际运行结果相比较,以发现变化和分析原因,用于揭示项目计划、决策和实施中存在的问题。

案例:电信项目管理中"有无对比法"的运用

"有无对比法"评价目标:

为了识别那些真正算作项目效益的部分,即增量效益,排除那些由于其他原因产生的效益,同时找出与增量效益相对应的增量费用,只有这样才能真正体现项目投资的净效益。

"有无对比法"评价过程：

选择反映投资项目现金流量的数据有以下 5 种：

1."现状"数据。是指电信项目实施前企业的现金流量状况数据,又称为"原有"数据。

2."无项目"数据。是指在不实施项目的情况下,计算期内各年企业的现金流量可能的变化趋势,经过预测得到的现金流量的有关数据。

3."有项目"数据。是指在实施项目的情况下,计算期内各年企业的现金流量可能的变化趋势,经过预测得到的现金流量的有关数据。

4.新增数据。指计算期内各年"有项目"数据减去"现状"数据得到的差额。一般只估算新增投资。

5.增量数据。是指"有项目"数据与"无项目"数据的差额,即通过"有无对比"得到的数据。

"有无对比法"评价结论：

对电信投资项目的决策来说,大多数电信项目是直接扩大业务规模而进行的网络建设,在这种情况下可以直接估算增量数据,而不再单独估算有无项目数据。也就是说,对现有成熟业务进行投资建设的项目,往往可以直接估算增量数据。但是,当新项目(尤其是新业务、新技术项目)与公司现有业务间存在关联影响(如相互替代、竞争等)时,就需要分别分析"有项目"数据及"无项目"数据,进而计算增量数据。

3) 逻辑框架法

逻辑框架法(Logical Framework Approach,简称 LFA)是美国国际开发署(US-AID)开发并运用的一种项目设计、计划和评价工具,目前有 2/3 的国际组织将它作为援助项目的计划、管理和评价方法。在项目后评价中使用 LFA,把项目投资目标划分为宏观目标(Goal),具体目标(Objectives),产出效果(Outputs)和具体的投入活动(Input and activities)4 个层次,辅之系统、规范的评价指标与验证方法体系,将项目的分析评价结果形成一个逻辑框架矩阵表,如表 10.3 所示。再将后评价结果与前评价结论进行对比,判断前评价的质量,项目目标的实现程度,项目实施效果,项目实施后对社会、经济、环境和可持续发展的影响。

表 10.3　逻辑框架法模式表

目标层次	客观验证指标	客观验证方法	重要假设及外部条件
宏观目标	宏观目标验证指标	评价及监测手段和方法	实现宏观目标的条件
具体目标	具体目标验证指标	评价及监测手段和方法	实现具体目标的条件
产出成果	产出成果衡量指标	评价及监测手段和方法	实现项目产出的条件
投入/活动	投入方式及定量指标	投入活动验证方法	落实投入的外部条件

　　运用 LFA 进行项目后评价,首先要深入研究项目的建设背景及重要假设条件落实情况;其次要收集分析项目前评价和后评价资料;再次将前评价和后评价资料编制成逻辑框架表;最后将对比分析前评价和后评价资料,得出评价结论,提供给政府或有关部门作为对本项目进行监督管理和其他相关项目评价决策的依据。

　　在逻辑框架的分析过程中,应重点解决以下问题:

①为什么要进行这一项目,如何度量项目的宏观目标?

②项目要达到什么具体目标,不同层次的具体目标和宏观目标之间有何联系?

③怎样达到这些具体目标?

④有哪些外部因素在项目具体目标的取得上是必须考虑的?

⑤项目成功与否的测量指标是什么,如何进行检测?

⑥验证项目指标的数据从哪里得到?

⑦项目实施中要求投入哪些资源,需要的费用是多少?

⑧项目计划的内容及实施的主要外部条件是什么?

⑨如何检查项目的进度?

案例

逻辑框架法得出的电子商务项目评价要素框图,如表 10.4 所示。

表 10.4　电子商务项目评价要素框图

目标(goal) 电子商务项目实施后评价(定义目标群体)	指标(indicator) 后评价指标	核实(M&E)	假设(assumption) 电子商务项目的行动和目标不变

目的(purpose) 经济与社会效益评价 (涉及目标群体)	指标(indicator) 经济效益指标 社会效益指标	核实(M&E) 技术检测手段和报告	假设(assumption) 对电子商务项目的经济社会评价体系政策不变
产出(output) 电子商务系统应用	指标(indicator) 电子商务系统的应用能力	核实(M&E) 技术检测手段和报告	假设(assumption) 电子商务系统应用与管理成本
行动(activity) 运用于通信行业	投入(input) 相关的资金、专家和人力的投入	核实(M&E) 项目进度报告	假设(assumption) 处理技术、部门专项基金

4) 因素矩阵法

因素矩阵法是作者在借鉴企业和行业竞争力分析的基础上总结出的一种项目后评价方法。它通过分析比较影响项目成败的关键性因素,判断项目的实施情况、出现的偏差及产生偏差的原因,为项目管理监督部门和实施单位加强项目管理和确保项目目标按期实现提供合理化意见和建议。具体分析步骤是:

(1)确定项目后评价验证指标

验证指标是检验项目实施效果的影响因素,也是决定项目成败的关键性因素。验证指标的选择因项目后评价的内容和目的的不同而存在较大的差异。如对项目的前期工作进行后评价,选择的验证指标主要包括:筹建机构及领导班子的构成情况,项目可行性研究单位及可行性研究报告质量,厂址选择方案,征地拆迁情况,勘探设计情况,施工单位的资质情况,资金的落实情况以及物资落实情况等。

(2)确定每个验证指标的权重

根据每个指标在项目后评价中的相对重要程度,确定每个指标的权重,权重范围为0(最不重要)到1(最重要),权重和为1,同一个验证指标在不同项目或同一项目的不同评价阶段的权重可能不同,评价时应分析确定。

(3)评价专家组成员分别对验证指标打分

将验证指标及项目基础资料提供给专家组各成员(专家组成员以5~9人为宜,可以建立专家库,从专家库中随机抽取各项目评审专家,并注意技术专家、财务经济专家和管理专家的搭配),请专家组成员根据项目的实施结果背靠背分别对每个验证指标打分并确定其权重值,评价分数为1,2,3,4,5,其中,1表示最差,5表示最好,5分为满分,表示完全符合目标要求或超额完成目标任务。

(4)计算项目实施效果加权评分值

首先汇总专家打分情况,采用简单平均的方法或去掉一个最高分和一个最低分后求平均分的方法,分别计算各验证指标的得分值和权重值,然后将验证指标的得分值与权重值相乘,得出项目后评价加权评分值。

(5)得出评价结论并提出改进建议

根据项目总得分结合各验证指标的得分情况,得出项目后评价结论,总结经验,指出存在的问题及改进建议,将评价结果以报告的形式提供给委托评价的单位及有关部门。

案例:常见的因素矩阵图有以下几种:

1.L型矩阵图。是将一对现象用矩阵的行和列排列的二元表形式来表达的一种矩阵图,它适用于若干目的与手段的对应关系,或若干结果和原因之间的关系,如图10.2所示。

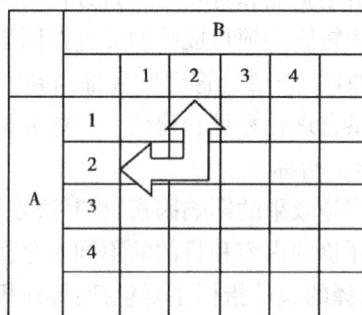

图10.2

2.T型矩阵图。是A、B两因素的L型矩阵和A、C两因素的L型矩阵图的组合矩阵图,这种矩阵图可以用于分析质量问题中"不良现象—原因—工序"之间的关系,也可以用于分析探索材料新用途的"材料成分—特性—用途"之间的关系等。

3.Y型矩阵图。是将A因素与B因素、B因素与C因素、C因素与A因素三个L型矩阵图组合在一起形成的矩阵图。

4.X型矩阵图。是将A因素与B因素、B因素与C因素、C因素与D因素、D因素与A因素四个L型矩阵图组合形成的矩阵图,这种矩阵图表示A和B、D,B和

A、C,C 和 B、D,D 和 A、C 这四对因素间的相互关系,如"管理机能—管理项目—输入信息—输出信息"就属于这种类型。

5.C 型矩阵图。是以 A、B、C 三因素为边作出的六面体,其特征是以 A、B、C 三因素所确定的三维空间上的点为"着眼点"。

5)综合评价法——项目成功度评价方法

项目后评价的综合评价方法很多,通常采用成功度评价的方法。综合评价要做出项目的逻辑框架图,评定项目的合理性、项目目标实现程度及其外部条件,列出项目主要效益指标,评定项目的投入产出结果、汇总报告的所有内容,采取分析打分的办法(即项目成功度评价法),为项目的实施和成果作出定性结论,划定成功、部分成功、不成功三个等级。成功度评价是依靠评价专家或专家组的经验,综合后评价各项指标的评价结果,对项目的成功程度作出定性的结论,也就是通常所称的打分的方法。成功度评价是以用逻辑框架法分析的项目目标的实现程度和经济效益分析的评价结论为基础,以项目的目标和效益为核心进行的全面系统的评价。

(1)项目成功度的标准

项目评价的成功度可分为 5 个等级:

①完全成功的:项目的各项目标都已全面实现或超过。相对成本而言,项目取得了巨大的效益和影响。

②成功的(A):项目的大部分目标已经实现。相对成本而言,项目达到了预期的效益和影响。

③部分成功的(B):项目实现了原定的部分目标。相对成本而言,项目只取得了一定的效益和影响。

④不成功的(C):项目实现的目标非常有限。相对成本而言,项目几乎没有产生什么正效益和影响。

⑤失败的(D):项目的目标是不现实的,无法实现。相对成本而言,项目不得不终止。

(2)项目成功度的测定步骤和方法

进行项目综合评价时,评价人员首先要根据具体项目的类型和特点,确定综合评价指标及其与项目相关的程度,将它们分为"重要""次重要"和"不重要"三类。对"不重要"的指标就不用测定,只需测定重要和次重要的项目内容,一般的项目实际需测定的指标在 10 项左右。

在测定各项指标时,采用权重制和打分制相结合的方法,先给每项指标确定权重,再根据实际执行情况逐项打分,即按上述评定标准的第 2 至第 5 的 4 个级别分别用 A,B,C,D 表示或打上具体分数,通过指标重要性权重分析和单项成功度结论的综合,可得到整个项目的成功度指标,用 A,B,C,D 表示,填在表的最底一行(总成功度)的成功度栏内。

在具体操作时,项目评价组成员每人填好一张表后,对各项指标的取舍和等级进行内部讨论,或经必要的数据处理,形成评价组的成功度表,再将结论写入评价报告。

(3)成功度评价表

项目成功度评价表格是根据后评价任务的目的和性质决定的,包括评价项目及其权重和评价结论。国际上各个组织和机构的表格设计各不相同,目前没有公认的电子商务项目成功的评价标准,我们结合许多行业项目评价标准,特别是 IT 项目评价标准体系,从项目预算、项目时间和项目目标三个角度提出评定具体项目的成功度。三个项目可以根据具体的电子商务项目进行分解。成功度评价表模板如表 10.5 所示。

表 10.5　成功度评价表

项目实施评价指标	相关重要性	成功度
项目目标		
项目预算		
项目时间		
总成功度		

10.4　电子商务项目后评价报告的主要内容

电子商务项目后评价报告的重点是对电子商务项目执行情况的判别和分析,项目后评价的主要内容及其评价结果均应在报告中反映,包括:项目目标的实现程度、项目实施过程、项目效益、项目影响、项目可持续性的后评价及项目经验教训。

项目目标的实现程度一般分三个等级(成功、部分成功和不成功)进行评价,评价内容涉及宏观产业政策目标、财务目标、机构发展目标、实物目标、扶贫和其他社会目标、环境目标以及公共行业管理和私营行业发展等目标。项目的可持续性后评价可采用可持续、不可持续和尚不明确三个等级来评定。

电子商务项目后评价报告主要由四部分组成,即概述、主报告、附件和附表。

10.4.1　报告概述

报告概述部分包括封面及其内页、目录、前言、项目基础数据、报告摘要。报告封面要注明编号、密级、项目后评价者名称、日期等。世界银行、亚洲开发银行要求在报告内页中说明汇率、英文缩写、权重指标与其他。报告摘要一般包括以下几部分内容:

①项目目标和范围;

②项目投资和融资;

③项目的实施;

④项目的运营和财务状况;

⑤项目的机构和管理;

⑥项目环境和社会影响;

⑦项目的财务和经济评价;

⑧项目的可持续性;

⑨项目后评价结论;

⑩反馈信息。

10.4.2　主报告

主报告部分有:项目背景、实施评价、效果评价、结论和建议。

1)项目背景

项目背景说明项目的目标和目的、项目建设的内容、工期、资金来源与安排、项目后评价的有关情况(包括项目后评价的任务来源和要求,项目自我评价报告完成时间,后评价时间安排、执行者,后评价的依据、方法、时点等)。

2)实施评价

项目实施评价说明项目的设计、合同、组织管理、投资和融资、项目进度及其他情况,对照可行性研究评估找出重要变化,分析变化对项目效益影响的原因,讨论和评价这些因素及影响。

3)效果评价

效果评价对项目运营和管理、项目财务状况、经济效益、环境和社会效果、可持续发展等几方面进行分析、评价项目的实际成果和作用。

4) 结论和建议

结论、建议是项目独立后评价的最后一个部分,它包括项目的综合评价、评价结论、经验教训及建议对策等。

10.4.3 附件

附件包括项目自我评价报告、借款国的评价报告摘要、联合融资者的评价意见,项目后评价专家组意见和其他相关文件和资料、地图等。

10.4.4 附表

附表包括项目综合情况、项目实施情况、项目财务情况以及项目后评价资料等方面。具体可参考如下:

1) 项目的综合情况

项目的综合情况主要包括:
①项目综合评价汇总表(即项目成功度综合评价表);
②项目后评价逻辑框架图;
③项目竣工图;
④项目竣工报告。

2) 项目的实施情况

项目的实施情况主要包括:
①项目进度表;
②项目实施的主要指标表;
③项目运营的主要指标表。

3) 项目的财务情况

项目的财务情况主要包括:
①银行贷款/信贷表;
②项目财务现金流量表;
③项目经济效益费用流量表。

4) 项目后评价资料

项目后评价资料主要包括:
①项目质量验收报告;

②项目后评价资料；

③协议执行情况表；

④项目主要效益指标对比表。

案例：某电子商务项目后评价报告目录参考

1.前言

2.项目概况

(1)目的和目标

(2)电子商务项目建设内容和进度

(3)项目投资和资金来源

(4)项目运营情况

3.项目实施过程评价

(1)项目实施过程

(2)项目实施过程中的变化

(3)主要问题及原因分析

4.财务和经济效益评价

(1)财务评价

(2)国民经济评价

(3)效益分析

5.社会效益及影响

6.结论

7.主要经验教训

8.建议

思 考 题

1.电子商务项目后评价的概念是什么？与一般性项目后评价相比有什么特殊的内涵？

2.电子商务项目后评价的主要内容有哪些？

3.电子商务项目后评价的具体流程是怎样的？

4.电子商务项目后评价要用到哪些技术方法？

5.请总结电子商务项目后评价报告撰写的要点。

参考文献

［1］Candy.项目管理案例剖析［EB/OL］.http://www.kupage.com/wpm/11/20031022/1422150000027wr1yfyk.htm.

［2］王景山.项目管理三要素协调机理及集成优化研究［EB/OL］.http://www.mypm.net/expert/show_question_content.asp?questionId=1149.

［3］李琪,张仙锋.电子商务项目策划的"四流五式"探讨［J］.中国流通经济,2003(10).

［4］世界商业评论.电子商务项目成功的关键［EB/OL］.2005-09-28.http://www.mypm.net/articles/show_article_content.asp?articleID=8343.

［5］戚安邦.项目管理学［M］.北京:科学出版社,2007.

［6］丁荣贵.项目管理:项目思维与管理关键［M］.北京:机械工业出版社,2004.

［7］明戈斯.24小时精通项目管理［M］.高勇,高颖,卢贞媛,译.上海:上海三联书店,2004.

［8］许成绩,等.现代项目管理教程［M］.北京:中国宇航出版社,2003.

［9］周小桥.项目管理工具与模板［M］.北京:清华大学出版社,2005.

［10］周小桥.突出重围:项目管理实战［M］.北京:清华大学出版社,2003.

［11］翟松涛.项目:如何进行成功的项目管理［M］.天津:南开大学出版社,2004.

［12］豪根(Haugan,G.T.).有效的工作分解结构［M］.北京广联达慧中软件技术有限公司,译.北京:机械工业出版社,2005.

［13］啥里森(Harrision,F.L.).高级项目管理:一种结构化方法［M］.杨磊,等,译.北京:机械工业出版社,2003.

［14］易凤.软件项目延期,怎么办?［EB/OL］.项目管理者联盟 Project Manager Union. http://www. mypm. net/case/show _ case _ content. asp? caseID＝46.

［15］(美)贝内特·P.利思兹,凯瑟琳·P.雷.电子商务项目实施管理［M］.沈婷,译.北京:电子工业出版社,2004.

［16］中国电子商务协会.国际电子商务项目管理［M］.北京:人民邮电出版社,2004.

［17］王树进.电子商务项目运作［M］.南京:东南大学出版社,2002.

［18］文燕平,郭健全.电子商务项目管理［M］.北京:中国人民大学出版社,2006.

［19］王树进.电子商务项目运作——电子商务系列教材［M］.南京:东南大学出版社,2002

［20］哈罗德·科兹纳.项目管理的战略规划［M］.张增华,吕义怀,译.北京:电子工业出版社,2002.

［21］克罗潘伯格.项目领导力［M］.北京广联达慧中软件技术有限公司,译.北京:机械工业出版社,2006.

［22］刘汉超.对施工企业项目成本管理的几点认识［J］.沿海企业与科技,2005(10).

［23］项目管理者联盟.如何做好施工项目收尾工作［EB/OL］. http://www. mypm.net/articles /show_article_content.asp? articleID＝7065.

［24］重视项目收尾管理工作工程资料网.［EB/OL］.http://www.jianzhu114. cn/jzzl/4696.htm.

［25］钱芳.项目风险管理及其导向价值解析［J］.工程建设与档案,2005(1).

［26］太极电子商务企业信息化网络平台项目验收 ［EB/OL］. http://news. ccidnet.com/art/955/20040621/123148_1.html.

［27］中国物流与采购联合会网［EB/OL］. http://www.chinawuliu.com.cn/.

［28］Microsoft Project 2002 主页［EB/OL］.http://www.microsoft.com/china/office/xp/project/default.mspx.

［29］鲍博·休斯,等.软件项目管理［M］.周伯生,廖彬山,任爱华,等,译.北京:机械工业出版社,2004.

［30］韩万江,姜立新.软件项目管理案例教程［M］.北京:机械工业出版社,2005.

［31］约翰·麦克格雷.实用软件度量［M］.吴超英,廖彬山,译.北京:机械工业出版社,2003.

［32］郑人杰,王纬,王方德,等.基于软件能力成熟度模型(CMM)的软件过程改进［M］.北京:清华大学出版社,2003.

［33］杨海燕,赵巍,张力,等,译.软件度量［M］.北京:机械工业出版社,2004.

［34］程控.MRPII/ERP 实施与管理［M］.北京:清华大学出版社,2003.

［35］黎艳虹,等.ERP 实施风险及对策分析［J］.物流科技,2005(11).

［36］李宗民.ERP 实施风险的控制［J］.商场现代化,2005(10).

［37］杨青,周志丹.基于全过程管理的风险投资分析［J］.工业技术经济,2005(4).

［38］丁祥海,唐任仲.企业信息化项目实施过程管理研究［J］.科研管理,2003(2).

［39］中国项目管理网:http://www.project.net.cn/